Anonymus

Gothenkrieg

Nebst Auszügen aus Agathias, sowie Fragmenten des Anonymus Valesianus und

des Johannes von Antiochia

Anonymus

Gothenkrieg
Nebst Auszügen aus Agathias, sowie Fragmenten des Anonymus Valesianus und des Johannes von Antiochia

ISBN/EAN: 9783742896926

Hergestellt in Europa, USA, Kanada, Australien, Japan

Cover: Foto ©ninafisch / pixelio.de

Manufactured and distributed by brebook publishing software
(www.brebook.com)

Anonymus

Gothenkrieg

Die Geschichtschreiber

der

deutschen Vorzeit

in deutscher Bearbeitung

unter dem Schutze

Sr. Maj. des Königs Friedrich Wilhelm IV. von Preussen

herausgegeben von

G. H. Pertz, J. Grimm, K. Lachmann, L. Ranke, K. Ritter.

Fortgesetzt

von

W. Wattenbach.

―――――

Sechstes Jahrhundert. Band III.

Prokop, Gothenkrieg.

― ⸻⸻ ❯❯❯❯ ❮❮❮❮ ⸻⸻ ―

Leipzig,

Verlag von Franz Duncker.

1885.

Prokop,

Gothenkrieg.

Nebst Auszügen aus Agathias,
sowie Fragmenten des Anonymus Valesianus und des
Johannes von Antiochia.

Übersetzt

von

Dr. D. Coste.

Leipzig,
Verlag von Franz Duncker.
1885.

Einleitung.

In Bezug auf Prokops Leben und Schriften darf ich füglich auf meine Vorrede zu seinem Vandalenkriege verweisen und will an dieser Stelle nur daran erinnern, daß er den größten Theil des Gothenkriegs, mindestens bis zur Rückkehr Belisars nach Byzanz (540), als Augenzeuge darstellt, den weiteren Verlauf desselben wenigstens als Zeitgenosse, der mitten in den großen Ereignissen jener Epoche stand und auch Urtheil genug besaß, um sie richtig und anschaulich zu beschreiben. Darin besteht der Hauptwerth seiner Historien, darin der große Vorzug, den er vor seinen Fortsetzern, in erster Linie dem Agathias besitzt. Denn wenn dieser auch nur wenige Jahrzehnte später schreibt, als das Ende des Gothenkrieges fällt, so hat er doch einerseits nie an großen Kriegsthaten persönlichen Antheil gehabt wie Prokop, und andrerseits geht ihm die Fähigkeit ab, als Geschichtschreiber sich in die Lage der Dinge zu vertiefen und einzuleben, wie dies Prokop auch da gethan hat, wo er nicht mehr als Augenzeuge berichtet. Agathias' Darstellung ist in erster Linie rhetorisch, und er versteht es nur zu gut, mit unendlichem Wortschwall die Dürftigkeit des Thatsächlichen zu umkleiden. Freilich hatte er ja nur gewissermaßen einen Nachtrag zu dem großartigen Bericht Prokops vom Untergang des Gothenvolks zu geben, und das Wortemachen war ihm durch Abstammung und Beruf zur zweiten Natur geworden.

Agathias selbst erstattet uns in seinen Werken verhältniß=
mäßig genauen Bericht über seine Person, seine Schicksale und
Schriften. Darnach hat Niebuhr in seiner trefflichen Ausgabe [1])
eine Lebensbeschreibung entworfen, und ich folge ihm gern in
den Hauptzügen. „Ich heiße Agathias", so sagt der Schrift=
steller selbst [2]), „Myrina ist meine Vaterstadt, mein Vater
Memnonius, mein Beruf römische Jurisprudenz und Prozeßfüh=
rung." Und zwar liegt dies Myrina, eine alte äolische Kolonie,
in Kleinasien an der Mündung des Flusses Pythicus in den Elai=
tischen Meerbusen, wie Agathias hinzufügt. Wie wir aus dem 43.
Epigramm [3]) erfahren, war sein Vater ebenfalls Sachwalter; seine
Mutter Periklea starb, als ihr Sohn erst drei Jahre alt war,
zu Konstantinopel. Er hatte noch einen Bruder, dessen Namen
wir nicht kennen: dem Memnonius und seinen beiden Söhnen
setzten die Myrinäer ein Standbild.[4]) Seine Schwester Eugenia,
die er als schön und hochgebildet preist, war von ihrem Gatten
geschieden: dies geht aus den Grabschriften hervor, die Agathias
beiden gewidmet hat.[5]) Im Jahre 554 kehrte er von Alexan=
dria, wo er seine Schulbildung erhalten haben mochte, nach Kon=
stantinopel zurück[6]), um sich nun ganz seinem Brotstudium, der
Jurisprudenz zu widmen.[7]) Niebuhr schließt daraus, daß er
damals nicht älter als 17 Jahre war, sein Geburtsjahr also
536 oder 537 fällt. Über seine Berufsthätigkeit spricht er sich
selbst folgendermaßen aus[8]): „Nach einer andern Seite riefen
mich die Sorgen, und nur ungern folge ich der zwingenden Noth=
wendigkeit. Denn die Geschichtschreibung, diese höchste und ehr=
würdigste Kunst, die weit über jeder andern Beschäftigung steht,
ist für mich nur „eine Zugabe auf dem Lebenswege", wie der
böotische Dichter sagen würde, und es ist mir nicht möglich, dem

---

1) Corpus Scriptorum Historiae Byzantinae. P. III. Agathias, rec. B. G.
Niebuhr. Bonnae. 1828. p. VII–XX. — 2) l. c. S. 5 f. — 3) S. 374. —
4) Epigramm des Grammatikers Michaellus, S. XXI. — 5) S. 376, Epigr. 53. 54. —
6) S. 99, Hist. II, 16. — 7) S. 363, Epigr. 4; S. 368, Epigr. 23. — 8) S. 135,
Hist. III, 1. —

allein zu leben, wonach sich meine Seele sehnt. Während ich
in vollkommener Muße die Weisen des Alterthums lesen müßte,
um sie nachahmen zu können, während ich von allen Seiten das
Material zusammenschleppen müßte, um es genau und sorgfältig
zu durchforschen, während ich für diese Dinge frei und sorglos
leben müßte — da sitze ich in der kaiserlichen Halle mit Prozeß=
akten und Beschwerdeschriften vom frühen Morgen bis zum
späten Abend, wälze sie hin und her und plage mich damit ab.
Ich ärgere mich über das rastlose Treiben um mich her und
würde mich doch ebenso ärgern, wenn es nicht da wäre, denn
ohne diese Arbeit und Unruhe könnte ich meinen Lebensunterhalt
nicht finden. Aber trotz alledem werde ich von meinem Vor=
haben nicht ablassen und meine Lieblingsbeschäftigung nicht auf=
geben . . ." Wie Agathias über seinen Beruf denkt, geht aus
diesen Worten klar hervor. Ehe er sich der Geschichtschreibung
zuwandte, hatte er sich mit Poesie beschäftigt. Zuerst trat er
mit einer Reihe erotischer Gedichte unter dem Titel Daphniaca
an die Öffentlichkeit; diesen ließ er dann eine Sammlung seiner
Epigramme folgen, von denen bis dahin nur einzelne den Weg
ins Publikum gefunden hatten.[1] Aus beiden Werken sind etwa
100 Gedichte erhalten. Dann wurde Agathias von zwei mäch=
tigen Gönnern, dem jüngeren Eutychianus und Paulus Silen=
tiarius, dem Sohn des Cyrus Florus, als nach dem Tode
Justinians (565) Justin II. Kaiser war (565—578), veranlaßt,
die Geschichte seiner Zeit zu schreiben[2]; besonders Paulus hat
den Agathias, nach seinen eignen Worten, dazu vermocht, sich
von der Dichtkunst ab= und der Geschichtschreibung zuzuwenden.
Wenn man seine Vorrede liest, so erwartet man von dem Fort=
setzer des Prokop ein Werk von bedeutendem Umfang, und auch
seine Art zu erzählen ist die eines Mannes, der den Vorsatz
hat, recht gewissenhaft und ausführlich über einen größeren Zeit=
abschnitt zu berichten: das aber, was wir in den fünf Büchern

1) S. 6. Vorrede. — 2) S. 7 f., 11. Vorrede.

Historien vor uns haben, umfaßt, abgesehen von einzelnen Ex=
kursen, einen Zeitraum von kaum sieben Jahren. Das Ende
des 5. Buches liest sich auch keineswegs so, als ob der Verfasser
die Absicht gehabt hätte, damit seinen Bericht zu schließen. Da
nun ferner Agathias den Mauritius, der im Jahre 582 den
Thron bestieg, nur als Privatmann, nie als den spätern Kaiser
bezeichnet, so erscheint die Vermuthung nicht unbegründet, er
habe von dessen Herrschaft nichts mehr gewußt, weil ihm der
Tod die Feder aus der Hand nahm. Daß Bücher von ihm ver=
loren gegangen seien, ist wegen der Art der Fortsetzung durch
Evagrius unmöglich. Man hat sich also den Vorgang so zu
denken, daß Agathias bald nach Justinians Tode anfing, das
Material zu sammeln, jedenfalls nach dem Jahre 577, dem
Todesjahre des Chosroes [1]) zu schreiben begann und schon vor
582, im besten Mannesalter starb. — Von den Pflichten eines
Geschichtschreibers hat er einen sehr hohen Begriff: er will weder
gegen die noch Lebenden sich zum Schmeichler erniedrigen, noch
die Todten, deren Macht nicht mehr zu fürchten ist, mit Schmä=
hungen überhäufen; die Wahrheit soll seine einzige Richtschnur
sein, wohin sie auch führen mag. [2]) Man kann ihm diesen Ruhm
willig lassen und noch hinzufügen, daß der sittliche Ernst, den
er zur Schau trägt, durchaus würdig und echt erscheint. Wenn
trotzdem seine Darstellung uns nicht besonders anziehend vor=
kommt, so liegt das in der Entartung der griechischen Sprache
jener Zeit überhaupt und an dem wunderbaren Gemisch von
poetischer und rhetorischer Ausdrucksweise, die bei dem Rhetor [3])
Prokop schon oft auffällt, bei dem Scholasticus [3]) Agathias ge=
radezu störend und geschmacklos wirkt: es ist mir nicht immer
möglich gewesen, dem Wortreichthum des Autors auf Schritt und
Tritt zu folgen. Vergleicht man ihn mit den Byzantinern,
welche die Historien weiter fortsetzen, so erhebt er sich immer

---

1) S. 272. IV, 29. — 2) S. 10. — 3) Beide Worte bezeichnen den klassisch
gebildeten Advokaten.

noch als ein Mann von Bedeutung, Bildung und sittlichem Ge=
fühl weit über sie; mißt man ihn dagegen an Prokop, so kann
man nur sagen, daß er der bessere Mensch, aber der schlechtere
Schriftsteller war, oder um Gibbons treffende Antithese zu wie=
derholen [1]): „Wir müssen jetzt einen Staatsmann und Soldaten
verlassen, um den Fußtapfen eines Dichters und Rhetors zu
folgen." —

Der sogenannte Anonymus Valesianus verdankt diesen
seinen Namen dem Umstande, daß er zuerst von Henricus Vale=
sius (Paris 1636) zusammen mit Ammianus Marcellinus heraus=
gegeben ist, und diese Stellung hat er auch bis auf die neueste
Ausgabe (von V. Gardthausen, Leipzig 1875) behalten. Er
besteht aus zwei Fragmenten, die weder nach Form noch nach
Inhalt etwas mit einander zu thun haben und sicher nicht von
demselben Verfasser herrühren, sondern zufällig in einem Sammel=
codex mit einander verbunden worden sind. Das erste Frag=
ment handelt von Konstantin dem Großen und seinen Söhnen
und umfaßt die Jahre 293—337, kommt daher für unsern Zweck
hier nicht in Betracht.[2]) Das zweite Stück gehört zu den Dar=
stellungen weströmischer Chronisten des 5. und 6. Jahrhunderts,
die als Grundlage ihrer Erzählung die Annalen von Ra=
venna benutzt haben, welche Holder=Egger [3]) nach Stellung und
Werth behandelt und zu rekonstruieren versucht hat. Waitz [4])
hat zuerst die Vermuthung ausgesprochen, daß in diesem zweiten
Fragment des Anonymus Stücke einer Chronik des Maximian
enthalten sind, der 546—556 Bischof von Ravenna war, und
Holder=Egger hat sich neuerdings dieser früher von ihm be=

---

1) The History of the decline and fall of the Roman empire, c. XLIII,
ann. 47. — 2) W. Ohnesorge, Der Anonymus Valesii de Constantino, Inaug.
Diss. Kiel 1885, behandelt dies Fragment ausführlich. — 3) Neues Archiv d. Ge=
sellschaft f. ältere, deutsche Geschichtskunde, I, S. 213—368, speziell über den Anony=
mus Valesianus 316—324. Hannover 1876. — 4) Nachrichten v. d. K. Ges. d.
Wiss. rc. in Göttingen, 1865, S. 112 f.

kämpften Ansicht angeschlossen.[1]) Ferner hat Waitz nachgewie=
sen[2]), daß der Verfasser dieses Bruchstücks in Ravenna geschrieben
haben muß: diese Stadt bildet den Mittelpunkt seiner Erzählung.
Außer seiner Hauptquelle, eben jenen genannten Annalen von
Ravenna, läßt sich ein Stück der Vita S. Severini des Euchyp=
pius nachweisen, welche er selbst anführt. Die Darstellung um=
faßt die Jahre 474 bis 527 und behandelt hauptsächlich das
Leben Theoderichs. Von größter Bedeutung ist das Fragment
als Quelle für die Ereignisse von 490 bis 493, den Kampf
zwischen Theoderich und Odoaker, da es sowohl die ausführlichste
Darstellung desselben, als auch die genauesten Zeitbestimmungen
dieser Jahre giebt.

Die beiden Fragmente des Johannes von Antiochia
sind von Th. Mommsen im Hermes VI, 1872, S. 323 ff. ver=
öffentlicht und besprochen worden; gleichzeitig erschienen sie im
5. Band von K. Müllers Fragmenta historicorum Graecorum.
Sie gehören der Sammlung des Constantinus Porphyrogennetus
an. Mommsen sieht die Bedeutung des mitgetheilten Bruchstücks
darin, daß sich bei diesem Byzantiner des 7. Jahrhunderts eine
römische, jedoch unparteiische Erzählung von der Katastrophe Odo=
akers und den unmittelbar vorhergehenden Ereignissen in aus=
führlicher Darstellung erhalten hat, während die meisten Berichte,
unter denen der wichtigste Prokops Gothenkrieg (I, 1. S. 1—6)
ist, die offizielle, gothische Version geben, die römische aber früher
nur in allgemeinsten Zügen bekannt war. Mommsen ist ferner
der Ansicht, daß der römische Bericht, wonach beide gemein=
schaftlich über den Westen zu herrschen gedenken, Theoderich
und Odoaker freundschaftlich verkehren und dieser in Theoderichs
Palast hinterlistig ermordet wird, und zwar von der eignen
Hand des Gothenkönigs, der auch die Familie des Ermordeten

---

1) Vorrede zur Ausgabe des Agnellus in den Scriptores rer. Longobard. et
Italic. Saec. VI—IX. S. 273, Hannover 1875. — 2) Nachrichten, S. 92 ff.

ausrottet, daß dieser Bericht, der sehr wohl mit der Nieder=
metzelung der Anhänger Odoakers, wovon der Anonymus Vale=
sianus [1] berichtet, zusammenstimmt, der geschichtlichen Wahrheit
näher stehe, als die gothische Darstellung, der zufolge Odoaker
nach seiner Unterwerfung eine Verschwörung angezettelt habe und
Theoderich nur aus Nothwehr handelte, als er den Gegner aus
dem Wege räumte.

Es übrigt noch hinzuzufügen, daß Stellen, an denen et=
was weggefallen ist, durch Punkte (. . . .) angezeigt sind, Zu=
sammenfassungen durch runde, Zusätze des Übersetzers durch eckige
Klammern bezeichnet werden.

1) S. 377.

Berlin, im Juli 1885. **Dr. D. Coste.**

Gothenkrieg.

Erstes Buch.

1. (So standen für die Römer die Sachen in Afrika.)

Ich schreite zur Beschreibung des Gothenkrieges und schicke als Einleitung einen Bericht voraus, wie es Gothen und Italikern vor diesem Kriege ergangen ist. Zu der Zeit als Zeno *474—491* in Byzanz Kaiser war, herrschte über den Westen Augustus, den *475. 476.* die Römer mit dem Kosenamen Augustulus nannten, weil er in früher Jugend auf den Thron gelangte; für ihn regierte sein Vater Orestes, ein höchst erfahrener Mann. Einige Jahre vorher hatten die Römer Scirren, Alanen und andere gothische [1]) Stämme als Bundesgenossen aufgenommen, nach den Niederlagen, die sie durch Alarich und Attila erlitten hatten, von denen ich in früheren Büchern [2]) erzählt habe. Längst war der Ruhm der römischen Soldaten geschwunden, und die Barbaren breiteten sich immer mehr in Italien aus; diese Eindringlinge herrschten unbeschränkt unter dem beschönigenden Namen von Bundesgenossen; ohne Scheu griffen sie immer weiter um sich und verlangten schließlich, das ganze Ackerland Italiens sollte unter sie vertheilt werden. Zunächst heischten sie von Orestes den dritten Theil, und als er sich nicht willfährig zeigte, tödteten sie ihn sofort. Zu diesen Barbaren gehörte auch ein kaiserlicher Doryphor Odo- *476—493* ater, der ihnen die Erfüllung ihrer Wünsche versprach, wenn sie ihn als Herrscher aufstellten. Trotz seiner neuen Würde vergriff

1) d. i. germanische. — 2) Vand. I, 2. 4. —

1*

er sich nicht an dem Kaiser, sondern ließ ihn als Privatmann
ruhig weiter leben. Den Barbaren überließ er das geforderte
Drittel aller Ländereien, kettete sie dadurch nur um so fester an
sich und regierte unangefochten zehn Jahre hindurch.

Ungefähr zur selben Zeit erhoben die Gothen [1]), die nach
kaiserlicher Anweisung in Thrazien sich niedergelassen hatten, ihre
Waffen gegen den Kaiser. Ihr König war Theoderich (geb. 454), der
476. 479. zu Byzanz patrizischen Rang erhalten nnd sogar als Konsul den
kurulischen Sessel eingenommen hatte. Der Kaiser Zeno, ein Meister
in der Benutzung politischer Verhältnisse, forderte Theoderich auf,
lieber nach Italien zu ziehen, um nach Niederwerfung Odoakers
für sich und seine Gothen das ganze Abendland zu gewinnen;
für ihn, der dem römischen Senate angehöre, sei es doch wür-
diger, einen Gewaltherrscher zu bezwingen und dann über Rom
und Italien zu gebieten, als sich in den gefährlichen Kampf mit
dem Kaiser einzulassen. Theoderich war über diesen Vorschlag
488 sehr erfreut und schlug den Weg nach Italien ein, mit ihm das
ganze Volk der Gothen: auf Wagen führten sie Weiber, Kinder
und all ihre bewegliche Habe mit sich. Als sie an das adriatische
Meer [2]) kamen, hatten sie keine Schiffe, um überzusetzen; daher entschlossen sie sich, durch das Gebiet der Taulantier [3]) und deren
489 Nachbarn zu ziehen und so das Meer zu umgehen. Odoaker trat
ihnen mit seiner Streitmacht entgegen, wurde aber in mehreren
Treffen geschlagen [4]) und zog sich mit seinem ganzen Heere nach
Ravenna und einigen anderen Festungen zurück. Sofort machten
490 sich die Gothen an die Belagerung derselben und nahmen durch
Sturm oder Verrath alle bis auf das Kastell Caesena, 30 Stadien von Ravenna [5]) und eben diese Stadt, in die sich Odoaker

1) So nennt Prokop immer das Volk der Ostgothen. — 2) Den Jonischen Meerbusen nennt Prokop das adriatische Meer; das adriatische Meer fängt bei ihm südlich der Straße von Otranto an — also gerade umgekehrt, wie in jetziger Benennung. Vgl. Goth. IV, 40. — 3) Ein Volk im römischen Illyrien, zwischen Epidamnus und Dyrrhachium. — 4) Am Isonzo und bei Verona 489, an der Adda 490. — 5) Ungefähr 5,5 Kilometer. 1 Km. = 5,15 Stadien. Jetzt Cesena. —

selbst geworfen hatte. Hier war weder mit Güte noch mit Ge=
walt etwas auszurichten, denn dies Ravenna liegt in blachem
Felde, an der innersten Biegung des adriatischen Meeres, zwei
Stadien vom eigentlichen Strande ab, so daß man ihm weder
zu Wasser noch zu Lande leicht beikommen kann.

(Eine feindliche Flotte wird durch die Seichtigkeit des Meeres
auf mehr als 30 Stadien hin an einer richtigen Blokade ge=
hindert, ein Landheer kann nicht zu wirksamer Belagerung schreiten
wegen der Poarme und Seen, welche die Stadt von allen Seiten
einschließen.)

Als die Gothen unter Theoderich schon im dritten Jahre 493
Ravenna eingeschlossen hielten, wurden sie der Belagerung über=
drüssig; andrerseits litten Odoakers Schaaren bereits Mangel an
den nothwendigsten Lebensmitteln. Man kam daher unter Ver=
mittlung des Bischofs von Ravenna dahin überein, Theoderich 27. 2. 493
und Odoaker sollten in Ravenna gemeinschaftlich herrschen. Eine
Zeit lang hielten sie beide den Vertrag; dann aber bemächtigte 5. 3. 493
sich Theoderich der Person Odoakers, der ihm angeblich nach dem
Leben getrachtet hatte, bei einem Schmause, zu dem er ihn
unter der Maske der Freundschaft geladen, und ließ ihn tödten.
Die noch etwa übrig waren von seinen früheren Gegnern, gewann 493—526
er für sich und herrschte von nun an unangefochten über Gothen
und Italiker. Namen und Insignien des Kaisers anzunehmen,
hielt er nicht für angezeigt, sondern ließ sich zeitlebens „König"
nennen — so pflegen nämlich die Barbaren ihre Heerführer zu
bezeichnen —: in Wirklichkeit war das Verhältniß seiner Unter=
thanen zu ihm ganz wie zu einem Kaiser. Seine gewaltige Hand
sorgte für Gerechtigkeit allerwegen und war ein starker Schirm
für Recht und Gesetz. Vor Einfällen benachbarter Barbaren be=
wahrte er sein Land; seine Weisheit und Tapferkeit waren ge=
fürchtet und geehrt weit in die Runde. Weder ließ er sich irgend
ein Unrecht gegen seine Unterthanen zu Schulden kommen, noch
ließ er einem andern derartiges durchgehen; nur den Theil der

Landgüter, die Odoaker seinen Parteigängern zugewiesen hatte, überließ er seinen Gothen. So war Theoderich dem Namen nach ein Tyrann, in Wirklichkeit aber ein rechter Kaiser, nicht um Haaresbreite geringer als irgend einer von denen, welche sonst diese Würde bekleidet haben. Obgleich es dem menschlichen Charakter zu widersprechen scheint, liebten und verehrten ihn thatsächlich Gothen und Italiker ohne jeglichen Unterschied.... Nach einer Regierung von 37 Jahren [1]) starb er, der Schrecken seiner Feinde, von seinen Unterthanen aufs Tiefste betrauert. Das kam aber so.

Symmachus und sein Schwiegersohn Boëtius, beide patrizischen Geschlechts und Konsularen, nahmen im Senat zu Rom die erste Stelle ein. Sie beschäftigten sich eifrig mit Philosophie und trachteten nach dem Ruhm der Gerechtigkeit. Mit ihren reichen Mitteln suchten sie Bürgern wie Fremden aus der Noth zu helfen und standen deshalb in hohem Ansehen, zogen sich aber auch den Neid böswilliger Menschen zu. Theoderich lieh 524 deren Einflüsterungen sein Ohr, ließ sie als Hochverräther hinrichten und zog ihr Vermögen ein. Einige Tage später [2]) trugen beim Mahl die Diener den Kopf eines großen Fisches auf. Da kam es Theoderich so vor, als sei es das Haupt des jüngst gerichteten Symmachus: mit verzerrten Zügen und rollenden Augen schien er ihm schauerlich zu drohen. Der Schreck über das furchtbare Gesicht übermannte ihn; vom Schüttelfrost gepackt, zog er sich schleunigst in sein Schlafgemach zurück und vergrub sich ganz in warme Decken. Dann erzählte er seinem Leibarzt Elpidius die ganze Begebenheit und beklagte laut das Unrecht, das er dem Symmachus und Boëtius gethan. Von heftigen Gewissens-26. 8. 526 bissen geplagt, gab er kurz darauf seinen Geist auf. Es war das die erste und letzte Unthat, deren er sich gegen seine Unter-

---

1) Ungenau; über Italien herrschte Theoderich 33 Jahre; seit 481, in welchem Jahre der ältere Theoderich, mit dem Beinamen Strabo (der Schieler) starb, war Theoderich als Herrscher über das ganze Volk der Ostgothen anerkannt. — 2) vgl. die Zahlen am Rande. —

thanen schuldig machte, und diese war nur dadurch möglich ge=
worden, daß er, ganz gegen seine Gewohnheit, ohne sorgfältige
Untersuchung das Urtheil über jene beiden gesprochen hatte[1]).

2. Nach Theoderichs Tode kam zur Regierung Atalarich, 526—531
sein Tochtersohn, ein Knabe von acht Jahren, der unter der
Vormundschaft seiner Mutter Amalasuntha stand — sein Vater
war nämlich schon todt. Kurze Zeit darauf bestieg zu Byzanz 527
Justinian den Thron. Amalasuntha führte als Vormünderin
die Herrschaft gerecht und weise — ein Mann hätte es nicht
besser machen können. So lange sie am Ruder war, wurde kein
Römer an seinem Leibe oder Vermögen gestraft. Auch wehrte
sie den Gothen, jenen etwas zu Leide zu thun, wozu sie nicht
übel Lust hatten, und gab sogar den Kindern des Symmachus
und Boëtius ihr väterliches Vermögen zurück. Amalasuntha
wollte ihren Sohn so erziehen, daß er den römischen Fürsten
gleichstand und hielt ihn dazu an, eine richtige Schule zu besuchen.
Von den greisen Gothen suchte sie drei aus, die nach ihrer An=
sicht die weisesten und mildesten waren, und gesellte sie ihrem
Sohne zu. Das alles paßte den Gothen nun durchaus nicht.
Sie wollten von ihrem Könige nach Barbarenweise regiert sein,
um ihrerseits ungestraft die Unterworfenen drücken zu können.
Einst hatte die Mutter im Frauengemach dem Knaben wegen einer
Unart einen Schlag versetzt, und er war weinend in den Männer=
saal gelaufen. Die Gothen, die gerade anwesend waren, nahmen
diese Behandlung des jungen Königs gewaltig übel, schalten auf
Amalasuntha und äußerten sogar laut, sie wolle das Kind bei
Seite schaffen, um dann einen andern Mann zu nehmen und
mit ihm über Gothen und Italiker zu herrschen. Die Fürsten
traten vor Amalasuntha und machten ihr Vorstellungen, der
König werde nicht nach altem Brauch erzogen und das gereiche
ihm und ihnen zum Schaden. („Schulmeister und alte Leute
taugen nicht dazu, einen Gothenprinzen zu erziehen. Wer sich

---

1) Vgl. hierzu den Anhang. —

vor dem Bakel fürchtet, wird nie ein furchtloser Kriegsmann
werden. Theoderich hat ein so großes Reich erobert, und doch
schätzte er die Wissenschaft nicht einen Deut. Daher gieb den Leh=
rern den Laufpaß, o Königin, und laß Athalarich mit seinen
Altersgenossen aufwachsen; dann wird er ein rechter König nach
unserer Art werden." So ungefähr war der Sinn ihrer Rede.)
    Als Amalasuntha das vernahm, billigte sie es keineswegs,
aber sie fürchtete den Haß der Leute und that deshalb so, als
wäre ihr das Gesagte ganz recht: sie gab in allen Punkten nach
und that nach dem Willen der Barbaren. Die greisen Erzieher
wurden sofort entlassen und dem Athalarich junge Leute zugesellt,
die nicht viel älter waren als er; kaum war er nun mannbar ge=
worden, so verführten sie ihn zum Trinken und zum Umgang mit
Weibern. So wurde er unter ihrer Einwirkung bald ganz sitten=
los und entzog sich thörichterweise dem Einfluß der Mutter gänz=
lich; ja er kümmerte sich gar nicht mehr um sie, obgleich die
Barbaren schon offen gegen sie Front machten und laut die For=
derung aussprachen, die Frau sollte die Regierung niederlegen.
Amalasuntha ließ sich durch den Haß der Gothen keineswegs
schrecken oder nach Weiberart einschüchtern, sondern im Vollbe=
wußtsein ihrer königlichen Würde griff sie drei der hervorragend=
sten Barbaren, welche ihr die Häupter der Bewegung zu sein
schienen, heraus und schickte sie nach den entferntesten Gegenden
Italiens, und zwar nicht zusammen, sondern so weit von einan=
der entfernt, wie möglich: offiziell hieß es, sie sollten das Land
vor einem feindlichen Einfall schützen. Die drei, obgleich räum=
lich weit getrennt, setzten sich durch die Vermittlung von Freunden
und Verwandten doch ins Einvernehmen und sannen auf Rache
an Amalasuntha. Die Königin wollte aber nicht unthätig dabei
534 zusehen und ersann Folgendes. Sie schickte nach Byzanz und ließ
beim Kaiser Justinian anfragen, ob es ihm genehm sei, die
Tochter Theoderichs bei sich zu sehen: sie wolle nämlich Italien
so bald wie möglich verlassen. Hocherfreut erwiderte Justinian,

sie möge nur kommen, und stellte ihr den prachtvollen kaiserlichen 334
Palast in Epidamnus zur Verfügung: dort solle sie verweilen,
so lange es ihr beliebe, um dann nach Byzanz zu kommen. Als
Amalasuntha diese Antwort bekommen hatte, wählte sie ent=
schlossene und ihr treu ergebene Gothen aus und gab ihnen den
Auftrag, jene drei Häupter der Verschwörung umzubringen. Sie
selbst ließ 40 Zentner Gold und ihre andern Kostbarkeiten auf
ein Schiff bringen, das sie mit ihren getreuesten Dienern be=
mannte, denen sie den Auftrag gab, nach Epidamnus zu fahren
und dort im Hafen vor Anker zu gehen, aber die Ladung nicht
eher zu löschen, als bis sie es ausdrücklich befehle. So glaubte
sie für alle Fälle gesorgt zu haben: kam die Nachricht vom Tode
jener drei, blieb sie und ließ das Schiff zurückkehren, da sie nun
nichts mehr zu befürchten hatte; entkam einer von ihren Feinden,
so mußte sie alle Hoffnung aufgeben, konnte schnell absegeln und
mit ihren Schätzen auf kaiserlichen Boden sich in Sicherheit bringen.
Zu dieser Absicht schickte Amalasuntha das Schiff nach Epidam=
nus, und als es dort angekommen war, handelten die Wächter
des Schatzes ihren Befehlen gemäß. Als bald darauf ihr An=
schlag geglückt war, konnte sie das Schiff zurückkommen lassen
und in Ravenna bleiben. Ihre Herrschaft stand fester denn je.

3. Es war aber unter den Gothen ein gewisser Theodat, der
Sohn von Theoderichs Schwester Amalafrida. Er stand schon in
vorgerückterem Alter, war römisch gebildet und der platonischen
Philosophie ergeben, verstand vom Kriegswesen ganz und gar
nichts und besaß nicht einmal persönlichen Muth; dafür war er
aber im höchsten Grade habgierig. Dieser Theodat war Herr
des größten Theils von Tuscien[1]) und eifrig dabei beschäftigt,
nöthigenfalls auch mit Gewalt, die Besitzer des Restes zu ver=
drängen; denn Nachbarn zu haben erschien dem Theodat so zu
sagen als ein Unglück. Diesen zwang nun Amalasuntha, von sei=
nen bösen Absichten abzustehen; seitdem war er ihr bitterster Feind

1) Etrurien. —

534 und suchte sich zu rächen. Er gedachte nun, Tuscien an Justinian auszuliefern gegen eine große Geldsumme und die Zusage senatorischen Ranges, um dann ungestört in Byzanz leben zu können. Während er nun solche Absicht hegte, kamen nach Rom zum Papst aus Byzanz Gesandte, nämlich die Bischöfe Hypatius von Ephesus und Demetrius von Philippi in Macedonien wegen einer dogmatischen Streitigkeit. (Prokop erklärt es für vermessen, das Wesen Gottes bis ins Kleinste bestimmen zu wollen und schweigt absichtlich über jene Streitigkeit; Gott ist allgütig und allmächtig — weiter will er nichts wissen.) Mit diesen Gesandten hatte Theodat eine geheime Unterredung, in der er ihnen auftrug, dem Kaiser Justinian zu vermelden, was er vorhabe — dasselbe, was ich schon oben von seinen Plänen erzählt habe.

Zu dieser Zeit erkrankte Athalarich, der den Taumelkelch des Lasters bis zur Hefe leerte, an der Auszehrung. Das war für Amalasuntha sehr schlimm; denn einerseits konnte sie sich auf den guten Willen ihres Sohnes, der so ganz verkommen war, gar nicht mehr verlassen; andrerseits, im Falle seines Todes, mußte sie geradezu für ihr Leben fürchten, da sie sich die Gothenhäuptlinge so bitter verfeindet hatte. So ergriff sie den Gedanken, um ihre Person zu retten, die Herrschaft über Gothen und Italiker an Justinian zu übertragen. Nun war dort in Begleitung von Demetrius und Hypatius der Senator Alexander eingetroffen. Als nämlich der Kaiser vernommen hatte, das Schiff Amalasunthas liege bei Epidamnus vor Anker, ihre eigne Ankunft aber verzögere sich, so schickte er, obgleich schon geraume Zeit verstrichen war, den Alexander ab, mit dem geheimen Auftrage, Amalasunthas Verhältnisse auszukundschaften und darüber Bericht zu erstatten; offiziell hatte er Beschwerde zu führen über folgende Punkte: erstens fühlte sich der Kaiser durch die Vorgänge in Lilybäum [1]) verletzt (wie ich bereits erzählt habe [2]); zweitens waren zehn Hunnen vom afrikanischen Heer als Ueberläufer nach

Kampanien gekommen und hatten bei Uliaris, dem Kommandan= 531
ten von Neapel, nicht ohne Vorwissen Amalasunthas, Aufnahme
gefunden; drittens endlich hatten die Gothen im Krieg mit den
Gepiden in der Gegend von Sirmium [1]) die Stadt Gratiana [2]),
die hart an der nördlichen Grenze Illyriens liegt, als feindlich
behandelt. Ten Brief an Amalasuntha, in dem diese Vorwürfe
enthalten waren, überbrachte Petrus. Dieser ließ nach seiner
Ankunft in Rom die Priester ihren Angelegenheiten nachgehen
und begab sich selbst weiter nach Ravenna, wo er, von Amala=
suntha vorgelassen, seine geheimen Aufträge vom Kaiser aus=
richtete und öffentlich den Brief übergab. In diesem stand Fol=
gendes: „Tie Feste Lilybäum, die unser ist, hast Du mit Gewalt
an Tich gebracht und behalten; Barbaren, meinen Sklaven, die
mir entlaufen sind, hast Du Aufnahme gewährt und denkst auch
jetzt noch nicht daran, sie auszuliefern, sondern hast vielmehr
meine Stadt Gratiana auf unerhörte Weise mißhandelt, wozu
Du ganz und gar kein Recht hast. Bedenke nun, wohin das
führen soll". Tie Königin nahm den Brief in Empfang, las ihn
und antwortete folgendermaßen: „Ein großer Kaiser, der sich
seiner Tugend rühmt, sollte einem vaterlosen Knaben, der noch
nicht das Gefühl der Verantwortlichkeit für sein Thun hat, eher
seinen Beistand gewähren, als daß er ohne jeden Grund ihm
feind ist. Denn für jeden Menschen ist nur der Sieg über einen
ebenbürtigen Gegner rühmlich. Trohend hältst Du dem Atha=
larich den Besitz von Lilybäum vor und zehn Ueberläufer und
ein Versehen, das sich Soldaten, die wider ihre Feinde auszogen,
gegen eine befreundete Stadt haben zu Schulden kommen lassen.
Nicht also, mein Kaiser, nicht also! Tenke vielmehr daran, daß
damals, als Du gegen die Vandalen auszogst, wir Dir nicht
nur nichts in den Weg gelegt haben, sondern vielmehr Dir den
Weg gezeigt und freien Markt mit großem Eifer gewährt haben,
wo Du besonders Pferde in Menge kaufen konntest, deren Besitz

---

1) Mitrovitz an der Save in Kroatien. — 2) Ort in Dalmatien. —

531 für die Niederwerfung der Feinde geradezu Hauptsache war. (Dem Kaiser wird weiter vorgehalten, wie diese wohlwollende Neutralität der Gothen seinen Sieg überhaupt möglich gemacht hat, und sie dafür Lilybäum, wenn sie es nicht schon besaßen, geradezu als Belohnung hätten erhalten müssen.) So antwortete Amalasuntha dem Kaiser öffentlich, heimlich aber versprach sie ihm die Auslieferung von ganz Italien. Als die Gesandten nach Byzanz zurückgekommen waren, berichteten sie alles an Justinian: Alexander, was für Pläne Amalasuntha hege, Demetrius und Hypatius, was sie aus Theodats Munde vernommen hatten, und ferner, wie er ohne Zweifel wohl im Stande sei, seine Zusagen wahr zu machen, da er in Tuscien großen Einfluß besitze und Herr des größten Theiles dieses Landes geworden sei. Darüber war der Kaiser sehr erfreut und sandte sofort den Petrus nach Italien, von illyrischer Abkunft, aus Thessalonike¹), der zu By= zanz Advokat war, einen Mann von scharfem Verstande, seinen Sitten und großer Überredungskunst.

4. Während nun dies vorging, wurde Theodat von einer großen Anzahl Tuscier bei Amalasuntha verklagt: er vergewaltige die Einwohner jener ganzen Gegend und reiße ihre Landgüter an sich ohne jeden Rechtsgrund; außerdem vergreife er sich sogar an dem Eigenthum des königlichen Hauses, welches man „Patri= monium" nennt. Die Königin zog ihn deshalb zur Rechenschaft und zwang ihn, da er von seinen Anklägern gänzlich überführt wurde, alles herauszugeben, was er sich widerrechtlich angeeignet hatte. Dann entließ sie ihn. Seit dieser Zeit glaubte er sich von ihr schwer beleidigt und wurde hinfort ihr ärgster Feind; die Habsucht ließ ihm keine Ruhe, da er nicht mehr ungestraft um sich greifen durfte.

Zu der Zeit erlag Athalarich der Krankheit, welche ihn ver= zehrte, nachdem er acht Jahre lang regiert hatte. Amalasuntha —

---

1) Salonili in Macedonien am Golf gleichen Namens.

augenscheinlich vom Schicksal dem Verderben geweiht — nahm **534**
gar keine Rücksicht auf den Charakter Theodats und das, was
sie ihm soeben angethan hatte, sondern meinte vor ihm völlig
sicher zu sein, wenn sie ihm eine ganz besondere Wohlthat er=
wiese. Sie ließ ihn also zu sich laden, nahm ihn bei seiner An=
kunft sehr freundlich auf und erklärte ihm, sie habe längst ge=
wußt, daß ihr Sohn bald sterben müsse — das hätten die Ärzte
ihr einstimmig versichert und sie selbst habe ja auch das immer
zunehmende Siechthum Athalarichs mit angesehen. Da sie nun
bemerkt habe, daß Theodat bei Gothen und Italikern nicht in
gutem Rufe stehe, er, der allein vom Geschlecht Theoderichs noch
übrig sei, so sei sie eifrig bemüht gewesen, ihn von diesem schlechten
Ruf zu befreien, damit ihm nichts im Wege stände, wenn er
auf den Thron berufen würde. Für diese Handlungsweise habe
sie auch den triftigen Grund gehabt, daß es denjenigen, die von
ihm Unrecht erlitten zu haben behaupteten, nicht mehr möglich
sein sollte zu sagen, sie hätten niemand, dem sie ihre Klage
vortragen könnten, und ihr Herr sei ihnen übelgesinnt. Deshalb
rufe sie ihn jetzt, wo er ganz rein dastehe, auf den Thron. Er
müsse aber mit den heiligsten Eiden schwören, daß er nur den
königlichen Namen führen würde, sie aber die königliche Macht
nicht anders wie früher ausüben sollte. Als Theodat das ver=
nommen hatte, beschwor er alles, was Amalasuntha von ihm
verlangte; im Herzen aber dachte er ganz anders, denn er hatte
nicht vergessen, was sie ihm vorher angethan hatte. Auch Ama=
lasuntha verpflichtete sich durch Eidesschwur dem Theodat und
meinte es aufrichtig damit. Sie war also die Betrogene, als
sie ihn zum König machte. Dem Kaiser Justinian that sie
durch eine Gesandtschaft gothischer Männer nach Byzanz ihren
Entschluß kund.

Sobald Theodat auf den Thron gelangt war, that er das
gerade Gegentheil von dem, was sie erwartet und er versprochen
hatte: er umgab sich mit den Verwandten jener Gothen, die sie

534 hatte tödten lassen — sie waren zahlreich und standen unter dem
Gothenvolk in hohem Ansehen; von den Freunden der Amala=
suntha ließ er plötzlich einige ermorden und hielt sie selbst in
Gewahrsam, ehe ihre Gesandten noch in Byzanz angekommen
waren. In Tuscien liegt ein See, der Bolsenersee genannt, in
dem eine ganz kleine Insel mit einem starken Kastell liegt. Dort
hielt Theodat die Königin in enger Haft. Da er aber befürchten
mußte, daß der Kaiser sich hierdurch beleidigt fühlte, wie es auch
wirklich der Fall war, schickte er die römischen Senatoren Liberius
und Opilio mit einigen andren ab, die dem Kaiser die bündig=
sten Versicherungen überbringen sollten, er werde der Amalasuntha
nichts zu Leibe thun, obgleich sie zuerst ihn selbst auf das
Schändlichste behandelt habe. In diesem Sinne schrieb er selbst
an den Kaiser und zwang auch Amalasuntha, die sich sehr da=
gegen sträubte, ebenso zu schreiben. Dies ging nun so zu.
Petrus aber hatte vom Kaiser den Auftrag, einerseits mit Theo=
dat, ohne daß irgend jemand es merkte, zu verhandeln, ihm über
den Gegenstand der Besprechung das strengste Stillschweigen eid=
lich aufzuerlegen und den Vertrag wegen Tuscien endgültig mit
ihm abzuschließen [1]); andrerseits sollte er in einer geheimen Zu=
sammenkunft mit Amalasuntha über ganz Italien verhandeln
und festsetzen, was ihnen beiden ersprießlich erscheinen würde.
Offiziell sollte er über Lilybäum und die andern, vorerwähnten
Punkte [2]) verhandeln; denn vom Tode Athalarichs, der Thron=
besteigung Theodats und den Schicksalen Amalasunthas war dem
Kaiser noch nichts zu Ohren gekommen. Unterwegs nun stieß
Petrus zuerst auf die Gesandten Amalasunthas und erfuhr von
ihnen die näheren Umstände von der Erhebung Theodats. Als
er bald darauf in Aulon [3]), einer Stadt am adriatischen Meer,
eintraf, fand er dort die Gesandtschaft des Liberius und Opilio,
von denen er alles erfuhr, was inzwischen vorgefallen war.

---

1) f. o. S. 9. 10. -- 2) f. o. S. 8. 9. — 3) In Albanien, jetzt Av=
lona oder Valona. —

Er berichtete darüber an den Kaiser und wartete dort das 534
Weitere ab. Als Kaiser Justinian von diesen Dingen Kunde erhielt, sann
er darauf, Theodat und den Gothen Verlegenheiten zu bereiten,
und schrieb an Amalasuntha einen Brief des Inhalts, er würde
ihr, so viel in seinen Kräften stünde, seinen Schutz angedeihen
lassen; dem Petrus aber befahl er, diese Absicht keineswegs zu
verheimlichen, sondern sie dem Theodat selbst und den Gothen
ganz offen zu erklären. Von den Gesandten aus Italien berichteten alle, als sie nach Byzanz geleitet waren, dem Kaiser
den wahren Hergang, besonders Liberius, ein hervorragend braver
Mann, der sich angelegen sein ließ, die Wahrheit zu reden; nur
Opilio versicherte hoch und theuer, Theodat habe sich in keiner
Beziehung gegen Amalasuntha etwas zu Schulden kommen lassen.
Als aber Petrus in Italien ankam, weilte Amalasuntha nicht 535
mehr unter den Lebenden. Denn die Verwandten derjenigen,
die sie hatte ermorden lassen, wurden nicht müde, dem Theodat
zu versichern, weder er noch sie könnten in Frieden leben, wenn
nicht Amalasuntha so schnell wie möglich aus dem Wege geräumt
würde. Als er ihnen nachgab, eilten sie auf die Insel und
tödteten Amalasuntha ohne Zögern; eine That, die alle Italiker
und die übrigen Gothen über die Maßen betrübte, denn sie war
eine nach allen Richtungen hin hochbedeutende Frau, wie ich das
schon kurz zuvor berichtet habe. Petrus erklärte Theodat und
den übrigen Gothen gegenüber laut, daß nach Vollendung dieser
Schandthat der Kaiser mit ihnen einen Krieg ohne Gnade und
Erbarmen führen werde. Obgleich nun Theodat in seiner Verblendung die Mörder Amalasunthas in hohen Ehren hielt, bemühte er sich dennoch, Petrus und dem Kaiser die Meinung bei-
zubringen, als hätte er die That keineswegs gebilligt, sondern
sie sei sehr gegen seinen Willen von den Gothen vollbracht.

5. In dieser Zeit hatte Belisar seine Großthaten gegen 534
Gelimer und die Vandalen verrichtet. Als aber der Kaiser

535 erfahren, was mit Amalasuntha geschehen war, rüstete er so=
fort zum Kriege im neunten Jahre seiner Herrschaft. Er
ließ Mundus, den Heermeister von Illyrien[1]) nach Dalmatien
vorgehen, welches den Gothen gehörte, und einen Handstreich auf
Salonae[2]) versuchen. Mundus war seiner Abkunft nach ein
Barbar, dem Kaiser aufrichtig ergeben und ein wackrer Kriegs=
mann. Ueber die Flotte aber ward Belisar gesetzt: er führte
mit sich 4000 Mann, theils Ausgehobene, theils Foederati[3])
und an 3000 Isaurier. Die bedeutendsten Obersten waren Kon=
stantin und Bessas, die Thraker, Peranius, ein iberischer Prinz
von der medischen Grenze, der aus Haß gegen die Perser zu den
Römern übergegangen war; an der Spitze der Reitergeschwader
standen Valentinus, Magnus und Innocentius; das Fußvolk be=
fehligten Herodian, Paulus, Demetrius und Ursicinus, die Isau=
rier Enres. Als Bundesgenossen gingen mit 200 Hunnen und
300 Mauren. Oberfeldherr mit unumschränkter Vollmacht war
Belisar, den ein zahlreiches Gefolge ausgesuchter Doryphoren
und Hypaspisten[4]) umgab. Ihn begleitete auch Photius, der
Sohn seiner Gemahlin Antonina aus einer früheren Ehe, noch
ein junger Milchbart, doch von großer Begabung und einer Ver=
standsreife, die weit über sein Alter hinausging. Der Kaiser
ertheilte Belisar den Auftrag, so zu thun, als ob er nach Kar=
thago segele; wenn aber Sizilien erreicht sei, scheinbar der Noth
gehorchend, zu landen und die Insel zu überrumpeln. Wenn
möglich, sollte er sie, ohne Aufsehen zu erregen, besetzen, festhal=
ten und nicht loslassen; stieße er dagegen auf Hindernisse, sollte
er schleunigst nach Afrika segeln, so daß niemand seine wahre
Absicht merken könnte.

        Justinian sandte auch zu den Frankenfürsten und schrieb

---

1) Magister militum per Illyricum. — 2) Salonae oder Salona, Hauptstadt
von Dalmatien, der Meerbusen führt noch jetzt diesen Namen. — 3) Bundesgenossen,
d. h. Barbaren. — 4) Letztere bilden die eigentliche Leibwache; erstere sind Offiziere,
die als Adjutanten, Ordonnanzen, auch zur Uebernahme von Kommandos je nach Bedarf
verwandt werden. —

ihnen Folgendes: „Die Gothen haben Italien, unser Eigenthum, gewaltsam an sich gerissen und denken nicht daran, es zurückzugeben, sondern haben uns noch obendrein in unerhörter und unerträglicher Weise beleidigt. So sehen wir uns gezwungen, wider sie zu Felde zu ziehen, und es liegt auf der Hand, daß ihr uns darin Vorschub leisten müßt; denn uns verbindet der wahre Glaube, der die arianische Ketzerei von sich abschüttelt, und der gemeinschaftliche Haß gegen die Gothen." Solches schrieb der Kaiser und fügte Geldgeschenke hinzu, versprach auch, mehr zu geben, wenn sie erst am Werke wären. Sie sagten ihm auch mit großer Bereitwilligkeit ihre Bundesgenossenschaft zu. — Mundus brach mit seinem Heere in Dalmatien ein, wurde mit den Gothen, die sich ihm entgegenstellten, handgemein, schlug sie in einem Treffen und nahm Salonae. Belisar aber landete auf Sizilien und nahm Catana. [1]) Von dort fuhr er nach Syrakus, das sich ihm, wie auch die andern Städte, ohne Umstände ergab. Nur die Gothen, welche in Panormus [2]) lagen, wollten sich im Vertrauen auf die Festigkeit des Ortes, welche sehr bedeutend war, dem Belisar nicht ergeben und ließen ihm sagen, er möge sammt seinem Heer sich schleunig wegbegeben. Belisar, welcher wohl einsah, daß es unmöglich sei, vom Lande aus den Platz zu nehmen, ließ seine Flotte in den Hafen einfahren, der bis dicht an die Mauern reichte. Derselbe befand sich nämlich außerhalb der Befestigungswerke und war von Vertheidigern gänzlich entblößt. Als nun die Schiffe einfuhren, zeigte es sich, daß die Mastbäume über die Brustwehren hinwegragten. Sofort bemannte Belisar alle Schiffsböte mit Bogenschützen und ließ sie bis zur Spitze der Mastbäume hinaufschiffen. Die Feinde, welche nun von oben beschossen wurden, waren vor Schrecken wie gelähmt und übergaben ihm sogleich Panormus. Seitdem war ganz Sizilien dem Kaiser steuerpflichtig. Belisar aber hatte damals wirklich ganz unaussprechlich großes Glück. Da er nämlich

---

1) Catania. — 2) Palermo. —

535 das Konsulat angetreten hatte nach seinem Siege über die Vandalen, war er noch in Besitz dieser Würde, als er ganz Sizilien
unterwarf, und am letzten Tage seines Amtes ritt er in Syrakus
ein, von seinen Soldaten und den Sizilianern mit lautem Jubel
begrüßt und Goldmünzen unter die Menge werfend. Das hatte
er nicht etwa mit Absicht so eingerichtet, sondern das Schicksal
wollte, daß der Mann, welcher die ganze Insel für die Römer
widergewonnen hatte, gerade an jenem Tage in Syrakus einzog
und sein Amt als Konsul nicht, wie es gewöhnlich geschah, in
der Kurie ¹) zu Byzanz, sondern dort niederlegte und Konsular wurde.

Solches Glück ward Belisar zu Theil.

6. Als aber Petrus hiervon Kunde erhielt, drängte und
drohte er noch viel mehr und umstrickte Theodat völlig. Dieser
verlor allen Muth und war so bestürzt, als ob er selbst mit
Gelimer zugleich in Gefangenschaft gerathen wäre. Er hatte
mit Petrus eine geheime Unterredung unter vier Augen, in welcher
folgender Vertrag verabredet wurde: Theodat räumt dem Kaiser
Justinian ganz Sizilien ein; er schickt ihm jährlich eine goldene
Krone im Gewicht von 300 Pfund und 3000 streitbare gothische
Männer, sobald der Kaiser es verlangt; Theodat darf keinen
Priester oder Senator tödten oder sein Vermögen einziehen, außer
wenn es der Kaiser gestattet. Wenn Theodat jemand zum Patricius machen oder ihm ein anderes senatorisches Amt geben
will, so darf er es nicht selbständig thun, sondern muß beim
Kaiser die Verleihung nachsuchen. Wenn im Theater, der Rennbahn oder wo sonst dergleichen geschieht, das Volk dem Herrscher
zuruft, soll zuerst der Name des Kaisers, dann erst Theodats
gerufen werden. Ein Standbild von Erz oder anderm Material darf nie mehr dem Theodat allein errichtet werden, sondern
immer nur in Verbindung mit dem Kaiser, und zwar so, daß

1) Sitzungssaal des Senats. —

dieser jedesmal rechts, Theodat links zu stehen kommt. — Diesen 535
Vertrag unterschrieb Theodat und entließ damit den Gesandten.

Bald darauf erfaßte Angst und Schrecken die Seele des
Mannes, und seine grenzenlosen Befürchtungen brachten ihn da=
hin, daß er fast den Verstand verlor. Schon das bloße Wort
„Krieg“ machte ihn zittern und der Gedanke, daß der Krieg
unmittelbar bevorstehe, wenn seine Verabredung mit Petrus des
Kaisers Beifall nicht finde. Sofort ließ er jenen, der schon in
Albanien war, zurückrufen und fragte ihn in heimlicher Unter=
redung, ob er glaube, daß der Vertrag nach dem Sinne des
Kaisers sein würde. Petrus antwortete, er glaube es wohl.
„Wenn er nun aber gar nicht seinen Beifall finden sollte?“ fragte
Theodat weiter. „Dann wirst Du Krieg führen müssen, hoher
Herr!“ versetzte Petrus. „Aber liebster Gesandter, ist das denn
gerecht?“ „Wie sollte es nicht gerecht sein, die Lebensanschauung
eines jeden genau zu beobachten?“ „Wie soll ich das verstehen?“
fragte Theodat. „Dein höchstes Streben geht dahin, Philosoph
zu sein; Justinians aber, ein echter Römerkaiser zu sein. Da=
raus ergiebt sich nun folgender Unterschied: jemandem, der sich
der Philosophie befleißigt, dürfte es nicht wohl anstehen, Tod
und Verderben über die Menschen zu bringen, noch dazu über
so viele. Plato lehrt wenigstens so, und Du, der Du ja sein
Schüler bist, mußt Deine Hände durchaus rein von Menschenblut
halten. Für Justinian hingegen ist es ganz natürlich, daß er
sich eines Landes bemächtigt, das noch dazu von rechtswegen zu
seiner Herrschaft gehört.“ Durch diese Gründe ließ sich Theodat
bestimmen, dem Kaiser Justinian seine Herrschaft abzutreten.
Und das beschwor er mit seiner Gemahlin. Den Petrus aber
verpflichtete er gleichfalls durch Eidschwur, diese letzte Abmachung
nicht eher kundzugeben, als er bemerkt hätte, daß der Kaiser
den ersten Vertrag nicht annehmen wolle. Für diese Unterhand=
lung schickte er mit Petrus einen seiner Vertrauten, den römi=
schen Priester Rusticus. Diesen beiden gab er einen Brief mit.

635   Petrus und Rusticus gaben bei ihrer Ankunft in Byzanz
zunächst den ersten Vertragsentwurf kund, wie ihnen Theodat
aufgetragen hatte. Als diesen aber der Kaiser durchaus nicht
annehmen wollte, traten sie mit dem zweiten hervor. Der Brief
lautete also: „Ich bin, o Kaiser, kein Frembling am Hofe, denn
ich bin im Palast meines königlichen Ohms geboren und meiner
Abkunft würdig erzogen. Krieg und Waffenlärm bin ich wenig
gewöhnt. Denn da ich von Liebe zu den Wissenschaften beseelt
bin und mich ausschließlich mit diesen beschäftigt habe, so bin
ich dem Schlachtengetöse bis jetzt gänzlich fern geblieben. So
paßt es mir gar nicht, mich in Gefahren zu stürzen um Krone
und Kriegsruhm, da es mir möglich ist, beide zu meiden. Denn
an jenen liegt mir gar nichts: der Ruhm wird mit Uebersättigung
erkauft; die Herrschaft stürzt den, der nicht daran gewöhnt ist,
in Unruhe. Wenn ich nur Güter habe, die nicht weniger als
1200 Pfund Gold jährlich einbringen, so wäre mir das lieber
als die Königskrone, und ich werde dann sofort die Herrschaft
über Gothen und Italiker in Deine Hände legen. Ich ziehe es
vor, ohne Sorgen meinen Acker zu bestellen, als mit der Krone
Sorgen zu tragen, die eine Gefahr nach der andern im Geleite
haben. Sende mir baldigst jemand, in dessen Hände ich Italien
und die königlichen Geschäfte legen kann". Der Kaiser war
hierüber höchst erfreut und antwortete folgendermaßen: „Schon
immer war ich der Ansicht, daß Du ein sehr verständiger Mann
wärest; jetzt habe ich den Beweis dafür in Händen und weiß
es dadurch, daß Du beschlossen hast, den Ausgang eines Krieges
nicht abzuwarten; [und das ist sehr weise von Dir, denn] man=
cher hat sich schon darauf verlassen und ist bitter enttäuscht wor=
den. Es wird Dich sicher nicht gereuen, daß Du uns aus Fein=
den zu Freunden gemacht hast. Was Du forderst, sollst Du
von uns bekommen, und außerdem sollst Du die höchsten römi=
schen Ehrenstellen erhalten. Ich schicke Petrus und Athanasius
ab, um den Vertrag für uns beide gültig abzuschließen. Bald

wird auch Belisar zu Dir kommen, der noch die letzte Hand an 535
alles legen soll, was etwa zwischen uns verabredet wird." So
schrieb der Kaiser und schickte Athanasius ab, den Bruder jenes
Alexander, der, wie schon erwähnt, zu Athalarich als Gesandter
gegangen war, und zum andern Mal den Advokaten Petrus,
von dem schon die Rede war, mit dem Auftrag, die Güter des
königlichen Hauses, das sogenannte Patrimonium, dem Theodat
zuzuertheilen, den Vertrag durch Unterschrift und Eidschwur fest=
zumachen und Belisar aus Sizilien herbeizuholen, damit er von
der Königsburg und Italien Besitz ergreife und die Vertheidigung
davon übernehme. Und dem Belisar befahl er, auf Ansuchen
jener sofort herbeizueilen.

7. Während nun der Kaiser dies anordnete und die ge=
nannten Gesandten nach Italien abgingen, fielen die Gothen
unter der Führung des Asinarius, Grippas und anderer mit
zahlreicher Mannschaft in Dalmatien ein. Als sie ganz nahe
an Salonae waren, kam ihnen Mauritius, der Sohn des Mun=
dus, nicht um ein Treffen zu liefern, sondern auf Kundschaft mit
wenigen Leuten entgegen. Es erfolgte ein heftiger Zusammen=
stoß; von den Gothen fielen die edelsten und tapfersten, die Römer
fast alle und mit ihnen ihr Anführer Mauritius. Als das
Mundus vernahm, ergriff ihn heftiger Schmerz über das trau=
rige Ereigniß, der Schmerz verwandelte sich in Wuth, und so
zog er sofort ohne Vorsichtsmaßregeln blind auf den Feind los.
Es wurde heftig gekämpft; der Sieg aber, den die Römer er=
fochten, war ein Kadmeischer [1]). Von den Feinden fielen nämlich
die meisten, und ihre Flucht war schon allgemein geworden; da
erhielt Mundus, der in zügellosem Schmerz über den Verlust
seines Sohnes blindlings drauflosritt und alles vor sich nieder=
hieb, von einem der Fliehenden eine Wunde und sank zu Boden.

1) in so fern, als die Römer nach Prokops Auffassung siegen, ihr Anführer
aber den Tod findet, wie einst Etrokles, der Enkel des Kadmus, im Kampf seinem
Bruder Polyneikes den Tod gab, selbst aber auch von dessen Hand fiel, worauf die
Belagerer sich zurückzjehen. —

535 Nun hörte die Verfolgung auf. und beide Heere ließen von einander
ab. (So ging ein Spruch der Sibylle in Erfüllung, der bis dahin unenträthselt geblieben war: „Nach Afrikas Eroberung wird
Mundus mit seinem Sohn umkommen". Bis dahin hatte man
nämlich „mundus" mit „Welt" übersetzt und den Zusammenhang
sich nicht erklären können.) Nach Salonae hinein ging niemand;
denn die Römer, welche ganz führerlos geworden waren, zogen
sich in ihre Heimath zurück, und die Gothen, welche ihre besten
Streiter verloren hatten, hielten sich aus Furcht in ihren Kastellen;
in Salonae fühlten sie sich trotz der Festungswerke nicht sicher,
besonders weil die dort angesessenen Römer ihnen keineswegs
freundlich gesonnen waren.

Als Theodat hiervon Kunde erhielt, behandelte er die Gesandten, welche schon bei ihm angekommen waren, ganz geringschätzig. Er war nämlich von Natur durchaus treulos und
wankelmüthig; je nach den Glücksumständen war er entweder
gegen alle Vernunft und ohne Rücksicht auf seine persönliche Würde
maßlos feige und furchtsam oder unsagbar übermüthig. Als
er nun damals die Botschaft vom Tode des Mauritius und
Mundus empfangen hatte, verfiel er in einen Hochmuth, der in
gar keinem Verhältniß zu den vorliegenden Thatsachen stand,
und hielt es für angezeigt, die Gesandten, als sie vor ihn traten,
zu höhnen. Und als Petrus ihm einmal Vorwürfe machte, daß
er den Vertrag mit dem Kaiser verletze, ließ er sie beide vor
sich kommen und sprach so: „Das Amt der Gesandten ist heilig
und steht bei allen Menschen hoch in Ehren. Diese ihre Un-
antastbarkeit wohnt den Gesandten inne, so lange sie durch ihr
eignes Betragen sich ihres Amtes würdig zeigen. Denn einen
Gesandten zu tödten, halten die Menschen für recht, wenn er
gegen den Herrscher sich vergangen hat oder mit der Frau eines
andern Ehebruch getrieben hat." Theodat richtete diesen Vorwurf gegen Petrus, nicht als ob dieser mit einer Frau sich
vergangen hätte, sondern um die Behauptung aufzustellen, daß

es Anklagegründe gebe, die zum Todesurtheil über einen Ge= 535
fandten führen könnten. Die Gesandten antworteten also: „Dies
verhält sich nicht so, o König der Gothen, wie du gesagt hast;
auch kannst du nicht mit sinnlosen Vorwänden Leuten, wie Ge=
fandte sind, ruchlose Thaten anhängen. Ein Gesandter kann
gar nicht zum Ehebrecher werden, selbst wenn er wollte, denn
er kann nicht einmal Wasser bekommen ohne die Zustimmung
derer, die ihn bewachen. Wenn die Worte, die er im Sinne
seines Auftraggebers spricht, nicht angenehm klingen, so kann er
billigerweise nicht die Verantwortung dafür übernehmen, sondern
jener mag sie tragen, denn der Gesandte wird nur seines Dienstes
walten. Daher werden wir alles sagen, wozu wir durch den
Mund des Kaisers beauftragt sind; Du aber höre es ruhig an —
Gesandte zu mißhandeln wird Dir nur möglich sein, wenn Dein
Verstand sich verwirrt — und erfülle jetzt, was Du dem Kaiser
versprochen hast. Denn gerade dazu sind wir hier. Den Brief,
welchen er Dir geschrieben, hast Du schon in Händen; den, wel=
chen er an die ersten Männer unter den Gothen abgesandt hat,
werden wir niemand anders als ihnen selbst einhändigen". Als
die anwesenden Gothenfürsten hörten, was die Gesandten sagten,
veranlaßten sie, daß der Brief an sie dem Theodat eingehändigt
wurde. Er lautete so: „Es liegt uns am Herzen, daß Ihr in
unsern Staat aufgenommen werdet. Das kann Euch nur lieb
sein; denn nicht um erniedrigt, sondern um erhöht zu werden,
sollt Ihr zu uns kommen. Übrigens laden wir die Gothen
nicht nach fremden oder unbekannten Wohnsitzen ein, sondern als
unsre Landsleute, die sich nur eine Zeit lang von uns getrennt
haben. Deshalb haben wir jetzt Athanasius und Petrus ge=
schickt, die Euch in jeder Beziehung hülfreich zur Seite stehen
sollen." Das besagte der Brief. Nachdem aber Theodat alles
vorgelesen hatte, dachte er gar nicht daran zu thun, was er
dem Kaiser versprochen hatte, sondern hielt vielmehr die Gesandten
in strenger Haft.

Als der Kaiser Justinian vernommen hatte, was sich hier und in Dalmatien zugetragen hatte, sandte er seinen Hofstall= meister[1]) Konstantian nach Illyrien mit dem Auftrag, ein Heer zu sammeln uud womöglich Salonae zu entsetzen; Belisar erhielt den Befehl, sofort nach Italien hinüberzugehn und die Gothen als Feinde zu behandeln. Konstantian begab sich nach Epidam= nus[2]), wo er einige Zeit verweilte, um ein Heer zu sammeln. Unterdessen kamen die Gothen unter Grippas mit einem andern Heer nach Dalmatien und besetzten Salonae. Konstantian, wel= cher aufs Sorgfältigste seine Rüstungen vollendet hatte, segelte mit seiner ganzen Flotte von Epidamnus nach Epidaurus[3]), das auf der rechten Seite liegt, wenn man in das adriatische Meer einfährt. Dort befanden sich gerade Kundschafter, die Grippas ausgesandt hatte. Als diese Konstantians Schiffe und Lager erblickten, schien ihnen alles zu Wasser und zu Lande voll von Soldaten zu sein; sie kehrten zu Grippas zurück und versicherten, Konstantian führe nicht wenige Myriaden mit sich. Jener ver= fiel in große Angst und hielt es nicht für räthlich, den Heran= rückenden entgegenzuziehen oder von dem kaiserlichen Heer, das der See schon völlig Herr war, sich belagern zu lassen. Am meisten machte ihn der Zustand der Festungswerke von Salonae bestürzt, die größtentheils verfallen waren; endlich war die Ge= sinnung der Bewohner sehr verdächtig. Daher brach er mit seinem ganzen Heer von dort schleunigst auf und lagerte in der Ebene zwischen Salonae und Skardone[4]). Konstantian fuhr nun mit seiner ganzen Flotte von Epidaurus nach Lissa, einer Insel im innersten Theil der Adria. Von dort schickte er einige Leute von seinem Gefolge aus, um zu erkunden, wie es mit Grippas stehe. Sobald er durch diese hinlänglich unterrichtet war, segelte er gerade auf Salonae los. Als er dicht dabei war, schiffte

---

1) ὅς τῶν βασιλικῶν ἱπποκόμων ἦρχε, sacri stabuli comes. —
2) Oder Thyrrhachium, Turazzo in Albanien. — 3) Ragusa vecchia in Dalmatien. —
4) Ort in Dalmatien. —

er seine Truppen aus und machte Halt; nur 500 auserlesene [535]
Soldaten unter Siphyllas, einem seiner Doryphoren, schickte er
voraus, um den Hohlweg zu besetzen, der sich hart vor der Stadt
befinden sollte. Siphyllas führte seinen Auftrag aus. Konstantian und sein ganzes Heer zogen am folgenden Tage in Salonae
ein, und die Flotte ging im Hafen vor Anker. Er richtete sein
Hauptaugenmerk darauf, die verfallenen Theile der Befestigung
sorgsam wiederaufzubauen. Am siebenten Tage der Einnahme
Salonaes durch die Römer zog sich Grippas mit seinem Gothenheer aus seiner Stellung nach Ravenna zurück. So fiel ganz
Dalmatien und Liburnien in Konstantians Hände, der auch alle
Gothen, die dort wohnten, auf seine Seite zog. So standen
die Dinge in Dalmatien. Der Winter ging zu Ende und mit
ihm das erste Jahr des Krieges, den Prokop beschrieben hat[1]).

8. Belisar ließ Besatzungen in Syrakus und Panormus [536]
zurück und setzte mit dem übrigen Heer von Messana nach Rhegium[1]) über (dorthin setzen die Dichter Scylla und Charybdis), und
täglich strömten ihm die Bewohner jener Gegenden zu; diese
legten nämlich auf die Bewachung ihrer Städte, die von Alters
her mauerlos waren, gar keinen Werth, besonders aus Haß gegen
die Gothen, deren Herrschaft sie natürlich nur widerwillig trugen.
Von den Gothen selbst ging zu Belisar über Ebrimuth mit
seinen Kindern, Theodats Schwiegersohn, der dessen Tochter Theo-
denantha zur Frau hatte. Er wurde sogleich zum Kaiser geschickt und erhielt außer andern Ehrengeschenken die Würde eines
Patricius. — Das Heer zog nun zu Lande von Rhegium aus
durch Bruttien und Lukanien[2]), ganz nahe der Küste bewegte sich
mit ihm auf gleicher Höhe die Flotte. Als man aber nach Kampanien kam, stieß man auf eine Stadt, am Meere gelegen, die
den Namen Neapel führt, eine starke Festung mit zahlreicher
gothischer Besatzung. Belisar ließ die Schiffe im Hafen außer
Schußweite vor Anker gehen und schlug selbst nahe bei der Stadt

1) Messina, Reggio. — 2) Die südlichsten Landschaften Italiens. —

538 ein Lager auf, nachdem er das Kastell in der Vorstadt gütlich
zur Übergabe gebracht hatte. Dann gestattete er denen, welche
in der Stadt waren, auf ihre Bitte, einige angesehene Leute ins
Lager zu schicken, welche ihm ihre Wünsche vortragen, seine Vor=
schläge entgegennehmen und sie dann dem versammelten Volk mit=
theilen sollten. Sofort schickten die Neapolitaner Stephanus ab,
der vor Belisar erschien und also sprach: „Du thust nicht recht,
o Feldherr, wenn Du gegen römische Männer, die nichts Böses
verübt haben, zu Felde ziehst. Wir bewohnen eine kleine Stadt
und haben eine Besatzung von Barbaren, die uns beherrschen,
so daß, selbst wenn wir wollten, wir nichts unternehmen können.
Diese Wächter sind bei uns eingerückt, indem sie ihre Kinder,
Weiber und Schätze in Theodats Händen zurückgelassen haben.
Wenn sie nun mit uns gemeinschaftliche Sache machen wollten,
so würden sie durch ihren Verrath nicht die Stadt, sondern ihr
eignes Interesse preisgeben. Wenn wir aber die Wahrheit ohne
Hehl sagen sollen, so handelt Ihr gegen Euer Interesse, wenn
Ihr unsere Stadt berennt: denn wenn Ihr Rom genommen
habt, wird sich auch Neapel ohne Anstand Euch unterwerfen;
könnt Ihr aber jenes nicht nehmen, werdet Ihr schwerlich im
Besitz unserer Stadt Euch halten können. So werdet Ihr bei
dieser Belagerung Eure Zeit unnütz verbringen.“

So redete Stephanus; Belisar aber antwortete, man solle
ihm nur glauben, daß er mit seinem Heer zur Befreiung Italiens
gekommen sei. Der gothischen Besatzung stellte er frei, in den
Dienst des Kaisers überzutreten oder unbehelligt abzuziehen; wenn
die Neapolitaner sich ergäben, würden sie ebenso gnädig behandelt
werden wie die Sizilianer. Stephanus kehrte in die Stadt zu=
rück, berichtete über Belisars Vorschlag und äußerte selbst seine
Ansicht dahin, es sei nicht rathsam, gegen den Kaiser zu kämpfen.
Ihm stand zur Seite Antiochus, ein Syrer, der aber schon lange
in Neapel wohnte und Seehandel trieb, auch wegen seiner Klug=
heit und Rechtschaffenheit sich einer geachteten Stellung erfreute.

Die besten Freunde der Gothen dagegen waren zwei hochange= 536
sehene Sachwalter, Pastor und Asklepiodot, die an den herrschen=
den Zuständen nichts geändert wissen wollten. Diese beiden
hatten die Absicht, die Verhandlungen zum Scheitern zu bringen.
Sie veranlaßten daher die Volksmenge, eine große Anzahl von
Bedingungen aufzustellen und von Belisar einen Eid zu verlangen,
daß er sie sofort erfüllen werde. Sie schrieben alle Forderungen
auf und gaben das Verzeichniß an Stephanus — schwerlich
dachte jemand daran, Belisar würde das alles annehmen. Ste=
phanus begab sich sogleich ins kaiserliche Lager, zeigte dem Feld=
herrn das Schriftstück und fragte, ob er Willens sei, alles zu er=
füllen, was die Neapolitaner forderten, und einen Eid darauf zu
leisten. Er versprach, alles zu thun, und entließ ihn. Als die
Neapolitaner das hörten, wollten sie schon den Vertrag anneh=
men und das kaiserliche Heer in die Stadt einlassen. Sie riefen
laut, es könne ihnen nichts Böses geschehen, das beweise das
Beispiel der Sizilianer. Diese hätten soeben für die Tyrannei
der Barbaren die kaiserliche Herrschaft Justinians eingetauscht,
seien frei und aller Unbill ledig. Und sie begaben sich mit lau=
tem Jubel zu den Thoren, um sie zu öffnen. Diese Vorgänge
waren gar nicht nach dem Geschmack der Gothen; weil sie aber
zum Widerstande zu schwach waren, wollten sie sich entfernen.
Da riefen Pastor und Asklepiodot die Gothen und das Volk auf
einen Platz zusammen und redeten also: „(Jetzt, bei Beginn des
Kampfes sich zu ergeben, ist verkehrt und schädlich: siegen die
Gothen, werden sie uns als ihre schlimmsten Feinde behandeln;
siegt Belisar, so wird man uns, die wir bereitwillig unsere Stadt
an den Kaiser verrathen haben, wie alle Verräther, beständig
mit Mißtrauen betrachten. Leisten wir aber Widerstand, werden
uns die Gothen, wenn sie siegen, dankbar sein; im andern Fall
bekommen wir immer noch anständige Bedingungen von Belisar.
Wir sind gut verproviantiert, haben starke Festungswerke und
hinlängliche Besatzung: was haben wir zu befürchten? Belisar

536 mag sich erst mit Theodat und seinen Gothen messen, dann fällt
Neapel ihm von selbst zu.)" So redeten die beiden und führten
die Juden auf, welche betheuerten, daß die Stadt nicht im ge=
ringsten werde Mangel leiden; die Gothen versicherten ebenfalls,
daß sie den Wall aufs Beste vertheidigen würden. So ließen sich
die Neapolitaner bereden und forderten Belisar auf, schnellstens
das Feld zu räumen; der aber schritt zur Belagerung. Wieder=
holte Stürme wurden abgeschlagen; viele Soldaten, darunter
gerade die tapfersten, verloren dabei das Leben. Denn die Stadt=
mauer von Neapel ist nach der einen Seite durch das Meer,
auf der andern durch Abhänge begrenzt und besonders wegen
ihrer Steilheit gar nicht zu ersteigen. Durch die Zerstörung der
Leitung, welche die Stadt mit Wasser versorgte, störte Belisar
die Neapolitaner nicht sehr, da sich Brunnen innerhalb der Mauer
befanden, die reichlich Wasser gaben und dadurch den Verlust
wenig fühlbar machten.

9. Die Belagerten schickten nun heimlich Gesandte nach
Rom an Theodat und baten um schleunige Hülfe. Theodat aber
rüstete gar nicht zum Kriege, da er von Natur ein Feigling war,
wie ich schon früher gesagt habe. Man sagt, daß ihm auch
sonst etwas begegnet sei, das ihn sehr erschreckt und in noch
größere Furcht versetzt habe — ich glaube es zwar nicht, will
es aber dennoch erzählen. Theodat, welcher schon früher nicht
uneingeweiht gewesen war in Bezug auf Dinge, welche die Zu=
kunft verkündeten, und ihnen Glauben schenkte, war eben damals
wegen eines Entschlusses in größter Verlegenheit — gerade solche
Lage treibt die Menschen aber am meisten an, ihre Zuflucht zu
Orakeln zu nehmen — und wandte sich daher an einen Hebräer,
der im Rufe eines großen Propheten stand, mit der Frage,
welches das Ende des Krieges sein würde. Der hieß ihn drei=
mal zehn Schweine in drei Ställe stecken und je zehn mit den
Namen der Soldaten der Gothen, der Römer und des Kaisers
belegen. Dann sollte er eine bestimmte Anzahl Tage warten.

Theodat that also. Als der verabredete Tag gekommen war, 336
betraten sie beide die Ställe und besahen die Schweine. Da
fanden sie die als Gothen bezeichneten todt bis auf zwei, die
Soldaten des Kaisers lebendig bis auf wenige; die „Römer"
benannten hatten alle Haare verloren, und es lebte von ihnen
nur die Hälfte. Da Theodat das sah und daraus den Ausgang
des Krieges erschloß, soll ihn eine große Furcht befallen haben,
denn er begriff ganz gut, die Römer würden zur Hälfte um=
kommen und all ihre Habe verlieren, von den Gothen würden
nur wenige übrig bleiben, der Kaiser aber werde mit geringem
Verlust als Sieger aus dem Kampfe hervorgehen. Und deshalb
soll Theodat gar keinen Muth gehabt haben, sich mit Belisar
in einen Kampf einzulassen. Hierüber kann nun jeder reden, wie
er dazu sich in Glauben oder Unglauben verhält.

Belisar ärgerte sich über die Neapolitaner, welche er zu
Wasser und zu Lande belagerte. Denn er glaubte einerseits
nicht, daß sie sich gutwillig ergeben würden, andrerseits konnte
er nicht hoffen, die Stadt zu nehmen, da er nur zu gut wußte,
daß ihre ausgezeichnete Lage für ihn das größte Hinderniß war.
Auch verdroß ihn der Aufwand an Zeit, da er auf diese Weise
sich gezwungen sah, zur Winterszeit gegen Theodat und Rom zu
ziehen. Schon hatte er dem Heer den Befehl gegeben aufzu=
packen, da er so bald als möglich von dort wegrücken wollte.
Als er sich so in der größten Verlegenheit befand, trat folgender
unverhoffte Glücksfall für ihn ein. Ein Isaurier bekam Lust,
sich den Bau der Wasserleitung anzusehen, und auf welche Weise
sie das Wasser der Stadt zuführe. Fern von der Stadt, an dem
Punkte, wo Belisar sie hatte durchbrechen lassen, betrat er sie
und ging ohne Schwierigkeit weiter, da das Wasser wegen des
Durchbruchs ganz abgeflossen war. Als er aber dicht an die
Stadtmauer gekommen war, stieß er auf einen großen Felsblock,
der nicht durch Menschenhände, sondern durch die Natur an diese
Stelle gekommen war. Die Erbauer der Wasserleitung hatten

536 diese durch den Fels gelegt, so daß zwar ein Mann durch die
Öffnung nicht gut, das Wasser aber bequem seinen Weg hin=
durch nehmen konnte. Und deswegen hatte die Wasserleitung
hier nicht die Breite wie sonst überall, sondern es war ein enger
Gang, der für einen Mann in voller Rüstung mit dem Schilde
unpassierbar war. Dem Isaurier, der die Sachlage prüfte, schien
es nicht unmöglich, dem Heer einen Eingang in die Stadt zu
verschaffen, wenn man den Durchgang durch den Felsen ein wenig
erweitere. Weil er selbst aber ein einfacher Soldat war, mit
dem noch niemals einer der höheren Offiziere gesprochen hatte,
so brachte er die Sache zunächst an einen Isaurier Paukaris,
der unter den Hypaspisten Belisars mit Auszeichnung diente.
Dieser berichtete sogleich die ganze Geschichte an Belisar. Der
athmete förmlich auf vor Vergnügen über diese Erzählung, ver=
sprach dem Mann eine hohe Belohnung und trieb ihn zu raschem
Handeln an. Er befahl ihm, gemeinschaftlich mit einigen andern
Isauriern möglichst schnell den Durchgang zu erweitern und da=
bei achtzugeben, daß niemand etwas davon merke. Paukaris
suchte sich die tauglichsten Isaurier aus und schlüpfte mit ihnen
in die Wasserleitung. An dem Punkt, wo sich die Enge im
Felsen befand, machten sie sich ans Werk, nicht mit Äxten und
Beilen, sondern, damit nicht die Feinde durch das Geräusch auf
das, was vorging, aufmerksam gemacht würden, feilten sie mit
scharfen Eisen auf das Emsigste. In kurzer Zeit war das Werk
soweit vollendet, daß ein Mann in voller Rüstung mit dem
Schilde hindurchgehen konnte.

Als nun alles so in schönster Ordnung war, bedachte Be=
lisar, daß, wenn Neapel mit Sturm genommen würde, viele
Menschen ums Leben kommen und auch sonst allerlei passieren
könnte, was bei der Eroberung einer Stadt sich zu ereignen pflegt.
Er ließ sogleich Stephanus holen, (hielt ihm alle Schrecken der
Eroberung und Plünderung vor, versicherte, es thäte ihm Leid,
gegen Christen und Römer so vorgehen zu müssen; bei der Er=

eberung, die ihm jetzt zweifellos gelingen würde, könne er die 536
Wuth seiner Soldaten, die zum Theil Barbaren wären, nicht
mehr zügeln. Daher forderte er sie nochmals auf, nicht blind
ins Verderben zu rennen.) Nach diesen Worten entließ Belisar
den Stephanus, der den Neapolitanern unter vielen Thränen
und Seufzern, was er gehört hatte, berichtete. Die aber waren
guten Muthes und dachten nicht daran, sich Belisar zu ergeben —
es war ihnen nämlich bestimmt, nicht ohne empfindliche Strafe
dem Kaiser unterthan zu werden.

10. Nun traf Belisar seine Vorbereitungen zum Sturm.
Bei Einbruch der Dunkelheit suchte er ungefähr 400 Mann aus,
die er unter den Befehl des Reiterobersten Magnus und des
Isauriergenerals Ennes stellte. Er ließ sie Panzer anlegen und
mit Schild und Schwert auf seinen Wink sich bereit halten.
Dann wurde Bessas herbeigeholt, der bei ihm bleiben sollte,
weil er sich mit ihm wegen der weiteren Maßregeln berathen
wollte. Gegen Mitternacht ertheilte er dem Magnus und Ennes
ihren Auftrag und zeigte ihnen den Punkt, wo er anfangs die
Wasserleitung hatte durchstechen lassen: sie sollten die Vierhundert
unter Fackelschein in die Stadt hineinführen. Und mit ihnen
schickte er zwei tüchtige Trompeter, die, wenn sie innerhalb der
Mauern angekommen wären, durch ihr Blasen einerseits die Bür=
ger in Verwirrung bringen, andrerseits ein Zeichen geben sollten,
daß der Handstreich geglückt sei. Er selbst hielt eine sehr große
Zahl von Leitern, die schon vorher angefertigt waren, in Be=
reitschaft. Die nun in die Wasserleitung eingedrungen waren,
gingen auf die Stadt los; er selbst blieb mit Bessas und Pho=
tius dabei und traf die weiteren Anordnungen. Im Lager ließ
er alarmieren und befahl, Gewehr bei Fuß das Weitere abzu=
zuwarten. Die, welche er für die Muthigsten hielt, hatte er in
seiner nächsten Umgebung. Von denen aber, die gegen die Stadt
vorgehen sollten, verlor über die Hälfte den Muth und kam zum
Feldherrn zurück; mit ihnen Magnus, der sie trotz aller Ermah=

536 nungen nicht hatte vorwärts bringen können. Belisar fuhr sie
an, suchte aus seiner Umgebung 200 Mann aus und schickte sie
unter Magnus vor. Photius, der sich an ihre Spitze stellen
wollte, war schon in die Leitung hineingesprungen, aber Belisar
rief ihn zurück. Aus Beschämung über die Schmähreden des
Belisar und Photius gingen nun auch die, welche zuerst vor der
Gefahr geflohen waren, mit vor, um sie jetzt zu bestehen. Da
Belisar aber fürchtete, die Feinde, welche auf dem Thurm ganz
dicht bei der Wasserleitung Wache hielten, möchten bemerken, was
vorging, eilte er dorthin und befahl dem Bessas, mit den Barbaren, die dort standen, in gothischer Sprache sich zu unterhalten,
damit keinem das Geklirr der Waffen in die Ohren falle. Bessas
rief zu ihnen hinauf und forderte sie dringend auf, sich an Belisar zu ergeben und versprach ihnen alle möglichen Vortheile.
Die aber verhöhnten ihn und stießen allerlei Schimpfreden gegen
Belisar und den Kaiser aus.

Also thaten Belisar und Bessas.

Die Wasserleitung von Neapel ist aber nicht nur bis zur
Stadtmauer gedeckt, sondern läuft noch ein ganzes Stück in
die Stadt hinein unter einem Gewölbe von gebrannten Ziegeln,
so daß Magnus und Ennes mit ihren Begleitern, die sich in
der Wasserleitung befanden, gar nicht mehr ahnen konnten,
wo sie eigentlich steckten, und noch viel weniger konnten sie herauskommen. Da gelangten die ersten an einen Ort, wo die
Leitung unbedeckt war und sich ein völlig verfallenes Haus befand. Darin wohnte eine Frau, ganz allein, in bitterer Ar-
muth. Und ein Ölbaum war über die Leitung herübergewachsen.
Als jene nun den Himmel über sich sahen und merkten, daß sie
mitten in der Stadt waren, wollten sie gern herauskommen,
sahen aber kein Mittel, besonders mit den Waffen die Leitung
zu verlassen, denn der Bau hatte hohe Wände, und nirgends
war eine Treppe. Während die Soldaten in arger Verlegenheit waren und sich schon zusammendrängen mußten, denn

bereits waren von den hinten Befindlichen viele nachgekommen, 536
verfiel einer auf den Gedanken, den Aufstieg zu versuchen. Er
legte sogleich die Waffen ab, kletterte mit Händen und Füßen
hinauf und trat in das Haus der Frau. Sobald er sie erblickte,
bedrohte er sie mit dem Tode, wenn sie sich nicht ganz ruhig
verhielte. Vor Schrecken blieb sie stumm. Nun band er unten
an den Stamm des Ölbaumes einen starken Riemen, dessen
anderes Ende er in die Leitung hinabgleiten ließ. Da faßte
nun jeder Soldat an und kam so mit Mühe empor. Als alle
oben waren, übrigte nur noch das letzte Viertel der Nacht. So=
fort begeben sie sich auf die Mauer und tödten die ahnungslosen
Wächter zweier Thürme auf der Nordseite, wo Belisar mit Bessas
und Photius in höchster Spannung aufpaßten, was geschehen
würde. Kaum hatten sie das Trompetensignal vernommen, da
ließ Belisar die Leitern an die Mauern legen und befahl den
Soldaten hinaufzustürmen. Aber die Leitern reichten alle nicht
bis an die Brustwehr; denn da die Zimmerleute sie ohne Augen=
maß hatten anfertigen müssen, waren sie unter der nöthigen
Länge geblieben. Es wurden nun zwei an einander gebunden,
und mit deren Hülfe kamen die Soldaten glücklich über die
Brustwehr.

So ging es auf Belisars Seite zu.

Auf der Seeseite aber, wo nicht die Barbaren, sondern die
Juden Wache hielten, konnten die Soldaten weder Leitern an=
legen, noch sonst die Mauern erklimmen. Denn die Juden, welche
ihren Feinden besonders verhaßt waren, weil sie die Mitschuld
trugen, daß die Stadt sich nicht ohne Schwertstreich ergab, hatten
für sich alle Hoffnung aufgegeben, kämpften tapfer, obgleich die
Stadt schon erstürmt war, und leisteten gegen alle Erwartung
dem Angriff erfolgreichen Widerstand! Als es aber Tag gewor=
den war und sie von den Eingedrungenen im Rücken angegriffen
und beschossen wurden, wandten sie sich zur Flucht. So wurde
Neapel mit Sturm genommen, und durch die mittlerweile ge=

536 öffneten Thore strömte das ganze römische Heer hinein. — Diejenigen aber, welche gegen die östlichen Thore vorgegangen waren,
hatten gar keine Leitern; da sie jedoch jene ganz unbewacht vorfanden, legten sie Feuer an, denn dort war die Mauer von
Vertheidigern entblößt, weil die Wächter davongelaufen waren.
Nun ward ein furchtbares Blutbad angerichtet. Alle wütheten,
besonders die, welche beim Sturm auf die Mauern einen Bruder
oder Verwandten verloren hatten, und schlugen jeden, der ihnen
in den Weg kam, ohne Rücksicht auf das Alter, erbarmungslos
nieder. Sie drangen in die Häuser ein und schleppten Kinder
und Weiber als Sklaven mit; alles wurde ausgeplündert. Am
schlimmsten trieben es die Massageten¹), die selbst von denen,
die sich in die Kirchen geflüchtet hatten, viele umbrachten, bis
Belisar, der hin und her eilte, sie davon abhielt. Er rief die
Soldaten zusammen (und forderte sie auf, nunmehr die Besiegten
zu schonen. Die Beute sollten sie behalten, Weiber und Kinder
aber wieder herausgeben). Nach solchen Worten ließ Belisar die
Weiber, Kinder und die übrigen Sklaven frei, denen noch nichts
Schlimmes geschehen war, und versöhnte die Soldaten mit ihnen.
So geschah es den Neapolitanern, daß sie an einem Tage Kriegsgefangene und an demselben wieder frei und Herren ihrer köst-
lichsten Besitzthümer wurden. Denn diejenigen, welche Gold oder
andere Werthsachen besaßen, hatten es schon vorher in die Erde
vergraben, und bekamen es nun, da es die Feinde nicht aufge-
funden hatten, zugleich mit ihren Häusern wieder. So endete
die Belagerung, welche ungefähr zwanzig Tage gedauert hatte.

(Den Pastor, welcher die Bevölkerung aufgehetzt hatte, rührte
der Schlag, als er sah, daß die Stadt verloren war. Seinen
Freund Asklepiodot führte man mit dem Rest der Vornehmen
vor Belisar, der ihn freiließ. Das Volk aber, welches in ihm
den Urheber seines Unglücks sah, ergriff ihn und riß ihn in
Stücke; den Leichnam des Pastor schlug man vor der Stadt ans

1) Hunnen. —

Kreuz.) Dann baten sie Belisar für das, was sie in gerechtem 536
Zorn gethan hätten, um Straflosigkeit, und da er sie gewährte,
zerstreuten sie sich. So kamen die Neapolitaner noch gnädig
davon.

11. Die Gothen in Rom und dessen Umgegend hatten
sich zunächst über Theobats ruhiges Zusehen gewundert, daß er,
wo doch die Feinde schon so nahe herangekommen waren, nicht
zum Kampfe schritt, und es war in ihnen öfters der Verdacht
rege geworden, er verrathe ohne weiteres das Gothenreich an
Kaiser Justinian, da ihm nichts mehr am Herzen liege, als
selbst ruhig im Besitz eines möglichst großen Vermögens zu leben.
Als aber die Kunde vom Fall Neapels kam, ließen sie diese
Vorwürfe ganz laut werden und versammelten sich an einem
Ort, 280 Stabien [1]) von Rom, den die Römer Regeta nennen.
Hier schien ihnen für ein Lager der günstigste Punkt zu sein,
denn es sind daselbst viele Pferdeweiden. Es fließt dort ein
Fluß, den die Anwohner auf Lateinisch Decemnovius [2]) nennen,
weil er an neunzehn Meilensteinen — so viel wie 113 Stabien [3])
— vorbeifließt, ehe er sich bei Tarracina, dicht beim Circäischen [4])
Vorgebirge ins Meer ergießt.

Als die Gothen nach Regeta zusammengekommen waren,
wählten sie zum König über sie und die Italiker Witichis, der
nicht aus einem edlen Hause stammte, aber in den Kämpfen um
Sirmium [5]), als Theoderich mit den Gepiden Krieg führte, sich
sehr ausgezeichnet hatte. Als Theobat das vernahm, rüstete er
sich zur Flucht und machte sich auf den Weg nach Ravenna.
Sofort schickte ihm Witichis den Gothen Optaris nach, mit dem
Befehl, ihn lebend oder todt zu bringen. Dieser Optaris hatte
gegen Theobat einen alten Haß aus folgendem Grunde. Op=
taris hatte sich um eine schöne und wohlhabende Erbtochter be=
worben. Theobat, durch Geld bestochen, hatte sie ihm ab= und

---

1) 51,38 km. — 2) Elsio. — 3) 20,75 km. — 4) Folgt ein unerheblicher
Exkurs über diesen Namen; Kap Circello. — 5) Mitrowitz an der Save in Kroatien. —

einem andern Freier zugesprochen. Optaris folgte also nicht sowohl dem Befehl des Witichis, als seiner eignen Rachgier, wenn er mit Eifer und Ausdauer, ohne sich bei Tag noch bei Nacht Ruhe zu gönnen, Theodat verfolgte. Er trifft ihn wirklich noch unterwegs, wirft ihn hintenüber zu Boden und schlachtet ihn wie ein Opferthier ab. Das war Theodats trauriges Ende, nachdem er drei Jahre lang König gewesen.

Witichis aber ging mit den Gothen, die gerade da waren, nach Rom. Als er hörte, wie es Theodat ergangen war, freute er sich und hielt seinen Sohn, Theodegisel, in Gewahrsam. Und da er einsah, daß die Rüstungen der Gothen ganz unzulänglich waren, hielt er es für besser, zuerst nach Ravenna zu gehen, dort alles aufs Sorgfältigste vorzubereiten und dann wieder den Krieg zu unternehmen, (Um diesen Schritt zu rechtfertigen, hielt er seinen Gothen eine Rede folgenden Inhalts. „Die Hauptmenge der Gothen und ihre Arsenale sind in Gallien, Venetien, überhaupt in den nördlichen Gegenden. Außerdem haben wir noch Krieg mit den Franken. Wir müssen uns auf Ravenna zurückziehen, mit den Franken Frieden machen, um uns dann mit ganzer Kraft auf Belisar werfen zu können. Um Rom braucht Ihr nicht in Sorge zu sein. Wenn die Römer uns wirklich treu sind, werden sie sich schon selbst vertheidigen; sind sie aber im Geheimen unsere Gegner, dann werden sie uns weniger schaden, wenn sie ihre Thore dem Feinde öffnen. Denn es kämpft sich besser gegen offene, als gegen versteckte Feinde. Außerdem werde ich für diesen letzteren Fall einen tüchtigen Führer mit hinreichender Mannschaft hier lassen, so daß uns aus unserm Rückzug gewiß kein Schaden erwachsen kann.")

So sprach Witichis. Die Gothen billigten seine Ansicht und rüsteten alle zum Abmarsch. Silverius, den Bischof von Rom, den Senat und das Volk ermahnte Witichis noch vielfach: er erinnerte sie an Theoderichs Herrschaft, legte ihnen allen ans Herz, dem Gothenvolk günstig gesinnt zu bleiben, und verpflichtete

sie dazu mit den schwersten Eiden. Außerdem las er 4000 Mann 536
aus und stellte sie unter den Befehl des Leutharis, eines be-
jahrten Mannes, der für sehr verständig galt: diese sollten Rom
bewachen. Mit dem übrigen Heer zog er nach Ravenna und
nahm die meisten Senatoren als Geiseln mit sich fort. Als er
dort angekommen war, nahm er Matasuntha, Amalasunthas
Tochter, die zur Jungfrau herangewachsen war, zur Frau, obgleich sie nicht wollte, um durch diese Verbindung mit Theoderichs
Geschlecht seine Herrschaft zu befestigen. Dann rief er von allen
Seiten die Gothen herbei, entwarf die Stammrollen und theilte
sie den Regimentern zu, gab jedem, wie ihm gebührte, Waffen
und Pferde; nur die Gothen, welche in Gallien auf Wache standen, konnte er aus Besorgniß vor den Franken nicht heranziehen.
Diese Franken wurden in alten Zeiten Germanen genannt. Wo
sie zu Anfang wohnten, wie sie nach Gallien eindrangen und in
Feindschaft mit den Gothen kamen, das will ich jetzt erzählen.

12. (In ganz allgemeinen Zügen wird die Lage von
Europa zu Afrika, ferner von Spanien und Gallien besprochen.)

In Gallien fließen außer andern Flüssen Rhone und Rhein.
Sie machen einen ganz verschiedenen Weg: der eine mündet ins
Tyrrhenische Meer, der andere in den Ozean. Dort befinden
sich Sümpfe, in denen zu alten Zeiten die Germanen wohnten,
ein barbarisches Volk, zu Anfang wenig beachtet, das jetzt
Franken heißt. An diese grenzten die Arborycher[1] die mit dem
übrigen Gallien und Spanien von Alters den Römern unterthan
waren. Von ihnen nach Osten saß das Barbarenvolk der Thüringer die vom ersten Kaiser, Augustus, ihr Land bekommen
hatten. (?) Nicht weit von ihnen nach Süden gewandt, wohnten
die Burgunden, südlich von den Thüringern die kräftigen Volks-
stämme der Schwaben und Alamannen. Diese waren seit unvor-
denklichen Zeiten sämmtlich freie Völker.

In späterer Zeit bezwangen die Westgothen das römische 403—410

1) wahrscheinlich die Bataver. —

412—419 Reich [1]), fie unterwarfen ganz Spanien und Gallien jenseit des
Rhoneflusses und machten sich diese Länder tributpflichtig. Da=
mals waren die Arborycher Soldaten im römischen Dienst. Diese
wollten die Germanen, weil fie ihre Nachbarn waren und ihre
alte Verfassung geändert hatten, sich unterwerfen: fie machten zu=
erst Raubzüge und gingen dann zum offnen Kriege über. Die
Arborycher, welche sich wacker und wohlwollend gegen die Römer
benommen hatten, zeigten sich in diesem Kriege sehr tapfer, und
da die Germanen fie nicht bezwingen konnten, boten fie ihnen
Bündniß und Blutsfreundschaft an. Das nahmen die Arborycher
mit Freuden an, denn beide Völker waren Christen; fie wurden
durch diese Verschmelzung sehr mächtig. Auch andere römische
Soldaten standen im äußersten Theil Galliens als Besatzung.
Da diese sich sagen mußten, daß fie niemals nach Rom zurück=
kehren würden und andrerseits den Feinden, welche Arianer
waren, sich nicht anschließen wollten, ergaben fie sich und das
Land, das fie für den römischen Staat bewachen sollten, mit
ihren Feldzeichen an die Arborycher und Franken. Sie über=
lieferten an ihre Nachkommen die väterlichen Sitten, welche diese
bis auf meine Zeit ehren und heilig halten. Sie sind heute
noch gerade so eingetheilt, wie fie einst im römischen Dienste
standen, ziehen mit denselben Feldzeichen in den Kampf und
gehorchen immer noch ihren alten Gesetzen. Sie sehen auch
ganz wie Römer aus, besonders durch die Kopfbinden, welche fie
tragen.

So lange der römische Staat erhalten blieb, gehörte Gallien
476 diesseit der Rhone dem Kaiser; als aber Odoaker an Stelle der
Kaiserherrschaft die Tyrannis setzte, besetzten die Westgothen mit
Erlaubniß des Tyrannen ganz Gallien bis zu den Alpen, die
493 Gallien von Ligurien trennen. Wie nun Odoaker gefallen war,
lebten die Thüringer und Westgothen in Furcht vor der stets

---

1) Alarich unterwirft Italien 403—410, Athaulf 412 Gallien, Wallia 419
Spanien. —

wachsenden Macht der Franken — die außerordentlich zahlreich
geworden und jedem Gegner augenscheinlich überlegen waren —
und waren eifrig bedacht, mit den Gothen und Theoderich ein
Bündniß zu schließen. Da Theoderich sie sich verbinden wollte,
trug er kein Bedenken, sich mit ihnen zu verschwägern. Alarich
dem Jüngeren, der damals König der Westgothen war, gab er
seine eigne, jungfräuliche Tochter Theudichusa, dem Thüringer=
könig Hermenefrid aber Ameloberga, die Tochter seiner Schwester
Amalafrida[1]). Seit dieser Zeit unternahmen die Franken[2])
aus Furcht vor Theoderich nichts gegen diese beiden Völker,
wandten sich vielmehr gegen die Burgunden.[3]) Darauf schlossen
Franken und Gothen ein Bündniß gegen jene, um das Volk zu
unterwerfen und ihr Land in Besitz zu nehmen; wenn einer ohne
des andern Hülfe siegte, so sollte er von diesem als Buße eine
bestimmte Summe erhalten, das eroberte Land aber zwischen
beide getheilt werden. Die Franken zogen nun dem Vertrage
gemäß mit einem großen Heer gegen die Burgunden; Theoderich
rüstete freilich auch zum Schein, schob aber absichtlich den Ab=
marsch immer weiter hinaus, indem er den Gang der Ereig=
nisse abwartete. Nachdem er endlich das Heer hatte ausrücken
lassen, trug er den Befehlshabern auf, recht langsam zu mar=
schieren und, wenn die Kunde von einer Niederlage der Franken
käme, nicht weiter vorzugehen, wenn sie aber gesiegt hätten,
dann eiligst vorzurücken. Die thaten, wie Theoderich sie ge=
heißen hatte, die Franken aber schritten allein zum Kampf mit
den Burgunden. Es kam zu einer großen Schlacht, in der von
beiden Seiten viele getödtet wurden, denn sie blieb lange un=
entschieden. Als die Franken ihre Feinde in die Flucht ge=
schlagen hatten, trieben sie dieselben in die entferntesten Gegen=
den ihres Reichs, wo sie viele Befestigungen hatten, und nahmen

(Right margin:) 494—507

---

1) Und des Vandalenkönigs Thrasamund. — 2) Unter Chlodwig 491—511,
dessen Schwester Theoderichs Gattin war. — 3) Dieser Feldzug ist später als der Krieg
Chlodwigs gegen die Westgothen; nach seinem Tode zerstörten seine Söhne das Bur=
gundenreich 523. —

das übrige für sich. Kaum hatten die Gothen hiervon Kunde,
als sie schleunig heranmarschierten. Auf die Vorwürfe ihrer
Bundesgenossen entschuldigten sie sich mit der Schwierigkeit des
Marsches; sie erlegten die Buße dem Vertrage gemäß und theilten
das Land mit den Siegern. Hier zeigte sich recht deutlich die
kluge Vorsicht des Theoderich, der ohne einen Mann von den
Seinen zu verlieren mit wenigem Golde die Hälfte des feindlichen
Landes erwarb.

So hatten zu Anfang die Gothen und die Franken einen
Theil Galliens inne. Später aber, als die Macht der letzteren
wuchs, schätzten sie Theoderich nicht mehr so hoch und fürchteten
ihn nicht mehr, sondern zogen gegen Alarich und die Westgothen
zu Felde. Als Alarich das erfuhr, bat er sogleich Theoderich
um Hülfe, und der kam zu seinem Beistand mit einem großen
Heer herbei. Die Westgothen aber, welche gehört hatten, die
Franken zögen gegen die Stadt Carcasso [1]), traten ihnen entgegen
und bezogen ein festes Lager, um das Weitere abzuwarten. Als
sie ziemlich lange in dieser Verschanzung gesessen hatten, wurden
sie ungeduldig und ärgerten sich, daß ihr Land von den Feinden
ausgeplündert wurde. Schließlich machten sie dem Alarich hef-
tige Vorwürfe, beschuldigten ihn der Furcht vor dem Feinde und
schalten auf das Zögern seines Schwiegervaters. Denn sie glaubten, den Franken durchaus gewachsen zu sein und sie ganz allein
überwältigen zu können. So sah sich Alarich gezwungen, obgleich
die Gothen noch nicht da waren, den Feinden die Schlacht [2]) anzubieten. In dieser trugen die Franken den Sieg davon, die
meisten Westgothen und ihr König Alarich kamen um. Jene
hatten nun fast ganz Gallien in ihrer Gewalt und belagerten
eifrig Carcasso, woselbst sich der königliche Schatz befinden sollte,
den in früheren Zeiten der ältere Alarich von der Plünderung
Roms mitgebracht hatte. Darin befanden sich auch die Geräthe

---

1) Carcassonne im Languedoc am Canal du Midi. — 2) Auf den vouclabischen
Gefilden (Vouillé) bei Poitiers. —

des Hebräerkönigs Salomon, die außerordentlich sehenswerth
waren. Smaragde bildeten ihren Hauptschmuck. Die Römer
hatten sie einst aus Jerusalem mitgebracht. Die übrig geblie=
benen Westgothen wählten Giselich [1]), einen unehelichen Sohn
Alarichs, zu ihrem Herrscher, weil Amalarich, der Sohn von
Theoderichs Tochter, noch sehr jung war. Als darauf Theoderich [2])
mit dem Gothenheer sich nahte, hoben die Franken aus Furcht 509
vor ihm die Belagerung auf. Sie zogen sich auch aus jener
Gegend zurück, blieben aber im Besitz des Theils von Gallien
von der Rhone bis zum Ozean. Von dort sie zu vertreiben
war Theoderich nicht im Stande und überließ es ihnen; den
Rest von Gallien rettete er aus ihren Händen. Nach Weg=
schaffung Giselichs übertrug er die Herrschaft über die Westgothen
an seinen Tochtersohn Amalarich, für den er selbst die Vormund=
schaft führte, weil er noch ein Knabe war. Auch nahm er den
ganzen Schatz, der in der Stadt Carcasso lag, und führte ihn
in Eile nach Ravenna mit sich, und dadurch, daß er stets Be=
fehlshaber und Truppen in Gallien und Spanien hielt, sorgte
er dafür, die Macht seiner Herrschaft auch für die Zukunft zu
sichern. Die Obersten, welche er dort hatte, mußten den Tribut
an ihn abführen. Er ließ ihn sich jedes Jahr zahlen; um aber
auch den Schein des Geizes abzuwenden, machte er damit dem
Heer der Gothen und Westgothen ein Jahrgeschenk. Seit seiner
Zeit gewöhnten sich Gothen und Westgothen, die ja von einem
und demselben Manne beherrscht wurden und ein und dasselbe
Land bewohnten, durch wechselseitige Heirat ihrer Kinder sich
zu verschwägern.

Etwas später heiratete Theudes, ein gothischer Mann [3]),
den Theoderich als Obersten zum Heer hatte abgehen lassen,
eine Spanierin, die nicht aus westgothischem, sondern einem ein=
geborenen reichen Hause stammte und außer vielen andern
Gütern einen großen Landbesitz in Spanien hatte. Von dort

1) Sonst Gesalich. — 2) Vielmehr sein Feldherr Ibbas. — 3) Also Ostgothe. —

sammelte er 2000 Soldaten, umgab sich mit einer Leibwache
und übte dem Namen nach die ihm von Theoderich gegebene,
gothische Macht aus; in Wirklichkeit war er ein ganz bedeuten=
der Gewaltherrscher. Theoderich nun, welcher ein überaus kluger
und erfahrener Herrscher war, besorgte, wenn er wider seinen
Untergebenen Krieg führte, würden entweder, was sehr wahrschein=
lich war, die Franken ihm gegenübertreten oder auch die Westgothen
einen Aufstand machen, und enthob daher Theudes seines Kom=
mandos nicht, sondern ließ ihm den Oberbefehl für alle Kriegs=
züge. Nur mußten ihm die vornehmen Gothen schreiben, er
würde richtig und seiner Klugheit gemäß handeln, wenn er nach
Ravenna käme, um Theoderich zu begrüßen. Theudes aber that
alles, was ihm Theoderich auftrug, und bezahlte den jährlichen
Tribut stets pünktlich; nach Ravenna aber zu kommen, dazu
ließ er sich nicht bewegen und versprach es auch nicht denen, die
ihn dazu aufgefordert hatten.

13. Als aber Theoderich nicht mehr unter den Lebenden
weilte, brauchten die Franken keinen Gegner mehr zu fürchten
und zogen gegen die Thüringer, tödteten ihren König Hermene=
frid und unterwarfen sich das ganze Land. Hermenefrids Ge=
mahlin[1]) floh mit ihren Kindern zu ihrem Bruder Theodat, der
damals[2]) König der Gothen war. Darauf machten sich die
Franken an die Burgunden, die noch übrig waren, schlugen sie
aufs Haupt und setzten ihren König in einem Schlosse jener Ge=
gend gefangen, sie selbst aber machten sie unterthan und zwan=
gen sie, als im Kriege Unterworfene ihnen auf künftigen Kriegs=
zügen Heeresfolge zu leisten; das ganze Land, welches einst die
Burgunden bewohnten, war ihnen nun zinspflichtig.

Als nun der Westgothenkönig Amalarich mündig geworden
war, heirathete er aus Furcht vor der Macht der Franken die
Schwester ihres Königs Theodebert[3]) und theilte Gallien mit

---

1) s. S. 39. — 2) Erst 534. — 3) Chlldebert, der seinen Neffen Theodebert
an Sohnesstatt annahm. —

den Gothen und seinem Vetter Atalarich, so daß die Gothen das
Land diesseit, die Westgothen das Land jenseit der Rhone be=
herrschten. Die beiden kamen überein, daß der Tribut, den
Theoderich auferlegt hatte, nicht mehr gezahlt werden sollte; auch
gab Atalarich die Schätze, die jener aus Carcasso mitgenommen
hatte, richtig und ehrlich an Amalarich wieder heraus. Da nun
aber diese beiden Völker sich eng mit einander verschwägert hatten,
so stellten sie jedem Manne, der eine Gattin aus dem andern
Volk genommen hatte, die Wahl frei, ob er seinem Weibe folgen
oder sie zu seinem Volk mit hinübernehmen wolle. Es waren
sowohl viele, die das letztere thaten, als solche, die von ihren
Frauen sich hinüberführen ließen. Nachher ging es Amalarich,
welcher den Bruder seiner Gattin beleidigt hatte, sehr übel. Diese
war nämlich rechtgläubig, während er selbst der arianischen
Ketzerei anhing: er begnügte sich nun nicht damit, sie an ihren
gewohnten Gebräuchen zu hindern und ihr die Vollziehung der
heiligen Handlungen nach ihrer Väter Sitte zu verbieten, son=
dern verlangte sogar, sie sollte sich seiner Weise fügen, und da
sie des sich weigerte, behandelte er sie höchst verächtlich. Da sie
das zu ertragen nicht vermochte, klagte sie alles ihrem Bruder.
Deswegen nun kam es zum Kampf zwischen den Franken und
Westgothen. Eine gewaltige Schlacht [1]) ward geschlagen, in der
schließlich Amalarich nicht nur geschlagen wurde, sondern mit
vielen der Seinigen das Leben verlor [2]). Theodebert [3]) bekam
dadurch außer der Schwester mit allen ihren Schätzen Gallien,
soweit es die Westgothen besaßen [4]). Die nach der Niederlage
von ihnen noch übrig waren, erhoben sich mit Weib und Kind
und zogen zum Theudes nach Spanien, der dort schon ganz offen
die Herrschaft ausübte.

    So waren die Gothen und Franken im Besitz Galliens.

---

1) Bei Narbonne. — 2) Er wird in Spanien, wohin er zu Schiff geflüchtet
war, erschlagen, vielleicht auf Theudes' Anstiften. — 3) Childebert. — 4) Mit Aus=
nahme der Landschaft Septimanien am Golf du Lion. —

536   Als bald darauf der Gothenkönig Theodat Belifars Ankunft
auf Sizilien erfuhr, machte er mit den Franken ein Bündniß,
wonach ihre Könige selbst gegen Auslieferung des gothischen
Theils von Gallien und 2000 Pfund Gold ihm in diesem Kriege
zu Hülse ziehen sollten. Ehe aber noch der Vertrag vollzogen
wurde, hatte ihn schon sein Schicksal ereilt. Deshalb standen
dort viele Gothen, und zwar die tapfersten, unter Markjas' Führung auf der Grenzwacht. Diese konnte Witichis einerseits
nicht abberufen, andrerseits hielt er sie nicht für stark genug,
um den Franken erfolgreichen Widerstand zu leisten, falls diese,
was sehr wahrscheinlich war, sich auf Gallien und Italien stürzten, während er selbst mit seinem ganzen Heer auf Rom
marschierte. Er berief daher die vornehmsten Gothen (und schlug
ihnen vor, den Vertrag mit den Franken, wie ihn Theodat ge-
plant hatte, abzuschließen). Als die Häupter der Gothen seine
Worte vernahmen, überzeugten sie sich von der Nützlichkeit des
Vorschlags und wurden einig, demgemäß sofort zu handeln. Sogleich werden Gesandte an das Volk der Franken geschickt, um
ihnen Gallien sammt dem Golde zu übergeben und das Schutz-
und Trutzbündniß abzuschließen. Könige der Franken waren damals Childebert, Theodebert und Chlothar, die Gallien und das
Geld annahmen und unter sich nach Verhältniß vertheilten.
Sie versprachen auch, den Gothen sich auf das Freundschaftlichste
zu bezeigen und ihnen unter der Hand Hülfstruppen zu schicken,
zwar keine Franken, aber doch von den unterworfenen Völkerschaften. Ein offenes Schutz- und Trutzbündniß mit der Spitze
gegen die Römer konnten sie nämlich nicht abschließen, weil sie
kurz vorher dem Kaiser versprochen hatten, ihm in diesem Kriege
beizustehen. Die Gesandten kehrten nach Erfüllung ihres Auf-
trags nach Ravenna zurück, und Witichis rief den Markjas mit
seinen Leuten aus seiner Stellung ab.

14. Während Witichis hiermit beschäftigt war, rüstete sich
Belisar, auf Rom zu ziehen. Zunächst las er 300 Mann zu

Fuß aus und beauftragte Herodian, mit ihnen Neapel zu be= 536
wachen. Auch nach Cumae schickte er eine Besatzung, wie sie
der bortigen Burg entsprach. Außer Cumae und Neapel gab
es nämlich in Kampanien keine Festung. Hier in Cumae
zeigen die Einwohner die Grotte der Sibylle, in der sie ihre
Orakel gegeben haben soll. Cumae liegt am Meer, 128 Sta=
bien [1]) von Neapel. Belisar rüstete sich nun zum Abmarsch.
Die Römer aber waren in Angst, es möchte ihnen ebenso er=
gehen wie den Neapolitanern, überlegten sich die Sache und ka=
men zu dem Schluß, es sei besser, das kaiserliche Heer in die
Stadt aufzunehmen. Am meisten bestimmte sie dazu Silverius,
der Bischof dieser Stadt. Sie ordneten daher Fidelius ab aus
Mailand in Ligurien, der unter Atalarich Paredros [2]) gewesen
war — die Römer nennen diesen Magistrat Quaestor — rie=
fen Belisar nach Rom und versprachen, die Stadt ohne Schwert=
streich zu übergeben. Belisar rückte auf der Latinischen Straße
vor, indem er die Appische links liegen ließ [3]) ...

Als die gothische Besatzung bemerkte, daß der Feind schon
ganz nahe war, wurde sie sehr bestürzt, da ihnen nicht entging,
was die Römer im Schilde führten, und sie gar nicht daran
denken konnten, allein die Stadt zu vertheidigen oder einen Aus=
fall auf die Anrückenden zu machen. Da die Römer ihnen nichts
in den Weg legten, verließen sie alle die Stadt und zogen auf
Ravenna mit Ausnahme von Leutharis, ihrem Anführer, der,
wie ich beinahe glaube, sich über seine Lage schämte und dort
blieb. An jenem Tage zog zu derselben Zeit Belisar mit dem 10. 12. 536
kaiserlichen Heer durch das Asinarische Thor in Rom ein, und
die Gothen durch ein anderes Thor, welches das Flaminische
heißt, hinaus. So wurde Rom am 9. Dezember des 60. Jahres
nach seiner Eroberung, des elften [4]) der Regierung Kaiser Justi=
nians, wiedergewonnen. — Den Gothenfürsten Leutharis und

---

1) 23,5 Kilometer westlich von Neapel, gegenüber der Insel Precida. —
2) Assessor. — 3) Folgt eine Beschreibung der Appischen Straße. — 4) Des zehnten.

536 die Schlüssel der Thore schickte Belisar an den Kaiser; er selbst aber wandte seine ganze Sorgfalt der Befestigung zu, die an vielen Stellen verfallen war. Die Brustwehren ließ er alle winkelrecht herstellen und immer auf der linken Flanke eine Befestigung hinzufügen, damit die, welche dort gegen die Stürmenden kämpften, von den Geschossen der von links Angreifenden nicht getroffen werden könnten, und um die Mauer zog er einen tiefen und breiten Graben. Die Römer lobten die Fürsorge des Feldherrn und besonders die Erfahrenheit, welche er betreffs der Brustwehren gezeigt hatte; zugleich fragten sie aber in ängstlicher Verwunderung, wie er hätte Rom betreten dürfen, in dem Gedanken dort belagert zu werden, Rom, welches eine Belagerung nicht aushalten könne wegen der Schwierigkeit der Zufuhr, da es ja nicht am Meere liege, wegen des ungeheuren Umfangs seiner Mauern, Rom, das den Angreifern wegen seiner Lage im Blachfeld so leichten Zugang biete. Er hörte dergleichen Äußerungen wohl, traf aber nichts desto weniger alle Vorbereitungen für den Fall einer Belagerung, schüttete das Getreide, welches er auf seinen Schiffen aus Sizilien kommen ließ, in öffentlichen Speichern auf und zwang sogar alle Römer zu deren großem Entsetzen, ihre ganzen Vorräthe vom freien Felde in die Stadt zu schaffen.

537   15. Um diese Zeit ergab sich auch Pitzas, ein gothischer Mann, der aus Samnium kam, mit allen Gothen, die mit ihm angesessen waren, und brachte Belisar in Besitz von der Hälfte des samnischen Küstenlandes bis an den Fluß, der mitten durch das Land fließt. [1]) Die Gothen aber, welche jenseit des Flusses saßen, wollten nicht dem Beispiele des Pitzas folgen und dem Kaiser unterthan sein. Belisar gab ihm nun eine kleine Abtheilung, um mit ihr jene Landschaft zu beschützen. Vorher hatten schon die Kalabrier und Apulier, von der Küste wie aus

---

1) Volturno. —

dem Innern, da unter ihnen keine Gothen angesiedelt waren, 337
sich aus eignem Antrieb dem Belisar ergeben ...

So hatte Belisar ganz Italien diesseits des adriatischen
Meeres bis nach Rom und Samnium hin unterworfen; das Land
jenseits desselben bis nach Liburnien [1]), hielt, wie schon erwähnt,
Konstantian besetzt. [2])

16. Belisar befestigte die ganze Umgegend von Rom bis
an den Tiberfluß, und als alles in bester Ordnung war, gab
er an Konstantin eine große Anzahl seiner Hypaspisten und einige
Doryphoren, darunter die Massageten Zanter, Chorsoman und
Aischman, ferner noch andere Truppen mit dem Befehl, nach
Tuscien zu gehen und die Plätze dort einzunehmen. Bessas erhielt den Auftrag, Narnia zu nehmen, die festeste Stadt Tusciens. Dieser Bessas war von Geburt ein Gothe von denen,
die seit langer Zeit in Thrazien wohnten und Theoderich nicht
gefolgt waren, als er das Gothenvolk nach Italien führte. Er
war ein wackerer Mann und gut im Kriege zu brauchen, denn
er war ein tüchtiger Anführer und zugleich von großer persönlicher
Tapferkeit und Gewandtheit. Bessas besetzte im Einverständniß
mit den Bewohnern Narnia, Konstantin Spoletium, Perusia [3])
und einige andere Plätze ohne Schwierigkeit, denn die Tuscier übergaben ihre Städte unaufgefordert. Konstantin ließ
in Spoletium eine Besatzung zurück und blieb selbst mit dem
übrigen Heer in Perusia, der Hauptstadt Tusciens. Auf
die Kunde hiervon schickte Witichis gegen sie ein Heer unter

---

1) Küstenlandschaft Illyriens zwischen Istrien und Dalmatien. — 2) Folgt eine
Beschreibung Italiens, aus der uns hier nur Folgendes interessirt: „Nördlich von den
Venetern wohnen landeinwärts die Siscier und Schwaben (nicht die den Franken unterworfenen, sondern neben diesen noch andere). Über diesen wohnen die Karnier und
Noriker, von diesen rechts die Daker und Pannonen, die außer andern Städten Singes-
runum (bei Belgrad) und Sirmium (bei Mitrowitz) besitzen, bis zum Donaufluß hin.
Über diese Völkerschaften jenseits des adriatischen Meeres herrschten die Gothen zu Anfang dieses Krieges". — 3) Narnia (Narni) am Nar, Nebenfluß des Tiber. Spoletium (olo), beide in Umbrien; Perusia (Perugia) nahe am Tiber, auf der Grenze zwischen
Etrurien und Umbrien. —

531 Unilas und Pißas. Ihnen zog Konstantin entgegen und lie=
ferte ihnen vor Perufia ein Treffen. Da die Barbaren in der
Überzahl waren, blieb der Kampf lange unentschieden, dann
aber gewannen die Römer durch ihre Tapferkeit die Ober=
hand und schlugen die Feinde, die auf der regellosen Flucht fast
alle den Tod fanden. Die feindlichen Führer nahm man ge=
fangen und sandte sie an Belisar. Als das Witichis vernahm,
hielt er es in Ravenna nicht mehr aus, wo er auf Martjas
und die Seinen, die noch immer nicht aus Gallien gekommen
waren, bis dahin gewartet hatte. Er schickte nach Dalmatien
ein zahlreiches Heer unter Afinarius und Willegifel, um Dal=
matien der gothischen Herrschaft wiederzugewinnen. Er gab
ihnen den Auftrag, sich aus den schwäbischen Landschaften durch
ein Barbarenheer zu verstärken und dann gerade auf Dal=
matien und Salonae loszugehen. Er selbst beeilte sich, mit sei=
nem ganzen Heer gegen Belisar und Rom loszuziehen. Er hatte
nicht weniger als 150 000 Mann Reiterei und Fußvolk; die
meisten Pferde waren gleich ihren Reitern gepanzert.

Afinarius nun begab sich nach Schwaben und sammelte dort
das Barbarenheer, und Willegifel führte allein die Gothen nach
Liburnien. Bei Scarbo wurden sie mit den Römern handge=
mein, erlitten eine Niederlage und zogen sich auf die Stadt Bur=
num ¹) zurück. Dort erwartete Willegifel seinen Mitbefehlshaber.
Als aber Konstantin von der Rüstung des Afinarius Kunde er=
hielt, ward er für Salonae besorgt und zog alle Besatzungen der
festen Plätze jener Gegend an sich, ließ um die ganze Mauer
einen Graben ausheben und zog aufs Beste alle Vorbereitungen
für eine Belagerung. Afinarius zog mit einem gewaltigen Bar=
barenheer in die Stadt Burnum ein, vereinigte sich dort mit
Willegifel und dessen Gothenschaar und zog gegen Salonae. Um
die Mauer warf er einen Wall auf, bemannte Schiffe mit seinen
Soldaten und sperrte damit auch die Seeseite. So wurde Sa=

---

¹) Ebenfalls in Liburnien. —

Ionae zu Wasser und zu Lande belagert. Da machten die Römer 537
plötzlich einen Ausfall auf die feindlichen Schiffe, schlugen sie in
die Flucht, versenkten eine große Anzahl mit der Besatzung und
bemächtigten sich noch vieler, die von der Mannschaft verlassen
waren. Doch hoben die Gothen die Belagerung nicht auf, son=
dern schlossen die Römer in der Stadt nur noch enger ein. —
So standen sich Römer und Gothen in Dalmatien einander ge=
genüber. — Als Witichis aber von Römern, die aus der Haupt=
stadt selbst kamen, hörte, daß Belisar mit seinem Heer eine un=
erträgliche Last sei, reute es ihn, daß er Rom aufgegeben hatte:
er konnte es nicht mehr aushalten still zu liegen, und voll
Grimm machte er sich auf. Unterwegs begegnete ihm ein Priester,
der aus Rom kam. Den soll Witichis mit lautem Poltern ge=
fragt haben, ob Belisar noch in Rom wäre, weil er nämlich
befürchtete, er würde ihn dort nicht mehr zu fassen bekommen,
sondern er würde ihm entschlüpfen. Der Priester antwortete,
darum brauche er sich gar keine Sorge zu machen; er stehe da=
für, daß Belisar nicht fliehe, sondern bleibe, wo er sei. Witi=
chis habe darauf seinen Marsch nur noch mehr beschleunigt und
laut versichert, Roms Mauern eher zu sehen, als Belisar davon
sich fortmache.

17. Wie Belisar nun vernahm, daß gegen ihn die Gothen
mit all ihrem Volk loszögen, sah er sich in nicht geringer Ver=
legenheit. Denn einerseits mochte er die Truppen des Konstantin
und Bessas nicht entbehren, da so wie so sein Heer nur recht
schwach war, andererseits schien es ihm nicht richtig, die festen
Plätze in Tuscien aufzugeben, weil sonst die Gothen sie als
Stützpunkte gegen die Römer gebrauchen konnten. Nach sorg=
fältiger Ueberlegung gab er Konstantin und Bessas den Befehl,
in den wichtigsten jener Plätze eine zur Vertheidigung ausreichende
Besatzung zu lassen und mit der übrigen Mannschaft schleunig
nach Rom zu kommen. Konstantin handelte demgemäß, denn er
ließ in Perusia und Spoletium eine Besatzung und eilte mit allen

637 andern nach Rom. Beſſas aber ließ ſich in Narnia mehr Zeit, und ſo kam es, daß die Ebene vor der Stadt, da die Feinde durch jene Gegend zogen, mit Gothen ſich bedeckte. Es war das nämlich der Vortrab des ganzen Heeres. Beſſas griff ihn an und brachte ihn wider Erwarten zum Weichen, wobei die Feinde ſtarken Ver= luſt erlitten. Dann mußte er ſich, von der Uebermacht gedrängt, nach Narnia zurückziehen. Dort ließ er eine Wache, wie ihm Peliſar befohlen hatte, und machte ſich ſchnell auf den Weg nach Rom, wo er meldete, daß die Feinde ſehr bald da ſein wür= den. Denn Narnia iſt von Rom nur 350 Stadien[1]) entfernt. Witichis ließ ſich gar nicht darauf ein, Peruſia und Spoletium anzugreifen; dieſe Plätze ſind nämlich ſehr feſt, und er wollte vor ihnen keine Zeit verlieren. Ihm ſtand der Sinn lediglich darauf, Beliſar in Rom vorzufinden, ehe er ſich hätte zurückziehen können. Als er nun erfuhr, daß auch Narnia von den Feinden beſetzt gehalten werde, wollte er ſelbſt hier nicht zur Belagerung ſchreiten, da ihm wohl bekannt war, daß der Ort ſchwer zugäng= lich und auf ſteiler Höhe gelegen war …[2])

Witichis, der ſeine koſtbare Zeit dort nicht verlieren wollte, rückte von dort mit ſeinem ganzen Heer ſchnell weiter vor auf Rom zu und nahm ſeinen Marſch durch das Sabinerland. Als er nahe bei Rom angekommen war, auf eine Entfernung von nicht mehr als vierzehn Stadien, ſtieß er auf eine Brücke[3]). Dort hatte Beliſar kurz zuvor einen Brückenkopf errichtet, ihn mit einem Thor verſchloſſen und eine Wache hineingelegt, nicht als ob dies der einzige Übergangspunkt für die Feinde geweſen wäre — denn es giebt an vielen Stellen des Fluſſes Fähren oder Brücken — ſondern weil er wünſchte, daß die Feinde mög= lichſt viel Zeit auf dem Marſch verlören; er erwartete nämlich ſowohl Verſtärkung vom Kaiſer, als er auch den Römern Zeit verſchaffen wollte, noch mehr Lebensmittel in die Stadt zu bringen.

---

1) 61 Km. — 2) Beſchreibung der Lage und einer wundervollen Brücke. — 3) Pons Milvius. Ungefähr 2½ Km. —

Wenn nämlich die Barbaren an diesem Punkt zurückgeworfen 537
wurden und den Uebergang auf einer andern Brücke versuchen
wollten, brauchten sie dazu nach seiner Schätzung nicht weniger
als zwanzig Tage, und wenn sie gar die der Größe des Heeres
entsprechende Zahl Schiffe auf den Tiber bringen wollten, dann
ging noch mehr Zeit darüber hin. In solcher Absicht hatte Belisar den Wachtposten an diesem Punkt aufgestellt, vor dem die
Gothen an jenem Tage die Nacht zubrachten in der unangenehmen
Voraussicht, am andern Morgen den Brückenkopf stürmen zu
müssen. Zu ihnen kamen 22 Überläufer, römische Soldaten,
aber barbarischer Abkunft von dem Reiterregiment, welches Innocentius befehligte. An jenem Tage kam dem Belisar der Gedanke, am Tiberfluß ein Lager aufzuschlagen, um die Feinde noch
besser am Übergang zu hindern und ihnen einen Begriff vom
Muthe seiner Soldaten zu geben. Aber die Soldaten, welche,
wie schon erzählt, an der Brücke auf Posten standen, ließen sich
durch die ungeheure Menge der Gothen schrecken, verloren vor der
Größe der Gefahr den Kopf, verließen bei Nacht den Brückenkopf, den sie vertheidigen sollten, und machten sich davon. Nach
Rom selbst wagten sie nicht zu gehen, entweder aus Furcht vor
der Strafe durch den Feldherrn oder aus Scham vor den Kameraden; daher entwichen sie nach Kampanien.

18. Am folgenden Tage schlugen die Gothen ohne Mühe
die Thore des Brückenkopfes ein und bewerkstelligten unbehelligt
den Übergang. Belisar, der von dem, was mit der Wache
vorgefallen war, noch keine Ahnung hatte, begab sich unter Be-
deckung von 1000 Reitern an die Brücke, um einen Platz aus-
findig zu machen, der für ein Lager tauglich wäre. Als sie ziemlich nahe heran waren, begegneten sie schon den Feinden, die den
Fluß überschritten hatten, und wurden mit ihnen, ohne es eigentlich zu wollen, handgemein. Auf beiden Seiten kämpften nur
Reiter. An diesem Tage hielt sich Belisar, der sonst vorsichtig
war, nicht in seiner Stellung als oberster Feldherr, sondern

4*

537 focht unter den Vordersten wie ein gemeiner Soldat. Und durch ihn kam der römische Staat in die größte Gefahr, denn seine Person war für den ganzen Krieg ausschlaggebend. Er ritt damals ein Pferd, das sehr muthig war und es ausgezeichnet verstand, seinen Reiter durch alle Gefahren hindurchzutragen; es war am ganzen Körper grau, nur der Kopf von der Stirn bis zu den Nüstern schneeweiß. Solch ein Pferd nennen die Griechen Phalios, die Barbaren Balas. Die Gothen warfen nun ihre Spieße und andern Geschosse zumeist auf dies Pferd und Belisar. Und zwar kam das so. Die Überläufer, die am Tage vorher zu den Gothen gegangen waren, sahen, wie Belisar in der vordersten Reihe kämpfte; sie wußten nun, daß, wenn er zu Fall käme, es um die Sache der Römer sehr schlecht bestellt sei — deshalb schrieen sie laut, man solle auf den Balas zielen. Von dem Augenblick an ging dies Wort durch das ganze gothische Heer, um die Bedeutung aber kümmerte man sich mitten in dem Schlachtgetümmel gar nicht, und man wußte auch nicht, daß es sich auf Belisar bezog. Da man aber annahm, daß das Wort nicht blos von ungefähr durch alle Reihen töne, so ließen die Gothen von allen übrigen ab und zielten nur auf Belisar. Gerade die Tapfersten ritten, von Ruhmbegier getrieben, so nahe wie möglich an ihn heran, versuchten ihn zu ergreifen und mit Speer oder Schwert zu treffen. Belisar selbst wandte sich bald hier-, bald dorthin, um die anstürmenden Gegner zu tödten, und er fand außerdem in dieser Gefahr thatkräftige Unterstützung durch die treue Anhänglichkeit seiner Doryphoren und Hypaspisten. Sie kämpften nämlich mit einer Tapferkeit, wie sie meines Wissens bis dahin niemals vorgekommen ist: alle waren dicht um ihn geschaart, deckten den Feldherrn und sein Roß mit ihren Schilden, fingen alle Geschosse ab und stießen die immer von Neuem Anstürmenden zurück. So drehte sich das ganze Gefecht um die Person des einen Mannes. Damals kamen von den Gothen über 1000 Mann um, darunter die tapfersten Krieger; es fielen aber auch

eine ganze Anzahl von Belisars Leibwächtern, darunter auch der 537
Doryphor Maxentius, nachdem er aufs Tapferste gegen die Feinde
gestritten hatte. Belisar hatte an diesem Tage das Glück, weder
durch Hieb noch durch Stich verwundet zu werden, obgleich er
die Hauptperson in dem ganzen Gefecht gewesen war. Schließ=
lich schlugen die Römer mit der ihnen eignen Tapferkeit die
Feinde in die Flucht, und der ganze große Barbarenschwarm
floh, bis er an sein Lager kam. Denn dort hielt das gothische
Fußvolk, das noch frisch war, dem Angriff der Gegner Stand
und wies ihn mit Leichtigkeit ab. Da auch neue Reitergeschwa=
der zum Angriff vorrückten, flohen nun die Römer in Eile, bis
sie auf einem Hügel Halt machten. Die Reiter der Barbaren
waren ihnen auf den Fersen, so daß es zu einer neuen Reiter=
schlacht kam. Hier gab Valentinus, der Stallmeister des Photius,
Antoninas Sohn, einen außerordentlichen Beweis von Tapferkeit:
dadurch, daß er mitten in den Haufen der Feinde hineinsprengte,
brachte er ihren Angriff zum Stehen und rettete dadurch seine
Begleiter. Die Flucht ging weiter bis an die Mauern von Rom,
und die nachsetzenden Barbaren kamen bis dicht an dieselben
heran bei dem Thor, welches jetzt das Belisarische heißt. Die
Römer fürchteten nun, daß die Feinde zugleich mit den Fliehen=
den in die Stadt eindringen möchten, und wollten deshalb das
Thor nicht öffnen, obgleich Belisar ihnen wiederholt den drohen=
den Befehl zurief. Diejenigen nämlich, welche oben vom Thurm
herabsahen, konnten den Mann nicht erkennen, da sein Gesicht
und der ganze Kopf vor Staub und Schweiß unkenntlich war;
auch konnte man überhaupt nicht gut sehen, weil die untergehende
Sonne blendete. Außerdem glaubten die Römer, der Feldherr
sei gar nicht mehr am Leben; denn diejenigen, welche bei dem
ersten Anprall geflohen waren, hatten die Nachricht mitgebracht,
Belisar sei, heldenmüthig in der vordersten Reihe kämpfend, ge=
fallen. Die Barbaren, welche in hellen Haufen herbeiströmten
und von Kampfbegier brannten, machten sich schon daran, stracks

337 burch den Graben zu gehen und diejenigen, welche dahinter zu=
rückgegangen waren, anzugreifen; die Römer aber, welche sich
zwischen Mauer und Graben zusammengedrängt hatten, standen
so dicht, daß einer den andern hinderte. Diejenigen endlich,
welche sich auf der Mauer befanden, waren ganz ungerüstet und
ohne jeglichen Führer, zitterten für sich selbst und die Stadt und
wußten gar nicht, wie sie den Ihrigen helfen sollten, obgleich
diese in äußerster Gefahr schwebten.

Da kam dem Belisar ein kühner Gedanke, der wider Er=
warten die Römer rettete: schnell rief er alle zusammen, die sich
in seiner Nähe befanden, und machte plötzlich einen energischen
Vorstoß. Nun waren die Feinde auf der Verfolgung und in der
Dunkelheit sehr in Unordnung gekommen, und als sie sahen,
daß die, welche bis dahin geflohen waren, plötzlich wieder zum
Angriff übergingen, meinten sie nicht anders, als daß aus der
Stadt ein zweites Heer zur Unterstützung herangerückt sei; das
machte ihnen große Angst und trieb sie zu schleuniger Flucht.
Belisar gab sofort die Verfolgung auf und wandte sich zur Mauer
zurück; die Römer, welche jetzt zur Besinnung gekommen waren,
ließen ihn mit seiner ganzen Schaar ein. In solch eine Gefahr
war Belisar und die Sache des Kaisers gerathen. Der Kampf,
welcher am Morgen begonnen hatte, endigte erst nach Sonnen=
untergang. In dieser Schlacht zeichnete sich von den Römern
am meisten Belisar aus, von den Gothen Wisand der Banda=
larius [1]), der in dem Kampf um Belisar diesen zuerst angefallen
hatte und nicht eher von ihm abließ, als bis er, mit dreizehn
Wunden bedeckt, niedersank. Da seine Gefährten ihn für todt
hielten, ließen sie ihn liegen, obgleich sie gesiegt hatten, und er
lag da mitten unter den Leichen. Als am dritten Tage die Bar=
baren dicht an Roms Mauern ihr Lager aufgeschlagen hatten,

---

1) Träger des Bandum, des großen Banners, der Reichsfahne, vgl. Vand. II,
3, S. 56. —

wurden einige Leute ausgeschickt, um die Leichname zu bestatten 537
und ihnen ein christliches Begräbniß zu verschaffen. Als sie da=
bei die Körper untersuchen, finden sie, daß in Wisand dem Ban=
dalarius noch Leben ist, und einer von seinen Kameraden bat
ihn, doch irgend einen Laut von sich zu geben: das hatte er
nämlich noch nicht gethan, da er durch Turst und Fieberhitze
innerlich völlig versengt war. Da bat er denn, ihm Wasser ein=
zuflößen. Als er getrunken hatte und wieder zu sich gekommen
war, nahmen sie ihn auf und brachten ihn ins Lager. Von
dieser Begebenheit her hatte Wisand der Bandalarius einen großen
Namen bei den Gothen und lebte mit hohem Ruhm noch
lange Zeit.

Dies ereignete sich am dritten Tage nach der Schlacht.
Als sich nun Belisar mit den Seinen in Sicherheit befand, trieb
er die Soldaten und fast alle römischen Bürger auf die Mauern,
ließ zahlreiche Feuer anzünden und gab den Befehl, die ganze
Nacht zu wachen. Er selbst umging die Umwallung in ihrer
ganzen Ausdehnung, traf alle nöthigen Maßregeln und gab jedem
Thor einen besondern Befehlshaber. Bessas, der am Pränesti=
nischen Thor die Wache hatte, ließ dem Belisar durch einen Boten
sagen, die Stadt sei bereits in den Händen der Feinde, die durch
ein anderes Thor eingedrungen seien, das jenseits des Tiber
liegt und nach dem heiligen Pankratius benannt ist. Als das
Belisars Umgebung hörte, beschwor man ihn, durch ein anderes
Thor schleunigst Rettung zu suchen. Er blieb aber unerschütter=
lich und versicherte, das könne nicht wahr sein. Sofort mußten
einige Reiter gestreckten Laufs über den Tiber sprengen, die jene
Gegend abstreiften und mit der Meldung zurückkamen, daß dort
der Stadt nichts Böses widerfahren sei. Er ließ nun sofort dem
Befehlshaber jedes einzelnen Thores den Befehl zukommen, sie
dürften, wenn sie die Meldung bekämen, die Feinde seien an
einer andern Stelle der Umwallung eingebrochen, weder zu Hülfe
kommen, noch ihren Posten verlassen, sondern müßten ruhig aus=

537 halten, denn er selbst würde für alles aufkommen. Er traf diese Anordnung, damit nicht aus einem falschen Gerücht weitere Beunruhigungen entständen. Als die Römer sich noch in großer Unruhe befanden, schickte Witichis einen seiner Offiziere, Namens Wachis, einen Mann von edler Abkunft, an das Salarische Thor. Der trat dorthin, warf den Römern ihren Abfall von den Gothen vor und schmähte sie wegen ihres Verraths, den sie nach seiner Behauptung am Vaterland und an sich selbst verübt hatten. Gegen die Gothenherrschaft hätten sie die der Griechen eingetauscht, die nicht einmal ihrer eignen Haut sich wehren könnten und von denen sie früher in Italien nur Schauspieler, Mimen und diebische Matrosen gesehen hätten. Solches und noch vieles Ähnliche rief ihnen Wachis zu; als ihm aber niemand antwortete, ging er wieder zu den Gothen und Witichis zurück. Die Römer lachten Belisar geradezu aus, daß er, der kaum den Feinden entkommen war, schon so guten Muthes sei, sie die Barbaren verachten hieß und versicherte, er werde jene ganz ohne Zweifel im Felde besiegen. Wie er dies selbst erfahren hat, wird später erzählt werden. Es war schon tief in der Nacht, als Belisar, der noch keinen Bissen gegessen hatte, sich endlich durch die Bitten seiner Gemahlin und der vertrauten Freunde, die gerade um ihn waren, mit Mühe bestimmen ließ, ein kleines Stück Brot zu essen. — So brachte man auf beiden Seiten diese Nacht zu. —

19. Am folgenden Tage nahmen die Gothen, welche Rom wegen seines großen Umfangs ohne besondere Anstrengung durch Belagerung erobern zu können glaubten, und die Römer, welche sich gegen sie zur Wehr setzten, folgende Stellungen ein. Die Umwallung der Stadt hat zweimal sieben größere und einige kleinere Thore. Die Gothen waren nun nicht fähig, die ganze Mauer mit ihrem Lager zu umklammern; sie bauten daher sechs Schanzen, von denen aus sie ihren Angriff auf den Raum zwischen fünf Thoren richteten, vom Flaminischen bis zum Prä-

neſtiniſchen, und alle dieſe Schanzen lagen auf dem dießſeitigen [1]) 537
Tiberufer. Da die Barbaren ferner befürchteten, daß die Feinde
die Brücke, welche die Milviſche heißt, zerſtören und dadurch
ihnen das ganze Gebiet jenſeit des Fluſſes bis zum Meer hin
unzugänglich machen würden, ſo daß ſie dann von den Schrecken
der Belagerung ſo gut wie nichts merkten, warfen ſie eine ſie-
bente Schanze jenſeit des Tiber auf dem Neroniſchen Felde auf,
um die Brücke zwiſchen den Schanzen mitten inne zu haben.
So waren noch zwei andere Thore von den Feinden bedroht,
nämlich das Aureliſche, welches jetzt den Namen des Petrus
trägt, des erſten Apoſtels Chriſti, der dort in der Nähe begraben liegt, und das Transtiberiniſche [2]). Auf dieſe Weiſe um-
gaben die Gothen gut die Hälfte der Mauer mit ihrem Lager-
werk, waren durch den Fluß nirgends in ihren Bewegungen ge-
hemmt und konnten die Umwallung angreifen, an welchem Punkte
des Kreiſes ſie wollten. (Jenſeit des Fluſſes liegen auf einem
Hügel die Mühlen, welche durch eine in den Tiber mündende
Waſſerleitung [Aqua Traiana] getrieben werden. Sie ſind mit in
die Befeſtigung hineingezogen, damit ſie vor Zerſtörung ſicher ſind
und damit nicht der Feind vom Fluß aus angreifen kann. Eine
Brücke verbindet die beiden Stadttheile, und die Mauern gehen
auf beiden Ufern bis dicht an ſie heran).

Die Gothen zogen tiefe Gräben um ſämmtliche Schanzen
und verwandten die ausgehobene Erde, um den Wall hinter den
Gräben ſo hoch wie möglich aufzuſchütten; den oberen Rand
verſtärkten ſie noch durch eine dichte Reihe von Palliſaden. Die
Lager ſelbſt wurden mit derſelben Sorgfalt befeſtigt wie die
vorgeſchobenen Belagerungswerke. In der Schanze auf dem
Neroniſchen Felde befehligte Markjas, der aus Gallien mit ſeiner
Schaar bereits zurückgekehrt war und mit ihnen dort lagerte.
Die übrigen Schanzen kommandierte Witichis ſelbſechſt. Denn
jede Schanze hatte ihren eignen Kommandanten. Nachdem ſich die

1) Linken. — 2) Jenſeits des Tiber, auf dem rechten Ufer. —

537 Gothen so aufgestellt hatten, zerstörten sie alle Wasserleitungen,
damit aus diesen kein Wasser mehr in die Stadt gelangen könne
— es giebt nämlich in Rom nicht weniger als vierzehn Wasser=
leitungen, in alter Zeit aus gebrannten Ziegeln erbaut, so hoch
und breit, daß bequem ein Mann zu Roß in ihnen reiten
kann. — Belisar aber richtete die Vertheidigung der Stadt fol=
gendermaßen ein. Er selbst hielt das Pincianische Thor und
das Salarische, welches rechts von jenem liegt. Dort war
nämlich die schwächste Stelle der Umwallung, und von dort
mußten die Römer ihre Ausfälle gegen die Feinde machen. Das
Präneftinische Thor gab er dem Bessas. Über das Flaminische,
auf der andern Seite von dem Pincianischen, setzte er Konstan=
tin. Die Thore selbst hatte er schließen und von innen durch
Aufhäufen von großen Steinen so fest verbarrikabieren lassen, daß
sie niemand aufsprengen konnte. Denn da eine von den feind=
lichen Schanzen ganz nahe daran war, mußte er befürchten, daß
von dort die Feinde einen Sturm auf die Stadt wagen würden.
Die übrigen Thore vertraute er den Obersten der Infanterie=
regimenter zur Vertheidigung an.

Da alle Wasserleitungen, wie schon bemerkt, zerstört waren,
so trieb das Wasser auch nicht mehr die Mühlen, und sie durch
Zugthiere bewegen zu lassen, war deshalb nicht möglich, weil
nicht genug Futter in der Stadt war, so daß man kaum für
die nöthigen Dienstpferde genug schaffen konnte. Da ersann Be=
lisar Folgendes. Vor[1]) der Brücke, bis an welche sich die Um=
wallung hinzieht, wie ich oben erwähnte, ließ er von einem Ufer
zum andern Stricke spannen und fest anziehen; an diese ließ er
zwei Kähne befestigen, die zwei Fuß von einander Abstand hatten,
so daß durch diesen Zwischenraum das Wasser aus dem Brücken=
bogen hindurchschoß. Auf beide Kähne kamen zwei Mühlen so
zu stehen, daß ihre Räder mitten inne ins Wasser hinabhingen.
An diese ersten Kähne schloß er nun eine ganze Reihe anderer

1) Wir würden sagen: ‚hinter‘, wie das Folgende beweist. —

an, auf denen die Mühlwerke in derselben Art angebracht waren. 537
Wenn nun das Wasser hindurchströmte, drehten sich sämmtliche
Räder und trieben jedes seine Mühle und mahlten soviel, wie
für die Stadt nöthig war. Das erfuhren die Feinde durch
Überläufer und machten auf folgende Weise die Mühlenwerke
unbrauchbar. Sie schleppten große Baumstämme und die Leich=
name der jüngst getödteten Römer herbei und warfen sie in den
Fluß. Diese trieben nun mit der Strömung zumeist mitten
zwischen die Kähne und zerbrachen die Räder. Als aber Belisar
das bemerkte, erfand er auch hierfür eine Gegenvorkehrung. Vor
der Brücke ließ er über die ganze Breite des Tiber lange
eiserne Ketten ziehen. Dahinein gerieth alles, was der Strom
mit sich führte, staute sich und konnte nicht unter der Brücke
hindurch. Die bei dieser Arbeit Angestellten zogen nun immer
alles heraus bis ans Ufer. Dies that Belisar nicht sowohl der
Mühlen halber, als weil in ihm die Besorgniß aufgestiegen war,
die Feinde könnten auf zahlreichen Nachen unter der Brücke hin=
durch mitten in die Stadt unbemerkt eindringen. So mußten
die Barbaren von ihrer Maßregel, von der sie sich nun weiter
keinen Vortheil versprechen konnten, abstehen. Und die Römer
benutzten für die übrige Zeit diese Mühlen; aber baden konnten
sie bei dem Mangel an Leitungswasser gar nicht mehr. Trink=
wasser dagegen hatten sie reichlich, da selbst in den Häusern,
welche am weitesten vom Fluß entfernt waren, es Brunnen zum
Schöpfen gab. — Auf die Kloaken, welche den Unrath aus der
Stadt herausschaffen, brauchte Belisar nicht besonders aufzupassen,
da sie alle in den Tiberstrom münden, und deshalb der Feind
sie zu einem Anschlag wider die Stadt nicht benutzen konnte.

20. So hatte Belisar alles für die Belagerung vorberei=
tet. Viele samnitische Knaben aber weideten einmal auf ihrem
Felde die Schafe. Sie wählten nun zwei aus ihrer Mitte, die
sich durch Körperkraft auszeichneten, nannten den einen Belisar,
den andern Witichis und bestimmten, sie sollten mit einander

537 ringen. Als die beiden mit großem Eifer rangen, kam Witi=
chis zu Fall. Der Knabenschwarm knüpfte ihn zum Scherz an
einem Baum auf. Da zeigte sich plötzlich ein Wolf, und die
Knaben liefen alle davon; Witichis aber, der am Baume hängen
geblieben war, mußte mit dem Tode büßen. Als dies unter
den Samniten ruchbar ward, bestraften sie die Knaben nicht,
sondern legten den Vorfall so aus, daß Belisars Sieg ganz sicher
sei. Also geschah dies. —

Unterdes murrte das Volk der Römer, ganz und gar un=
gewohnt der Strapazen des Krieges und der Belagerung: sie
empfanden schmerzlich den Mangel der Bäder und Lebensmittel,
durften die Nacht kein Auge zuthun, sondern mußten auf den
Wällen Wache stehen. Sie glaubten, die Stadt werde sich doch
nicht lange mehr halten können; sie sahen, wie die Feinde die
Felder und all ihr Besitzthum ausplünderten, und das nahmen
sie gewaltig übel: sie hätten doch gar nichts gethan und würden
nun belagert und schwebten in so gräßlicher Gefahr! Sie steckten
die Köpfe zusammen und schimpften laut auf Belisar, der, ohne
eine genügende Heeresmacht vom Kaiser bekommen zu haben, es
auf sich genommen hätte, gegen die Gothen zu Felde zu ziehen.
Selbst der Rath oder Senat, wie die Römer sagen, schalt ins=
geheim auf Belisar. Das erfuhr Witichis durch Überläufer
und beschloß, das Feuer noch zu schüren und die Verhältnisse in
Rom möglichst zu verwirren; er schickte daher Gesandte unter
Albes an Belisar. Als diese vor Belisars Angesicht traten,
sprachen sie in Gegenwart des Senats und aller Obersten so:
„Von je her, o Feldherr, haben die Menschen gewisse Dinge
scharf von einander unterschieden, so z. B. Tollkühnheit und
Muth. Wer sich mit jener befaßt, geräth leicht in eine Gefahr,
die ihn um Leben und Ehre bringt; dieser bringt den herrlichen
Ruhm der Mannestugend. Eins von beiden hat Dich gegen
uns geführt; welches, wird sich bald zeigen. Wenn Du im Ver=
trauen auf Deinen Muth gegen die Gothen gezogen bist, so

kannst Du, erlauchter Mann, ihn hinlänglich beweisen: von der 537
Mauer aus kannst Du das Lager Deiner Feinde sehen; trieb
Dich aber die Tollkühnheit wider uns, so wird Dich ganz gewiß
Dein vergebliches Unterfangen reuen — die Unbesonnenen lieben
es zu bereuen, wenns zum Kampfe geht. Jetzt nun verlängere
ja nicht die Leiden dieser Römer hier, die Theoderich in beque=
mem Lebensgenuß sich ihrer Freiheit hat erfreuen lassen, und
stelle Dich nicht dem Herrn der Gothen und Italiker fürder in
den Weg. Ist es denn nicht etwa wunderlich, daß Du hier ein=
geschlossen bist und aus Furcht vor den Feinden in Rom hockst,
während der rechtmäßige König davor liegt und seinen eignen
Unterthanen die Leiden des Krieges bereitet? Wir werden Dir
und den Deinen freien Abzug bewilligen, mit allem, was Euch
gehört. Denn wir halten es nicht für recht und billig, Leuten,
die ihren Sinn ändern und einen vernünftigen Entschluß fassen
wollen, irgend etwas in den Weg zu legen. Gern möchten wir
auch diese Römer fragen, was für Vorwürfe sie den Gothen zu
machen hatten, daß sie uns und sich selbst verriethen, sie, die
so lange unserer Milde sich erfreut haben und auch jetzt sehen
sollen, daß wir ihnen zu helfen bereit sind."

Solches sprachen die Gesandten. Belisar aber antwortete
Folgendes: „Es steht Euch nicht zu, uns einen guten Rath zu
geben. Denn nach der Ansicht ihrer Feinde pflegen sich die
Menschen nicht zu richten, wenn sie Krieg führen, sondern jeder
betreibt seine eigenen Angelegenheiten, wie es ihm am Besten
scheint. Ich aber sage Euch: es wird eine Zeit kommen, da Ihr
werdet Eure Häupter unter den Dornensträuchern verbergen wollen
und werdet es nicht können. Wenn wir uns Roms bemächtigt
haben, so nehmen wir damit kein fremdes Gut, sondern Ihr
hattet in Besitz genommen, was Euch nicht gehörte, und habt
es jetzt, freilich wider Euren Willen, an die alten Besitzer zu=
rückgegeben. Wer von Euch aber sich mit der Hoffnung schmei=
chelt, Rom ohne Kampf zu betreten, der irrt sich; denn so lange

537 Belisar lebt, wird er von Rom nicht lassen." Solches sprach er. Die Römer aber fürchteten sich sehr und saßen ganz still da, wagten auch nicht, den Gesandten zu entgegnen, obgleich ihnen schwere Vorwürfe wegen des Verraths an den Gothen ins Gesicht geschleudert waren. Nur Fidelius hielt es für passend, ihnen höhnisch zu antworten. Diesen hatte nämlich Belisar gerade zum Praefectus Praetorio ernannt, und seitdem war er von allen am Eifrigsten für den Kaiser.

21. So kehrten die Gesandten in ihr Lager zurück. Und als sie Witichis fragte, was für ein Mann Belisar sei und wie er sich zu dem Ansinnen des Abzugs gestellt habe, da antworteten sie, die Gothen gäben sich thörichten Hoffnungen hin, wenn sie glaubten, daß Belisar einer Regung von Furcht zugänglich sei. Als aber Witichis das vernommen hatte, dachte er ernstlich an einen Sturm und rüstete dazu folgendermaßen. Er ließ hölzerne Thürme anfertigen, von derselben Höhe wie die Mauern der Feinde, und hatte das richtige Maß dafür durch häufige Vergleiche mit den Steinlagen erhalten. Unten an diesen Thürmen befanden sich an jeder Ecke Räder, welche durch ihre Drehungen jede von den Stürmenden beliebte Wendung ermöglichen sollten, und Ochsen wurden vorgespannt, um die Thürme zu ziehen. Außerdem hatte er eine große Menge Sturmleitern anfertigen lassen, die bis an die Brustwehr reichten, und vier Maschinen, welche Widder genannt werden[1] ... Ferner verfertigten die Gothen und hielten in Bereitschaft eine gewaltige Menge von Reisig- und Rohrbündeln, um damit den Graben auszufüllen und eben zu machen, so daß die Maschinen bequem darüber hinweggehen könnten. Nach solchen Zurüstungen machten sich die Gothen zum Sturm bereit. (Belisar aber besetzte die Thürme mit Ballisten[2]) ... Auf die Mauerzinnen wurden andre Maschi-

---

1) Folgt die Beschreibung dieser Widder (Sturmböcke). — 2) Folgt die Beschreibung. Sie schleudern im Bogen große Pfeile mit solcher Gewalt, daß diese, wie Prokop sagt, Bäume und Steine zerschmettern. —

nen gestellt, welche Steine werfen und Onagri[1]) heißen. Sie **537**
sehen ähnlich wie Schleudern aus. Außen über den Thoren
wurden Lupi angebracht.[2])

22. Am achtzehnten Tage der Belagerung gegen Sonnen=
aufgang schritten die Gothen unter Witichis' Führung zum Sturm,
und der gänzlich ungewohnte Anblick der Thürme und Widder,
die sich vorwärts bewegten, erfüllte alle Römer mit Entsetzen.
Als aber Belisar die Schlachtordnung der Feinde, wie sie mit
ihren Maschinen vorrückte, besah, lachte er auf und befahl seinen
Soldaten, sich ruhig zu verhalten, und nicht eher sich in den
Kampf einzulassen, als bis er das Zeichen dazu gegeben habe.
Warum er damals lachte, verrieth er in jenem Augenblick nicht,
später aber wurde es bekannt. Die Römer hielten sein Lachen
für Verstellung, schalten auf ihn, nannten ihn unverschämt und
machten ihm Vorwürfe, daß er die anrückenden Feinde nicht
aufhielte. Als aber die Gothen ziemlich nahe an den Graben
gekommen waren, spannte als erster der Feldherr seinen Bogen
und streckte einen geharnischten Führer jener durch einen Schuß
in den Hals nieder. Tödlich getroffen schlug er hintenüber; das
Volk der Römer aber schrie über die Maßen laut auf, da sie
meinten, das sei eine ausgezeichnete Vorbedeutung. Zum zweiten
Mal schoß Belisar, und wieder mit demselben Erfolg. Da tönte
noch lauteres Geschrei von der Mauer, und die Römer meinten,
die Feinde seien bereits geschlagen. Jetzt ließ Belisar für das
ganze Heer das Signal geben, die Bogen zu rühren, seine nächste
Umgebung wies er an, ausschließlich auf die Ochsen zu zielen.
Wie auf einen Schlag stürzten alle Ochsen, und die Feinde waren
nicht mehr im Stande, die Thürme weiter vorwärts zu bewegen:
gänzlich rathlos standen sie da und sahen ihren Anschlag mitten
in der Ausführung vernichtet. Jetzt war klar, wie weise Belisar

---

1) Eigentlich Waldesel. — 2) Balken, mit Klingen besetzt, die von der Brust=
wehr auf die unmittelbar unterhalb befindlichen Stürmenden nach Art des Fallbeils
herabgelassen werden; lupus == Wolf. —

537 damals gehandelt, als er sich weigerte, gegen die Feinde etwas zu
unternehmen, wie sie noch ganz weit ab waren, und daß er über
die Einfalt der Barbaren gelacht hatte, die unüberlegter Weise
die Hoffnung gehegt hatten, die Ochsen bis dicht an die feind=
liche Mauer treiben zu können. Dies geschah beim Thore Be=
lisars. Nachdem aber Witichis abgewiesen war, ließ er hier
eine zahlreiche Mannschaft stehen, die er mit Sorgfalt in einer
tiefen Phalanx aufstellte. Den Obersten stellte er die Aufgabe,
keinen Sturmversuch auf die Mauer zu machen, sondern in Reih
und Glied zu bleiben und nur fleißig gegen die Brustwehren
zu schießen und Belisar so zuzusetzen, daß er gar keine Zeit fände,
an einer andern Stelle Hülfe zu leisten, wo er selbst mit noch
größerer Macht einen Sturm wagen wollte. So ging er mit
zahlreichem Volk zum Angriff in der Gegend des Präneftinischen
Thors gegen einen Theil der Umwallung vor, den die Römer
Bivarium[1]) nennen, wo die Mauer eine sehr schwache Stelle hatte.
Dort waren auch schon andre Maschinen von Thürmen und
Widdern und Sturmleitern in Bereitschaft.

Unterdes machten die Gothen einen andern Angriff am
Aurelischen Thor auf folgende Weise. Außerhalb desselben befin=
det sich das Grabmal des Kaisers Hadrian[2]), von der Umwallung
einen Steinwurf weit entfernt, ein sehenswerthes, hochbedeuten=
des Werk. Es ist nämlich aus Parischem Marmor gefertigt,
und die Steine sind ohne jegliches Bindemittel auf einander ge=
fügt. Seine vier Seiten sind einander gleich, jede ungefähr einen
Steinwurf lang, an Höhe überragt es die Stadtmauer. Oben=
auf steht eine unglaublich große Zahl von Bildsäulen aus dem=
selben Material, Männer und Pferde. Dieses Grabmal nun
hatten die Menschen früherer Zeiten, weil es zum Schutz für
die Stadt wie gemacht erschien, durch zwei Mauerschenkel mit
der Stadtmauer verbunden und so in die Befestigung mit hinein=
gezogen. Denn es war nun wie ein hoher Thurm, der zum

1) Zwinger. — 2) Die Engelsburg. —

Schutz jenes Thores dient, und zwar war es außerordentlich 537
stark. Den Befehl über seine Besatzung hatte Belisar dem Kon=
stantin gegeben und ihm zugleich aufgetragen, auch auf den an=
stoßenden Theil der Stadtmauer zu achten, der nur eine schwache
und schlechte Besatzung hatte. Dieser Theil der Umwallung war
nämlich wegen der Nähe des vorüberströmenden Flusses fast un=
angreifbar, so daß Belisar von hier keinen Sturm erwartete,
und deshalb hatte er hier nur eine geringe Besatzung für nöthig
gehalten. Denn da er nur wenig Soldaten hatte — an kaiser=
lichen Truppen waren in Rom am Anfang dieser Belagerung
höchstens 5000 — brauchte er bei weitem die größte Zahl für
die gefährdetsten Punkte. Konstantin aber, der die Meldung er=
halten hatte, die Feinde versuchten den Fluß zu überschreiten,
hegte für die Mauer nach jener Seite hinaus starke Besorgniß
und warf sich selbst mit einer kleinen Schaar dorthin; dem
größeren Theil seiner Leute überließ er die Vertheidigung des
Thores und des Grabmals. Da griffen auch schon die Gothen
das Aurelische Thor und den Hadriansthurm an, und zwar ganz
ohne Maschinen, nur mit einer sehr großen Anzahl von Leitern
und unter einem Hagel von Pfeilen: sie glaubten, die Feinde
dadurch ziemlich leicht in Verwirrung setzen und die dort befind=
liche Besatzung wegen ihrer kleinen Zahl ohne sonderliche Mühe
überwältigen zu können. Von ihren Schilden, die an Größe
den persischen Gerren nichts nachgaben, bildeten sie ein Schutz=
dach, unter dem sie vorrückten. Auch waren sie unbemerkt schon
ganz dicht an ihre Feinde herangekommen, denn sie waren durch
die Halle gedeckt, welche zum Tempel des Apostels Petrus ge=
hört. Sobald sie von dort zum Vorschein kamen, machten sie
sich so schnell ans Werk, daß die Vertheidiger weder die Ballisten
spielen lassen konnten — denn diese Maschinen schießen nur im
Bogen — noch selbst durch Pfeilschüsse sich zu wehren im Stande
waren, da diese gegen das Schilddach nichts ausrichteten. Als
nun die Gothen heftig anstürmten, die Brustwehren mit Ge=

537 schossen überschütteten, schon die Sturmleitern an das Mauerwerk
legen wollten und die Vertheidiger des Grabmals beinahe gänz=
lich abgeschnitten hatten, — denn jedesmal, wenn sie vorrückten,
waren sie ihnen von hinten in die Flanke gefallen, — so waren
die Römer einen Augenblick vor Schrecken wie gelähmt, da sie
keine Hoffnung mehr sahen, durch tapfere Gegenwehr ihr Leben
zu retten; dann aber faßten sie sich schnell, zerschlugen fast alle
Bildsäulen, die übrigens von gewaltiger Größe waren, hoben mit
beiden Händen die riesigen Blöcke und schmetterten sie auf die
Häupter der Feinde herab. Diesen Geschossen mußten die Gothen
weichen. Kaum waren sie ein wenig zurückgegangen, da athme=
ten die Römer auf und schöpften wieder Muth: ihr Schlachtge=
schrei wurde lauter, und mit Pfeilschüssen und Steinwürfen trie=
ben sie die Stürmenden zurück. Dann ließen sie ihr Geschütz
spielen, das den Feinden großen Schrecken einflößte, und der
Sturm war abgeschlagen. Schon kam auch Konstantin, der die
Feinde am Flußübergang mit leichter Mühe gehindert und sie
weggescheucht hatte, da sie die Mauer an jener Stelle nicht, wie
sie geglaubt, ganz ohne Besatzung fanden. So standen die Dinge
am Aurelischen Thore sehr gut.

23. An dem Thor jenseits des Tiber, welches das Pan=
kratianische heißt, konnte der anrückende, feindliche Heerhaufen
nichts ausrichten, da die Position sehr stark war: denn dort ist
die Umwallung sehr steil und bietet für einen Angriff wenig
Aussicht. Dort stand Paulus mit seinem Regiment Fußvolk.
Auch am Flaminischen Thor unternahmen sie nichts, da es hoch
liegt und deshalb schwer zu stürmen ist. Diesen Posten hielt
Ursicin mit seinem Regiment, das „die Königlichen"[1]) heißt.
Zwischen diesem und dem kleinen Thor, welches rechts liegt und
das Pincianische heißt, klafft die Mauer an einer Stelle aus=
einander: der Riß ist alt und hat sich von selbst gebildet, er

---

1) Regii. —

geht nicht ganz von unten herauf, sondern erst von der Mitte 537
an nach oben. Die Mauer ist nicht eingestürzt oder ganz zer=
stört, sondern hat sich nach beiden Seiten so gesenkt, daß sie auf
der einen Seite nach außen, auf der andern nach innen aus der
Richtung der übrigen Mauer weicht. Seitdem nennen die Rö=
mer diese Stelle schon lange in ihrer Sprache die geborstene
Mauer. Diesen Theil wollte nun anfangs Belisar einreißen
und neu aufbauen, aber die Römer hinderten ihn daran, indem
sie versicherten, der Apostel Petrus habe ihnen versprochen, er
werde dort Wache halten. Dieser Apostel ist nämlich der Haupt=
gegenstand der ehrfurchtsvollen Bewunderung und Verehrung für
die Römer. Es ging nun an jenem Ort so wie sie gedacht und
erwartet hatten; denn weder an jenem Tage noch sonst, so lange
die Gothen Rom belagerten, kam eine feindliche Schaar dorthin,
noch wurde sonst die Ruhe irgendwie gestört. Und wir wunder=
ten uns, daß weder wir an diesen Theil der Mauer je dachten,
noch die Feinde einen Sturm versuchten oder einen nächtlichen
Überfall, wie sie dergleichen oft unternahmen. Deshalb wagte
auch später niemand, diese Stelle wieder aufzubauen, sondern bis
auf den heutigen Tag ist jener Theil der Mauer geborsten. So=
weit hiervon.

   Am Salarischen Thor stand ein edler Gothe, ein sehr
großer und tapferer Mann, mit Helm und Harnisch angethan,
nicht in Reih und Glied mit den andern, sondern vor einem
Baum allein und warf seine Geschosse gegen die Brustwehr.
Diesen Mann traf eine Maschine, welche auf dem Thurm zur
Linken stand, auf wunderbare Weise. Das Geschoß durchbohrte
nämlich den Panzer und den Körper des Mannes und ging
noch tief in den Baum hinein, so daß der Leichnam an den
Baum geheftet blieb. Als das die Gothen sahen, bekamen sie
große Furcht und begaben sich außer Schußweite. Zwar blieben
sie noch in Schlachtordnung, aber sie belästigten die auf der
Mauer nicht mehr.

537   Als aber Bessas und Peranius am Vivarium von Witichis
aufs Heftigste angegriffen wurden, baten sie Belisar um Unter=
stützung. Der fürchtete für jene Stelle der Mauer, deren Schwäche
er, wie gesagt, kannte, und eilte ihnen zu Hülfe, nachdem er das
Kommando am Salarischen Thor einem seiner Vertrauten über=
geben hatte. Und als er sah, daß die Soldaten am Vivarium
durch den heftigen Ansturm der zahlreichen Feinde ins Wanken
kamen, rief er ihnen zu, sie sollten die Barbaren verachten, und
brachte sie wieder zu muthigem Standhalten. Das Terrain war
aber dort sehr eben und deshalb für den Angriff der Stürmen=
den günstig. Zufällig war auch die Mauer an jener Stelle sehr
morsch geworden, so daß die Ziegel kaum noch zusammenhielten.
Die alten Römer hatten außerhalb noch eine kleine Mauer an=
gelegt, nicht als Schutzmaßregel — es waren weder Thürme
noch Brustwehren darauf, noch sonst irgend etwas, was zur Ab=
wehr eines feindlichen Angriffs auf die Umwallung hätte dienen
können, — sondern für ein nicht sehr edles Vergnügen, nämlich
Löwen und andre wilde Thiere darin aufzubewahren. Deswegen
heißt dieser Ort auch Vivarium: so nennen nämlich die Römer
einen Platz, wo wilde Thiere gehalten werden. Witichis stellte
nun an verschiedenen Punkten der Mauer Maschinen auf und
ließ die äußere Mauer von den Gothen untergraben, da er
meinte, wenn sie erst dieser Herr wären, die andre mit Leichtig=
keit nehmen zu können, deren schlechter Zustand ihm wohl be=
kannt war. Als nun Belisar sah, daß die Barbaren die Mauer
des Vivariums durchbrachen und an vielen Stellen gegen die
Stadtumwallung vordrangen, ließ er sie ruhig gewähren und
zog die Soldaten bis auf wenige von den Brustwehren zurück,
obgleich er von den Kerntruppen seines ganzen Heeres umgeben
war. Unten an den Thoren aber stellte er sie alle auf, im
Harnisch und nur mit dem Schwert in der Hand. Und als die
Gothen nach Zerstörung der ersten Mauer im Vivarium waren,
schickte er ganz schnell Cyprian mit einiger Mannschaft gegen sie

zum Angriff vor. Die Eingedrungenen wehrten sich vor Schreck 537
kaum, und ihre eigne Menge gereichte ihnen bei der Enge des
Ausgangs zum Verderben; sie wurden sämmtlich getödtet. Durch
den unerwarteten Angriff waren die Feinde in Furcht gesetzt,
ihre Reihen hatten sich gelöst, der eine eilte hierhin, der andre
dorthin; in diesem Augenblick ließ Belisar die Thorflügel öffnen
und machte plötzlich mit seiner ganzen Macht einen Ausfall auf
die Feinde. Die Gothen dachten gar nicht mehr an Gegenwehr,
sondern wandten sich, wie jeder gerade die Gelegenheit fand, zur
Flucht. Die Römer setzten ihnen nach und hieben immer die
Letzten mit Leichtigkeit nieder; die Verfolgung dauerte auch ziem=
lich lange, weil die Gothen in großer Entfernung von ihren
Schanzwerken zum Sturm vorgerückt waren. Belisar ließ so=
gleich die Maschinen der Feinde verbrennen, und die auf=
prasselnde Flamme vermehrte natürlich noch den Schrecken der
Fliehenden.

Währenddessen ging es am Salarischen Thore ebenso zu;
man öffnete plötzlich die Thorflügel und überraschte die Barbaren
durch einen Ausfall: diese wehrten sich nicht, sondern flohen und
wurden auf der Flucht niedergehauen, ihre Maschinen verbrannt,
und die Flamme schlug hoch über die Mauer empor. Schon
zogen sich die Gothen auf der ganzen Linie zurück. Auf beiden
Seiten erhob sich ein betäubendes Geschrei: hier ermunterten die
Römer, welche auf der Mauer waren, die Verfolgenden; dort
beklagten die Gothen in ihren Schanzen die Größe ihrer Nieder=
lage. Es fielen an jenem Tage 30000 Gothen, wie ihre eignen
Anführer versicherten, und Verwundete waren noch mehr. Denn
in ihre dichten Haufen fiel kein Geschoß von der Mauer vergeb=
lich, und die Sturmlaufenden erlitten, wenn sie zurückgeworfen
wurden und fliehen mußten, furchtbare Verluste. Der Sturm,
welcher morgens früh begonnen hatte, endete am späten Abend.
Die darauf folgende Nacht brachten beide Heere im Freien zu:
die Römer auf den Mauern jubelten, priesen Belisar und freuten

537 sich an den erbeuteten Rüstungen; die Gothen sorgten für die
Pflege ihrer Verwundeten und betrauerten ihre Todten.

24. Darauf schrieb Belisar an den Kaiser einen Brief
folgenden Inhalts: „Wir sind nach Italien gegangen, wie Du
befohlen hattest, haben den größten Theil davon unterworfen
und Rom eingenommen, nachdem wir die Besatzung der Barbaren
vertrieben hatten, deren Anführer Leutharis ich vor ganz kurzer
Zeit an Euch sandte. Da wir eine große Anzahl von Soldaten als Besatzungen der festen Plätze in Sizilien und Italien
verwenden mußten, blieben uns nur 5000 Mann zur Verfügung.
Die Feinde aber sind gegen uns mit 150000 Mann ausgezogen.
Und zuerst wurden wir auf einem Rekognoszierungsritt am Tiberufer gezwungen zu fechten und wären beinahe der Menge ihrer
Geschosse erlegen. Darauf machten die Barbaren einen Sturm
auf die Stadt mit ihrem ganzen Heer und griffen mit ihren Maschinen die Mauer auf allen Seiten an, und es fehlte nicht viel,
so hätten sie beim ersten Angriff uns und die Stadt in ihre
Hände bekommen; aber ein glückliches Geschick bewahrte uns davor. Den Erfolg soll man nämlich nicht auf menschliche Tüchtigkeit, sondern auf eine höhere Macht zurückzuführen. Was wir
bis jetzt durch Glück oder eigne Tapferkeit vollbracht haben, ist
vortrefflich; ich möchte aber, daß das, was noch bevorsteht, für
Deine Interessen sich noch günstiger gestalte. Was mir auszusprechen und Euch auszuführen zukommt, daraus will ich keinen
Hehl machen, da ich wohl weiß, daß die menschlichen Dinge zwar
gehen, wie es Gott gefällt, daß aber die, welche an der Spitze
eines Unternehmens stehen, nach ihren eignen Thaten getadelt
oder gelobt werden. Also Waffen und Soldaten müssen uns zu-
geschickt werden, damit wir für den weiteren Verlauf dieses Krieges unsern Feinden gewachsen seien. Denn man darf nicht alles
dem Schicksal überlassen, weil es sich nicht gleich zu bleiben pflegt.
Du, o Kaiser, mußt erwägen, daß, wenn die Feinde uns jetzt
schlagen, wir Dein Italien aufgeben müssen und dazu das Heer

verlieren, und noch obendrein wird uns große Schande treffen, 337
davon zu geschweigen, daß wir den Schein erwecken, als hätten
wirs auf das Verderben der Römer abgesehen, die das Vertrauen
auf die kaiserliche Majestät über ihr persönliches Wohl stellten.
Wenn wir Rom und Kampanien und ganz zu Anfang Sizilien
gar nicht bekommen hätten, so wäre immer noch das am Leichte=
sten zu tragen, daß wir uns mit fremden Gütern nicht hatten
bereichern können. Auch das müßt Ihr bedenken, daß es niemals
möglich gewesen ist, auch mit vielen Myriaden längere Zeit hin=
durch Rom zu halten, weil es einen so großen Umfang hat und
fern vom Meere gelegen, von aller Zufuhr abgeschnitten ist. Die
Römer selbst sind jetzt uns wohlgesinnt; wenn aber die Plagen,
wie das unausbleiblich ist, sich in die Länge ziehen, so werden
sie sich nicht besinnen, das bessere Theil für sich zu erwählen.
Denn wer sich eben erst zu guter Gesinnung bekehrt hat, der
läßt sich gewöhnlich eher durch Wohlthaten als durch Leiden bei
der Treue halten. Vor allem durch den Hunger dürften die Rö=
mer wider ihr besseres Wollen zu mancherlei Entschlüssen getrie=
ben werden. Ich nun weiß, mein Leben gehört Deiner Majestät,
und deshalb wird mich schwerlich jemand von hier lebendig fort=
bringen. Siehe aber zu, was für einen Ruhm Dir solch Ende
Belisars bringen könnte". Das schrieb Belisar. Der Kaiser
war darüber nicht wenig erschreckt, zog eifrigst Truppen und
Schiffe zusammen und befahl Valerian und Martin, sich mit den
Ihrigen schnell auf den Weg zu machen. Diese waren nämlich
mit den Ersatztruppen zur Zeit der Wintersonnenwende nach
Italien abgeschickt worden, aber nur bis Griechenland gefahren —
weiter konnten sie die Fahrt nicht machen — und hatten Winter=
quartiere in Ätolien und Akarnanien bezogen. Hiervon machte
der Kaiser Justinian dem Belisar Mittheilung und ermahnte
ihn sowie alle Römer zu weiterem muthigen Ausharren.

Zu dieser Zeit trug sich in Neapel Folgendes zu. Auf
dem Markt befand sich ein Bild des Gothenkönigs Theoderich,

55: aus lauter kleinen, bunten Steinen zusammengesetzt. Von die=
sem Bild bröckelte bei Lebzeiten Theoderichs der Kopf ab, da die
Steinchen von selbst sich gelockert hatten. Und sehr bald darauf
starb Theoderich wirklich. Acht Jahre später bröckelten die Stein=
chen, welche den Rumpf bildeten, plötzlich ab, und da starb Ata=
larich, Theoderichs Tochtersohn. Nach kurzer Zeit fallen die
Steine am Unterleib zu Boden, und Amalasuntha, Theoderichs
Tochter, kam ums Leben. Das war also bereits geschehen.
Als nun die Gothen Rom belagerten, fielen auch die Schenkel
des Bildes bis zu den Fußspitzen hinunter ab, so daß damit
das ganze Bild von der Mauer verschwunden war. Die Römer
legten das so aus, daß des Kaisers Heer den Sieg davontragen
werde, denn die Füße Theoderichs seien nichts andres als das
Gothenvolk, über das er König war, und so waren sie noch mehr
voll Siegeszuversicht. In Rom selbst brachten einige Patrizier
ein Orakel der Sibylle zum Vorschein und prophezeiten daraus,
die Gefahr für die Stadt werde nur bis zum Julimonat dauern.
Denn um diese Zeit werde ein Kaiser zu Rom gewählt werden,
und von da an hätte Rom von den Geten nichts mehr zu be=
fürchten. Denn sie sagen, Gothen und Geten sei ein und dasselbe.
Der Spruch lautet so: ‚Im Monat Quinctilis . . . soll Rom
nichts Getisches fürchten' . . . Das traf aber nicht ein. Denn
erstens wurde damals kein Kaiser von den Römern gewählt,
zweitens dauerte die Belagerung noch länger als ein Jahr, und
Rom hatte, als Totilas König der Gothen war, dasselbe Schick=
sal zu erleiden, wie ich später berichten werde. Meiner Ansicht
wollte das Orakel gar nicht diesen Zug der Barbaren bezeichnen,
sondern einen späteren oder früheren. Denn meiner Meinung
nach kann die Sibyllinischen Orakel kein Mensch vor dem Ein=
treffen richtig deuten[1]) . . .

25. Als der Sturm der Gothen abgeschlagen war, wachten

---

1) Folgt eine weitere Auseinandersetzung darüber.

beide Heere die Nacht so, wie ich schon erzählt habe. Am fol= 537
genden Tage befahl Belisar den Römern, Weiber und Kinder,
sowie die Sklaven, welche ihnen für die Vertheidigung der
Mauer überflüssig zu sein schienen, nach Neapel fortzuschaffen,
um dem Mangel an Lebensmitteln vorzubeugen. Denselben Be=
fehl erhielten die Soldaten, wenn einer einen Sklaven oder eine
Sklavin hatte. Auch erklärte er ihnen, während der Belagerung
nicht mehr die gewöhnlichen Rationen geben zu können; er sehe
sich vielmehr gezwungen, die tägliche Ration zur Hälfte in Natu=
ralien zu geben, zur Hälfte in Geld. So geschah es auch.
Und sofort ward ein großer Haufe nach Kampanien fortgeschafft,
ein Theil auf Schiffen, die gerade im Hafen vor Rom lagen,
ein andrer auf der Appischen Straße. Weder dem einen noch
dem andern geschah etwas Böses von Seiten der Belagerer, die
weder ganz Rom wegen seines großen Umfangs mit ihren Schanz=
werken einschließen konnten noch es wagten, in kleinerer An=
zahl sich weit von ihrem Lager zu entfernen, aus Furcht vor
den Ausfällen der Gegner. Und deswegen war es eine Zeit
lang für die Belagerten ganz gut möglich, die Stadt zu verlassen
und von außen Nahrungsmittel hineinzuschaffen. Am meisten
bei Nacht waren die Barbaren stets zur Furcht geneigt, stellten
nur Wachen aus und hielten sich sonst ruhig in ihren Lagern.
Auch schlichen sich oft Mauren aus der Stadt, um schlafende
Feinde oder solche, die einzeln des Weges kamen — was bei
einem großen Heer öfters vorkommt, um Pferde oder Maulesel
oder Schlachtthiere auf die Weide zu führen, wie auch anderer Be=
dürfnisse halber — zu tödten und auszuplündern; wenn sie auf eine
Überzahl von Feinden trafen, machten sie sich schnell davon, denn
sie sind von Natur gute Läufer, leicht bewaffnet und auf der
Flucht sehr behend. So konnte die große Menge Rom verlassen:
die einen gingen nach Kampanien, die andern nach Sizilien, oder
sonstwohin, wie es ihnen bequemer und besser schien. Belisar
aber sah, daß die Zahl seiner Soldaten für den Umfang der

237 Mauer keineswegs ausreichte, — es waren nur wenige, wie ich
schon oben bemerkt habe, und es konnten nicht immer dieselben
ohne Schlaf Wache halten, sondern natürlich, während die einen
der Ruhe pflegten, standen die andern Posten; andrerseits war der
größte Theil der Bürgerschaft arm und litt schon Hunger, denn
die meisten lebten als kleine Handwerker von der Hand in den
Mund, waren wegen der Belagerung zu feiern gezwungen und
hatten nun nichts mehr zu beißen. Deswegen vereinigte er
Soldaten und Bürger für den Wachdienst und jeder Bürger er=
hielt seine tägliche Löhnung. So schuf er eine genügende Anzahl
Abtheilungen; jede Abtheilung hatte ihre bestimmte Nacht auf
der Umwallung zu wachen, so daß alle gleichmäßig herankamen.
Auf diese Weise half Belisar beiden Übelständen (dem Mangel
an Wachmannschaften und der Bedrängniß der unteren Volks=
klassen) ab.

Der Erzbischof Silverius, welcher sich verdächtig gemacht hatte,
auf Verrath an die Gothen zu sinnen, wurde sofort nach Griechen=
land verschickt, bald darauf ein andrer Erzbischof, Namens Vigi=
lius eingesetzt. Auch einige Senatoren verbannte Belisar aus
demselben Grunde; als aber die Feinde die Belagerung aufge=
geben hatten und abgezogen waren, setzte er sie wieder in ihr
Eigenthum ein. Unter diesen war auch Maximus, ein Nachkomme
jenes Maximus, der einst den Kaiser Valentinian ermordet hatte.
Da Belisar ferner befürchten mußte, es könnte von den Wächtern
an den Thoren Verrath gesponnen werden oder jemand von
außen sie mit Geld zu bestechen versuchen, so zog er zweimal
in jedem Monat sämmtliche Schlüssel ein und ersetzte sie durch
neue von andrer Form; auch schickte er die Wachmannschaften
niemals auf dieselben, sondern immer auf möglichst von einander
entfernte Posten und gab den Postenstehenden jede Nacht andre
Vorgesetzte. Diese mußten ein bestimmtes Stück der Mauer ab=
gehen, die Namen der Wächter der Reihe nach aufschreiben, und
wenn jemand sich entfernt hatte, für den Augenblick einen andern

dorthin stellen. Am folgenden Tage wurden die Fehlenden dem [537] Belisar gemeldet, um ihre gebührende Strafe zu erhalten. Auch ließ er nachts die Musikanten auf den Wällen spielen; ferner schickte er stets Patrouillen, besonders von Mauren, welche die ganze Nacht den Graben beobachten mußten, und gab ihnen Hunde mit, so daß auch nur von ferne sich niemand unbemerkt der Umwallung nähern konnte. Damals versuchten auch einige Römer ohne jemandes Wissen gewaltsam die Thore des Janus= tempels zu öffnen [1] . . . Seit die Römer Christen geworden waren, und zwar sehr fromme Christen, hatten sie diese Thore auch in Kriegszeiten niemals mehr geöffnet. Während dieser Be= lagerung nun versuchten es heimlich einige Leute, die wohl dem alten Glauben noch anhingen, erreichten ihren Zweck jedoch ganz und gar nicht: die Thüren schlossen nur nicht mehr ganz so fest wie früher. Die Thäter blieben unentdeckt; es wurde gar keine Untersuchung eingeleitet in jener bewegten Zeit, auch war die Sache weder den Behörden noch der großen Menge, sondern nur sehr wenigen Leuten bekannt geworden.

26. Witichis schickte in seiner ohnmächtigen Wuth einige seiner Leibwächter nach Ravenna mit dem Befehl, alle Senatoren, die er bei Beginn des Krieges dorthin hatte bringen lassen, zu tödten. Einige wenige von ihnen wurden rechtzeitig gewarnt und konnten fliehen, unter ihnen Cerventinus und Reparatus, der Bruder des Erzbischofs Vigilius: diese beiden eilten nach Ligurien und blieben dort. Die übrigen wurden alle umgebracht. Darauf beschloß Witichis, da er bemerkt hatte, daß die Römer ganz un= gestraft aus der Stadt herausschaffen konnten, was sie wollten, und Lebensmittel zu Wasser und zu Lande einführten, den Hafen, welchen die Römer Portus [2] nennen, zu besetzen. Er liegt 126 Stadien von Rom, denn so weit ist diese Stadt vom Meere ent= fernt. (15 Stadien [3]) vor seiner Mündung theilt sich der Tiber

---

1) Exkurs über denselben. — 2) Portus Augusti oder Portus Romanus. 23,1 Kilometer. — 3) 2,77 Kilometer. —

537 und bildet die heilige Insel, die 15 Stadien breit ist. Beide
Arme sind schiffbar. Der rechte Arm mündet bei dem von Alters
her befestigten Portus, der linke bei dem unbefestigten Ostia.
Eine gute Straße führt von Rom nach Portus hart am Fluß
entlang. Die Kaufleute laden dort ihre Waaren auf Flußkähne
um, und diese werden von Ochsen bis nach Rom getreidelt. Der
Weg von Rom nach Ostia führt nicht am Fluß entlang, sondern
durch Gehölze und ist ganz vernachlässigt.) Die Gothen fanden
die Stadt Portus ohne Besatzung, nahmen sie im ersten Anlauf
tödteten viele von den dort wohnenden Römern und besetzten
Stadt und Hafen. Nach Zurücklassung von 1000 Mann kehr=
ten die übrigen ins Lager zurück. Seitdem konnten die Belager=
ten von der See her nichts mehr hineinbringen, außer auf dem
schwierigen und gefährlichen Wege über Ostia. Und hier konnten
die Schiffe nicht einmal mehr löschen, sondern mußten in Antium [1])
vor Anker gehen, eine Tagereise weit von Ostia. Von dort war
der Transport so schwierig, weil es an den nöthigen Arbeits=
kräften fehlte. — Belisar war übrigens nicht im Stande ge=
wesen, den Hafen zu halten, da seine ganze Sorge sich auf die
Stadtmauer richten mußte. Wenn dort nur eine Besatzung von
300 Mann gewesen wäre, so hätten sich meiner Ansicht nach
die Barbaren des Platzes nicht bemächtigen können, denn er war
sehr fest.

27. Dies thaten die Gothen am dritten Tage, nachdem
ihr Sturm abgeschlagen war. Zwanzig Tage nach der Einnahme
von Stadt und Hafen Portus kamen Martin und Valerian an
mit 1600 Reitern, von denen die meisten Hunnen, Sklavenen
und Anten waren, die jenseits der Donau, nicht weit ab vom
Fluß, ihre Wohnsitze haben. Belisar freute sich über ihre An=
kunft und glaubte sie zu Ausfällen auf die Feinde verwenden
zu müssen. Am folgenden Tage also gab er einem seiner Dory=

---

1) Torre d'Anzo. —

phoren, einem tapfern und muthigen Manne, Namens Trajan, 537
200 berittne Hypaspisten mit dem Befehl, gerade auf die Bar=
baren loszugehen, einen Hügel ziemlich dicht an ihren Verschan=
zungen, den er selbst bezeichnete, zu besetzen und dort zu halten.
Bei einem Angriff der Feinde sollte er sich auf keinen Nahkampf
mit Schwert und Lanze einlassen, sondern nur die Bogen ge=
brauchen, bis er sähe, daß niemand mehr einen Pfeil im Köcher
hätte: dann sollten sie sich nicht scheuen, aus allen Kräften zu
fliehen und auf die Mauer zurückzureiten. Nach diesem Auftrag
befahl er den Geschützmeistern, ihre Wurfmaschinen fertig zu
machen. Trajan ritt mit seinen 200 Mann aus dem Salarischen
Thor auf das feindliche Lager los. Die Gothen, durch den
plötzlichen Angriff erschreckt, stürzten aus den Verschanzungen ohne
Ordnung, wie jeder zu den Waffen gegriffen hatte. Trajans
Leute hielten auf dem Hügel, welchen ihnen Belisar bezeichnet
hatte, und schossen von dort auf die anrückenden Barbaren, und
jeder Pfeil traf Mann oder Roß in dem dichten Haufen. Als
sie alle ihre Pfeile verschossen hatten, wandten sie schnell ihre
Pferde, und die Gothen setzten ihnen nach. Sobald sie näher
an die Umwallung gekommen waren, ließen die Geschützmeister
ihre Stücke spielen, und die Barbaren gaben vor Schrecken die
Verfolgung auf. In diesem Gefecht sollen nicht weniger als 1000
Gothen gefallen sein. Wenige Tage später ließ Belisar seinen
persönlichen Freund, den Doryphoren Mundilas und Diogenes,
beide ausgezeichnete Krieger, und 300 Hypaspisten mit demselben
Auftrage ausreiten, wie die Vorigen. Sie führten ihn auch aus.
Wieder setzten ihnen die Barbaren nach und verloren dabei auf
dieselbe Weise eher mehr als weniger Leute wie in dem ersten
Gefecht. Das dritte Mal sandte er den Doryphoren Oilas und
300 Mann mit demselben Auftrag, den er auch vollzog. So
tödtete er in den drei erwähnten Ausfällen ungefähr 4000 Mann
von den Feinden.

Witichis aber, welcher den Unterschied in der Bewaffnung

537 und Einübung der beiden Heere noch nicht begriffen hatte, glaubte,
nun auch ganz leicht den Feinden beikommen zu können, wenn
er mit geringer Mannschaft einen Angriff auf sie machte. Er
schickte also 500 Reiter aus mit dem Befehl, ganz nahe an die
Umwallung heranzureiten und vor aller Augen das dem feind=
lichen Heere anzuthun, was ihnen selbst durch wenige schon mehr=
mals geschehen war. Sie besetzten einen Hügel nicht weit von
der Stadt, aber außer Schußweite. Belisar suchte 1000 Mann
aus und befahl ihnen, unter Bessas gegen die Feinde vorzugehen.
Sie umzingelten diese und tödteten viele durch Schüsse in den
Rücken, die übrigen warfen sie den Hügel hinab und zwangen
sie, in der Ebene zu kämpfen. Das Handgemenge mußte bei
der Ungleichheit der Zahl zu Ungunsten der Gothen ausfallen,
von denen die meisten fielen; nur wenige schlugen sich durch und
entkamen zu ihrem Lager. Witichis empfing sie übel und be=
schuldigte sie der Feigheit; er vermaß sich, binnen kurzer Zeit
mit andern Leuten die Scharte wiederauszuwetzen, that aber an
jenem Tage nichts mehr. Erst drei Tage später suchte er aus
allen Schanzen 500 Mann aus und schickte sie gegen die Feinde
vor, um ruhmwürdige Thaten zu vollbringen. Als Belisar sie
näher kommen sah, ließ er 1500 Mann unter Martin und Va=
lerian gegen sie vorgehen. Sofort entspann sich ein Reitergefecht,
in dem die Römer an Zahl ihren Gegnern weit überlegen wa=
ren. Sie schlugen dieselben ohne Anstrengung in die Flucht und
hieben sie fast alle nieder.

Den Barbaren schien es ein seltsames Verhängniß zu sein,
daß sie in großer Zahl von wenigen Feinden geschlagen wurden,
und ebenso, wenn sie in geringer Zahl vorgingen, eine Nieder=
lage erlitten. Den Belisar aber priesen die Römer laut wegen
seiner Geschicklichkeit und staunten ihn an, wie sichs auch gehörte.
Bei Gelegenheit fragten ihn auch wohl seine Freunde, was ihn
eigentlich an jenem Tage, wo er die Feinde so gründlich schlug,
veranlaßt habe, guten Muthes und des Sieges über die Feinde

gewiß zu sein. Darauf antwortete er, gleich beim ersten Gefecht, 537
in das er sich mit geringer Begleitmannschaft eingelassen habe,
sei ihm klar geworden, worin der Unterschied zwischen beiden
Heeren bestehe, so daß, wenn nur das Verhältniß der Streit=
kräfte einigermaßen das richtige sei, ihnen trotz ihrer geringen
Zahl die Menge der Feinde nichts schaden könnte. Der Unter=
schied sei folgender: fast alle Römer und die verbündeten Hunnen
sind berittene Bogenschützen; die Gothen kennen diese Art der
Bewaffnung gar nicht, sondern ihre Reiter wissen sich nur des
Schwertes und der Lanze zu bedienen, und ihre Bogenschützen
kämpfen zu Fuß und zwar hinter den Schwerbewaffneten. Die
Reiter nun sind, so lange es nicht zum Handgemenge kommt,
gegen ihre pfeilschießenden Gegner wehrlos und bieten ein beque=
mes Ziel, so daß sie große Verluste erleiden müssen; die Bogen=
schützen zu Fuß hingegen können schwerlich auf Reiter einen An=
griff machen. Deswegen, so versicherte Belisar, müßten die
Barbaren in diesen Gefechten den Römern unterliegen. Die
Gothen, die ihre unerwarteten Niederlagen nicht vergessen hatten,
wagten seitdem weder in kleinen Schaaren sich der Umwallung
Roms zu nähern, noch den plänkelnden Feind zu verfolgen: sie be=
schränkten sich darauf, ihn von ihren Schanzen abzuweisen.

28. Darauf verlangten alle Römer, welche durch die er=
rungenen Erfolge sich mächtig gehoben fühlten, laut darnach, sich
mit dem ganzen Gothenheer zu messen und ihm in offner Feld=
schlacht entgegenzutreten. Belisar, der das höchst ungleiche Ver=
hältniß der Streitkräfte wohl kannte, zögerte noch immer, sein
ganzes Heer wie auf einen Wurf zu setzen, betrieb vielmehr die
Ausfälle, durch die er den Feind zu schwächen gedachte, mit um so
größerem Eifer. Das gab er zwar auf, da er zu viel Vorwürfe
von seinen Soldaten und den übrigen Römern hören mußte, und
wollte wirklich mit dem ganzen Heer eine Schlacht liefern, aber er
beabsichtigte nichts desto weniger den Zusammenstoß durch einen
Ausfall herbeizuführen. Dabei wurde er regelmäßig abgewiesen

537 und sah sich dann gezwungen, den allgemeinen Angriff auf das
nächste Mal zu verschieben. Da nämlich die Feinde durch Über=
läufer von seinem Vorhaben unterrichtet waren, fand er sie wider
Erwarten in voller Kampfbereitschaft vor. Deshalb faßte er den
Entschluß, demnächst eine Feldschlacht zu liefern, und die Barbaren
ergriffen die Gelegenheit dazu sehr bereitwillig. Auf beiden
Seiten rüstete man sich aufs Sorgfältigste. Belisar versammelte
das ganze Heer um sich, (setzte die Gründe seines Zögerns aus=
einander, lobte den Kampfesmuth der Soldaten, dem er gerne
nachgebe, und wies auf die entscheidende Bedeutung des bevor=
stehenden Kampfes hin; sie seien durch die bereits errungenen
Erfolge ohnehin den Feinden überlegen. Er schloß:) „Niemand
von Euch soll sich bedenken, Pferd oder Bogen oder irgend eine
Waffe aufs Spiel zu setzen; denn ich werde Euch für alles, was in
der Schlacht verloren geht, sofort Ersatz leisten". Nach dieser Rede
führte Belisar das Heer durch das Pincianische und Salarische
Thor; eine kleine Schaar schickte er durch das Aurelische Thor
aufs Neronische Feld. Über sie hatte er den Reiterobersten Va=
lentin gesetzt und ihm den Befehl gegeben, kein Gefecht zu be=
ginnen, auch nicht näher an das feindliche Lager heranzugehen,
sondern vielmehr nur beständig mit dem Angriff zu drohen, da=
mit nicht die Feinde von dort über die nahe gelegene Brücke
gingen und den andern Schanzen zu Hülfe kommen könnten.
Denn da auf dem Neronischen Felde eine sehr starke Abtheilung
Barbaren stand, so hielt es Belisar für besser, wenn diese alle
nicht an der Schlacht Theil nähmen, sondern abseits von ihrem
Hauptheer festgehalten würden. Auch eine Anzahl römischer Bürger
hatte freiwillig die Waffen ergriffen und war mit ausgezogen;
er nahm sie nicht in die Angriffskolonne auf, weil er die Besorg=
niß hegte, sie könnten mitten im Kampf Angst bekommen und
dann das ganze Heer in Verwirrung setzen: es waren nämlich
Handwerksleute, die vom Kriege so gut wie nichts verstanden.
Er stellte sie außerhalb des Pankratianischen Thores, jenseit des

Tiber, in einer Phalanx auf, und befahl, dort zu halten, bis 537
er selbst ihnen eine andre Thätigkeit anweisen würde. Er be=
rechnete nämlich ganz richtig, wie auch der Erfolg bewies, die
Feinde auf dem Neronischen Felde würden, wenn sie diese und
Valentins Schaar sähen, nicht wagen, ihre eigne Schanze zu ver=
lassen und mit dem andern Heer zur Schlacht auszurücken. Denn
er hielt es für einen besonders großen Gewinn, daß eine so be=
bedeutende Mannschaft von dem feindlichen Hauptlager ent=
fernt blieb.

Belisar hatte die Absicht, an jenem Tage nur eine Reiter=
schlacht zu liefern, da die meisten von seinen Fußsoldaten, denen
ihr Stand nicht mehr recht paßte, sich mit Beutepferden beritten
gemacht und nachdem sie sich im Reiten etwas geübt hatten,
als Reiter dienten. Den Rest der Fußsoldaten, der zu gering
war, um daraus eine ordentliche Phalanx zu bilden, hielt er nicht
für muthig genug, um ihn gegen den Feind zu führen, meinte
vielmehr, sie würden beim ersten Anprall sich zur Flucht wenden.
Daher hielt er es für sicherer, sie nicht weit von der Umwallung
zu entfernen, sondern dicht an der Mauer aufzustellen, damit sie,
wenn etwa die Reiter geschlagen würden, diesen Aufnahme ge=
währen und als frische Truppen mit ihnen Widerstand leisten
könnten. Da traten vor Belisar Principius, einer von seinen
Doryphoren, ein braver Mann, Pisidier von Geburt, und der
Isaurier Tarmut, der Bruder des Isaurierführers Ennes (und
baten ihn, auch das Fußvolk zum Kampf führen zu dürfen, das
ebenso tapfer sei wie die Reiter. Die Offiziere, die immer zu
Pferd in die Schlacht gegangen seien, wären auf der Flucht
immer die ersten gewesen. Sie selbst wollten nun mit Gottes
Hülfe ihre Leute zum Siege führen.) Belisar hörte sie an, wollte
es aber zuerst nicht zugeben. Denn er schätzte jene beiden als
tapfere Krieger sehr hoch und wollte sie nicht mit wenigen Leuten
die große Gefahr bestehen lassen. Endlich gab er ihren stürmi=
schen Bitten nach: einige wenige ließ er an den Thoren und auf

83: ben Brufmehren bei ben Mafchinen mit ben römifchen Bürgern
ftehen, bie übrigen ftellte er unter Principius unb Tarmut hinter
ber Angriffskolonne auf, bamit fie nicht, wenn fie etwa burch
bas Kampfgetöfe in Furcht geriethen, bie anbern in Verwirrung
brächten, unb bamit, wenn eine Schwabron gefchlagen werben
follte, fie nicht zu weit zurückzugehen brauchte, fonbern fich auf
bas Fußvolf zurückziehen unb mit biefem fich ber Verfolgung er=
wehren fönnte.

29. So hatten fich bie Römer für bie Schlacht gerüftet.
Witichis aber ftellte alle Gothen unter Waffen unb ließ außer
ben Kampfuntüchtigen niemanb in ben Schanzwerfen. Marfjas
unb bie Seinen ließ er auf bem Neronifchen Felbe zur Bewachung
ber Brücke ftehen, bamit nicht über biefelbe ber Feinb einen An=
griff machen fönnte. Das übrige Heer ließ er zufammentreten
unb hielt ihnen eine Rebe. (Ihm fei wenig an Leben unb Krone
gelegen, wenn nur ein Gothe biefe nach ihm trüge. Sie follten
fich an bas Schicffal Gelimers unb feiner Vanbalen erinnern unb
lieber auf bem Schlachtfelbe fterben, als in fchimpflicher Gefangen=
fchaft weiter leben. Im Vertrauen auf ihre Tapferfeit unb
überzahl fönnten fie wohl bie wenigen Griechen, bie auf ihre
bisherigen Erfolge pochten, befiegen.) Nach biefer Ermahnung
ftellte Witichis fein Heer in Schlachtorbnung auf, in bie Mitte
bas Fußvolf, bie Reiterei auf bie Flügel. Er ftellte bie Phalanx
nicht weit von feinen Schanzen auf, fonbern ganz bicht bavor,
bamit, wenn bie Feinbe flöhen, in bem weiten Zwifchenraum fie
bequem verfolgt unb erlegt werben fönnten. Denn er hoffte,
wenn bie Schlacht zum Stehen fommen würbe, fönnten fich bie
Römer nicht einmal furze Zeit halten, ba er ber Meinung war,
ihr Heer fei bem feinigen burchaus nicht gewachfen.

Am frühen Morgen begannen bie Solbaten ihre blutige
Arbeit, hier von Belifar, bort von Witichis im Rücken zur Tapfer=
feit aufgemuntert. Zuerft befanben fich bie Römer im Vortheil,
unb viele Barbaren wurben burch Pfeilfchüffe getöbet. Aber an

ein weiteres Vorbringen war nicht zu denken, denn bei der großen ⁶³⁷
Menge der Gothen traten an Stelle der Gefallenen sofort andere,
so daß man ihren Verlust gar nicht merken konnte. Da schien
es den Römern bei ihrer geringen Anzahl genügend, den Kampf
so lange ausgehalten zu haben, und weil sie gegen Mittag bis an
das feindliche Lager vorgedrungen waren und schon eine große
Anzahl Feinde erschlagen hatten, wollten sie sich gern zurück=
ziehen, wenn sich dazu eine Gelegenheit bot. In diesem Kampf
zeichneten sich von den Römern am meisten drei Männer aus,
Athenodor der Isaurier, ein erprobter Doryphor Belisars, und
Martins Doryphoren Theoboret und Georgius, beide Kappadozier.
Sie sprangen nämlich immerfort aus der Front der Phalanx
heraus und durchbohrten viele Feinde mit ihren Lanzen. So
ging es hier zu. Auf dem Neronischen Felde aber lagen sich beide
Heere lange unthätig gegenüber, und nur die Mauren belästig=
ten durch fortwährende Plänkeleien, wobei sie ihre Speere schleu=
derten, die Gothen. Denn diese wagten keinen Angriff aus
Furcht vor den Römern,, die nicht weit entfernt standen — sie
hielten diese nämlich für Soldaten und besorgten, daß ihnen
von dort ein Hinterhalt drohe und daß sie nur so ruhig ständen,
um ihnen zu ihrem Verderben in den Rücken zu fallen. Als es
bereits Mittag geworden war, machte das Heer der Römer plötz=
lich einen Angriff auf die Feinde, und die Gothen, durch das
Unerwartete derselben aus der Fassung gebracht, hielten nicht
Stand. Sie konnten sich nicht einmal in ihr Lager flüchten, son=
dern zogen sich auf die nächstgelegenen Hügel zurück, wo sie sich
sammelten. Die Römer waren sehr zahlreich, aber nicht alle
Soldaten, sondern ein waffenloser Haufe. Denn da der Feld=
herr anderweitig beschäftigt war, so hatten sich aus dem römi=
schen Lager viele Schiffer und Sklaven jenem Heerhaufen ange=
schlossen. Und durch eben diese Menge verwirrten sie, wie gesagt,
die Barbaren und veranlaßten sie zur Flucht, mit ihrer Zucht=
losigkeit aber schädigten sie die Sache der Römer. Durch ihre

6 *

537 Beimischung nämlich geriethen auch die Soldaten völlig in Un=
ordnung, und obgleich Valentin schalt und drohte, hörten sie
nicht mehr auf seine Befehle. Deshalb machten sie sich nicht
an eine lebhafte Verfolgung, sondern ließen die Feinde ruhig sich
sammeln und zusehen, was weiter geschah. Auch dachten sie gar
nicht daran, die Brücke zu zerstören — wäre dies geschehen,
hätten die Gothen jenseit des Tibers die Belagerung aufgeben
müssen. Ebensowenig überschritten sie die Brücke, um denjenigen
in den Rücken zu fallen, gegen die Belisar stritt. Wenn das
geschehen wäre, hätten die Gothen meiner Meinung nach nicht
mehr an Gegenwehr gedacht, sondern jeder wäre geflohen, was
er nur konnte. Statt dessen nahmen sie das Lager der Gothen
ein und beschäftigten sich mit der Plünderung, wobei sie viel
Silberzeug und andre Schätze erbeuteten. Die Barbaren sahen
eine ganze Zeit lang zu und blieben ruhig stehen. Schließlich
machten sie unter zornigem Geschrei einen stürmischen Angriff auf
ihre Feinde. Da sie dieselben ohne jede Ordnung beim Plündern
vorfanden, tödteten sie ihrer viele und jagten die übrigen vor
sich her aus dem Lager. Wer dort nicht gefaßt und niederge=
hauen wurde, warf schleunigst seine Beute ab und floh.

Während dies auf dem Neronischen Felde vorging, war
auch ein andrer Barbarenhaufe ganz dicht am Gothenlager unter
dem Schutz seines Schildwalles vorgegangen und hatte viele Leute
und noch mehr Pferde getödtet. Da nun auf Seiten der Römer
theils die Verwundeten, theils die, welchen die Pferde gefallen
waren, die Reihen verlassen hatten, so wurde der Mangel an
Leuten in dem an sich schon kleinen Heer im Gegensatz zu der
Menge der Gothen recht deutlich. Diese bemerkten es auch, und
ihre Reiter brachen vom rechten Flügel auf die gegenüberstehen=
den Feinde los. Diese konnten den Lanzenangriff nicht aus=
halten, wandten sich zur Flucht und zogen sich auf die Phalanx
des Fußvolks zurück. Aber selbst diese hielt nicht Stand und
schloß sich der Flucht der Reiter an. Auch das ganze übrige

römische Heer kam ins Wanken vor dem stürmischen Angriff der [537]
Feinde, und die Flucht ward allgemein.   Nur Principius und
Tarmutus mit wenigen Fußsoldaten wehrten sich tapfer. Gegen
sie, welche weiter kämpften und nicht mit den andern fliehen
mochten, wandten sich die meisten Gothen, voll Bewunderung für
diese Tapferkeit, und unterdessen konnten sich die übrigen Fuß=
soldaten und die meisten Reiter retten.   Principius, dessen ganzer
Körper von Wunden bedeckt war, fiel hier und mit ihm 42
Mann Fußvolk.   Tarmutus schwang in jeder Hand einen isau=
rischen Speer, womit er seine Gegner, sich bald hier= bald dort=
hin wendend, durchbohrte.   Verwundet, mußte er sich zurückzie=
hen.   Dadurch, daß sein Bruder Ennes mit einigen Reitern ihm
Luft machte, schöpfte er wieder frischen Muth und lief schnellen
Laufs, von Blut und Wunden bedeckt, bis an die Umwallung,
ohne einen seiner beiden Speere verloren zu haben.   Seine na=
türliche Schnelligkeit vermochte ihn, obgleich er aus vielen Wun=
den blutete, zu retten; als er aber an das Pincianische Thor
selbst kam, sank er zusammen.   Einige Freunde, die ihn schon
für todt hielten, hoben ihn auf einen Schild und trugen ihn da=
von.   Nach zwei Tagen starb er und hinterließ ein rühmliches
Gedächtniß bei seinen Landsleuten und dem ganzen Heer.   Voll
Schrecken standen die Römer auf der Mauer Wache und ließen,
da sie mit vielem Getöse die Thore geschlossen hatten, die Fliehen=
den nicht mehr ein, aus Furcht, die Feinde könnten miteindringen.
Die also nicht vorher schon in die Umwallung hineingekommen
waren, die gingen durch den Graben und lehnten sich mit dem
Rücken an die Mauer.   So standen sie zitternd da, ohne an
Vertheidigung zu denken, konnten sich auch gar nicht gegen die
Barbaren wehren, welche auf sie losgingen und den Graben zu
überschreiten drohten; denn den meisten waren im Kampfgetüm=
mel oder auf der Flucht die Speere zerbrochen, und sie standen
so eng an einander gedrängt, daß sie die Bogen nicht spannen
konnten.   So lange nicht viele von der Mauer herunterschauten,

337 setzten die Gothen ihren Angriff fort, in der Hoffnung, die Ab=
geschnittenen alle niederzuhauen und die auf der Mauer zu ver=
treiben. Als sie aber viele Soldaten und Bürger zur Verthei=
digung bereit an den Brustwehren sahen, gaben sie es auf und
zogen sich zurück, indem sie den Feinden laute Schmähreden zu=
riefen. Diese Schlacht, die an den Schanzwerken der Barbaren
angefangen hatte, endete also am Graben und der Stadtmauer.

Zweites Buch.

1. Seitdem wagten die Römer nie wieder, mit dem ganzen Heer zur Schlacht auszurücken; auf die frühere Weise aber in Aus= fallsgefechten mit der Reiterei besiegten sie häufig die Barbaren. Auch Fußtruppen gingen von beiden Seiten mit, jedoch nicht regimenterweise, sondern als Begleitung der Reiter. Einmal sprengte Bessas beim ersten Angriff mitten in die Feinde und tödtete mit dem Speer drei der besten Reiter; die übrigen flohen. Ein andermal war Konstantin mit seinen Hunnen auf dem Nero= nischen Felde spät am Abend arg ins Gedränge gekommen durch die Überzahl der Feinde. Da that er folgendes. Es befindet sich dort von Alters her eine Rennbahn, wo früher die städtischen Gladiatoren kämpften, und um diese Rennbahn hatten die alten Bewohner viele Häuser gebaut, so daß lauter enge Gäßchen ent= standen waren. Weil nun Konstantin sah, er werde der Gothen= schaar nicht Herr werden, er auch den Rückzug nicht ohne große Gefahr bewerkstelligen könnte, so ließ er alle Hunnen absitzen und faßte, selbst auch zu Fuß, in einem der Gäßchen Posto. Von dort schossen sie aus ihrer gedeckten Stellung und erlegten viele Feinde. Eine Zeitlang hielten die Gothen den Pfeilschauer aus, denn sie hofften, die Hunnen würden sich bald verschossen haben, und dann könnten sie dieselben bequem umzingeln und gebunden in ihr Lager führen. Da aber die Hunnen, welche ausgezeichnete Bogenschützen sind, in den dicken Haufen schossen und fast mit jedem Pfeil einen Gegner zu Boden streckten, so

337 fahen fie fich gezwungen, ihre Hoffnung aufzugeben, da die Sonne
schon ftarf zur Rüfte ging, und wandten fich zur Flucht, nachdem
fie mehr als die Hälfte ihrer Leute verloren hatten.   Dabei
famen auch noch viele um, denn die Hunnen, welche felbft im
rafchen Lauf vorzüglich fchießen, fetzten ihnen nach und tödteten
eine große Anzahl durch Schüffe in den Rücken.   So fam Kon=
ftantin mit den Hunnen beim Einbruch der Nacht glücklich wieder
nach Rom.

Als wenige Tage fpäter Peranius mit einigen Römern aus
dem Salarifchen Thor einen Ausfall auf die Feinde machte,
wurden die Gothen weit zurückgeworfen; gegen Sonnenuntergang
aber drehten fie plötzlich wieder um, fo daß die Römer in große
Verwirrung geriethen.   Dabei fiel ein Römer in eine tiefe Grube,
wie fie die früheren Bewohner, meiner Meinung zur Aufbewahrung
von Getreide, vielfach angelegt haben.   Er wagte nun weder
um Hülfe zu rufen, weil das feindliche Lager ganz nahe fein
mußte, noch fonnte er auf irgend eine Weife aus der Grube
herauskommen, da gar keine Stufen da waren.   So war er ge=
nöthigt, die Nacht darin zuzubringen.   Als es Tag wurde,
mußten wieder die Barbaren zurückgehen, und dabei fiel ein
Gothe in diefelbe Grube.   Da die Nothwendigkeit fo die beiden
zufammengebracht hatte, einigten fie fich in Frieden und Freund=
fchaft und fchwuren fich zu, felbander für ihre Rettung zu forgen.
Dann fingen fie beide an mächtig zu fchreien.   Die Gothen
folgten dem Schall, büdten fich über die Grube und fragten, wer
denn da unten fo fchreie.   Der Verabredung getreu, war nun der
Römer ganz ftill — der andre fagte fofort in feiner Mutter=
fprache, er fei bei der letzten abgefchlagenen Attafe dahinein ge=
rathen, und bat, man folle ihm einen Strick hinablaffen, fo daß
er herauskommen könnte.   Die aber ließen fofort Taue hinunter
und glaubten, einen Gothen heraufzuziehen.   Sofort faßte der
Römer zu und wurde hinaufgewunden.   Er fagte nämlich fo: wenn
ich zuerft heraufkomme, werden die Gothen ihren Kameraden nicht

sitzen lassen; wenn sie aber hören würden, nur ein Feind säße 537
noch unten, würde sie das wenig kümmern. Sprachs und schwebte
nach oben. Als ihn nun die Gothen zu sehen bekamen, staunten
sie und wußten gar nicht, was sie sagen sollten; als sie aber
von ihm die ganze Geschichte gehört hatten, zogen sie auch den
andern herauf, der ihnen den geschlossenen Vertrag und dessen
Bekräftigung durch Eidschwur bestätigte. Er ging mit seinen
Kameraden ab, und den Römer ließen sie unbehelligt in die Stadt
ziehen. Später gingen von beiden Seiten oftmals zum Angriff kleine
Reiterschaaren vor, und diese Gefechte liefen immer in Einzel=
kämpfe aus, in denen die Römer regelmäßig Sieger waren. So
verhielt sich dies.

(Bald darauf, in einem Gefecht auf dem Neronischen Felde
verfolgte ein Doryphor Belisars, der Massagete Chorsomantis,
ganz allein einen Gothentrupp bis an die Verschanzung. In
einem andern Gefecht wird er am Schienbein durch einen Pfeil=
schuß verwundet. Dafür schwört er den Gothen Rache. Als
nach einigen Tagen das Bein fast geheilt war, hatte er nach seiner
Gewohnheit stark gefrühstückt: er begiebt sich im Rausch an das
Pincianische Thor und erklärt, von Belisar einen Auftrag ins
feindliche Lager zu haben. Dem Doryphoren Belisars wird natürlich
das Thor geöffnet. Er reitet auf die Feinde los, die ihn an=
fänglich für einen Überläufer halten. Als er aber anfängt zu
schießen, stürmen zwanzig auf ihn los. Er reitet im Schritt
zurück, obwohl die Feinde immer zahlreicher werden. Die Römer
auf der Mauer wissen nicht, daß es Chorsomantis ist, und halten
den Mann für wahnsinnig. Er wird umzingelt und empfängt
nach tapferer Gegenwehr den Lohn für seine sinnlose Tollkühnheit.
Belisar und das römische Heer empfinden den Verlust sehr
schmerzlich.)

2. Ein gewisser Euthalius kam um die Sommersonnen=
wende aus Byzanz nach Tarracina [1]), mit dem Geld, das der

1) südlich von Rom am Golf von Gaeta. —

637 Kaiser den Soldaten schuldete. Damit nicht die Feinde ihn unter=
wegs abfangen, ihm das Geld abnehmen und ihn tödten, schreibt
er an Belisar, für ihn den Weg nach Rom freizumachen. Dieser
schickt ihm hundert seiner eignen Hypaspisten unter zwei Dory=
phoren nach Tarracina zur Deckung des Geldtransports. Den
Barbaren aber spiegelte er vor, eine Hauptschlacht liefern zu wollen,
damit keine Feinde nach jener Richtung hin furagierten oder sonst
etwas unternähmen. Als er nun erfuhr, daß Euthalius mit
seiner Begleitung am nächsten Tage dasein würde, traf er alle
Anordnungen und stellte das Heer auf wie zur Schlacht, und
die Barbaren standen ebenfalls Gewehr bei Fuß. Belisar wußte,
daß Euthalius und seine Leute am späten Abend kommen würden.
Daher ließ er die Soldaten den ganzen Morgen an den Thoren
stehen. Um Mittag ließ er das Heer frühstücken, und die Gothen
thaten ebenso, in der Meinung, er schiebe das Treffen auf den
folgenden Tag hinaus. Etwas später schickte Belisar Martin
und Valerian mit ihren Leuten auf das Neronische Feld mit
dem Auftrag, das feindliche Heer möglichst in Athem zu halten.
Auch aus dem Pincianischen Thor ließ er 200 Reiter gegen die
feindlichen Verschanzungen vorgehen unter drei Doryphoren, dem
Perser Artasires, dem Massageten Buchas und dem Thrazier
Kutilas. Die Feinde traten ihnen in großer Zahl gegenüber.
Lange Zeit dauerte es, bis es zum Handgemenge kam; man be=
gnügte sich zunächst damit, abwechselnd vor= und zurückzugehen,
und es schien, als ob beide Theile mit diesen Manövern die
übrige Zeit des Tages hinbringen wollten. Allmählich wurden
sie aber doch warm dabei, und es erfolgte ein heftiger Zusammen=
stoß, in dem viele tapfere Krieger fielen. Beide erhielten Ver=
stärkung von der Stadt wie von den Verschanzungen, und dadurch
wurde das Kampfgetümmel noch viel größer. Stadt und Lager
hallten von dem Geschrei wieder, das die Kämpfenden anfeuerte.
Endlich trieb die Tapferkeit der Römer ihre Gegner in die Flucht.
Während dieses Kampfes wurde Kutilas von einem Speer mitten

auf den Kopf getroffen, aber obgleich das Geschoß in der Wunde 537
festsaß, betheiligte er sich an der Verfolgung. Als er nachher
umkehren mußte, ritt er mit seinen Leuten gegen Sonnenunter=
gang in die Stadt ein, und immer noch haftete der Speer in
seinem Schädel. Das war sehr merkwürdig anzusehen. Auch
Arzes, ein Hypaspist Belisars wurde von einem gothischen Bogen=
schützen zwischen die Nase und das rechte Auge getroffen. Die
Spitze des Pfeils ging durch bis zum Nacken, aber nicht so, daß
sie zu sehen war, und der übrige Theil des Schaftes ragte aus
dem Gesicht hervor und bewegte sich hin und her beim Reiten.
Die Römer staunten gewaltig, als sie ihn und Kutilas reiten
sahen, ohne daß sie sich um ihre Verwundung kümmerten.

So ging es dort zu. Auf dem Neronischen Felde aber
hatten die Barbaren die Oberhand. Valerian und Martin mit
den Ihrigen kämpften zwar tapfer gegen die feindliche Übermacht,
hatten jedoch sehr schwere Verluste und kamen in große Bedräng=
niß. Da ertheilte Belisar dem Buchas den Befehl, seine Leute,
die ganz ohne Verlust und Anstrengung ihrer Pferde aus dem
Gefecht zurückkamen, auf das Neronische Feld zu führen. Es
war schon spät am Tage. Durch die Unterstützung, die Buchas
brachte, gelang es den Römern plötzlich, die Feinde zu werfen.
Buchas war der Hitzigste bei der Verfolgung und sah sich unver=
hofft von 22 Feinden umringt, die alle zugleich mit ihren Speeren
nach ihm stießen. Sein Panzer aber schützte ihn, so daß alle
andern Stöße wenig schadeten; ein Gothe aber traf den Jüngling
über der rechten Achsel, da wo der Körper dicht an der Schulter
unbedeckt war. Dieser Stoß war noch nicht tödtlich oder lebens=
gefährlich. Da traf ihn ein andrer von vorn in den linken
Schenkel und zwar so, daß er den Muskel nicht gerade, sondern
schräg durchschnitt. Als Valerian und Martin das sahen, eilten
sie ihm zu Hülfe, schlugen die Feinde zurück, faßten Buchas'
Pferd am Zügel und geleiteten ihn so zur Stadt. Die Nacht
brach herein, und Euthalius kam mit seinem Gelde an.

537   Als nun alle in der Stadt waren, sorgten sie für ihre
Wunden. (Dem Arzes wird glücklich der ganze Pfeil herausge=
zogen, und er behält nicht einmal eine Narbe im Gesicht. Aus
Rutilas' Schädel entfernt man zwar auch mit einiger Mühe den
Speer, er verliert aber das Bewußtsein und stirbt bald darauf
an Gehirnentzündung. Auch Buchas stirbt nach drei Tagen in
Folge des großen Blutverlustes.) Während die Römer wegen
dieser Ereignisse die ganze Nacht hindurch in großer Trauer waren,
ließ sich auch in den Verschanzungen der Gothen lautes Weh=
klagen vernehmen. Darüber wunderten sich die Römer, da an=
scheinend die Feinde am verflossenen Tage keinen besonderen
Verlust erlitten hatten: in den Gefechten waren nur wenige ge=
fallen, bei früheren Gelegenheiten dagegen bedeutend mehr, ohne
daß dies bei ihrer großen Zahl sie besonders gerührt hätte. Am
folgenden Tage zeigte sich, daß sie Klage erhoben hatten über
ihre Helden aus der Schanze auf dem Neronischen Felde, welche
Buchas bei seinem ersten Angriff getödtet hatte. Es kamen noch
mehr unbedeutende Gefechte vor, deren Beschreibung mir unnütz
erschien. Im Ganzen wurden 67 Gefechte während dieser Be=
lagerung geliefert, und außer diesen ganz zuletzt noch zwei, von
denen ich noch später erzählen werde. Zu dieser Zeit ging der
Winter zu Ende und mit ihm das zweite Jahr dieses Krieges,
den Prokop beschrieben hat.

3. In der Zeit nach der Sommersonnenwende kam Seuche
und Hungersnoth über die Stadt. Die Soldaten hatten nur
noch Brot und kein anderes Nahrungsmittel mehr; die übrigen
Römer aber hatten auch kein Brot mehr, und Hunger und Seuche
setzten ihnen hart zu. Die Gothen merkten das, wollten jedoch
keine Schlacht mehr den Feinden liefern, sondern paßten nur auf,
daß nichts in die Stadt hineinkam.

Bis auf den heutigen Tag befinden sich zwischen der Latini=
schen und der Appischen Straße zwei Wasserleitungen, selbst sehr
hoch und auf hohen Bögen ruhend. An einem Punkt, 50 Sta=

bien[1]) von Rom entfernt, treffen diese beiden Leitungen zusammen 537
und wenden sich bald darauf nach entgegengesetzten Seiten: der
vorher nach rechts lief, hat jetzt die Richtung nach links. Dann
stoßen sie zusammmen, nehmen ihre alte Richtung auf und lau=
fen wieder auseinander. Der Raum in der Mitte ist gewisser=
maßen befestigt durch die Wasserleitungen. Die Barbaren füllten
nun die untern Bögen mit Steinen und Dünger so aus, daß
sie eine Art Kastell schufen, in das sie eine Besatzung von nicht
weniger als 7000 Mann legten mit der Absicht, dem Feind
jegliche Zufuhr für die Stadt abzuschneiden. Da sahen sich die
Römer jeglicher günstigen Aussicht beraubt und durch jede Art
von Uebeln bedroht. Solange noch das Korn auf dem Halm
stand, ritten die Waghalsigsten unter den Soldaten aus Geld=
gier bei Nacht in die Felder nahe bei der Stadt, schnitten die
Ähren, bepackten damit die Pferde, die sie ledig am Zaum mit=
genommen hatten und brachten ihre Beute, ohne von den Fein=
den bemerkt zu werden, in die Stadt, woselbst sie für schweres
Geld dieselbe an die wohlhabenderen Römer verkauften. Die
übrigen lebten von dem Gras, das in den Vorstädten und inner=
halb der Stadtmauer reichlich wuchs — es wächst nämlich im
Winter wie zu jeder andern Jahreszeit auf römischem Boden und
hört nie auf zu grünen und zu blühen. Daher litten auch die
Belagerten an Pferdefutter niemals Mangel. Einige verfertigten
auch Würste von dem Fleisch der Maulesel, die in Rom fielen,
und verkauften sie heimlich. Als nun gar das Getreide von den
Feldern verschwand und alle Römer bitterste Noth litten, dräng=
ten sie sich um Belisar, forderten stürmisch einen Entscheidungs=
kampf mit dem Feinde und versicherten hoch und theuer, kein
Römer werde dabei fehlen. Da er selbst nicht recht aus noch
ein wußte und tief erschüttert war, sprachen einige aus dem
Volk sich zu ihm aus, (das Unglück in der Stadt sei so hoch
gestiegen und die Hungersnoth so groß, daß sie nach einer Schlacht

1) 9,17 Rm. —

537 verlangten, um zu siegen oder den Tod zu finden, jedenfalls
also dem unerträglichen Zustand ein Ende zu machen.) Belisar
antwortete, (er kenne die Art und Weise des Volkes ganz genau,
und es falle ihm gar nicht ein, alles auf Spiel zu setzen; übrigens sei schon ein großes Entsatzheer unterwegs, und eine Flotte
mit reichen Vorräthen befinde sich bereits an der kampanischen
Küste. Mit dieser Hülfe hoffe er einen vollständigen Sieg zu
erringen; jedenfalls wolle er ihre Ankunft möglichst zu beschleu-
nigen suchen).

4. Nachdem Belisar durch diese Worte dem römischen Volke
wieder Muth gemacht hatte, entließ er es und ertheilte dem
Prokop, der dies geschrieben hat, den Befehl, sich sofort nach
Neapel zu begeben; denn es war das Gerücht laut geworden,
der Kaiser habe ein Heer dorthin geschickt. Er trug ihm auf,
möglichst viele Schiffe mit Getreide zu beladen, alle Soldaten,
die etwa aus Byzanz angekommen wären, zu sammeln, ebenso
die, welche zur Pflege der Pferde oder aus irgend einem andern
Grunde dort zurückgeblieben wären: es war ihm nämlich zu
Ohren gekommen, daß eine ziemlich große Zahl von solchen in
den Städten Kampaniens sich befänden. Endlich sollte er auch
einen Theil von der dortigen Besatzung abnehmen und mit allen
diesen das Getreide schleunigst nach Ostia, Roms Hafen schaffen:
Prokop passirte mit dem Doryphoren Mundilas und einigen
Reitern das Thor, welches seinen Namen vom Apostel Paulus
hat, bei Nacht und kam glücklich bei der feindlichen Schanze vorbei, die zur Beobachtung der Appischen Straße hart an derselben
liegt. Als nun Mundilas mit seinen Leuten nach Rom zurückkam und meldete, Prokop sei schon in Kampanien, ohne von den
Barbaren belästigt worden zu sein, da diese nachts ihr Lager
nicht zu verlassen pflegten, so wurden alle froher Hoffnung voll.
Auch Belisar schöpfte frischen Muth und traf folgende Maßregeln.
Er schickte zahlreiche Reiterschaaren in die Verschanzungen nahe
am Feinde, mit dem Befehl, wenn die Feinde in jener Richtung

Nahrungsmittel in ihr Lager zu schaffen versuchten, sie durch 337
Überfälle und Angriffe aus dem Hinterhalt auf alle Weise daran
zu hindern, damit einerseits die Stadt etwas weniger als in der
letzten Zeit den Mangel empfände, andrerseits die Barbaren
die Empfindung bekämen, nicht zu belagern, sondern belagert zu
werden. Martin und Trajan schickte er mit 1000 Mann nach
Tarracina, mit ihnen seine Gemahlin Antonina, die sich nach
Neapel begeben und dort in Sicherheit abwarten sollte, wie sich
die Dinge weiter entwickeln würden. Ungefähr 500 Mann unter
Magnus und dem Doryphoren Sinthues legte er in das Kastell
von Tibur [1]), 140 Stadien von Rom. Schon früher hatte er
die Stadt der Albaner, die ebenso weit entfernt an der Appischen
Straße liegt, von Gontharis und einigen Herulern besetzen
lassen, die von den Gothen bald darauf vertrieben wurden.

Eine Kirche des Apostels Paulus befindet sich 14 Stadien [2])
von der Stadtmauer entfernt am Tiber. Befestigungswerke befinden sich zwar dort nicht, aber ein Säulengang führt von der
Stadt bis zu der Kirche, und andre Gebäude befinden sich zu
beiden Seiten, so daß der Punkt leicht zu vertheidigen ist. Die
Kirchen der Apostel Paulus und Petrus aber behandelten die
Gothen mit ganz besonderer Ehrfurcht und haben während des
ganzen Krieges sie unbehelligt gelassen, so daß die Priester ganz
wie im Frieden dort zelebrieren konnten. An diesem Punkt, und
zwar am Tiberufer ließ Belisar von Valerian mit allen seinen
Hunnen eine Schanze anlegen, damit sie selbst bequemer Futter
für ihre Pferde hätten und die Gothen daran behindert würden,
sich so weit es ihnen beliebte, von ihrem Lager zu entfernen.
Valerian führte seinen Auftrag aus und kehrte in die Stadt zurück, nachdem er die Hunnen einlogiert hatte. Nachdem Belisar
diese Maßregeln getroffen hatte, verhielt er sich ruhig, ohne einen
Kampf hervorzurufen, war aber bereit, jeglichen Angriff auf die
Mauer abzuweisen. Einige Römer konnte er noch mit Getreide

1) Tivoli, 22,5 Km. — 2) 2,55 Km. —

537 unterstützen. — Martin und Trajan waren glücklich nachts
zwischen den feindlichen Schanzen durchgekommen und in Tarracina angelangt. Von dort schickten sie Antonina mit kleinem
Geleit nach Kampanien; sie selbst setzten sich in dem Kastell fest
und machten von dort aus häufig Ausfälle und Streifzüge, so
daß sie die Gothen, welche in der Umgegend umherschwärmten,
zum Weichen zwangen. Magnus und Sinthues bauten in Kurzem
die verfallenen Theile des Kastells wieder auf, und, nachdem sie
so für ihre eigne Sicherheit gesorgt hatten, fügten sie den Feinden
großen Schaden zu, da ihr Kastell hart am Feinde war und sie daher
mit größter Leichtigkeit Ausfälle machen konnten, besonders wenn
die Barbaren mit Proviantzügen vorbeikamen. Leider erhielt
Sinthues in einem Gefecht einen Lanzenstoß in die rechte Hand,
der die Sehnen derselben durchschnitt und ihn völlig kampfunfähig
machte. Auch die Hunnen thaten den Gothen in der Schanze,
in deren Nachbarschaft sie sich festgesetzt hatten, nicht geringen
Schaden, so daß sie anfingen Mangel zu leiden, weil sie nicht mehr
wie früher beliebig Zufuhr haben konnten. Auch befiel sie eine
Pest, die zahlreiche Opfer forderte, die meisten in der Schanze,
die sie zuletzt an der Appischen Straße angelegt hatten. Die
wenigen Leute, die übrig blieben, vertheilten sich in die andern
Schanzen. Auch die Hunnen wurden von der Krankheit befallen
und kehrten in die Stadt zurück. Dies geschah dort. Prokop
aber, der sich in Kampanien befand, sammelte dort nicht weniger
als 500 Mann, ließ eine große Anzahl von Schiffen mit Getreide beladen und hielt sie segelfertig. Bald kam ihm Antonina nach und half ihm bei der Ausrüstung der Flotte. (Folgt
eine Beschreibung des Vesuvs und der Art seiner Ausbrüche).

    5. In dieser Zeit kamen auch Truppen aus Byzanz an:
im Hafen von Neapel 3000 Isaurier unter Paulus und Konon,
in Hydrus 1) 800 thrakische Reiter unter Johannes, einem Brudersohn des Usurpators Vitalian, und mit ihnen andre 1000 Mann

    1) Otranto. —

zu Pferde, die unter andern Alexander und Marcentius befehligten. ⁵³⁷
Auch war schon Zeno mit 300 Reitern durch Samnium und
weiter auf der Latinischen Straße nach Rom gekommen. Als
nun Johannes mit seiner ganzen Macht und vielen Lastwagen,
die er aus Kalabrien mitbrachte, nach Kampanien kam, vereinigte
er sich mit den 500 Mann, von denen oben die Rede war.
Sie nahmen mit den Wagen den Weg am Strande ent=
lang; wenn ihnen die Feinde begegnen sollten, gedachten sie eine
Wagenburg zu schlagen und so den Angriff abzuweisen. Paulus
und Konon sollten sich mit ihren Leuten zur See schleunigst nach
Ostia, dem Hafen Roms, begeben. Die Wagen wurden nur
mit Getreide vollgeladen; die Schiffe bargen nicht nur dies, son=
dern auch Wein und andre Lebensmittel. Man glaubte, bei
Tarracina Martin und Trajan mit ihren Leuten zu finden und
mit ihnen gemeinschaftlich den Weg fortzusetzen: als man aber
dorthin kam, hieß es, sie seien auf Befehl wieder nach Rom ge=
gangen. Als Belisar nun erfuhr, daß Johannes mit den Seinen
unterwegs war, besorgte er, die Feinde möchten ihn mit Über=
macht angreifen und vernichten, und that Folgendes. Er selbst
hatte das Flaminische Thor, in dessen unmittelbarer Nähe die
Feinde ein Schanzwerk hatten, zu Anfang des Krieges, wie ich
schon früher erzählt habe, mit Steinen verrammeln lassen, um
den Barbaren einen Sturm oder Handstreich an diesem Punkt
zu erschweren. Es war auch in der That hier kein Gefecht vor=
gekommen, und die Barbaren versahen sich von dieser Seite
keines Angriffs. Belisar ließ bei Nacht die steinerne Barrikade
von dem Thore hinwegräumen, ohne daß vorher jemand eine
Ahnung davon gehabt hätte, und zog den größten Theil seines
Heeres hierhin zusammen. Bei Tagesanbruch ließ er dann den
Trajan und Diogenes mit 1000 Reitern durch das Pincianische
Thor einen Ausfall machen, mit dem Befehl, bis dicht an die
feindlichen Schanzen vorzugehen, und, wenn die Feinde ihrerseits
zum Angriff übergingen, Kehrt zu machen ohne sich zu schämen,

537 und bis zur Mauer zurückzureiten. Einige Mannschaft stellte er
auch innerhalb jenes Thores auf. Trajan und seine Leute reizten
nun den Feind, Belisars Auftrage gemäß, und die Gothen ström=
ten aus allen Schanzen herbei, um sie zurückzuwerfen. Beide
Parteien sprengten bald auf die Stadtmauer los, die einen in
verstellter Flucht, die andern vermeintlich auf der Verfolgung.
Als Belisar sah, daß die Feinde dabei nahe genug herangekom=
men waren, öffnet er plötzlich das Flaminische Thor und läßt
sein Heer auf die bestürzten Barbaren los. Es war aber eine
Schanze der Gothen gerade an diesem Wege, und davor ein
enger, schwer zugänglicher Hohlweg. Hier hatte ein Barbar von
großer Leibesstärke in voller Rüstung Posto gefaßt; als er die
Feinde vordringen sah, rief er seine Kameraden an und wollte
den Engpaß besetzt halten und vertheidigen. Mundilas aber kam
ihm zuvor, streckte ihn nieder und ließ nun keinen Barbaren mehr
durch. So kamen die Römer ohne Widerstand bis nahe an die
Schanze, die sie vergeblich zu erstürmen suchten, obgleich nur
wenige Barbaren darin waren. Das Werk selbst war aber sehr
stark, denn der Graben war sehr tief, und die ausgehobene Erde
bildete auf der Innenseite einen mauerähnlichen Wall, der mit
Spitzpfählen wie gespickt war. Nun erholten sich die Barbaren
von ihrem Schrecken und wehrten tapfer dem Ansturm ihrer
Feinde. — Einer von Belisars Hypaspisten, Aquilinus mit Na=
men, ein sehr tapferer Mann, nahm sein Pferd fest im Zügel
und kam mit einem Satz mitten in die feindliche Verschanzung,
wo er etliche Mann niederhieb. Sofort wurde er umzingelt und
mit Geschossen überschüttet; sein Pferd stürzte todt zusammen, er
selbst hieb wider aller Erwarten sich glücklich durch die Feinde
durch und zog sich zu Fuß mit den andern auf das Pincianische
Thor zurück. Dabei wehrten sie sich tapfer gegen die nachbrängen=
den Barbaren und tödteten mehrere durch wohlgezielte Speerwürfe.
Als Trajan und die Seinen dies sahen, gingen sie, unterstützt
von den Reitern, die dort angriffsbereit hielten, im Trabe gegen

die Verfolger vor.   Da sahen sich die Gothen überlistet und von 537
allen Seiten angegriffen.   Sie wurden haufenweise niederge=
metzelt, nur wenige entkamen in die Verschanzungen.   Und
da sie für ihre sämmtlichen Werke zu fürchten anfingen, hielten
sie sich innerhalb derselben und glaubten, jeden Augenblick eines
Sturms gewärtig sein zu müssen.   (In diesem Kampf wird Tra=
jan über dem rechten Auge verwundet; das Geschoß bleibt im
Knochen stecken, ohne daß er davon etwas merkt.   Fünf Jahre
später kam das Eisen wieder zum Vorschein und rückte drei Jahre
lang immer weiter vor, so daß es wohl schließlich ganz heraus=
gefallen sein wird.   Trajan hatte keine Beschwerden davon.)

   6. Jetzt verzweifelten die Barbaren nachgerade an der
Belagerung und zogen den Rückzug in Betracht.   Die Pest und
der Feind hatten sie so dezimiert, daß von vielen Myriaden nur
wenige übrig geblieben waren; besonders drückend war für sie
der Mangel an Lebensmitteln, da sie dem Scheine nach zwar
belagerten, in Wirklichkeit von ihren Gegnern aber belagert und
von aller Zufuhr abgeschnitten waren.   Als sie nun gar er=
fuhren, daß ein Entsatzheer zu Lande und zu Wasser von Byzanz
den Feinden zu Hülfe komme, dessen Stärke natürlich das Ge=
rücht bedeutend übertrieb, scheuten sie sich vor der Weiterführung
des Krieges und dachten ernstlich an den Rückzug.   Deshalb
schickten sie Gesandte nach Rom, und zwar einen Römer, der bei
den Gothen in hohem Ansehn stand, selbdritt.   Dieser trat vor
Belisar und sprach folgendermaßen: „Jeder von uns, der diese
traurige Zeit mit durchgemacht hat, weiß sehr wohl, daß keiner
von beiden Parteien der Krieg Segen gebracht hat.   Kann denn
ein einziger aus beiden Lagern leugnen, was jedermann nur zu
gut weiß?   Niemand, der bei gesunder Vernunft ist, kann leug=
nen, daß nur unverständige Leute wegen eines vorliegenden Streit=
falls immerfort im Leiden verharren wollen, ohne eine Lösung
der Widerwärtigkeiten zu erstreben.   Wenn dem aber so ist,
müssen die Führer auf beiden Seiten mit Hintansetzung des

                                                        7*

537 eignen Ruhms auf das Heil ihrer Untergebenen bedacht sein
und nicht nur ihren eignen Vortheil, sondern auch die berechtig=
ten Ansprüche der Feinde in Betracht ziehen und auf diese Weise
eine Lösung der vorliegenden Schwierigkeiten herbeiführen. Mit
weiser Mäßigung kann man auch sehr verwickelte Verhältnisse
schlichten, während es dem Ehrgeiz eigenthümlich ist, niemals
zu einem befriedigenden Abschluß zu gelangen. Wir sind nun
zu Euch gekommen, da wir diesem Krieg ein Ende machen wollen,
und um nach beiden Seiten gerecht sein zu können, wollen wir
sogar von unserm guten Recht etwas aufgeben. Möget auch Ihr
den Haß gegen uns fahren lassen und beschließen, was Euch
frommt, anstatt ins Verderben zu rennen. Es empfiehlt sich für
beide Theile, nicht hintereinander weg zu reden, sondern sogleich
zu antworten, wenn etwas nicht richtig dargestellt zu sein scheint.
Denn so kann jeder kurz sagen, was er im Sinne hat, und seiner
Pflicht genügen." Darauf antwortete Belisar: „Meinethalben
kann die Unterredung so stattfinden, wie Ihr es sagt; ich wünsche
nur, daß Ihr friedliebend und gerecht sprecht." Darauf begannen
die gothischen Gesandten: „Ihr habt uns Unrecht gethan, o
Römer, daß Ihr gegen Recht und Gerechtigkeit uns, Eure Freunde
und Bundesgenossen, mit Krieg überzogen habt. Wir wollen
nun anführen, was einem jeden von Euch hinlänglich bekannt
sein muß. Die Gothen haben nicht mit Gewalt das italische
Land Euch entrissen und in ihren Besitz genommen, sondern
Odoaker hatte den Kaiser gestürzt und das Land seiner Gewalt=
herrschaft unterworfen. Nun wollte Zeno, der damals im Orient
herrschte, seinen Mitkaiser an dem Tyrannen rächen und das
Land befreien; da er aber nicht im Stande war, die Herrschaft
Odoakers zu brechen, so überredete er unsern Herrscher Theode=
rich, obgleich dieser gerade den Kaiser und Byzanz belagern wollte,
die Feindschaft gegen ihn fahren zu lassen und sich der Würde zu
erinnern, deren er schon theilhaftig geworden war — er war näm=
lich römischer Patricius und Konsul, — den Odoaker für das

Unrecht, das er dem Augustulus angethan hatte, zu strafen und 537
dann mit seinen Gothen in aller Form Rechtens von dem Lande
Besitz zu ergreifen. So haben wir die Herrschaft über Italien
bekommen und haben die Gesetze und staatlichen Einrichtungen
gerade so erhalten und gepflegt wie nur irgend ein Kaiser; weder
von Theoderich noch von einem seiner Nachfolger ist ein einziges
neues Gesetz vorhanden, weder ein geschriebenes noch ein unge=
schriebenes. Was ferner die Verehrung Gottes und den christ=
lichen Glauben anbetrifft, so haben wir mit peinlicher Sorgfalt
die Interessen der Römer wahrgenommen, so daß von den Ita=
likern bis auf den heutigen Tag nicht ein einziger, freiwillig
oder gezwungen, seinen Glauben geändert hat, und die Gothen,
die übergetreten sind, hat man ganz unbehelligt gelassen. Die
Heiligthümer der Römer haben wir sogar in höchsten Ehren ge=
halten; denn nie ist irgend wem, der dort ein Asyl suchte, auch
nur ein Haar gekrümmt worden. Ihre Staatsämter haben die
Römer ebenfalls ganz für sich behalten: kein Gothe hat je eins
bekleidet. Wenn jemand glaubt, daß dies nicht der Wahrheit
gemäß sei, so mag er kommen und den Gegenbeweis führen.
Man könnte vielmehr noch erwähnen, daß die Gothen den Rö=
mern gestatteten, Jahr für Jahr ihre Konsuln von dem Kaiser
des Ostens ernennen zu lassen. Trotz dieser Sachlage habt Ihr
Italien nicht für Euch in Anspruch genommen, als es von Odo=
aker und seinen barbarischen Schaaren geknechtet wurde — und
das dauerte nicht etwa kurze Zeit, sondern volle zehn Jahre —
sondern jetzt geht Ihr mit Gewalt vor gegen die rechtmäßigen
Herrn des Landes, ohne auch nur einen Schein von Recht zu
besitzen. Hebt Euch also weg von hier; Euer Eigenthum und
was Ihr zusammengeraubt habt, könnt Ihr ruhig mitnehmen."
Darauf erwiderte Belisar: „Ihr hattet versprochen, kurz und
maßvoll zu sprechen; Eure Rede aber war lang und nicht fern
von Prahlerei. Der Kaiser Zeno hat Theoderich ausgesandt,
Odoaker zu bekriegen, aber nicht um sich in Italien ein selb=

ständiges Reich zu gründen: was hätte denn dem Kaiser daran liegen können, einen Gewaltherrscher an die Stelle des andern zu setzen? Das Land sollte vielmehr frei und Eigenthum des Kaisers sein. Theoderich aber, der Anfangs gegen den Usurpator ganz richtig vorgegangen war, hat nachher nicht geringe Undankbarkeit bewiesen, darin, daß er das Land seinem rechtmäßigen Herrn nicht übergab. Meiner Ansicht nämlich ist ein Räuber und derjenige, welcher das Gut, das dem Nächsten gehört, nicht gutwillig hergiebt, völlig gleich zu achten. Ich würde jedenfalls ein Land, das des Kaisers ist, an niemand anders ausliefern. Wenn Ihr übrigens sonst noch etwas wollt, so sprecht — ich habe nichts dagegen." Die Barbaren antworteten: „Daß wir die reine Wahrheit geredet haben, kann keinem einzigen von Euch entgangen sein. Um aber zu zeigen, daß es uns nicht um Streit, sondern um Frieden zu thun ist, treten wir Euch Sizilien ab, diese große und reiche Insel, ohne die Ihr des Besitzes von Afrika nicht sicher sein könnt." Da sprach Belisar: „Wir aber treten den Gothen Britannien ganz ab, das noch viel größer ist als Sizilien und ehedem den Römern unterthan war; denn wir wollen Euch an Großmuth und Wohlthat nichts nachgeben." „Also wenn wir von Kampanien oder gar Neapel anfingen, würdet Ihr nicht darauf eingehen?" „Niemals, denn wir dürfen über das Eigenthum des Kaisers nicht verfügen, es sei denn sein ausdrücklicher Wunsch und Wille." „Auch nicht, wenn wir uns selbst einen jährlich an den Kaiser zu zahlenden Tribut auferlegten?" „Auch dann nicht einmal, denn wir haben nur Vollmacht, das Land für seinen rechtmäßigen Besitzer zu erhalten." „Nun dann gestatte uns wenigstens, an den Kaiser eine Gesandtschaft abzuordnen, um mit ihm einen endgültigen Frieden abzuschließen. Auch laß uns eine bestimmte Zeit für einen Waffenstillstand zwischen beiden Heeren festsetzen." „Zugegeben; so sei es, denn wenn Ihr ernstlich den Frieden sucht, will ich Euch nichts in den Weg legen." Nach diesem Gespräch hatte

die Konferenz ein Ende, und die Gesandten der Gothen kehrten 537
in ihr Lager zurück. An den folgenden Tagen ging man ge=
schäftig hin und her, um die Bedingungen des Waffenstillstandes
festzusetzen und für diesen als Geiseln einige vornehme Leute
auszutauschen.

7. Während dieser Verhandlungen war die Flotte der
Isaurier im Hafen von Rom angekommen und Johannes mit
den Seinen in Ostia: weder während der Landung, noch während
des Lageraufschlagens hatte der Feind sich blicken lassen. Um
aber auch während der Nacht vor einem feindlichen Überfall sicher
zu sein, zogen die Isaurier dicht am Hafen einen tiefen Graben,
bei dessen Bewachung sie sich ablösten, und Johannes hielt seine
Leute in der Wagenburg, die er hatte aufschlagen lassen, zusam=
men. Sobald es Nacht geworden war, kam Belisar mit 100
Reitern nach Ostia, erzählte von der letzten Schlacht, sowie von
dem Waffenstillstand, den er mit den Gothen geschlossen hatte,
und redete allen gut zu, sie sollten die Vorräthe geleiten und
getrost auf Rom marschieren. „Ich werde dafür sorgen, daß der
Weg frei ist", sagte er. Als kaum der erste Morgen graute,
ritt er nach Rom zurück, und bei Tagesanbruch berief Antonina
die Obersten zu einer Berathung über den Transport der Vor=
räthe; die Sache schien nämlich schwierig, ja fast unmöglich:
erstens waren die Zugochsen völlig abgetrieben und lagen bei=
nahe wie todt da, zweitens war es höchst bedenklich, mit den
Lastwagen einen ganz engen Weg zu fahren, und Flußschiffe den
Strom hinaufzuziehen, wie es sonst immer geschah, war ganz
unmöglich, weil der Weg auf der linken Seite des Flusses, wie
oben erwähnt, von den Feinden besetzt, somit den Römern ver=
sperrt, und der Weg auf der rechten Seite, wenigstens der dicht
am Ufer, ganz unbrauchbar war. Deshalb nahmen sie die Böte
von den großen Schiffen, versahen sie ringsumher mit einem
Bollwerk von hohen Planken, damit die Bemannung gegen die
feindlichen Geschosse gedeckt wäre, und füllten sie mit Schiffern

537 und Bogenschützen, so viel hineingingen, ferner mit Proviant,
so viel sie irgend tragen konnten, und machten sich daran, auf
dem Tiber nach Rom zu fahren. Mit günstigem Winde fuhren
sie ab, und ein Theil des Heeres marschierte, zur Hülfe bereit,
auf gleicher Höhe am Ufer. Von den Isauriern blieb eine große
Anzahl zurück zur Bewachung der Flotte. Wo der Strom ge-
radeaus floß, kamen sie mit Hülfe der Segel gut vorwärts; wo
er aber in Windungen sich weit ausbreitete und der Wind sie
im Stiche ließ, mußten sie zu den Rudern greifen und kamen
gegen die Strömung nur mit Mühe vorwärts. Während des
saßen die Barbaren ruhig in ihren Verschanzungen und machten
gar keine Anstalten, ihre Feinde zu belästigen, sei es, daß sie die
Furcht dazu bewog, oder der Wahn, daß unmöglich auf diesem
Wege die Römer Lebensmittel in die Stadt schaffen würden, oder
weil sie glaubten, es würde ihnen Schaden bringen, wenn sie
aus geringfügiger Ursache die Aussicht auf einen Waffenstillstand,
wie ihn Belisar versprochen hatte, sich zerstörten. Sogar die
Gothen in Portus [1]), welche die Feinde fortwährend vorüber-
fahren sahen, griffen sie nicht an, sondern saßen ganz still und
staunten das Unternehmen der Römer an. Als diese auf wiederholten Fahrten ganz nach Belieben sämmtliche Vorräthe in die
Stadt gebracht hatten, fuhren die Schiffer mit ihren Fahrzeugen
schleunigst ab (es neigte sich nämlich das Jahr stark zur Wintersonnenwende), das andre Heer zog in Rom ein, und nur Paulus
blieb mit etlichen Isauriern in Ostia zurück.

Darauf tauschte man die Geiseln für den Waffenstillstand
aus: die Römer stellten Zeno, die Gothen Ullias, einen vornehmen Mann. Es wurde festgesetzt, daß man beiderseits während
dreier Monate sich jeglichen Angriffs enthalten solle, bis die Gesandten von Byzanz zurückkehrten und den Willen des Kaisers
verkündigten. Auch wenn von der einen oder andern Seite der
Waffenstillstand durch Gewaltthat verletzt würde, sollten die Ge-

1) f. S. 70.

sandten freie Rückkehr zu ihrem Volk haben. Unter römischem 539
Geleit gingen nun die Gesandten der Barbaren nach Byzanz ab.

Aus Afrika kam Ildiger, Antoninas Schwager, mit zahl=
reichen Reitern nach Rom. Die Gothen, welche Portus besetzt
hielten, wurden, da ihnen die Lebensmittel ausgegangen waren,
von Witichis zurückgezogen und kamen auf seinen Befehl ins
Lager. Paulus aber machte sich mit seinen Isauriern von Ostia
auf und besetzte den Platz. Daß den Gothen dort alle Zufuhr
abgeschnitten war, lag daran, daß die Römer das Meer beherrsch=
ten und keine neue Verproviantierung zuließen. Aus demselben
Grunde verließen die Gothen auch eine andere wichtige Stadt,
die am Meere liegt, nämlich Centumcellae[1]) zu derselben Zeit.
Diese große und volkreiche Stadt liegt in Etrurien, 280 Stadien[2])
westlich von Rom. Auch hier rückten die Römer ein (und ebenso
besetzten sie die Stadt der Albaner, östlich von Rom). So
wurden die Barbaren von den Römern rings umschlossen ge=
halten. Deshalb sannen die Gothen darauf, den Waffenstillstand
zu lösen und den Römern Schaden zuzufügen. Sie schickten Ge=
sandte an Belisar und beklagten sich, ihnen sei trotz des Ver=
trages Schaden zugefügt worden. Denn da Witichis aus irgend
einem Grunde die Gothen aus Portus an sich gezogen habe, sei
es von Paulus und seinen Isauriern ohne Weiteres besetzt wor=
den. Ebenso beklagten sie sich über Albanum und Centumcellae
und drohten, sie würden Repressalien üben, wenn er ihnen diese
Orte nicht wieder ausliefere. Belisar schickte sie mit Spott heim:
diese Beschuldigung sei ein nichtiger Vorwand, jeder Mensch wisse
wohl, warum die Gothen jene Punkte aufgegeben hätten. Seit
dieser Zeit beobachteten sich die beiden Gegner argwöhnisch. Da=
rauf schickte Belisar, da Rom Überfluß an Soldaten hatte, Rei=
terschaaren in die Ortschaften in weitem Umkreise um Rom,
ferner Johannes, Vitalians Schwestersohn, mit seinen Reitern,
800 an der Zahl, nach Albanum in Picenum, um dort zu über=

1) Cività vecchia. — 2) 51,37 Km. —

538 wintern, mit ihm 400 von Valerians Reitern unter dem Befehl Damians, der Valerians Schwesterkind war, und von seinen eig= nen Hypaspisten 800 Mann, lauter auserlesene Krieger unter Sutas und Abigis, zweien seiner Doryphoren, die aber dem Oberbefehl des Johannes unterstellt waren. Dieser bekam fol= genden Auftrag: so lange die Feinde den Waffenstillstand hielten, sollte er ganz ruhig bleiben; sobald sie ihn aber aufgehoben hätten, sollte er mit seiner ganzen Macht sogleich in raschem Fluge das ganze Picenische Land durcheilen und alle Ortschaften absuchen, ehe noch die Kunde von seinem Zuge ihm vorauseilen könnte. Denn aus jener Landschaft waren sämmtliche Männer nach Rom gezogen, und die Weiber und Kinder der Feinde und ihre Reichthümer waren dort geblieben. Er solle nun rauben und plündern nach Herzenslust und sich nur in Acht nehmen, daß keinem der römischen Einwohner etwas Übles zustoße. Wenn er an einen Ort käme, der vom Feinde besetzt und befestigt sei, sollte er mit seiner ganzen Macht ihn durch Handstreich zu neh= men suchen; könne er ihn nehmen, sollte er weiter eilen; wenn nicht, sich zurückziehen oder davor liegen bleiben (denn ein unbe= zwungener Platz im Rücken könne immer gefährlich werden). Die gesammte Beute sollte er aufheben, damit sich das ganze Heer nach Recht und Gerechtigkeit darin theilen könnte. Lachend fügte er hinzu: „Denn es wäre ungerecht, wenn die einen mühelos sich allein am Honig letzen dürften, während die andern mühselig die Bienenstöcke zerstören". Mit solchem Auftrag entließ Belisar den Johannes und dessen Truppen.

Zu derselben Zeit kam Datius, der Bischof von Mailand mit einigen angesehenen Bürgern nach Rom und bat sich von Belisar eine geringe Besatzungsmannschaft aus. Sie betheuerten nämlich, für sich allein im Stande zu sein, nicht nur Mailand selbst sondern ganz Ligurien ohne große Mühe von den Gothen loszureißen und dem Kaiser wiederzugewinnen. (Mailand ist von den Städten des Westens nächst Rom die größte und volkreichste.)

Belisar versprach, ihre Bitte zu erfüllen, und hielt sie den Winter 536 in Rom zurück.

8. (Konstantin, ein hoher Offizier, hat einem edlen Römer zwei edelsteinbesetzte Schwerter wegnehmen lassen und weigert sich, trotz vielfacher Aufforderungen Belisars, sie herauszugeben. Als er in Gegenwart vieler Offiziere dem Belisar in diesem Punkte direkt den Gehorsam verweigert, will ihn dieser verhaften lassen. Da stürzt Konstantin mit gezücktem Dolch auf Belisar los und wird nur mit Mühe überwältigt. Der Feldherr läßt ihn später von seinen Trabanten umbringen.) „Dies war die einzige unedle That, die Belisar je gethan," sagt Prokop, „und sie entsprach durchaus nicht seinem Charakter, da er sich sonst gegen jedermann gerecht und billig zeigte." Dem Konstantin aber hatte das Geschick ein schlimmes Ende bestimmt.

9. Bald darauf wollten die Gothen etwas gegen die Befestigung von Rom unternehmen. Deshalb schickten sie zunächst einige Leute in eine der Wasserleitungen hinein, der sie selbst zu Anfang der Belagerung das Wasser abgeschnitten hatten. Mit Laternen und Fackeln drangen sie ein und suchten von dort aus den Eingang in die Stadt. Nun hatte dieser Kanal unweit des Pincianischen Thores eine Bresche in der Wölbung, so daß einer der römischen Wächter den Lichtschimmer erblickte und seine Kameraden darauf aufmerksam machte. Die aber behaupteten, ein Wolf sei vorübergelaufen. Denn an jener Stelle ragte der Bau der Wasserleitung nicht über den Boden heraus, und da hielten sie den feurigen Schein für die Augen des Wolfes. Als nun die Barbaren, welche in der Leitung vorwärts gingen, mitten in die Stadt gekommen waren, kamen sie an einen Punkt, wo von Alters her ein Ausgang auf das Palatium war. Denselben fanden sie aber durch eine Mauer verschlossen, so daß sie nicht weiter vordringen und den Ausgang überhaupt nicht benutzen konnten. Diese Vermauerung hatte Belisar wohlweislich am Anfang der Belagerung machen lassen, wie ich seinerzeit berichtet habe. Sie

336 nahmen nun von dort einen kleinen Stein mit und machten sich sofort auf den Rückweg. Als sie wieder zu Witichis kamen, zeigten sie den Stein vor und statteten Bericht ab. Der hielt mit den vornehmsten Gothen Rath über den ganzen Anschlag. Die römischen Wächter aber vom Pincianischen Thor erzählten sich untereinander am folgenden Tage von dem angeblichen Wolf. Von ihnen ging die Geschichte weiter und kam auch Belisar zu Ohren. Der Feldherr nahm die Sache sogleich sehr ernst und schickte augenblicklich erprobte Krieger unter seinem Doryphoren Diogenes in die Wasserleitung, um sie schleunigst abzusuchen. Da fanden sie denn Laternen der Feinde und was von ihren Fackeln abgetropft war, den ganzen Kanal entlang, besahen die Mauer, von der die Gothen einen Stein genommen hatten, und meldeten alles an Belisar. Er ließ fortan die Leitung scharf bewachen; die Gothen merkten das und standen von weiteren Versuchen ab. Darauf wagten sie aber einen offenen Handstreich auf die Mauern. Sie nahmen die Zeit der Mittagsmahlzeit wahr, wo ihre Gegner am wenigsten einen Angriff erwarteten, und gingen mit Leitern und Fackeln auf das Pincianische Thor los, in der Hoffnung, die Stadt im ersten Anlauf überrumpeln zu können, da nicht viele Soldaten an jener Stelle auf Posten standen. Ildiger hatte gerade mit seinen Leuten an jener Stelle die Wache — die Offiziere lösten sich nämlich in bestimmter Reihenfolge ab. Als der den wilden Ansturm der Feinde gewahrte, die nicht in Reih und Glied, sondern ganz ohne Ordnung angriffen, schlug er die Nächsten ohne Mühe nieder. In der Stadt aber entstand natürlich ein gewaltiges Schreien und Lärmen: die Römer strömten sogleich von allen Seiten herbei und besetzten die Mauer, so daß die Barbaren sehr bald sich unverrichteter Sache auf ihr Lager zurückziehen mußten. Nun versuchte Witichis, mit List die Mauer zu nehmen. Und ein Theil davon war wirklich leicht zu ersteigen, nämlich der am Tiberufer, weil dort die alten Römer in blindem Vertrauen auf den Schutz, den der Strom gewährte, sehr nach=

läffig die Mauer angelegt hatten, ganz niedrig und ohne Thürme, 339
so daß Witichis wohl hoffen konnte, von hier aus, wo nicht einmal
ein ordentliches Wachtgebäude sich befand, in die Stadt einzu=
bringen. Er bestach also zwei Römer, die an der Peterskirche
wohnten, bei einbrechender Dunkelheit mit einem Schlauch Wein
sich an die Posten, die dort standen, zu machen, und ihnen wie
aus reiner Freundschaft Wein zu schenken. Dann sollten sie ihnen
bis tief in die Nacht hinein fleißig zutrinken und schließlich jedem
ein Schlafmittel, das er ihnen selbst einhändigte, in den Becher
schütten. Inzwischen ließ er ohne Geräusch auf dem gegenüber=
liegenden Ufer Kähne in Bereitschaft setzen, um darin, sobald
die Wächter in Schlaf verfielen, eine Anzahl Barbaren, mit Lei=
tern versehen, auf ein gegebenes Zeichen über den Fluß zu setzen
und einen Sturm auf die Mauer zu wagen. Das ganze Heer war
alarmiert, um dann einen Gesammtangriff auf die Stadt zu machen.
Aber das Schicksal wollte nicht, daß Rom von diesem Barbaren=
heer genommen würde. Als schon alles bereit war, ging einer
von den Leuten, die Witichis zu diesem Anschlag gedungen hatte,
von Gewissensbissen ergriffen, zu Belisar, offenbarte ihm alles
und verrieth seinen Mitschuldigen. Auf die Folter gespannt, gab
dieser alles bis aufs Kleinste an und lieferte auch den Schlaftrunk
aus, den ihm Witichis gegeben hatte. Belisar ließ ihm Nase
und Ohren abschneiden und sandte ihn auf einem Esel in das
feindliche Lager. Bei diesem Anblick kamen die Barbaren zu der
Erkenntniß, daß Gott alle ihre Pläne zu Schanden werden ließ,
und sie deshalb die Stadt nicht würden nehmen können.

10. Während dies in Rom vorging, schrieb Belisar an Johan=
nes, er solle jetzt seinen Auftrag ausführen. Da brach Johannes
mit seinen 2000 Reitern auf und durchstreifte ganz Picenum; alles
wurde verwüstet, die Weiber und Kinder der Feinde als Sklaven
fortgeschleppt. Ulitheus, Witichis' Oheim, trat ihm mit einer
Gothenschaar entgegen, wurde geschlagen und getödtet; mit ihm
fielen fast alle seine Leute, so daß fortan niemand dem Johannes

536 gegenüberzutreten wagte. Als er nun vor Auximum [1]) anlangte, sah er, daß die gothische Besatzung zwar nur gering, der Platz selbst jedoch fest, ja uneinnehmbar war. Mit einer Belagerung wollte er sich nicht lange aufhalten, sondern ritt schnell weiter. Ebenso verfuhr er mit Urbinum und zog auf Bitten der Römer auf Ariminum [2]), das nur eine Tagereise von Ravenna abliegt. Die Barbaren, welche darin waren, trauten den Bewohnern der Stadt nicht und zogen sich auf die Nachricht vom Heran= rücken des feindlichen Heers Hals über Kopf nach Ravenna zurück. So besetzte denn Johannes Ariminum und ließ hinter sich nur Beobachtungsposten vor Auximum und Urbinum — nicht als ob er Belisars Befehle vergessen hätte oder von unvernünftiger Toll= kühnheit getrieben wäre, denn er besaß Klugheit mit Tapferkeit gepaart — sondern er berechnete ganz richtig, die Gothen würden auf die Kunde, daß Ravenna bedroht sei, aus Besorgniß für diese Stadt sofort die Belagerung Roms aufheben. Er hatte richtig gerechnet. Denn als Witichis und das Gothenheer hörten, daß er Ariminum genommen habe, geriethen sie wegen Ravennas in große Sorge und traten mit Hintansetzung aller andern Er= wägungen sofort den Rückzug an, wie ich sogleich erzählen werde. Johannes, der schon vorher als tüchtiger Mann bekannt war, hatte großen Ruhm von dieser seiner That. Er war überhaupt ein kühner nnd energischer Mann, der jeder Gefahr furchtlos ins Auge sah, dabei einfach in seinen Bedürfnissen und an Strapazen gewöhnt wie kein Barbar noch Soldat. Solch ein Mann war Johannes.

Matasuntha, des Witichis Gemahlin, die ihrem Gatten heftig grollte, weil er sie anfangs zur Ehe gezwungen hatte, freute sich ingrimmig, als sie von der Einnahme Ariminums durch Johannes hörte, und knüpfte sofort geheime Verhandlungen mit ihm an, denn sie sann auf Verrath und eine eheliche Verbin=

---

1) Osimo. — 2) Rimini. —

bung mit ihm.   Ohne daß jemand das Geringste merkte, gingen 538
Boten zwischen ihnen hin und her.

Als die Gothen den Fall Ariminums erfuhren und gleich=
zeitig die Lebensmittel ihnen gänzlich ausgegangen waren, rüsteten
sie sich zum Rückzug, obgleich sie nach Ablauf der drei Monate
von den Gesandten [die nach Byzanz gegangen waren] noch keine
Botschaft hatten.   Das Jahr näherte sich bereits der Frühlings=
Tagundnachtgleiche: ein volles Jahr und neun Tage waren über
der Belagerung verstrichen, als die Gothen all ihre Werke an=
zündeten und mit Tagesanbruch den Rückzug antraten.   Wie
die Römer das sahen, wußten sie zunächst nicht, was sie thun
sollten, denn die meisten Reiter waren, wie berichtet, hierhin
und dorthin verschickt; sie selbst aber glaubten, mit einer solchen
Menge von Feinden es nicht aufnehmen zu können.   Belisar
ließ jedoch alles, was an Reiterei und Fußvolk da war, unter die
Waffen treten.   Als er dann sah, daß bereits mehr als die
Hälfte der Feinde die Brücke überschritten hatte, führte er sein
Heer zum Pincianischen Thor hinaus, und es entspann sich ein
Kampf, der nicht weniger blutig war als die vorhergehenden.
Zunächst leisteten freilich die Barbaren heftigen Widerstand, und
beim ersten Zusammenstoß verloren viele hüben und drüben das
Leben; dann aber wichen die Gothen und stürzten sich selbst in
großes Unglück.   Jeder wollte nämlich als der erste die Brücke
überschreiten; dabei kam es zu einem schrecklichen Gedränge, das
vielen das Leben kostete, da nicht nur der Feind sondern sie selbst
gegen einander wütheten.   Auch fiel mancher seitwärts von der
Brücke herab in den Tiber und wurde durch die Schwere seiner
Waffen auf den Grund gezogen.   So kamen die meisten um, und
nur wenige retteten sich zu ihren Kameraden jenseits des Flusses.
In dieser Schlacht zeichneten sich der Isaurier Longinus und
Mundilas, von Belisars Doryphoren, am meisten aus.   Mundilas
tödtete im Einzelkampf vier Barbaren und kam glücklich davon;
Longinus, der am meisten dazu beigetragen hatte, die Feinde zu

⁵³⁸ werfen, fiel und wurde vom römischen Heer aufrichtig be-
trauert.

11. Während Witichis mit den Trümmern seines Heeres
auf Ravenna marschierte, ließ er unterwegs in den befestigten
Plätzen überall starke Besatzung zurück: zu Clusium ¹) in Etrurien
1000 Mann unter Gibimer, ebensoviel in Urbs Vetus ²) unter
dem Gothen Albilas, 400 Mann in Tubertum ³) unter Uligisal.
Im Picenischen Lande ließ er 400 Mann in Petra stehen;
Auximum, welches die größte Stadt jener Gegend ist, besetzte er
mit einer auserlesenen Schaar von 4000 Gothen unter einem sehr
tapfern Führer, Namens Wisand, 2000 Mann unter Morras
in Urbinum. Außerdem sind noch zwei Festungen zu nennen,
nämlich Caesena ⁴) und Monsferetrus ⁵), deren jede er mit 500
Mann besetzte. Er selbst ging mit dem übrigen Heer gerade
auf Ariminum los, um es zu belagern. Belisar hatte aber gleich
nach Aufhebung der Belagerung 1000 Reiter unter Ilbiger und
Martin ausgeschickt, die auf einem andern Wege noch vor den
Feinden nach Ariminum eilen sollten. Sie überbrachten Johannes
den Auftrag, mit seinen Leuten Ariminum schleunigst zu räumen
und statt dessen als Besatzung die Leute hineinzulegen, welche
in Ankon ⁶), einem Platz am adriatischen Meer, zwei Tagereisen
von Ariminum, lagen. Diese Stadt hatte er kurz vorher durch
eine starke Abtheilung Isaurier und Thrazier unter Konon besetzen lassen. Er ließ sich dabei von dem Gedanken leiten, wenn
in Ariminum nur Fußvolk unter weniger namhaften Führern
stünde, würden die Gothen nicht erst zur Belagerung schreiten,
sondern direkt auf Ravenna losgehen; sollten sie hingegen doch
davor liegen bleiben, so würde der Proviant für das Fußvolk
länger reichen, die 2000 Reiter dagegen mit den übrigen Truppen
natürlich den Feinden mehr Abbruch thun und sie bald zur
Aufhebung der Belagerung zwingen. In dieser Absicht hatte

---

1) Chiusi. — 2) Orvieto. — 3) Gewöhnlich Tuder, jetzt Todi. — 4) Cesena. — 5) Sasso ferrato. — 6) Ancona. —

Belisar Martin und Ilbiger abgeschickt, die auf der Flaminischen 538
Straße vorgingen und bald die Barbaren weit überholt hatten.
Denn diesen war ihre eigne Masse hinderlich, und sie wurden
zu großen Umwegen gezwungen durch die Schwierigkeit, Proviant
zu beschaffen, und die Furcht vor den Besatzungen der Festungen
an der Flaminischen Straße, Narnium, Spoletium und Perusia,
die, wie schon erwähnt, in den Händen der Römer sich befanden.

Als die römischen Truppen auf einem kleinen Umweg vor
Petra ankamen, versuchten sie, es durch einen Handstreich zu
nehmen, (obgleich der Platz, auf der einen Seite von einem
reißenden Gewässer umflossen, auf der andern durch einen steil
emporragenden Fels gedeckt, uneinnehmbar schien. Weil ein An=
griff von der Flußseite keinen Erfolg hatte), erstiegen Martin
und Ilbiger mit ihren Leuten die beherrschende Felskuppe und
beschossen von dort die Gothen. Diese zogen sich schnell in ihre
Häuser zurück und blieben ruhig darin. Da die Römer den
Feinden nun mit ihren Steinwürfen nichts anhaben konnten,
verfielen sie auf folgendes Mittel. Sie sprengten große Fels=
blöcke ab, wälzten diese mit vieler Anstrengung bis an den Rand
und stürzten sie auf die Häuser herab. Wenn diese auch nur
eine Ecke eines Gebäudes berührten, zerschmetterten sie es ganz
und gar, und das flößte den Gothen großen Schrecken ein. Daher
streckten sie gegen die, welche noch am untern Thor standen,
flehend die Hände aus und ergaben sich unter der Bedingung,
des Kaisers Sklaven und Belisar unterthan zu sein, wenn ihnen
nichts übles geschehe. Ilbiger und Martin nahmen die Mehr=
zahl unter ihre Leute auf, einige ließen sie mit den Weibern
und Kindern am Ort zurück, nicht ohne eine römische Besatzung
dahinein zu legen. Von dort kamen sie nach Ankon, nahmen
den größten Theil des Fußvolks, welches daselbst lag, auf und
gelangten am dritten Tage nach Ariminum, wo sie Belisars
Befehl dem Johannes übermittelten. Der wollte aber nicht
fortgehen, hielt vielmehr Damian mit seinen 400 Mann noch

538 zurück. Sie ließen also das Fußvolk da und rückten sofort
wieder ab mit Belisars Doryphoren und Hypaspisten.

12. Kurz darauf erreichte Witichis mit seinem ganzen Heer
Ariminum, schlug davor ein Lager auf und fing an, es zu be=
stürmen. Die Gothen zimmerten sogleich einen hölzernen Thurm,
der höher war als die Stadtmauer und auf vier Rädern fuhr;
diesen bewegten sie gegen den Theil der Mauer, der ihnen am
Schwächsten zu sein schien. Um aber nicht dieselbe üble Erfahrung
zu machen, wie bei der Belagerung von Rom, setzten sie ihn
nicht durch Ochsen in Bewegung, sondern ließen ihn von Leuten
ziehen, die unten im Thurme selbst sich befanden. Auch war
in dem Thurm eine sehr breite Leiter angebracht, auf der zahl=
reiche Mannschaften zu gleicher Zeit hinaufsteigen konnten; so
hofften sie, sobald nur der Thurm dicht an der Mauer wäre,
mit leichter Mühe auf die Zinnen hinübersteigen zu können;
denn die Höhe des Thurmes war darnach abgepaßt. Als sie
nun mit dieser Maschine schon ganz nahe an die Mauer gekommen
waren, machten sie Halt, da es stark zu dunkeln begann, stellten
Posten rings um den Thurm auf und begaben sich alle zur
Ruhe, da sie glaubten, völlig sicher zu sein; denn zwischen Mauer
und Thurm war außer einem ganz flachen Graben kein einziges
Hinderniß. Die Römer brachten die Nacht in der Furcht zu,
der nächste Tag werde ihr letzter sein. Johannes aber, der
nicht so leicht verzweifelte und Furcht nicht kannte, ließ alle
andern die Wachen beziehen, versah seine Isaurier mit Hacken
und ähnlichen Werkzeugen und rückte in aller Stille noch vor
Mitternacht aus, um den Graben tiefer zu legen. Seine Leute
gingen rüstig an die Arbeit und warfen die ausgehobene Erde
nach der Mauer zu, so daß diese dadurch verstärkt wurde. So
stellten sie, während die Feinde in tiefem Schlafe lagen und
nichts merkten, einen Graben von genügender Tiefe und Breite
her, besonders an der schwachen Stelle der Mauer, wo die
Barbaren mit ihrer Maschine angreifen wollten. Endlich gegen

Morgen merkten die Feinde, was vorging, und griffen schleunigst 338
die Grabenden an; Johannes aber, der seine Aufgabe aufs Beste
erfüllt sah, zog sich mit seinen Isauriern in die Stadt zurück.
Als Witichis bei Tagesanbruch erfuhr, was geschehen war, ge=
rieth er in heftigen Zorn und ließ einige Wächter sofort hin=
richten; nichtsdestoweniger wollte er aber die Maschine in Be=
wegung setzen und ließ die Gothen schnell Reisigbündel in den
Graben werfen, über die sie den Thurm ziehen könnten. Sie
führten diesen Auftrag auch mit großem Eifer aus, obgleich sie
von der Mauer heftig beschossen wurden. Als nun der Thurm
über die Reisigbündel ging, gaben diese natürlich unter der Last
nach, und vorwärts konnten die Barbaren nicht weiter kommen,
da der jenseitige Grabenbord durch die Aufschüttung viel höher
geworden war. Sie mußten nun befürchten, die Feinde würden
den Thurm, sobald die Nacht hereinbräche, in Brand stecken, und
zogen ihn wieder zurück. Das wollte Johannes um jeden Preis
hindern; er rief seine Soldaten unter die Waffen und hielt ihnen
eine Rede, (in der er seinen Waffengefährten auseinandersetzt,
daß ihr Heil lediglich auf ihrer eignen Tapferkeit beruhe, da sie
trotz der günstigen Lage am Meer keinen Entsatz erhalten hätten
und von den kaiserlichen Truppen unverantwortlicher Weise im
Stich gelassen wären[1].) Nach diesen Worten führte Johannes
seine Truppen gegen die Feinde, indem er nur wenige Posten
auf der Mauer zurückließ. Da die Feinde ihm einen heißen
Empfang bereiteten, so war der Kampf sehr blutig. Erst spät
am Tage kamen die Barbaren dazu, ihren Thurm mit vieler
Mühe in ihr Lager zurückzuschieben, und sie hatten so starke Ver=
luste gerade der tüchtigsten Leute gehabt, daß sie es für besser
hielten, keinen Sturm mehr zu unternehmen, sondern sich ganz
ruhig zu verhalten und abzuwarten, bis der Feind, vom Hunger
getrieben, sich ergäbe; denn dem waren die Lebensmittel schon so

---

[1] Prokop scheint diese Rede eingeflochten zu haben, um obigen Vorwurf aus-
sprechen zu können. —

536 gut wie ganz ausgegangen, da man vorher nicht genug in die
Stadt hatte schaffen können.   So standen dort die Sachen.

Belisar gab den Gesandten aus Mailand 1000 Isaurier
und Thrazier mit, jene unter Ennes, diese unter Paulus.   Den
Oberbefehl hatte Mundilas, bei dem auch noch einige von Belisars
Hypaspisten waren.   Mit ihnen ging der Präfectus Prätorio
Fidelius, der aus Mailand stammte, bei den Ligurern in An=
sehen stand und deshalb ein ganz passender Begleiter zu sein
schien.   Sie fuhren von Portus nach Genua, der westlichsten
Stadt von Tuscien, von wo aus man am Besten nach Gallien
und Spanien fährt.   Dort verließen sie die Schiffe und setzten
ihren Weg zu Lande fort.   Die Schiffsböte nahmen sie auf
Wagen mit, um damit den Po bequem überschreiten zu können.
Als sie übergesetzt waren und sich der Stadt Ticinum[1]) näherten,
stießen sie auf eine große Schaar der besten Gothenkrieger und
wurden mit ihnen handgemein.   Die Barbaren jener ganzen
Gegend hatten nämlich ihre werthvollste Habe nach Ticinum, als
einem stark befestigten Platze, gebracht und dort eine ansehnliche
Besatzung zurückgelassen.   In dem heftigen Gefecht, welches sich
entspann, siegten die Römer, tödteten viele Feinde auf der Flucht
und wären beinahe zugleich mit den Fliehenden in die Stadt
eingedrungen: sie waren ihnen so hart auf den Ferfen, daß die
Thore nur mit knapper Noth noch vor ihnen geschlossen werden
konnten.   (Fidelius stürzt hart an der Mauer vom Pferde und
wird erschlagen.)   Als Mundilas und die Römer es nachher
merkten, waren sie sehr betrübt.   Von da kamen sie nach Mai=
land und besetzten es ohne Kampf ebenso wie das übrige Ligurien.
Als Witichis das vernahm, schickte er sofort ein starkes Heer
unter seinem Schwestersohn Urajas aus, und Theodebert, der
Frankenkönig, schickte ihm 10,000 Mann zur Hülfe, aber keine
Franken, sondern Burgunden, damit es nicht so aussähe, als
nähme er gegen den Kaiser Partei.   Denn diese Burgunden

1) Paola am Ticino. —

kamen angeblich aus eignem Antriebe, ganz freiwillig und nicht 538
auf Theodeberts Geheiß. Mit diesen vereinigten sich die Gothen
und erschienen, ehe die Römer sichs versahen, vor Mailand,
schlugen ein Lager auf und schlossen es ein, so daß die Römer
gar keine Zeit hatten, Nahrungsmittel in die Stadt zu schaffen
und sofort Mangel litten. Das Schlimmste aber war, daß
Mundilas nicht einmal die Mauern mit Soldaten besetzen konnte,
weil er die kleinen befestigten Plätze um Mailand herum, wie
Bergamum, Comum, Novara u. a. eingenommen und sämmtlich
mit Truppen belegt hatte, so daß ihm in Mailand höchstens
300 Mann zur Verfügung standen, unter ihnen Ennes und
Paulus. Deshalb mußten die Bürger der Stadt sich bei der
Bewachung der Mauer ablösen. So stand es in Ligurien. Der
Winter ging zu Ende und mit ihm das dritte Jahr des Krieges,
den Prokop beschrieben hat.

13. Gegen die Zeit der Sommersonnenwende zog Belisar 539
wider Witichis und das Gothenheer. In Rom ließ er nur
eine geringe Besatzung zurück, alle andern nahm er mit sich.
Eine kleine Schaar schickte er nach Tubertum und Clusium[1])
voraus, um diese Orte einzuschließen; er selbst wollte ihnen auf
dem Fuße folgen und mit ihnen die dort eingeschlossenen Barbaren
belagern. Als diese aber von der Annäherung des Heeres hörten,
wagten sie nicht, der Gefahr ins Auge zu sehen, sondern ord=
neten Gesandte an Belisar ab und versprachen, sich zu unter=
werfen und die beiden Städte auszuliefern, wenn man ihnen
nichts zu Leide thun wolle. Belisar verpflanzte alle Gothen
von hier nach Sizilien und Neapel, ließ in Clusium und Tubertum
Besatzungen zurück und marschierte weiter. Unterdessen schickte
Witichis ein zweites Heer nach Auximum[2]) unter Wakimus, der
sich mit den Gothen, welche dort standen, vereinigen sollte, um
einen Vorstoß gegen die Feinde in Ankon[3]) zu machen und sich
seiner Burg zu bemächtigen. Dies Ankon ist ein Felsen, der

1) Todi und Chiusi. — 2) Osimo. — 3) Ancona. —

839 einen Winkel bildet wie ein Ellbogen, und daher hat es auch seinen Namen. Es ist der Seehafen von Auximum und liegt 80 Stadien [1]) davon ab. Die Burg oben auf dem Felsen ist vor Überfällen ganz sicher, die umliegenden Häuser aber, die ziemlich zahlreich sind, haben von Alters her keine Mauer. Als Konon, der Befehlshaber der Besatzung, erfuhr, Wakimus ziehe mit seinem Heer heran und sei nicht mehr fern, handelte er sehr unüberlegt. Statt auf die Rettung der Burg und ihrer Bewohner sowie der Soldaten bedacht zu sein, besetzte er jene gar nicht, sondern führte alle seine Leute ungefähr 5 Stadien [2]) vor und stellte sie dort in Schlachtreihe auf, aber nicht in tiefer Phalanx, sondern in weitem Bogen am Fuß eines Berges, als wollte er eine Treibjagd veranstalten. Sobald seine Leute bemerkten, daß die Feinde ihnen weit überlegen waren, machten sie Kehrt und flohen gerade auf die Burg los. Die Barbaren jagten ihnen nach und tödteten fast alle diejenigen, die nicht noch glücklich hineingekommen waren, dann legten sie Leitern an die Mauer und versuchten emporzuklimmen; einige steckten auch die Häuser, welche außerhalb lagen, in Brand. Die römischen Bewohner der Burg waren durch diese Ereignisse nicht wenig erschreckt, öffneten aber doch die Pforte und ließen die Soldaten ein, die in wilder Flucht gelaufen kamen. Als sie aber sahen, daß die Barbaren den Fliehenden dicht auf den Fersen waren, befürchteten sie, dieselben würden mit jenen zugleich eindringen und schlossen eiligst die Thorflügel. Dafür ließen sie an den Zinnen Stricke herab, an denen sie unter andern auch Konon emporzogen. Die Barbaren hätten mit ihren Leitern beinahe die Mauern erklommen, wenn es nicht zwei Männern durch ihre wunderbare Tapferkeit gelungen wäre, sie von den Zinnen, die sie schon erstiegen hatten, wieder herunterzustoßen. Der eine war ein Doryphor Belisars, der Thrazier Ulimun, der andere ein Doryphor Valerians, der Massagete Bulgubu, die beide ganz

---

1) 16,5 Km. — 2) nicht ganz 1 Km. —

zufällig kurz zuvor in Ankon gelandet waren.   Mit ihren Schwer= [539]
tern stießen sie die Hinaufdringenden hinab und retteten wider
aller Erwarten die Burg.   Freilich trugen sie so viel Wunden
davon, daß man sie halbentseelt vom Platze tragen mußte.

Damals erhielt Belisar die Meldung, Narses sei mit einem
großen Heer aus Byzanz gekommen und stehe in Picinum.   Dieser
Narses war ein Eunuch und kaiserlicher Schatullenverwalter [1]),
ein höchst geschickter und — was sonst die Eunuchen nicht sind —
thatkräftiger Mann.   5000 Soldaten kamen mit ihm, die u. a.
von dem Heermeister von Illyrien [2]), Justinus, und einem
andern Narses geführt wurden, einem Persarmenier, der zusammen
mit seinem Bruder Aratius zu den Römern übergetreten war;
dieser war mit einem andern Heerhaufen kurze Zeit vorher zu
Belisar gestoßen.   Außerdem waren noch mit ihm ungefähr 2000
Heruler unter Wisand, Alueth und Phanotheus.

14. Was für Menschen die Heruler sind und wie sie zu
dem Bündniß mit den Römern kamen, will ich jetzt erzählen.
Von Alters wohnten sie jenseit der Donau und verehrten viele
Götter, die sie mit Menschenopfern ehren zu müssen glaubten.
In vielen Stücken wichen sie von den Gewohnheiten der andern
Menschen ab.   Wenn sie nämlich alt oder krank werden, dürfen
sie nicht mehr leben, sondern sobald jemand altersschwach oder
krank wird, muß er seine Verwandten bitten, daß sie ihn so bald
als möglich vom Leben zum Tode bringen.   Dann thürmen sie
einen Scheiterhaufen, auf dem der Betreffende Platz nimmt, und
schicken einen Heruler mit einem Dolch zu ihm; derselbe darf aber
nicht mit ihm verwandt sein, denn ein Verwandter darf den
Todesstreich nicht führen.   Ist die That vollführt und der Thäter
herabgestiegen, zünden sie den Scheiterhaufen an allen vier Ecken
an; ist die Flamme erloschen, werden die Knochen gesammelt und
dem Schoß der Erde übergeben.   Wenn ein Heruler gestorben
ist, muß seine Gattin, wenn sie etwas auf ihren Ruf giebt und

1) βασιλικῶν χρημάτων ταμίας. — 2) Magister militum per Illyricum.

ihr an einem freundlichen Gedenken nach dem Tode gelegen ist, sich am Grabhügel ihres Gemahls bald nach seinem Begräbniß erdrosseln. Wenn sie es nicht thut, so wird sie ehrlos und die Verwandten ihres Mannes fühlen sich durch sie beleidigt. Solche Bräuche hatten früher die Heruler.

Mit der Zeit wurden sie mächtiger und zahlreicher als die barbarischen Nachbarvölker, griffen sie an, besiegten und plünderten sie aus. Schließlich unterwarfen sie auch die Longobarden, welche bereits Christen waren, und einige andere Stämme und machten sie sich aus Habgier und Hochmuth tributpflichtig — dies ist nämlich sonst bei den Völkern jener Gegenden nicht Sitte. In der Zeit als Anastasius römischer Kaiser wurde, hatten die Heruler keinen Gegner mehr, den sie hätten bekriegen können, legten die Waffen nieder und blieben drei Jahre hindurch ganz ruhig. Das konnten sie aber nicht länger aushalten: sie überhäuften ihren König Rodulf mit Vorwürfen, nannten ihn einen weibischen Schwächling, beschimpften und verhöhnten ihn auf die schamloseste Weise. Rodulf wollte diese Schmach nicht ertragen und zog gegen die Longobarden, die gar nichts verbrochen hatten, ohne ihnen eine bestimmte Sache, etwa die Verletzung der bestehenden Verträge vorzuwerfen, sondern wie aus Muthwillen. Als das die Longobarden erfuhren, schickten sie Gesandte an Rodulf, um die Ursache zu erfahren, derentwegen die Heruler gegen sie zu Felde zögen. Wenn sie zu wenig Tribut bekommen hätten, so sollten sie das Fehlende sofort erhalten und hohe Zinsen dazu, oder wenn ihnen der Tribut zu gering erscheine, so würden die Longobarden nicht säumen, ihn zu erhöhen. Mit solchen Vorschlägen kamen die Gesandten, wurden aber von Rodulf unter heftigen Drohungen abgewiesen. Eine zweite Gesandtschaft wurde abgeordnet, die unter vielem Flehen um Schonung bat. Als auch sie fortgeschickt ward, kamen zum dritten Mal Gesandte zu Rodulf und beschworen ihn, die Heruler sollten doch nicht so ganz ohne Vorwand den Krieg vom Zaune brechen. Denn wenn jene in solcher Art auszögen, so würden sie, sehr wider ihren

491—518

Willen, nur der Noth gehorchend, dem Angriff Widerstand leisten.
Gott riefen sie zum Zeugen an, auf dessen Wink selbst ein leichter
Nebelhauch jeder menschlichen Gewalt wehren könne. Gott kenne
die Ursachen dieses Krieges und werde darnach den Ausgang des
Kampfes lenken. So sprachen sie, da sie immer noch hofften, die
Angreifer von ihrem Vorhaben abwendig zu machen. Aber die
Heruler blieben taub für all diese Vorstellungen und wollten mit
den Longobarden kämpfen. Als sie sich nun dicht gegenüberstan=
den, lagerte sich über den Longobarden eine dicke, schwarze Wolke,
über den Herulern dagegen war die Luft ganz klar. Ein Zeichen=
kundiger hätte daraus entnehmen können, daß es den Herulern in
diesem Kampf schlecht gehen würde; denn ein schlimmeres Zeichen
konnte ihnen gar nicht zu Theil werden. Aber auch hierauf gaben
die Heruler nicht Acht, sondern gingen leichtsinnig und hochmüthig
auf ihre Gegner los, weil sie sich auf ihre Überzahl verließen.
In dieser Schlacht fiel ein großer Theil der Heruler, unter
andern auch Rodulf; die übrigen flohen in völliger Auflösung,
ohne an Gegenwehr zu denken. Auch auf der Flucht wurden
noch sehr viele von den nachsetzenden Feinden niedergemacht, und
nur wenige entkamen.

Weil nun in ihren Stammsitzen ihres Bleibens nicht länger
war, erhoben sie sich und zogen immer weiter mit Weibern und
Kindern durch das ganze Land jenseits der Donau. Als sie in
das Land kamen, wo früher die Rugier gewohnt hatten, die
zusammen mit den Gothen nach Italien gegangen waren, wollten
sie dort ihre Wohnsitze aufschlagen. Da aber alles wüst lag
und bald eine Hungersnoth sie bedrohte, zogen sie weiter und
kamen in die Nähe des Gepidenlandes. Und zuerst nahmen die
Gepiden sie freundlich auf und gestatteten ihnen auf ihre Bitten,
unter ihnen zu wohnen. Bald aber fingen sie an, sie zu mißhandeln:
sie thaten den Frauen Gewalt an und nahmen ihnen die Rinder
und ihre andre Habe fort. Kurz, sie thaten ihnen alles erdenkliche
Leid an und führten schließlich offen Krieg gegen sie. Die Heruler

fanden das unerträglich, gingen über die Donau und siedelten
sich bei den Römern an, als Anastasius Kaiser war. Der nahm
sie mit großer Freundlichkeit auf und ließ sie dort wohnen; bald
aber gaben sie ihm Anlaß zur Unzufriedenheit, da sie ihre
römischen Nachbarn mißhandelten, und er schickte ein Heer gegen
sie aus. Die Römer waren siegreich in einer Schlacht, tödteten
den größten Theil von ihnen und hätten sie ganz und gar vernichten
können. Aber die überlebenden stellten sich unter den Schutz der
Feldherrn und baten, ihnen das Leben zu schenken; sie wollten
Bundesgenossen und Diener des Kaisers werden. Anastasius, dem
dies gemeldet wurde, erlaubte das, und so blieben die letzten
Heruler am Leben. Aber sie wurden weder Bundesgenossen der
Römer noch thaten sie irgend etwas für sie. Als nun Justinian
Kaiser wurde, beschenkte er sie mit gutem Acker und brachte es
mit Hülfe dieses und andrer Geschenke dahin, daß sie in aller
Form Bundesgenossen und Christen wurden. Sie gaben ihre
wilden Sitten auf und fügten sich den christlichen Bräuchen. Sie
sind aber doch treulos und so habgierig, daß sie immer wieder
über ihre Nachbarn herfallen, und sich dessen gar nicht schämen.
Außerdem geben sie sich mit Männern und mit Eseln ab und sind
überhaupt die schlechtesten aller Menschen: als Bösewichte mögen
sie ein böses Ende nehmen. Später blieben nur einige den
Römern treu, wie ich früher erzählt habe; die meisten fielen ab,
und zwar aus folgendem Grunde. Die Heruler kehrten ihre Wuth
in wilder Raserei gegen ihren eignen König, Namens Ochon, und
tödteten ihn ganz plötzlich, bloß weil es ihnen einfiel, künftighin
ohne König leben zu wollen. Dabei war das nur ein König
dem Namen nach, der in Wirklichkeit sich von den anderen gar
nicht unterschied; denn jeder verkehrte mit ihm wie mit seinesgleichen
und schimpfte auf ihn, wie es ihm beliebte. Die Heruler sind
nämlich unverständiger und unordentlicher als alle andern Men=
schen. Die Reue folgte übrigens der Frevelthat auf dem Fuße
nach, denn sie mußten gar bald einsehen, daß sie ohne Herrscher

und Führer im Kriege nicht leben könnten. Nach vielem Hin-
und Herreden schien es endlich allen das Beste zu sein, wenn
sie jemand aus dem königlichen Geschlecht von der Insel Thule
holen ließen. Das hängt aber so zusammen.

15. Als die Heruler von den Longobarden geschlagen waren
und ihre alten Wohnsitze aufgaben, ließ sich ein Theil derselben,
wie ich soeben ausgeführt habe, in Illyrien nieder, der andre
wollte nicht die Donau überschreiten, sondern gründete neue
Wohnsitze am äußersten Ende der bewohnten Welt: unter Führung vieler Mitglieder der königlichen Familie zogen sie zuerst
durch alle Länder der Sklavenen, dann durch eine Wüste, bis sie
zu den Warnen[1]) kamen. Dann wanderten sie noch durch das
Land der Danen. Und alle diese wilden Völker thaten ihnen
nichts. Am Ozean angelangt, gingen sie zu Schiff und fuhren
nach Thule, wo sie blieben. Thule[2]) ist eine sehr große Insel,
über zehn Mal größer als Britannien; es liegt von dort aus
noch weit nach Norden. Der größte Theil dieser Insel ist öde
und wüst; auf dem bebauten Theil wohnen dreizehn volkreiche
Stämme, deren jeder einen König hat. (Folgt eine Beschreibung
der Mitternachtssonne. Prokop bedauert sehr, trotz seines Wun-
sches diese Insel nicht kennen gelernt zu haben. Vierzig Tage
hintereinander ist Tag, vierzig Tage Nacht.) Wenn 35 Tage
dieser langen Nacht um sind, werden einige Leute auf Berges=
gipfeln aufgestellt — so ist es Sitte bei ihnen — und sobald
sie irgend eine Spur von der Sonne entdeckt haben, melden sie
es den unten Harrenden, daß in fünf Tagen die Sonne scheinen
wird. Dann feiern sie insgesammt ein großes Fest für die frohe
Botschaft und zwar im Dunkeln. Und das ist das größte Fest
der Thuliten. Meiner Ansicht nach kommt das daher, daß diese
Inselbewohner, wenn auch dies Ereigniß alle Jahre eintritt, doch
fürchten, die Sonne möchte einmal ganz ausbleiben.

Von den barbarischen Bewohnern Thules führt nur ein

---

1) Suevischer od. vandalischer Stamm an der Ostseeküste, sonst Varini. — 2) Island.

Stamm, die Skrithifinen genannt, ein Leben wie die wilden
Thiere. Denn sie tragen weder Kleider noch Schuhe; auch trin=
ken sie keinen Wein und ernten keine Feldfrüchte. Sie kennen
nämlich den Ackerbau ebensowenig wie weibliche Handarbeiten;
vielmehr liegen die Männer gemeinsam mit den Frauen der Jagd
ob, wozu ihnen die ausgedehnten Wälder und darangrenzenden
Berge reichliche Gelegenheit geben. Sie nähren sich ausschließlich
von dem Fleisch der erlegten Thiere und kleiden sich in deren
Felle. Weder Leinen giebt es bei ihnen, noch irgend etwas zum
Nähen, so daß sie die Felle nur mit den Thiersehnen an einan=
der binden und so den ganzen Körper sich bedecken. Auch die
kleinen Kinder werden bei ihnen nicht so genährt wie bei den
übrigen Menschen. Denn die Säuglinge der Skrithifinen be=
kommen keine Milch zu trinken, saugen auch nicht an der Mutter=
brust, sondern werden mit dem Mark des erlegten Wildes groß=
gezogen. Sobald ein Weib geboren hat, hüllt sie das Neuge=
borene sofort in Felle, hängt es an einen Baum, steckt ihm ein
Stück Mark in den Mund und geht selbst gleich wieder auf die
Jagd; denn diese Beschäftigung betreiben sie mit den Männern
gemeinschaftlich. So beschaffen ist die Lebensweise dieser Barbaren. Die andern Thuliten unterscheiden sich so zu sagen gar
nicht von den übrigen Menschen. Sie beten viele Götter und
Dämonen an: Götter des Himmels, der Luft, der Erde und des
Wassers nnd alle möglichen Dämonen, wie sie im Wasser der
Quellen und Flüsse leben sollen. Sie bringen eifrig Opfer dar,
auch von Thieren; das herrlichste Opfer aber ist ein Mensch,
und zwar der erste Kriegsgefangene. Diesen opfern sie dem Kriegs=
gott, der ihr oberster Gott ist. Solche Menschenopfer bringen
sie nicht nur blutig dar, sondern sie hängen den Kriegsgefangenen
auch an ein Holz oder werfen ihn in die Dornen oder bringen ·
ihn auf andre, höchst martervolle Weise um. So leben die Thu=
liten. Einer ihrer größten Stämme sind die Gauten, bei denen
die zugezogenen Heruler Aufnahme fanden.

Nun schickten diejenigen Heruler, die bei den Römern wohn=
ten und den Mord an ihrem König verübt hatten, einige Edle
nach der Insel Thule, um von dort einen Mann königlichen
Geblütes zu holen und womöglich gleich mitzubringen. Als diese
angekommen waren, fanden sie viele von königlichem Geschlecht,
suchten sich den aus, der ihnen am besten gefiel, und traten mit
ihm zusammen die Rückreise an. Der Mann starb jedoch an
einer Krankheit, als er sich im Danenlande befand. Die He=
ruler fuhren zu der Insel zurück und holten einen andern, Na=
mens Todasius. Diesem schloß sich sein Bruder Aordus an und
zweihundert Jünglinge von den Herulern auf Thule. Da aber
auf dieser Reise geraume Zeit verstrich, kam den Herulern, die
in der Gegend von Singedon [1]) wohnten, der Gedanke, daß es
ihrem Interesse wenig entspräche, wenn sie sich von Thule einen
Herrscher kommen ließen, ohne den Kaiser Justinian zu fragen.
Daher schickten sie nach Byzanz zum Kaiser und erbaten sich von
ihm einen König, der ihm genehm sei. Der schickte ihnen sofort
einen Heruler, der seit langer Zeit in der Hauptstadt lebte, mit
Namen Suartuas. Zunächst huldigten ihm die Heruler und
gehorchten ihm willig, da er regierte, wie sie es gewöhnt waren.
Wenige Tage später kam aber ein Bote, die Gesandtschaft aus
Thule nähere sich der Heimath. Suartuas machte sich auf, ihnen
entgegen, um sie zu tödten; die Heruler billigten seinen Entschluß
und folgten willig seinem Befehl. Aber als sie bis auf eine
Tagereise sich jenen genähert hatten, verließen sie ihn alle bei
Nacht und gingen zu den Ankömmlingen über; Suartuas mußte
ganz allein fliehen und kehrte nach Byzanz zurück. Der Kaiser
wollte ihn durchaus in seine Würde wieder einsetzen, und deshalb
schlossen sich die Heruler, welche die römische Macht fürchteten,
den Gepiden an. Dies war die Ursache des Abfalls der Heruler. —

16. Belisar und Narses vereinigten ihre Heere bei der [339]

1) Siginbunum oder Singibunum, an ter Save, unwelt Belgrad, vgl. Vand. I. 1.
S. 2. —

539 Stadt Firmum [1]), die am adriatischen Meer liegt, eine Tagereise
von Auximum entfernt. Dort hielten sie unter Zuziehung aller
höheren Offiziere einen Kriegsrath, wo man den Feind zuerst
angreifen solle. Wenn sie nämlich gegen die Belagerer von Ariminum zogen, mußten sie besorgen, daß die Feinde von Auximum her ihnen in den Rücken fielen und die römischen Bewohner
jener Gegend mißhandelten; thaten sie das aber nicht, so stand
zu befürchten, daß die in Ariminum Eingeschlossenen durch Aushungerung zur Übergabe gezwungen würden. Die meisten groll-
ten dem Johannes und sprachen ihre Gesinnung laut aus. Sie
warfen ihm vor, daß er durch unvernünftige Tollkühnheit und
Habgier sich in diese verzweifelte Lage gebracht habe und durch
seine Eigenmächtigkeit die ordnungsmäßige Beendigung des Krieges,
wie sie Belisar erstrebe, unnütz hinausschiebe. Narses aber, der
mit dem Johannes aufs Engste befreundet war, fürchtete, Belisar
möchte den Äußerungen der Obersten folgen und das Interesse
für Ariminum erst in die zweite Linie stellen. (Deshalb wies
er darauf hin, wie wichtig diese Stadt für den Kaiser sei, und
wie die Eroberung derselben die Barbaren, die bisher nur Miß-
erfolge gehabt hätten, lebhaft ermuthigen müsse, so daß dann
der Krieg wie von Neuem beginnen werde.)

Aus Ariminum schlich sich ein Soldat durch die gothischen
Linien und brachte dem Belisar einen Brief ins Lager, den Johannes an ihn geschrieben hatte. Dieser Brief hatte folgenden
Inhalt: „Seit geraumer Zeit haben wir nichts mehr zu essen
und sind nun nicht mehr im Stande, das Volk im Zaum zu
halten oder einen Sturm zu bestehen. Nach Verlauf von sieben
Tagen müssen wir uns und diese Stadt in die Hand der Feinde
geben, denn länger können wir die jetzige Nothlage nicht ertragen,
die nach meiner Meinung für uns ein ausreichender Entschul-
digungsgrund ist, wenn wir etwas thun, was sonst gegen die
Ehre ist". So schrieb Johannes. Belisar war in arger Ver-

---

1) Fermo, nicht hart an der Küste. —

legenheit und wußte sich gar nicht zu helfen. Denn einerseits 530 war er in großer Sorge wegen der Belagerten, andrerseits befürchtete er, die Feinde würden von Aurimum aus [nach seinem Abmarsch] die benachbarten Landschaften entsetzlich verwüsten, seinem Heer in den Rücken fallen und es besonders im Falle einer Schlacht aufs Schwerste schädigen. Er ergriff nun folgende Maßregeln: Aratius ließ er mit 1000 Mann zurück, um am Meeresstrande, 200 Stadien von Aurimum, ein Lager zu beziehen. Er hatte strengsten Befehl, sich nicht zu rühren und sich auf kein Gefecht einzulassen, sondern nur das Lager im Fall eines Angriffs zu vertheidigen. Er hoffte nämlich, die Barbaren würden, wenn sie ganz in ihrer Nähe ein römisches Lager wüßten, ruhig in Aurimum bleiben und ihn nicht im Rücken beunruhigen. Ein sehr bedeutendes Korps ließ er zu Schiff unter Herodian, Uliares und Aratius, dem Bruder des Narses, abgehen. Die Flotte kommandierte Ildiger. Er hatte Befehl, geradenwegs nach Ariminum zu fahren, aber keine Landung zu versuchen, wenn das Landheer noch weit ab wäre. Er sollte nämlich hart am Gestade entlang fahren. Ein andres Korps unter Martin ließ er am Gestade auf gleicher Höhe mit den Schiffen marschieren. In der Nähe des Feindes angekommen, sollte er unverhältnißmäßig viele Feuer anzünden, um dadurch die Feinde über seine wirkliche Stärke irre zu führen. Er selbst schlug mit Narses und dem Rest des Heeres einen Weg ein, der weit ab von der Küste über Urbs Salvia[1]) führte, das Alarich in früheren Zeiten so von Grund aus zerstört hatte, daß nichts von der Stadt mehr übrig war als ein Thor und hie und da ein kleines Stück Straßenpflaster.

17. (Prokop erzählt die wunderbare Geschichte von einem Knäblein, das ganz allein, von seiner Mutter verlassen, in Urbs Salvia zurückgeblieben war und durch sein Schreien eine Ziege anlockte, die es säugte. Auch als später die Menschen zurückkehrten, blieb die Ziege ihren übernommenen Pflichten treu, und

---

1) vielleicht das alte Pellentia. —

539 Prokop sah selbst, wie sie auf das Geschrei des Kindes herbei=
eilte und es beruhigte. Von der Ziege erhielt dasselbe den Na=
men Aegisthus[1]).

Belisar wählte den Weg über die Berge, erstens, weil er
viel schwächer war als die Feinde und sie nicht wie den Stier
bei den Hörnern packen wollte, obgleich er wohl bemerkt hatte,
daß die Barbaren durch ihre zahlreichen Niederlagen in sehr ge=
drückter Stimmung waren; er meinte nämlich, sobald sie nur er=
führen, daß von allen Seiten sich feindliche Heere näherten,
würden sie sich auf einen Kampf gar nicht einlassen, sondern ihr
Heil in der Flucht suchen. Da er seine Rechnung nicht auf un=
wahrscheinliche Vermuthungen stützte, stellte sie sich auch als richtig
heraus. Denn als er noch in den Bergen sich befand, ungefähr
eine Tagereise von Ariminum, stieß er auf eine kleine Gothen=
schaar, die sich aus irgend einem Grunde unterwegs befand.
Als diese wider alles Erwarten auf die Feinde traf, konnte sie
nicht mehr vom Wege abbiegen: von dem feindlichen Vortrab
mit Geschossen überschüttet, fiel ein Theil, der andere floh ver=
wundet auf die Gipfel der benachbarten Felsen. Von da aus
sahen sie, wie das römische Heer sich durch all die Schluchten
hindurchwand, und überschätzten seine Größe um ein Bedeutendes.
Auch erkannten sie an den Feldzeichen, daß Belisar selbst an der
Spitze dieses Heeres stand. Als die Nacht hereinbrach, machten
die Römer Halt; die verwundeten Gothen begaben sich unter
dem Schutz der Dunkelheit in Witichis' Lager. Dort kamen sie
gegen Mittag an, wiesen ihre Wunden und versicherten, Belisar
nahe sich mit einem Heere, so zahlreich wie der Sand am Meer.
Die Gothen machten sich an der Nordseite von Ariminum fertig
zum Gefecht — denn von dort erwarteten sie den Feind — und
spähten unablässig nach den Berggipfeln. Als aber die Nacht
hereinbrach und sie ihre Waffen ablegen und zur Ruhe gehen
wollten, erblickten sie zahlreiche Feuer, ungefähr 60 Stadien[2]) öst=

---

1) Ziegensohn. — 2) 11 Km. —

lich von der Stadt — das war Martin mit seiner Abtheilung — 539
und bekamen einen furchtbaren Schrecken, da sie sich ängstigten,
mit Tagesanbruch würde sie der Feind gänzlich eingeschlossen
haben. So brachten sie die Nacht in lebhafter Besorgniß zu.
Als nun der Tag anbrach, sahen sie zugleich mit der aufgeben=
den Sonne eine gewaltige Flotte gegen sich heransegeln. Da
war es gänzlich um ihre Fassung geschehen, und alles wandte
sich zur Flucht. Eiligst wurde aufgepackt, und so groß war das
Getöse und Geschrei, daß auf ein Kommando nicht mehr gehört
wurde; jeder suchte nur so schnell als möglich aus dem Lager zu
kommen und Ravennas schützende Mauern zu erreichen. Und
wenn noch eine Spur von Kraft und Muth in den Belagerten
gewesen wäre, so hätten sie einen Ausfall gemacht, dabei die
große Mehrzahl der Feinde getödtet und dem Krieg mit einem
Schlage ein Ende gemacht. Das geschah aber nicht, denn erstens
hatten sie durch die vorhergegangenen Ereignisse alles Selbstver=
trauen verloren, und zweitens waren sie durch den Hunger zu
sehr geschwächt. So eilten denn die Barbaren Hals über Kopf
nach Ravenna und ließen bei diesem überstürzten Rückzug einen
großen Theil ihrer Habe im Stich.

18.　Von den Römern kam zuerst Ildiger mit seinen Leuten
in das Gothenlager; die Kranken, die dort zurückgelassen waren,
wurden zu Sklaven gemacht, dann sammelte man, was die Gothen
bei ihrer Flucht zurückgelassen hatten. Belisar kam mit dem
Haupttheer um Mittag an. Als er nun die abgezehrten und
schmutzbedeckten Gestalten des Johannes und seiner Gefährten
erblickte, warf er jenem seine unvernünftige Tollkühnheit vor
und äußerte, dem Ildiger sei Johannes vielen Dank schuldig.
Der aber antwortete: „Nicht dem Ildiger sondern dem Narses,
dem kaiserlichen Schatzmeister.‟ Damit wollte er meiner Ansicht
nach darauf anspielen, daß Belisar nicht aus eignem Antriebe
sondern auf Veranlassung des Narses zum Entsatz herbeigeeilt
sei. Seitdem waren diese beiden Männer, Belisar und Johannes,

539 einander abgeneigt. Ferner stellten die Freunde des Narses
diesem vor, er brauche nicht Belisars Kommando zu gehorchen,
denn es zieme sich für jemand, der zu den vertrauten Freunden
des Kaisers gehöre, nur, daß er Höchstkommandierender sei, aber
nicht, unter einem einfachen General zu stehen. Niemals werde
nämlich Belisar den Oberbefehl freiwillig mit ihm theilen. Wenn
er aber im Gegensatz zu jenem sich an die Spitze des römischen
Heeres stellen wolle, so würden die Mehrzahl der Soldaten und
die tüchtigsten Obersten ihm folgen. Man rechnete ihm vor,
daß die Heruler, seine Doryphoren und Hypaspisten, die Leute
des Justin und Johannes, des Aratius und Narses 10000 Mann
seien, lauter tapfere und kriegserprobte Leute. Diese wollten
die Wiedergewinnung Italiens nicht Belisar allein gönnen, sondern
Narses sollte auch seinen Theil daran bekommen. Denn er
habe die Nähe des Kaisers nicht aufgegeben, um durch seine
eigne Anstrengung Belisars Ruhm zu mehren, sondern um sich
selbst durch kluge und tapfere Thaten allgemein bekannt zu machen.
Belisar könne übrigens ohne ihn gar nichts mehr machen, denn
er habe weitaus den größten Theil seines Heeres in den Burgen
und Städten als Besatzungen über ganz Italien verzettelt von
der Südspitze bis hinab nach Picenum.

Als Narses solche Reden vernahm, freute er sich über den
Vorschlag ganz unmäßig, machte aus seiner Gesinnung kein
Hehl mehr und hielt sich nicht länger in den Schranken seiner
Stellung. Sobald Belisar etwas unternehmen wollte, wußte er
es unter allerlei Vorwänden zu verhindern. Da berief Belisar
einen Kriegsrath und entwickelte seine Ansicht. (Man dürfe die
Gothen ja nicht unterschätzen und müsse bedenken, daß sie tapfer
seien und an Zahl den Römern immer noch weit überlegen;
alle Siege seien bisher nur durch die Überlegenheit seiner Führung
erfochten. Seinem Dafürhalten nach müsse man einerseits Mailand
entsetzen, andrerseits Auximum zu nehmen suchen und dann erst
an weitere Unternehmungen denken.) Darauf erwiderte Narses:

„Im Allgemeinen hast Du ganz wahrheitsgemäß gesprochen; daß aber dies ganze kaiserliche Heer sich nur gegen Mailand und Aurimum wenden soll, halte ich durchaus nicht für richtig. Doch führe Du immerhin Deine Schaaren dorthin, wir werden dem Kaiser die Aemilia erobern, die in den Augen der Gothen den größten Werth hat, und Ravenna derartig beschäftigen, daß Ihr mit den Feinden, die Euch gegenüberstehen, machen könnt, was Ihr wollt: wir werden schon dafür sorgen, daß ihnen nie= mand zu Hülfe kommt. Würden wir dagegen vorziehen, mit Euch Aurimum zu belagern, so könnte es leicht so kommen, daß die Barbaren aus Ravenna vorgingen, uns einschlössen und durch Aushungerung zur Übergabe zwängen.“ So sprach Narses. Da Belisar nun befürchten mußte, daß die Römer sich durch Trennung schwächten und so die Interessen des Kaisers durch die daraus hervorgehende Verwirrung empfindlich geschädigt würden, zog er ein Handschreiben des Kaisers Justinian hervor, das dieser an die Feldobersten gerichtet hatte. Es lautete also: „Unsern Schatz= meister haben wir nicht nach Italien geschickt, um das Ober= kommando zu übernehmen; denn unser Wille ist es, daß Belisar allein das ganze Heer befehligt, ganz nach seinem Gutdünken. Ihr aber sollt ihm alle gehorsam sein zu Nutz und Frommen unseres Reiches!“ Solches enthielt das kaiserliche Handschreiben. Narses aber berief sich auf den Schluß des Briefes und behauptete steif und fest, Belisars Pläne seien dem Wohl des Reiches nicht dienlich, und deshalb brauchten sie ihm nicht zu gehorchen.

19. Nachdem Belisar dies hatte anhören müssen, sandte er Peranius mit einer starken Abtheilung aus, um Urbs Vetus [1]) zu belagern; er selbst führte sein Heer vor Urbinum, eine feste Stadt, zwei starke Tagereisen von Ariminum, in der eine zahl= reiche gothische Besatzung lag. Als er aufbrach, folgten ihm Narses, Johannes und die andern alle. In der Nähe der Stadt angelangt, schlugen sie am Fuß des Hügels jeder für sich

1) Civieto.

9*

339 ein Lager auf: Belisar östlich, Narses westlich von der Stadt.
Diese liegt auf einem runden, ziemlich hohen Berge, der zwar
nicht jähe Abhänge hat und kein unzugänglicher Fels ist, aber
doch ziemlich steil aus der Ebene emporsteigt, vornehmlich gerade
unterhalb der Stadt, und von der Ebene nur einen Zugang im
Norden bietet. Die Römer stellten sich zur Belagerung so auf,
wie ich schon erwähnt habe. Belisar war der Meinung, die
Barbaren würden sich aus Furcht vor der drohenden Gefahr
ziemlich leicht zur Übergabe bereden lassen, und ordnete eine Ge=
sandtschaft ab, die ihnen alles mögliche Gute versprechen sollte,
wenn sie des Kaisers Unterthanen werden wollten. Die Gesandten
traten nahe ans Thor — denn in die Stadt ließen sie die Feinde
nicht hinein — und machten ihnen sehr lockende Versprechungen;
die Gothen aber hörten sie kaum an, im Vertrauen auf die
Festigkeit des Platzes und ihren reichlichen Vorrath an Lebens=
mitteln, und bedeuteten die Römer, sie möchten sich schleunigst
entfernen. Als Belisar hiervon Meldung erhalten hatte, ließ er
die Soldaten starkes Stangenholz herbeischaffen und daraus eine
Stoa [1]) machen, unter deren Schutz sie sich dem Thore nähern
sollten da, wo das Terrain am Ebensten war, um dann einen
Angriff auf die Mauer zu wagen. Sein Befehl wurde ausgeführt.

Dem Narses stellten einige seiner Freunde vor, Belisar lasse
sich auf unabsehbare Unternehmungen ein und seine Pläne seien
unausführbar. Johannes habe ja schon einen Versuch auf die
Festung gemacht, noch dazu als sie nur eine kleine Besatzung
hatte, und hätte sie ganz uneinnehmbar gefunden — das war
auch wirklich so —; Narses müsse vielmehr die Aemilia für den
Kaiser erwerben. Auch Narses hatte seinen früheren Vorschlag
nicht vergessen, sondern hob bei Nacht die Belagerung auf, ob=
gleich Belisar ihn dringend bat, zu bleiben und Urbinum mit ihm
zusammen zu nehmen. Diese gingen in Eilmärschen nach Arimi=
num. Als aber Morras und die Barbaren bei Tagesanbruch

1) lat. vinea, Laufgangshütte. —

bemerkten, daß die Hälfte der Belagerer abgezogen war, ver= 539
spotteten und verhöhnten sie von der Mauer herab die Zurück=
gebliebenen.   Belisar wollte mit dem, was ihm an Soldaten
geblieben war, einen Sturm wagen.   Und während er noch darüber
nachdachte, kam ihm ein ganz wunderbarer Glücksfall zu Hülfe.
In Urbinum ist eine Quelle, aus der alle Bewohner der Stadt
ihr Wasser holen.   Diese trocknete nun von selbst aus und hörte
endlich ganz auf zu fließen.   Und während dieser Tage nahm
das Wasser so ab, daß die Barbaren es dort mit Schlamm ver=
mischt schöpften und tranken.   Deshalb beschlossen sie, sich den
Römern zu ergeben.   Belisar hatte von diesen Vorgängen noch
keine Ahnung und wollte gegen die Festungswerke vorgehen.   Er
stellte fast das ganze Heer im Kreise rings um den Hügel auf;
nur wenige sollten an der oberen Stelle die Stoa — dies ist
der Name der Maschine — vorwärtsbewegen.   Diese traten unter
die Stoa und zogen sie vorwärts, ohne daß die Feinde ihnen
etwas anhaben konnten.   Da baten die Barbaren an der Brust=
wehr mit aufgehobenen rechten Händen um Frieden.   Die Römer,
welche von den Vorgängen an der Quelle keine Ahnung hatten,
glaubten, jene fürchteten überhaupt die Schlacht und ihre Maschine.
Jedenfalls waren beide ganz froh, vom Kampf abstehen zu können.
Und die Gothen übergaben sich und die Stadt an Belisar unter
der Bedingung, daß ihnen nichts Böses geschähe und sie als
Unterthanen des Kaisers ganz gleiche Rechte wie das Heer selbst
genössen.   Als Narses hiervon Kunde erhielt, war ihm die Sache
wunderbar und schmerzlich zugleich.   Er selbst hielt sich noch
ruhig in Ariminum und schickte nur Johannes mit dem ganzen
Heer gegen Caesena.   Sie versahen sich mit Leitern und mar=
schierten ab.   Als sie nahe genug an die Festung heranwaren,
versuchten sie, dieselbe mit Sturm zu nehmen.   Da aber die
Barbaren sich tapfer wehrten, erlitten sie zahlreiche Verluste,
u. a. fiel der Herulerführer Phanotheus.   Da dieser Sturm auf
Caesena abgeschlagen war, wollte es Johannes nicht zum zweiten

530 Male versuchen, weil ihm der Platz uneinnehmbar erschien, und marschierte mit Justinus und den übrigen Truppen weiter. Durch Handstreich nahm er eine alte Stadt, Namens Forum Cornelii [1]; als die Barbaren ferner stetig zurückwichen und sich nicht zum Gefechte stellten, so gewann er dem Kaiser die ganze Aemilia.

20. So ging es dort zu. Nachdem aber Belisar zur Zeit der Wintersonnenwende Urbinum genommen hatte, hielt er es nicht für räthlich, sofort auf Auximum zu marschieren, dessen Belagerung nach seiner Berechnung viel Zeit in Anspruch nehmen mußte. Denn mit Gewalt diese Festung zu nehmen, war bei ihrer Beschaffenheit ein Ding der Unmöglichkeit; ferner lag, wie schon erwähnt, eine starke und tapfere Besatzung darin, die das umliegende Land weit und breit ausgeplündert und große Vorräthe für sich aufgespeichert hatte. Er ließ nun Aratius mit zahlreicher Mannschaft zu Firmum Winterquartiere beziehen: derselbe sollte zugleich dafür sorgen, daß die Barbaren nicht fernerhin ungestraft Streifzüge machten und jene Gegend brandschatzten; dann führte er selbst sein Heer vor Urbs Vetus, wozu ihn Peranius veranlaßt hatte. Dieser hatte nämlich durch Überläufer erfahren, die Besatzung leide bereits Mangel, und hoffte, wenn sie noch obendrein Belisar mit seinem ganzen Heer anrücken sähen, würden sie desto leichter zur Übergabe zu bringen sein. Und so kam es auch wirklich. — Als Belisar vor Urbs Vetus angelangt war, ließ er an einem geeigneten Punkt ein Lager für alle schlagen; er selbst umging die Stadt ringsum, ob irgendwo sich eine Möglichkeit zeigen würde, sie zu nehmen. Mit stürmender Hand war unter keinen Umständen etwas auszurichten; vielleicht konnte die Einnahme durch Überrumpelung von einer Seite geschehen. (Folgt eine Beschreibung der Lage der Stadt.) Belisar ging mit seinem ganzen Heer an die Belagerung, in der Hoffnung, entweder durch den Fluß einzudringen

---

1). In Gallia Cispadana, jetzt Imola. —

oder die Feinde durch Hunger zur Übergabe zu zwingen. So lange die Barbaren nicht gänzlich aller Lebensmittel beraubt waren, hielten sie bei knappen Rationen wider Erwarten gut aus, indem sie sich nicht mehr satt aßen, sondern täglich nur so viel zu sich nahmen, daß sie nicht Hungers starben. Als ihnen dann die Lebensmittel ausgegangen waren, nährten sie sich von Leder und Häuten, die sie lange in Wasser geweicht hatten; denn Albilas, ihr Anführer, einer der angesehensten Gothenfürsten, hielt ihren Muth mit leeren Hoffnungen aufrecht.[1]

Wie es nun wieder Sommer wurde, wuchs das Getreide auf den Äckern ohne Bestellung, aber nicht so reichlich wie früher sondern viel weniger. Denn da weder gepflügt noch gesät worden war, vielmehr die Körner nur obenauf lagen, so konnte das Land nur geringe Frucht tragen. Weil keine Schnitter mehr waren, wurde es überreif und fiel aus, und dann wuchs überhaupt nichts mehr. So ging es besonders in der Aemilia. Deshalb gaben die Leute dort ihre Wohnsitze auf und strömten nach Picenum, das ihrer Meinung nach durch seine Lage am Meer vor Hungers= noth besser geschützt war. Nicht geringer war das Elend in Tuscien: die Bergbewohner dort mahlten die Eicheln wie Korn, backten sich Brot aus diesem Mehl und verzehrten es. Natür= lich starben die meisten Menschen an Krankheiten aller Art, und nur wenige blieben am Leben. In Picenum sollen von dem Landvolk nicht weniger als 50 000 verhungert sein und noch viel mehr in den vom abriatischen Meere abgelegenen Gegenden. (Pro= kop beschreibt als Augenzeuge, wie die Leute aussahen, wenn sie aus Mangel an Lebensmitteln zu Grunde gingen. Auch Fälle von Kannibalismus kamen vor: so sollen zwei Frauen in der Nähe von Ariminum siebzehn Männer in ihre Herberge gelockt, umge= bracht und verzehrt haben; erst der achtzehnte ließ sich nicht über= raschen und tödtete sie dann beide.) Viele stürzten sich, von

---

1) Hier fehlt die Nachricht von der Einnahme der Stadt, die dem Zusammen= hange nach erfolgt sein muß.

530 Hunger getrieben, auf das Gras und versuchten es knieend aus
dem Boden zu ziehen. Dazu waren sie aber meist zu schwach,
und wenn sie die Kräfte gänzlich verlassen hatten, fielen sie auf
ihre eignen Hände und das Gras und gaben den Geist auf.
Niemand begrub sie, da niemand mehr ein Interesse fürs Be=
gräbniß hatte. Und doch machte sich kein Vogel an die Leich=
name, die sonst viele Vögel als Speise lieben, weil nichts daran
zu beißen war; denn alles Fleisch war, wie schon gesagt, durch
den Hunger völlig ausgetrocknet. Soweit von der Hungersnoth.

21. Als Belisar gemeldet wurde, daß Urajas mit seinen
Barbaren Mailand belagere, schickte er Martin und Uliaris mit
zahlreichen Truppen gegen ihn aus. Als diese am Po angelangt
waren, von dem Mailand nur eine Tagereise abliegt, machten sie
Halt und schlugen ein Lager auf. Während sie wegen des Ueber=
gangs über den Fluß hin= und herredeten, verloren sie viel kost=
bare Zeit. Wie Mundilas davon hörte, schickte er einen Römer,
Namens Paulus, an sie ab, der glücklich durch die Linien der
Feinde ans Ufer des Po gelangte, da er grade kein Fahrzeug
antraf, sich entkleidete und den Fluß mit Lebensgefahr durch=
schwamm. Man führte ihn ins römische Lager (und er hielt
den Obersten die Gefahr, in der Mailand, Italiens volksreichste
Stadt, ein Bollwerk wider alle Barbaren, sich befände, mit be=
weglichen Worten vor und forderte sie zu raschem Handeln auf,
wenn sie nicht durch ihr Zaudern am Kaiser und ihren Kameraden
geradezu Berräther werden wollten). Martin und Uliaris ver=
sprachen feierlich, ihm auf dem Fuße zu folgen und entließen ihn.
Zum zweiten Mal täuschte er die Wachsamkeit der Barbaren
und kam bei Nacht glücklich nach Mailand, wo er die Soldaten
und alle Römer durch die tröstlichen Aussichten, die er mitbrachte,
zu neuem Ausharren in der Treue gegen den Kaiser veranlaßte.
Nichtsdestoweniger verblieben Martin und die Seinigen in ihrer
abwartenden Haltung und rührten sich nicht vom Fleck. Durch
diese Verzögerung ging viel kostbare Zeit verloren. Martin aber

wollte die Schuld von sich abwälzen und schrieb Folgendes an 530
Belisar: „Du haft uns abgesandt, um den in Mailand hart
Bedrängten Hülfe zu bringen. Und wir sind in großer Ge=
schwindigkeit, Deinem Befehle gemäß, bis an den Po gerückt.
Das Heer trägt aber Bedenken, über diesen Fluß zu gehen, da
uns bekannt ist, daß ein gewaltiges Gothenheer und mit ihm
eine ungeheure Menge Burgunden in Ligurien steht, die wir für
uns allein zu bestehen nicht stark genug sind. Darum befiehl
Du schleunigst dem Johannes und Justin, die ganz nahe bei
uns in der Aemilia stehen, uns mit ihren Leuten für diesen
Kampf Beistand zu leisten. Denn wenn wir vereint von hier
aus vorgehen, so sind wir fähig, ohne Besorgniß für uns selbst,
dem Feinde Schaden zuzufügen.“ Solches enthielt Martins Brief.
Als ihn Belisar gelesen hatte, ließ er Johannes und Justin den
Befehl zugehen, mit Martin sogleich gegen Mailand vorzustoßen.
Die aber antworteten, sie würden es nur auf Narses' persönliches
Geheiß thun. Deswegen wandte sich Belisar an Narses (und
bat ihn, er solle doch die Aemilia, die ohne feste Plätze sei und
augenblicklich für die Römer nur von geringem Werth, vorläufig
einmal aufgeben und Johannes mit Justin, die ja ganz in der
Nähe stünden, anweisen, mit Martin zusammen Mailand zu ent=
setzen. Er selbst könne keine Truppen entbehren und sei auch zu
weit ab. Die Aemilia werde ihm nachher ganz von selbst zu=
fallen). Als Narses diesen Brief empfangen und gelesen hatte,
ertheilte er selbst an Johannes und Justin den Befehl, mit ihren
Truppen nach Mailand aufzubrechen. Bald darauf begab sich
Johannes an die Küste, um dort Fahrzeuge zusammenzubringen,
auf denen er das Heer über den Fluß setzen könnte. Da befiel
ihn eine Krankheit und vereitelte seine Absicht.

    Während nun Mundilas den Uebergang zu unternehmen
nicht wagte und Johannes auf einen Befehl des Narses wartete,
hatte sich die Belagerung langsam weitergezogen. Die Belagerten
litten empfindlich durch den Hunger und waren schon so weit ge=

539 kommen, daß sie Hunde, Mäuse und andere Thiere, die sonst
nicht von Menschen gegessen werden, verzehrten. Da schickten die
Barbaren Gesandte an Mundilas mit der Aufforderung, sich zu
ergeben: ihm und den Soldaten solle kein Leid geschehen. Er
versprach, darauf eingehen zu wollen, wenn jene sich eidlich ver=
pflichteten, nicht nur ihn und die Soldaten, sondern auch die
Bürger zu schonen. Da aber die Feinde diese Verpflichtung nur
gegen Mundilas und die Soldaten eingingen und offenbar die
Ligurer von ihrem Zorn nichts Gutes zu erwarten hatten, so
rief Mundilas seine Soldaten zusammen (und versuchte sie dahin
zu bringen, mit ihm einen Ausfall zu machen nnd ehrenvoll zu
fallen oder sich durchzuschlagen). Von den Soldaten wollte jedoch
keiner sich dieser Gefahr aussetzen, sondern sie übergaben die
Stadt und sich selbst den Feinden auf jene Bedingungen. Die
Barbaren thaten ihnen und dem Mundilas, die sie in Gewahr=
sam hielten, nichts; die Stadt aber machten sie dem Erdboden
gleich; alle Männer, vom Jüngling bis zum Greise, tödteten sie,
als nicht weniger 300 000 an der Zahl, die Weiber machten sie zu
Sklavinnen und schenkten sie den Burgunden als Lohn für ihre
Bundesgenossenschaft. Als sie den Praefectus Praetorio Repa=
ratus fanden, hieben sie ihn in Stücke und warfen sie den Hunden
vor. Cerventinus, der auch gerade in Mailand war, zog mit
seinen Leuten durch Venetien und die benachbarten Landschaften
nach Dalmatien, von wo er sich zum Kaiser begab, um ihm zu
melden, welch furchtbarer Schlag die Römer getroffen hatte. Dar=
nach ergaben sich auch andere Städte mit römischer Besatzung den
Gothen, und ganz Ligurien war wieder in ihrer Hand. Martin
und Uliaris kehrten darauf mit ihrem Heer nach Rom zurück.

22. So ging es dort zu. Belisar aber, der von den Er=
eignissen in Ligurien noch nichts wußte, war nach Ablauf des
Winters mit seinem ganzen Heer bereits nach Picenum aufge=
gebrochen. Als er nun das Schicksal Mailands unterwegs er=
fuhr, war er davon aufs Tiefste erschüttert; dem Uliaris verbot

er, je wieder ihm unter die Augen zu treten, und berichtete alles, 539
wie es gekommen war, an den Kaiser. Dieser zog deswegen
niemand zur Verantwortung; als er jedoch Kenntnis bekam von
dem Zwist zwischen Belisar und Narses, berief er diesen sofort
ab und machte Belisar zum Oberfeldherrn für den ganzen Krieg.
So kehrte denn Narses nach Byzanz zurück mit einem nur
kleinen Gefolge. Die Heruler erklärten, in Italien nach Narses'
Abreise nicht länger bleiben zu wollen, obgleich ihnen Belisar
in seinem und des Kaisers Namen die größten Versprechungen
machte, sondern packten auf und zogen zunächst nach Ligurien.
Dort stießen sie auf das Heer des Urajas, verkauften ihre Sklaven
und was sie an Beutethieren mit sich führten, den Feinden,
wodurch sie viel Geld verdienten, und leisteten einen Eid, nie=
mals den Gothen sich gegenüberstellen oder mit ihnen kämpfen
zu wollen. So gestaltete sich ihr Rückweg friedlich, und sie
zogen weiter bis nach Benetien. Dort trafen sie mit Vitalius
zusammen und sahen ein, daß sie unrecht am Kaiser Justinian
gehandelt hatten. .Um dies zu sühnen, ließen sie einen ihrer
Führer, Wisand mit seinen Leuten zurück, und alle andern be=
gaben sich nach Byzanz unter Führung von Alueth und Phili=
muth, der diese Stellung erhielt, als Phanotheus im Zelt seinen
Wunden erlegen war.
     Als Witichis und die Gothen, welche bei ihm waren, die
Kunde vernahmen, daß mit Frühlingsanfang Belisar gegen sie
und Ravenna zu Felde ziehen werde, wurde ihnen sehr angst,
und sie hielten eine Berathung über ihre augenblickliche Lage.
Nach vielem Hin= und Herreden wurde beschlossen, andre Bar=
baren zu Hülfe zu rufen, denn allein glaubten sie es nicht mit
den Römern aufnehmen zu können. Von den Franken sahen sie
ab, da ihnen ihre Hinterlist und Unzuverlässigkeit nur zu gut
bekannt geworden war, und zogen es vor, daß dieselben nur nicht
auf Belisars Seite traten, sondern neutral blieben. Dagegen
schickten sie an den Longobardenkönig Wachis Gesandte, die durch

539 reiche Geschenke ihn zu einem Bündniß bewegen sollten. Als sie aber bemerkten, daß Wachis dem Kaiser befreundet und verbündet sei, kehrten sie unverrichteter Sache heim. Witichis war, wie sich denken läßt, in arger Verlegenheit und berief des Öfteren die Ältesten zur Rathsversammlung. Da forschte er denn eifrig, wie er durch Rath und That seine Lage bessern könnte. Die Ansichten der Versammelten gingen weit aus einander; theils brachten sie nichts Brauchbares, theils gaben sie Beachtenswerthes. Unter andern kam auch zur Sprache, daß der Kaiser nicht eher die Barbaren des Westens hätte mit Krieg überziehen können, als er mit den Persern und den Königen des Morgenlandes Frieden gemacht hätte; dann erst seien die Vandalen und Mauren unterlegen und die Gothen in ihre schlimme Lage gekommen. Wenn es daher auch jetzt noch gelänge, den Perserkönig und den Kaiser Justinian zu entzweien, so wären die Römer, sobald sich jenes Volk erhöbe, nicht im Stande, sich gegen irgend einen andern zu wenden. Das gefiel sowohl Witichis selbst als auch den übrigen Gothen. Es wurde nun beschlossen, an den Perserkönig Chosroes Gesandte zu schicken, aber keine Gothen, deren Erscheinen das Unternehmen von vornherein gefährden könnte, sondern Römer, die den König gegen Kaiser Justinian aufhetzen sollten. Man gewann mit vielem Gelde zwei ligurische Priester für diesen Auftrag. Von diesen ging der eine, dem Aussehen nach würdigere, im Gewande und mit dem Titel eines Bischofs, was ihm gar nicht zukam, als Gesandter, der andere so zu sagen als sein Diener. Witichis gab ihnen ein Handschreiben an Chosroes mit. Dieser ließ sich durch sie verleiten, den Römern, welche dem Vertrage treu geblieben waren, unsägliches Elend zu bereiten, wie ich in den vorhergehenden Büchern beschrieben habe.[1] Als Kaiser Justinian von dem Vorhaben des Chosroes

---

1) Pers. II, 2. Chosroes hatte bereits verschiedene Gründe, auf Justinian erbittert zu sein, denn dieser hatte, wie Prokop nicht zu leugnen wagt, u. a. die Hunnen aufgehetzt, einen Einfall in Persien zu machen. Die gothische Gesandtschaft hat ihn wohl

und der Perſer Kunde erhielt, bemühte er ſich, dem Krieg im 539
Weſten ſo ſchnell wie möglich ein Ende zu machen, und ließ
Beliſar kommen, um den Oberbefehl gegen die Perſer zu über=
nehmen. Und die Geſandten des Witichis, die ſich noch in
Byzanz befanden, entließ er ſogleich mit dem Verſprechen, er
werde einige von ſeinen Leuten nach Ravenna ſchicken, um dort
mit den Gothen einen Frieden zu ſchließen, der für beide Theile
gleich vortheilhaft ſein ſollte. Dieſe Geſandten ließ Beliſar nicht
eher zu den Feinden zurückkehren, als bis dieſe Athanaſius und
Petrus entlaſſen hatten. Als ſie in Byzanz angelangt waren,
zeichnete ſie der Kaiſer durch außerordentliche Belohnungen aus:
Athanaſius wurde Praefectus Praetorio von Italien, Petrus
bekam das Magiſterium.[1]) — Der Winter ging zu Ende und
damit das vierte Jahr dieſes Krieges, den Protop beſchrieben hat.[2])

23.   Beliſar wollte Auximum und Faeſulae[3]) einnehmen,
ehe er gegen Witichis und Ravenna vorging, damit ihm kein
Feind in den Weg treten oder ihn im Rücken beläſtigen könne. Er
ſchickte Cyprian und Juſtin mit ihren Regimentern, 500 Mann
vom Regiment des Demetrius gegen Faeſulae, das ſie einſchloſſen
und belagerten. Den Martin und Johannes mit ihren Truppen
und einer Abtheilung unter Johannes, mit dem Beinamen „der

nur darin beſtärkt, mit Juſtinian zu brechen. An jener Stelle läßt Protop die Geſandten ſehr richtig dem Chosroes vorhalten, die Vandalen und Mauren ſeien bereits
niedergeworfen; wenn erſt das Gothenreich zerſtört ſei, käme zweifellos die Reihe an ihn.
Jetzt ſei die Gelegenheit zu einem Angriff für ihn günſtig, ſpäter werde er allein, ohne
Bundesgenoſſen, den Kampf aufnehmen müſſen. Juſtinian kommt in jener Rede ſehr
ſchlecht weg: er iſt „auf Umwälzungen bedacht und ſtreckt gern ſeine Hände nach fremdem
Eigenthum aus. Was er hat, genügt ihm nicht, vielmehr will er jede andre Herrſchaft
ſtürzen und allein auf Erden gebieten . . . Der Begriff Freundſchaft iſt ihm unbekannt,
und er erröthet nicht, einen Eidſchwur zu brechen.“ Um dieſen Tadel, der übrigens
öfter von fremden Geſandten oder Königen ausgeſprochen wird, nicht als ſeine eigne
Meinung erſcheinen zu laſſen, fügt Protop nachher hinzu, ſolcher Tadel ſei für den Kaiſer
eigentlich ein Lob, da er ja nur die Größe und Macht ſeines Reiches mehren wolle.
Derſelbe Vorwurf treffe ja auch Cyrus oder Alexander den Großen. — Nach unſerm
Urtheil hatten die Geſandten ſo unrecht nicht, und das iſt auch Protops wahre Meinung. —
     1) d. h. er trat in die höchſte Rangklaſſe. — 2) Die folgenden Ereigniſſe fallen
noch ins Jahr 539. — 3) Fieſole. —

539 Fresser", schickte er gegen den Po vor, mit dem Auftrag, zu ver=
hindern, daß Urajas mit den Seinigen von Mailand einen Vor=
stoß auf ihn selbst mache; für den Fall, daß sie dem Anprall
der Feinde nicht gewachsen seien, sollten sie sich unbemerkt in
ihren Rücken werfen. Sie besetzten die Stadt Dertona,[1] welche
unbefestigt war, verschanzten sich darin und warteten das Weitere
ab. Belisar selbst marschierte mit 11,000 Mann gegen Auximum.
Es ist das die Hauptstadt von Picenum, oder wie die Römer
sagen, die Mutterstadt dieser Völkerschaft. Von der Küste des
adriatischen Meeres ist sie nur 84 Stabien[2] entfernt, von Ra=
venna drei Tagereisen und 80 Stabien. Sie liegt auf einer
bedeutenden Anhöhe, hat keinen Zugang von der Ebene aus
und ist deshalb uneinnehmbar. Dahinein hatte Witichis den
Kern seiner Gothen gelegt, da er wohl wußte, daß die Römer
schwerlich sich gegen Ravenna selbst wenden würden, wenn sie
nicht zuvor jenen Platz genommen hatten. Sobald das Römer=
heer vor Auximum angelangt war, ließ Belisar rings um den
Fuß des Hügels das Lager aufschlagen. Während sie nun kor=
poralschaftsweise hie und da ihre Zelte aufschlugen, bemerkten
die Barbaren, daß zwischen ihnen große Lücken waren und sie
bei der Ausdehnung des Gefildes nicht leicht einander zu Hülfe
kommen konnten. Deshalb machten sie am späten Abend plötz=
lich einen Ausfall auf der Ostseite der Stadt, wo Belisar mit
seinen Doryphoren und Hypaspisten noch beschäftigt war, das
Lager aufzuschlagen. Diese griffen sofort zu den Waffen und
wehrten sich, so gut es ging: ihrer Tapferkeit gelang es bald,
die Feinde zum Weichen zu bringen, und dann verfolgten sie
dieselben den Hügel hinauf. Da wandten sich plötzlich die
Barbaren, leisteten den Verfolgenden, im Vertrauen auf ihren
günstigeren Standpunkt, Widerstand und tödteten durch Würfe
von oben herab viele, bis die einbrechende Nacht die Kämpfen=
den trennte. So lagen sie diese Nacht einander gegenüber. Am

1) Tortona, nördlich von Genua. — 2) 15,4 Km. —

Tage vor diesem Gefecht war eine Anzahl Gothen ganz früh 539
am Morgen in die Umgegend hinausgeritten, um Nahrungs=
mittel herbeizuschaffen. Diese wußten nichts von der Ankunft
der Feinde und kamen erst in der Nacht zurück. Da erblickten
sie plötzlich die Wachtfeuer der Römer und waren nicht wenig
in Angst und Schrecken. Viele wagten es, der Gefahr ins Auge
zu sehen, und kamen glücklich durch die Linien der Feinde nach
Auximum; diejenigen aber, welche sich feige in die Wälder ver=
steckt hatten, um nach Ravenna durchzukommen, fielen bald darauf
ihren Feinden in die Hände und kamen um. Belisar, der wohl
sah, wie fest Auximum war und daß ein Sturm auf die Mauer
ganz unmöglich sei, wußte recht gut, daß der Platz mit Gewalt
nicht zu nehmen war; wohl aber hielt er es für möglich, durch
enge Umklammerung die Feinde auszuhungern und mit der Zeit
mürbe zu machen. Eine Wiese, nicht weit von der Mauer, gab
täglich den Römern und Gothen Gelegenheit, sich zu messen.
Denn wie die Römer sahen, daß die Feinde dort immer für ihre
Pferde Futter schnitten, stürzten sie in vollem Lauf den Hügel
hinauf und wurden mit jenen handgemein. Sie fochten tapfer,
duldeten nicht, daß jene das Gras mitnahmen, und brachten täg=
lich an diesem Orte viele Feinde ums Leben. Da die Barbaren
sich durch die Tapferkeit ihrer Gegner besiegt sahen, kamen sie
auf folgenden Gedanken. Sie nahmen von den Wagen die Achsen
sammt den Rädern ab und hielten sie bereit. Dann fingen sie
an, Gras zu schneiden. Als nun die Römer anrückten und schon
auf der Mitte des Hügels angekommen waren, ließen sie vom
Gipfel die Räder auf sie los. Die Räder liefen aber in die
Ebene herab, ohne einem Menschen Schaden zu thun. Da auch
dieser Anschlag nicht geglückt war, zogen sich die Barbaren hinter
die Mauer zurück und sannen auf eine neue List. Sie legten
in die Schluchten dicht vor der Mauer auserlesene Mannschaft in
den Hinterhalt, dann kamen nur wenige zum Vorschein. Sobald
sich nun der Kampf entsponnen hatte, sprangen jene aus ihrem

530 Hinterhalt hervor, griffen mit überlegner Macht die verwirrten
Gegner an, tödteten den größten Theil von ihnen und schlugen
den Rest in die Flucht. Die Römer, die im Lager zurückgeblieben
waren, sahen, wie die Feinde aus ihrer Deckung hervorkamen
und riefen ihren Kameraden laut zu, erreichten aber nichts, da
die Kämpfenden davon keinen Ton hörten, weil sie durch die
ganze Länge des Hügels von ihnen getrennt waren und die Barbaren sie durch Rasseln mit den Waffen absichtlich übertönten.

Belisar wußte nicht, wie er solches verhindern sollte. Da
trat Prokop, der dies geschrieben hat, zu ihm (und setzte ihm
auseinander, wie die alten Römer zwei Signale gehabt hätten,
eins zum Angriff, eins zum Rückzug rufend. Dies sei allmählich in Vergessenheit gerathen, müsse aber nothwendiger Weise
wieder hergestellt werden. Er solle mit der Reitertrompete zum
Angriff, mit der des Fußvolks zum Rückzug blasen lassen; diese
Töne können nicht verwechselt werden, da das eine Instrument
aus Holz und Leder, das andre aus Metall verfertigt ist, sie
also ganz verschieden klingen). Belisar freute sich über diesen
Vorschlag, rief das Heer zusammen, (warnte die Soldaten vor
zu großer Tollkühnheit, die leicht verderblich werden könne, wenn
man in einen Hinterhalt gerathe. Sie sollten sich auf ein gegebnes Zeichen sofort zurückziehen, und zwar werde er dies mit
der Infanterietrompete geben lassen). Als die Soldaten ihre
Feinde wieder auf der Wiese erblickten, stürmten sie auf dieselben
los und tödteten einige beim ersten Angriff. Von diesen strahlte
einer ganz besonders von Goldschmuck. Ein Maure ergriff den
Leichnam beim Haupthaar und zog ihn nach sich, um ihn auszuplündern. Da schleuderte ein Gothe den Speer auf ihn und
traf ihn so, daß der Speer durch beide Waden durchging und
die Beine mit einander verband. Nichtsdestoweniger hielt der
Maure die Haare fest und schleppte den Leichnam weiter. In
diesem Augenblick kamen die Barbaren aus ihrem Hinterhalt,
und Belisar, der vom Lager aus sah, was vorging, ließ sogleich

von den Trompetern des Fußvolks das Signal blasen. Kaum 539
hatten es die Römer gehört, so gingen sie allmählich zurück
und trugen den Mauren mit seinem Speer aus dem Gefecht.
Die Gothen wagten keine weitere Verfolgung, sondern zogen sich
unverrichteter Sache zurück.

24. Als mit der Zeit der Mangel an Lebensmitteln bei
den Barbaren immer größere Dimensionen annahm, berathschlagten
sie, wie man eine Meldung über ihre Lage an Witichis gelangen
lassen könne. Und da sich niemand fand, der diesen schwierigen
Auftrag ohne weiteres übernehmen wollte, verfielen sie auf folgenden Gedanken. Sie warteten eine monblose Nacht ab und hielten
die Boten an Witichis in Bereitschaft. Als es schon spät in der
Nacht war, händigten sie ihnen den Brief ein und erhoben plötzlich an vielen Stellen der Mauer zugleich ein fürchterliches Geschrei. Es hörte sich an, als ob sie in größter Verwirrung wären,
die Feinde ihnen hart zusetzten und beinahe die Stadt schon genommen hätten. Die Römer vermochten sich die Sache gar nicht
zu erklären und blieben auf Belisars Veranlassung ganz ruhig
im Lager, da es ihnen so vorkam, als ob man in der Stadt
etwas gegen sie im Schilde führe und ein Entsatzheer von Ravenna gegen sie im Anzug sei. In dieser Verlegenheit schien es
ihnen gerathener, ruhig im sichern Lager zu bleiben als in monb-
loser Nacht sich blindlings in den Rachen der Gefahr zu stürzen.
Auf diese Weise gelang es den Barbaren, ihre Boten glücklich
durchzubringen. Dieselben gelangten, ohne einem Feinde zu
Gesicht gekommen zu sein, nach drei Tagen zu Witichis, und
gaben ihren Brief ab, welcher Folgendes enthielt: „Als Du uns
damals, o König, zu Wächtern von Auximum bestelltest, sagtest
Du zu uns, Du übergäbest uns die Schlüssel von Ravenna selbst
und Deinem ganzen Königthum. Du trugst uns auf, das Wächter-
amt mit Aufbietung aller unsrer Kräfte zu versehen, damit wir
nicht, soweit es in unsrer Macht stehe, die Gothenherrschaft preis-
gäben — versichertest uns aber auch, Du würdest auf unsre Bitte

530 mit Deinem ganzen Heer kommen, und zwar als Bote Deiner Ankunft in höchsteigner Person. Obwohl wir nun mit der Hungersnoth und Belisar zu kämpfen haben, sind wir doch treue Wächter Deiner Königskrone geblieben; Du hast uns hingegen noch nicht eine Spur von Hülfe gebracht. Sieh nun jetzt zu, daß die Römer sich nicht Auximums bemächtigen und damit der Schlüssel, die Du liegen lässest, ohne Dich weiter darum zu kümmern, und daß nicht dann Dein ganzes Reich ihnen offen steht." Dies war der Inhalt des Briefes. Als Witichis davon Kenntniß genommen hatte, versprach er im ersten Augenblicke, mit dem ganzen Gothenheer zum Entsatz von Auximum vorzugehen, und entließ die Boten mit diesem Bescheid; darauf aber überlegte er lange hin und her und that schließlich gar nichts. Denn einmal fürchtete er, Johannes werde ihm in den Rücken fallen und er auf diese Weise umklammert werden, andrerseits machte er sich von Belisars Heer eine ganz ungeheure Vorstellung und verfiel so in rath= und haltlose Furcht. Vor allen Dingen lähmte der Mangel an Lebensmitteln seine Thatkraft: er wußte nicht, woher er Nahrung für sein Heer nehmen wollte. Die Römer nämlich, welche das Meer beherrschten und Ancona besetzt hielten, brachten alles, was sie brauchten, aus Sizilien und Kalabrien dorthin und schafften es von dort bei Gelegenheit und ohne Schwierigkeiten weiter. Wenn aber Witichis mit den Gothen nach Picenum zog, so sah er keine Möglichkeit, sich dort Proviant zu verschaffen. Die Boten, welche von Auximum gekommen waren, brachten das Versprechen des Witichis, ohne von den Feinden bemerkt zu werden, dorthin und belebten durch leere Hoffnungen den Muth der Gothen, welche dort lagen, aufs Neue. Belisar erfuhr das durch Überläufer und verdoppelte seine Wachsamkeit, um dergleichen für die Zukunft unmöglich zu machen.

Dies geschah also. Die Belagerer aber von Faesulae[1])

1) Fiesole. —

unter Cyprian und Justin waren nicht im Stande, einen Sturm 539
zu wagen oder überhaupt der Mauer sich zu nähern; denn die
Festung war nach allen Seiten hin uneinnehmbar. Die Barbaren machten häufige Ausfälle, da sie lieber kämpfen als Hunger
leiden wollten. Zuerst waren die Gefechte unentschieden, bald gewannen aber die Römer die Oberhand, drängten die Feinde hinter
ihre Mauern zurück und schlossen sie so eng ein, daß niemand
herauskommen konnte. Nichtsdestoweniger gelang es den Barbaren, denen die Lebensmittel anfingen gänzlich auszugehen und
ihre Lage immer bedenklicher erschien, zum zweiten Mal die
Wachsamkeit der Belagerer zu täuschen und Boten an Witichis
zu schicken, mit der Bitte, ihnen so bald als möglich Entsatz zu
schaffen, da sie sich sonst nicht länger würden halten können.
Witichis befahl dem Urajas, mit dem ligurischen Heer in die
Ticinische Landschaft zu marschieren; er selbst versprach wiederum,
mit seiner ganzen Macht den Belagerten zu Hülfe zu kommen.
Jener führte den Befehl aus und brach mit seinem ganzen Heer
ins Gebiet von Ticinum 1) auf. Er überschritt den Po und sah
sich plötzlich dem römischen Heere gegenüberstehen. Sie lagerten einander gegenüber in einer Entfernung von höchstens 60 Stadien 2),
ohne handgemein zu werden. Denn die Römer glaubten genug
zu thun, wenn sie dem Feinde den Weg verlegten und ihn ver-
hinderten, den Belagerten Entsatz zu bringen, und die Barbaren
scheuten einen entscheidenden Kampf, da sie im Falle einer Niederlage sich nicht mehr mit Witichis hätten vereinigen und den Belagerten helfen können, und so zu viel aufs Spiel setzten. Deshalb wartete man auf beiden Seiten ab.

25. Zu dieser Zeit glaubten die Franken, welche wohl
bemerkten, wie sehr Römer und Gothen durch diesen Krieg geschwächt waren, der geeignete Augenblick sei gekommen, um ein
gut Theil von Italien für sich zu gewinnen; denn es kam ihnen

1) Pavia. — 2) 11 Km. —

330 thöricht vor, ruhig zuzusehen, wenn andre so lange Krieg führten
um die Herrschaft über ein Land, das ihnen selbst so bequem
lag. Sie setzten sich also über die beschwornen Verträge, die sie
kurz zuvor mit Römern und Gothen abgeschlossen hatten, leicht
hinweg — denn dies Volk ist das wortbrüchigste unter allen
Menschen — sammelten schnell ein Heer von 100 000 Mann
und brachen unter Führung Theodeberts [1]) in Italien ein. Sie
hatten nur wenig Reiter; diese bildeten die Leibwache des Führers
und waren allein mit Lanzen bewaffnet. Alles andere war Fuß=
volk, das nicht mit Bogen und Lanze, sondern mit Schwert,
Schild und einfacher [2]) Axt kämpfte. Das Eisen derselben ist
sehr stark und zweischneidig, der hölzerne Stiel nur kurz. Diese
Axt pflegen sie auf ein gegebnes Signal beim ersten Angriff zu
schleudern, um damit die Schilde zu zerschmettern und womöglich
den Gegner auch zu tödten. So gingen denn die Franken über
die Alpen, welche Gallien von Italien trennen, und drangen in
Ligurien ein. Die Gothen waren früher über die Undankbarkeit
der Franken sehr erzürnt gewesen: sie hatten große Geschenke
von Land und Geld an sie verthan, um ihre Bundesgenossen=
schaft zu gewinnen, ohne jemals thatsächliche Unterstützung zu
empfangen. Als es nun hieß, Theodebert sei da an der Spitze
eines gewaltigen Heeres, da wuchsen ihre Hoffnungen ins Un=
gemessne, und sie glaubten schon, ohne Kampf ihrer Feinde ledig
werden zu können. So lange die Franken in Ligurien waren,
thaten sie den Gothen nichts Böses, um ungehindert den Po
überschreiten zu können, und als sie an die Stadt Ticinum kamen,
wo die alten Römer den Fluß überbrückt haben, leisteten die
Wächter der Brücke ihnen jeglichen Vorschub und ließen sie ganz
nach Gefallen über den Po rücken. Sobald aber die Franken
Herren der Brücke waren, schlachteten sie die gothischen Kinder
und Weiber, deren sie habhaft wurden, und stürzten ihre Leich=

---

1) König von Austrasien, Chlodwigs Enkel. — 2) im Gegensatz zu der
Doppelaxt. —

name als Erstlingsopfer des Krieges in den Fluß. Denn ob= ⁵³⁹gleich diese Barbaren Christen geworden sind, haben sie viele ihrer heidnischen Gebräuche behalten, wie Menschenopfer und andre abscheuliche Opfer, die sie zwecks ihrer Orakel anstellen. Als die Gothen das sahen, waren sie wie gelähmt vor Furcht; dann flohen sie eilig hinter die schützenden Mauern. Die Franken überschritten den Po und rückten gegen das Gothenlager vor. Die Gothen sahen sie zuerst in kleinen Trupps näher kommen und freuten sich über die Bundesgenossen. Als aber der Schwarm immer dichter wurde, zum Angriff überging und die Äxte schleu=derte, so daß ein großes Blutbad entstand, wandten sie sich und flohen mitten durch das römische Lager hindurch und dann weiter auf dem Wege nach Ravenna. Als die Römer sie fliehen sahen, glaubten sie nicht anders, als daß Belisar da sei, das feindliche Lager genommen habe und nun die Fliehenden vor sich hertreibe. Dabei wollten sie helfen, griffen zu den Waffen und rückten aus. Wider Erwarten stießen sie auf ein Feindesheer und waren, ehe sie sichs versahen, in einen Kampf verwickelt. Sie wurden gänz=lich geschlagen, so daß sie nicht einmal in ihr Lager zurückkehren konnten, sondern alle nach Tuscien flohen. Als sie glücklich in Sicherheit waren, meldeten sie alles, was vorgefallen, an Belisar. Nachdem die Franken so beide Gegner niedergeworfen hatten, be=mächtigten sie sich beider Lager, die ganz ohne Vertheidiger waren, und fanden für den ersten Augenblick hinreichende Lebensmittel. Für ihre Menge verschlug das aber nicht lange, und in dem völlig menschenleeren Lande gab es nur noch Rinder und das Wasser des Po. Diese ausschließliche Fleischnahrung zusammen mit dem Wasser konnten sie nicht vertragen; die meisten wurden von Durch=fall oder Ruhr heimgesucht und konnten die Krankheit aus Mangel an guter Kost nicht wieder loswerden. Auf diese Weise soll der dritte Theil des Frankenheeres elend umgekommen sein, und des=halb konnten sie auch nicht weiter vorrücken, sondern blieben liegen.

Als Belisar von der Ankunft des Frankenheeres und der

539 Niederlage des Martin und Johannes durch dasselbe Kunde er=
hielt, war er sehr bedrückt und hatte die schlimmsten Befürch=
tungen für sein ganzes Heer, insbesondere für die Belagerer von
Faesulae, in dessen unmittelbarer Nähe die Barbaren sein sollten.
Er richtete daher sofort folgenden Brief an Theodebert: „Ein
tugendhafter Mann, mein edler Theodebert, muß stets der Wahr=
heit die Ehre geben, und besonders für einen Herrscher über
vieles Volk ziemt es sich nicht zu lügen. Nur ein ganz ehrver=
gessener Mensch aber kann einen Schwur, der noch dazu schrift=
lich niedergelegt ist, ohne weiteres für nichts achten und das
Gegentheil von dem thun, was ausgemacht ist. Was Du in
dieser Zeit durch Dein Thun auf Dich nimmst, weißt Du recht
gut, und dabei hattest Du doch versprochen, in diesem Kriege
gegen die Gothen unser Bundesgenosse zu werden. Jetzt aber
hast Du Dich nicht einmal neutral verhalten, sondern ohne Zau=
dern die Waffen wider uns erhoben. Fahre ja nicht fort, gegen
den erhabenen Kaiser zu freveln, der sehr wohl einmal furcht=
bare Vergeltung üben kann. Es ist immerhin besser, im eignen
Heim fest zu sitzen, als nach fremdem Gute die Hand auszu=
strecken und dabei den eignen Besitz zu gefährden.“ Als Theode=
bert diesen Brief empfing, befand er sich schon in ziemlicher Ver=
legenheit, und die Franken setzten ihm hart zu, daß er sie ohne
Grund und Vorwand in dem völlig ausgesogenen Lande sterben
und verderben ließe. Deshalb machte er sich mit dem Rest der
Franken auf und zog sich eilig in seine Heimat zurück. So
machte Theodebert einen Einfall in Italien.

26. Martin und Johannes aber kehrten trotzdem wieder
um, damit die Feinde keinen Angriff auf die Belagerer machten.
Die Gothen in Auximum, welche von dem Zuge der Franken
nichts erfahren hatten, waren der Verzweiflung nahe, weil die
Hoffnung auf Ersatz sich immer noch nicht erfüllen wollte, und
sannen auf Mittel und Wege, noch eine Botschaft an Witichis
gelangen zu lassen. Da die Wachsamkeit der Feinde sich nicht

mehr täuschen ließ, war das eine schwierige Sache. Als sie nun 539 eines römischen Soldaten — Namens Burcentius, von Geburt ein Besser, vom Regiment des Armeniers Narses — ganz allein gegen Mittag auf Posten saßen und Wache halten, daß niemand aus der Stadt käme, um Futter zu holen, gingen sie näher an ihn heran und knüpften ein Gespräch an. Sie schwuren, ihm nichts zu thun, und forderten ihn unter großen Versprechungen auf, sich in weitere Verhandlungen einzulassen. Darauf traten sie zusammen, und die Barbaren baten den Mann, einen Brief nach Ravenna zu besorgen. Dafür zahlten sie ihm sofort eine verabredete Summe und versprachen ihm noch viel mehr, wenn er ihnen eine Antwort von Witichis zurückbrächte. Der Soldat ließ sich, durch den Glanz des Goldes geblendet, gewinnen und machte sein Versprechen durch die That wahr. Er eilte mit einem versiegelten Schreiben nach Ravenna, wurde vor Witichis geführt und händigte ihm den Brief ein, dessen Inhalt folgender war: „Wie es mit uns steht, könnt Ihr am besten aus der Person des Überbringers dieses ersehen; denn kein gothischer Mann kann die Festung mehr verlassen. Unsere beste Speise ist das Gras, welches vor der Mauer wächst, und selbst dies können wir nur bekommen, wenn wir es uns im Kampfe holen, der nie ohne große Verluste abgeht. Wie das mit uns enden soll, das überlege Dir mit den Gothen in Ravenna." Als Witichis dies gelesen hatte, antwortete er also: (nur durch den unvermutheten Einfall der Franken sei er abgehalten worden, ihnen zu Hülfe zu kommen; jetzt nach dem Abzuge Theodeberts, werde er mit Gottes Beistand sehr bald mit seinem ganzen Heer kommen; bis dahin sollten sie tapfer aushalten in Erfüllung der Ehrenpflicht, die er ihnen auferlegt habe, das Bollwerk Ravennas und des Gothenreichs zu vertheidigen.) Diesen Brief gab Witichis dem Manne, beschenkte ihn reichlich und entließ ihn. Burcentius kam nach Auximum zurück und erzählte seinen Kameraden, er habe sich wegen einer Krankheit in eine benach-

330 barte Kirche auf einige Tage zurückgezogen. Dann begab er sich
wieder auf seinen Posten, wie gewöhnlich, und übergab, ohne
daß es jemand merkte, den Brief an die Feinde. Dort wurde
er öffentlich vorgelesen und bestärkte sie im Ausharren, obgleich
sie vom Hunger viel zu leiden hatten, so daß sie von Übergabe,
die ihnen Belisar unter den ehrenvollsten Bedingungen anbot,
gar nichts hören wollten. Als aber immer noch kein Ersatzheer
von Ravenna erscheinen wollte und die Qualen des Hungers
immer größer wurden, schickten sie den Burcentius zum zweiten
Male ab mit einem Brief, in dem weiter nichts stand, als
daß sie nur noch fünf Tage sich gegen den Hunger halten
könnten. Er kehrte mit einem Briefe des Witichis zurück, der
sie wieder von Neuem vertröstete.

Die Römer ärgerten sich nicht wenig, daß sie in einem Lande,
wo es nichts zu beißen gab, von einer so langwierigen Bela=
gerung festgehalten wurden, und konnten sich gar nicht erklären,
daß die Barbaren trotz aller Noth sich nicht ergeben wollten.
Belisar hätte deshalb gar zu gern einen edlen Gothen leben=
dig gefangen, um endlich zu erfahren, aus welchem Grunde sich
die Barbaren mit solcher Hartnäckigkeit wehrten. Da versprach
ihm Valerian, er wolle ihm ganz leicht einen besorgen. Er
hatte nämlich unter seinen Leuten einige vom Volke der Skla=
venen, die sich hinter irgend einem Stein oder Busch zu verbergen
pflegen, um einen Feind lebendig zu fangen. An der Donau,
wo ihre Wohnsitze sind, haben sie dies Stückchen gegen die
Römer oder andere Barbaren öfters ausgeführt. Belisar freute
sich über das Versprechen und trieb zu größter Eile. Valerian
suchte sich nun von seinen Sklavenen den stärksten und gewandte=
sten aus und trug ihm auf, einen Feind lebendig zu fangen, indem
er ihm große Belohnungen von Belisar in Aussicht stellte. Der
Sklavene erklärte, das ließe sich am Besten da machen, wo das Gras
wüchse, das den Gothen schon lange als Nahrungsmittel diene.
Er schlich sich nun in frühester Morgenstunde hart an die Mauer

und duckte sich hinter einem Strauch dicht an der Wiese. Bei 539
Tagesanbruch kam ein Gothe dorthin und raffte schnell einiges
Gras zusammen, ohne auf den Strauch besonders zu achten; nur
nach dem feindlichen Lager warf er häufige Blicke, ob er von
dort einen Angriff zu besorgen hätte. Plötzlich packte ihn der
Sklavene von hinten und hob ihn empor. Mit beiden Händen
drückte er ihn fest an sich und schleppte ihn so ins Lager, wo
er ihn dem Valerian übergab. Man fragte sofort, woher es
käme, daß die Gothen trotz der schwersten Leiden sich nicht er=
geben, sondern lieber das Schlimmste ertragen wollten. Da er=
zählte denn der Gothe die ganze Geschichte von Burcentius und
sagte es ihm auf den Kopf zu. Als Burcentius merkte, daß
alles heraus war, versuchte er gar nicht zu leugnen. Deshalb
überließ ihn Belisar seinen Kameraden, daß sie mit ihm machten,
was sie wollten. Sie verbrannten ihn sogleich bei lebendigem
Leibe, so daß die Feinde es mit ansehen konnten. — So wurde
Burcentius für seine schnöde Habgier gestraft.

27. Da Belisar bemerken mußte, daß die Barbaren trotz
alles Ungemachs aushielten, faßte er den Plan, ihnen das Wasser
abzuschneiden, und hoffte, auf diese Weise leichter zum Ziele
gelangen zu können. An einem Felsabhang nördlich von Au=
ximum war nämlich eine Quelle, nur einen Steinwurf von der
Mauer entfernt, deren Wasser langsam in eine Cisterne floß,
die sich dort seit alten Zeiten befand. Obgleich der Zufluß nur
so spärlich war, war diese Cisterne stets voll, so daß die Leute
von Auximum bequem ihr Wasser daraus schöpfen konnten. Be=
lisar meinte nun, wenn das Wasser sich dort nicht mehr sam=
meln könnte, müßten die Barbaren an der Quelle, die von
feindlichen Geschossen bestrichen wurde, ganz langsam ihre Krüge
vollaufen lassen. Deshalb traf er folgende Maßregeln, um
die Cisterne zu zerstören. Er ließ das ganze Heer unter Waffen
treten und sich rings um die Mauer wie zur Schlacht aufstellen,
damit die Gegner glauben sollten, er beabsichtige, sofort einen

330 allgemeinen Sturm zu unternehmen. Um dem zu begegnen, hielten sich die Gothen ruhig auf den Zinnen, damit sie von dort den Feinden einen würdigen Empfang bereiten könnten. Unterdes schickte Belisar fünf Isaurier, die gelernte Bauleute waren, mit Beilen und andern Brechwerkzeugen unter einem Schildbach in die Cisterne, um deren Wände möglichst schnell und gründlich zu zerstören. So lange die Gothen meinten, daß diese Leute sich der Mauer nähern wollten, verhielten sie sich ganz ruhig, um sie möglichst nahe heranzulassen und dann recht bequem niederzuschießen; denn sie hatten gar keine Ahnung, was eigentlich beabsichtigt wurde. Als sie aber sahen, wie die Isaurier sich in die Cisterne begaben, schleuderten sie Steine und alle möglichen Geschosse auf dieselben. Da kehrten die andern Römer schnellen Laufes um; nur die fünf Isaurier blieben zurück und machten, als sie die Deckung erreicht hatten, sich sofort ans Werk — die Cisterne war nämlich des Schattens wegen von den alten Erbauern überwölbt worden. Sie traten hinein und machten sich aus den feindlichen Geschossen, die hageldicht fielen, gar nichts. Deswegen blieben jetzt die Gothen nicht mehr innerhalb der Mauer, sondern öffneten an jener Seite das Thor und stürzten sich in großer Hast und mit vielem Lärm auf die Isaurier. Die Römer traten ihnen mit großem Muth entgegen, da Belisar sie anfeuerte. Der Kampf wogte lange Zeit hin und her, er war heiß und blutig. Von den Römern fielen mehr als von den Gothen, da diese durch ihre Stellung begünstigt waren. Trotzdem wollten die Römer nicht kleinbei= geben, da sie sich vor Belisar schämten, der selbst mit kämpfte und sie durch lauten Zuruf antrieb. Hier geschah es, daß ein feind= licher Schütze, sei es aus Zufall oder aus Vorbedacht, einen Pfeil abschoß, der mit lautem Zischen gerade auf Belisars Unterleib losfuhr. Dieser konnte sich weder decken noch ausweichen, da er ihn gar nicht bemerkt hatte. Ein Doryphor aber, Namens Unigat, der neben ihm stand, sah den Pfeil, wie er nicht mehr weit von

Belisars Körper entfernt wan, streckte seine rechte Hand vor
und rettete so wider menschliches Ermessen den Feldherrn. Er
selbst wurde nun von dem Geschoß getroffen und mußte vor
Schmerz sich sofort zurückziehen. Auch erlangte er später den
Gebrauch der Hand nicht wieder, da die Sehnen durchschnitten
waren. — Die Schlacht, welche früh am Morgen begonnen hatte,
dauerte bis Mittag. Sieben Armenier von den Regimentern
des Narses und Aratius verrichteten vornehmlich tapfre Thaten,
indem sie an einer besonders steilen Stelle sich bewegten, als
ob sie in der Ebene wären, und jeden Feind erlegten, der ihnen
gegenübertrat, bis sie endlich die Barbaren gänzlich zurückschlugen.
Als die übrigen Römer den Feind wanken sahen, verfolgten sie
denselben, und die Flucht der Barbaren nahm nicht eher ein Ende,
als bis sie wieder innerhalb der Mauern waren. Die Römer
glaubten nun, die Cisterne sei zerstört und den Isauriern sei ihr
Werk völlig geglückt; sie hatten aber nicht ein Steinchen los=
lösen können. Denn die alten Baukünstler, die stets sehr sorg=
fältig arbeiteten, hatten auch diesen Bau so angelegt, daß er
sowohl dem Zahn der Zeit als auch der Hand der Menschen
widerstand. Deshalb mußten die Isaurier, als sie sahen, daß
die Römer Herren des Schlachtfeldes blieben, die Cisterne verlassen
und unverrichteter Sache ins Lager zurückkehren. Nun ließ Be=
lisar von den Soldaten Thierleichen, giftige Kräuter und unge=
löschten Kalk in das Wasser werfen. Als das geschehen war,
benutzten die Gothen einen Brunnen innerhalb der Mauer, der
nur wenig Wasser gab, so daß auf jeden nur eine sehr knappe
Ration kam. Da aber Belisar mittlerweile eingesehen hatte,
daß weder mit Gewalt noch durch Abschneiden des Wassers oder
anderswie etwas auszurichten war, blieb ihm nur noch die Aus=
sicht, die Feinde auszuhungern; und so paßte er nun um so
schärfer auf. Die Gothen warteten noch immer auf Ersatz von
Ravenna aus und verhielten sich trotz der äußersten Noth
ganz ruhig. Die Gothen, welche in Faesulae belagert wurden

634 und ähnlich zu leiden hatten, konnten die Noth nicht länger er=
tragen: sie verzweifelten daran, von Ravenna Hülfe zu erhalten
und beschlossen, sich den Feinden zu ergeben. Sie knüpften mit
Cyprian und Johannes Unterhandlungen an, ließen sich für ihre
Person Sicherheit geben und kapitulierten. Cyprian ließ eine ge=
nügende Besatzung in Faesulae zurück und marschierte mit seinem
Heer nach Auximum. Die gefangenen Gothen nahm er mit.
Belisar ließ ihre Anführer den Barbaren in Auximum wieder=
holentlich zeigen und forderte sie auf, von dem zwecklosen Wider=
stand abzulassen: aus Ravenna käme doch kein Ersatz, also schä=
digten sie sich durch ihren Widerstand nur selbst und würden
schließlich dasselbe Geschick erleiden wie die Leute von Faesulae.
Die Belagerten beriethen sich lange, und nahmen endlich, als
der Hunger nicht mehr zu ertragen war, die Verhandlungen
auf. Sie versprachen, den Platz übergeben zu wollen, wenn ihnen
selbst mit all ihrem Eigenthum freier Abzug nach Ravenna ge=
währt würde. Belisar wollte von dieser Bedingung nicht recht
etwas wissen, da es für ihn ein zu großer Nachtheil war, wenn
so zahlreiche und tapfre Feinde sich mit denen in Ravenna ver=
einigten; andrerseits wollte er auch keine Zeit mehr verlieren,
sondern bei der ungewissen Lage auf Ravenna und Witichis los=
gehen. Denn die Franken beunruhigten ihn sehr, da man immer
noch glauben konnte, sie würden den Gothen Hülfe leisten.
Ihnen wollte er aber um jeden Preis zuvorkommen, und doch
konnte er die Belagerung nicht aufheben, ohne den Platz genom=
men zu haben. Auch wollten seine Soldaten nicht, daß er den
Barbaren erlaubte, all ihre Habe mitzunehmen. Sie zeigten ihm
die Wunden, die sie vor Auximum erhalten hatten, und zählten
die Strapazen auf, die sie dort hätten aushalten müssen: für
alles dies gebühre ihnen die Habe der Besiegten als Kriegsbeute.
Schließlich kamen die Römer, denen die Zeit immer kostbarer
wurde, und die Barbaren, welche der Hunger plagte, dahin
überein, daß die Römer die Hälfte alles beweglichen Eigenthums

für sich bekommen, die Gothen die andere Hälfte behalten und 539
Unterthanen des Kaisers werden sollten. Von beiden Seiten
wurde der Vertrag beschworen, von den römischen Obersten, daß
er gehalten werden würde, von den Gothen, daß sie von ihren
Schätzen nichts versteckt halten würden. So theilten sie alle
fahrende Habe; die Römer besetzten Auximum, und die Barbaren
traten in das kaiserliche Heer ein.

28. Nachdem Belisar Auximum genommen hatte, wollte er
schleunigst an die Belagerung von Ravenna gehn und führte
sein ganzes Heer dorthin. Den Magnus schickte er mit zahl=
reichen Truppen auf dem Wege nach Ravenna voraus, mit dem
Auftrag, das Ufer des Poflusses fleißig abstreifen zu lassen,
damit nicht von dort die Gothen noch ferner Lebensmittel bekämen.
Vitalius, der mit seinen Truppen soeben aus Dalmatien ange=
langt war, beobachtete das linke Ufer des Flusses. Daselbst
ereignete sich etwas Wunderbares, das recht zeigt, wie das Schicksal
selbst die Entscheidung in allen Dingen herbeiführt. Einige Zeit
vorher hatten die Gothen zahlreiche Kähne in Ligurien aufgebracht
und in den Po gelassen, um sie mit Getreide und anderen Nah=
rungsmitteln zu beladen und nach Ravenna zu schaffen. Das
Wasser des Flusses war aber zu jener Zeit so klein geworden,
daß man gar nicht auf ihm fahren konnte, bis die Römer
kamen und die Kähne sammt ihrer Fracht wegnahmen. Dann
stieg der Fluß zu seiner gewöhnlichen Höhe und blieb fortan
schiffbar. Dergleichen war aber früher nicht vorgekommen. Schon
fingen die Barbaren an Mangel zu leiden, denn einerseits konnten
sie vom adriatischen Meer keine Zufuhr bekommen, da die Feinde
die See vollständig beherrschten, andrerseits waren sie auch vom
Flusse abgeschnitten. Die Frankenkönige, welche die Ereignisse auf=
merksam verfolgten und Italien gern für sich haben wollten, schick=
ten Gesandte an Witichis mit dem Versprechen eines Bündnisses,
für den Fall, daß er ihnen die Mitherrschaft über Italien ein=
räumen wolle. Sobald das Belisar erfuhr, schickte auch er Ge=

530 sandte, welche gegen die Franken auftreten sollten, u. a. seinen Hausintendanten [1]) Theodosius.

Zuerst standen die fränkischen Gesandten vor Witichis und sprachen folgendermaßen: „Uns schicken die Frankenkönige, die schmerzlich empfinden, daß Ihr von Belisar belagert werdet, und kraft ihres Bundesgenossenrechts Euch helfen wollen. Wir glauben, daß jetzt ein Heer von 500000 streitbaren Männern die Alpen schon überschritten hat, die, wie wir nicht Anstand nehmen offen auszusprechen, das Römerheer beim ersten Anprall mit ihren Äxten zerschmettern werden. Ihr müßt Euch nun nicht denjenigen anschließen, die Euch unterjochen wollen, sondern denjenigen, die aus reinem Wohlwollen gegen die Gothen die Gefahr eines Krieges auf sich nehmen. Wenn Ihr mit uns zusammen die Waffen ergreift, so können sich die Römer gar nicht nach beiden Seiten wenden, sondern wir werden hier dem Kriege ohne große Mühe mit einem Schlage ein Ende machen. Wenn dagegen die Gothen sich den Römern anschließen, werden sie selbst mit diesen die Franken nicht bestehen können — denn der Kampf wird immer noch nicht gleich sein — sondern Ihr werdet nur an der Seite Eurer Todfeinde eine Niederlage erleiden. Es ist doch aber der reine Wahnsinn, wenn man mit offnen Augen ins Verderben rennt, während man sich der Gefahr entziehen kann. Das Römervolk hat den Barbaren nie Treue gehalten, denn es ist ihnen von Natur feindlich gesinnt. Wenn Ihr wollt, werden wir mit Euch zusammen über Italien herrschen und das Land verwalten, wie es am Angemessensten scheint. Du und Deine Gothen, Ihr werdet doch das vorziehn, was Euch am meisten frommt." Nach diesen Worten der fränkischen Gesandten traten die Belisars auf und sprachen also: „Daß die Menge der Franken, die Ihr nach den Aussagen jener zu fürchten habt, dem kaiserlichen Heer nicht Schaden thun wird, wer sollte darüber vor Euch lange Worte machen, die Ihr aus langjähriger Erfahrung wißt, was den Aus=

1) Praefectus domus. —

schlag im Kriege zu geben pflegt und wie die Tapferkeit durch 330 die rohe Masse sich nicht überwinden läßt! Auch darüber will ich schweigen, daß der Kaiser an Truppenzahl jedem Feinde überlegen ist. Ich will nur von der Treue reden, die jene angeblich allen Barbaren bewiesen haben; wahrlich, sie haben sie den Thüringern und Burgundern, und auch Euch, ihren Bundesgenossen, herrlich gezeigt! Wir könnten recht gut die Franken fragen, bei welchen Göttern sie schwören, wenn sie Euch den Eid wirklich halten wollen. Denn wie sie sonst geschworene Eide halten, wißt Ihr ja schon: sie, die Ihr als Bundesgenossen zu kommen aufgefordert hattet, haben nicht die Gefahr mit Euch getheilt, vielmehr ruchloser Weise die Waffen gegen Euch erhoben, wenn anders eine Kunde von den Ereignissen am Po zu Euch gedrungen ist. Und was brauchen wir denn die Treulosigkeit der Franken mit früheren Beispielen zu belegen, da ihre jetzige Gesandtschaft eine Ausgeburt der schnö= desten Gesinnung ist! Als ob sie von den Verträgen, die Ihr mit ihnen gemacht, die sie beschworen haben, gar nichts wüßten, glauben sie, daß die Hülfe, die sie jetzt Euch leisten wollen, besser als alles andere von Euch bezahlt werden wird! Wenn sie wirk= lich das von Euch erlangen, daß die Gothen sich mit dem Fran= kenheer vereinigen, so sehet Ihr zu, wohin ihre unersättliche Habgier schließlich führen wird."

Solches sprachen die Gesandten Belisars. Witichis aber pflog mit den Gothenfürsten lange Rath und zog schließlich die Friedensverhandlungen mit dem Kaiser vor; die Franken mußten unverrichteter Sache abziehen. Von jetzt an gingen beständig Gesandschaften zwischen den Römern und Gothen hin und her, ohne daß jedoch Belisar aufzupassen abließ, daß keine Lebens= mittel zu den Barbaren hineingeschafft würden. Den Vitalius, schickte er nach Venetien, um dort möglichst alle Ortschaften zu unterwerfen; er selbst beobachtete beide Ufer des Po, nachdem er auf das jenseitige noch Ildiger zur besseren Bewachung ab= geordnet hatte, damit die Barbaren durch den steigenden Mangel

330 an Nahrung mürbe gemacht würden und den Bedingungen sich fügten, die er stellte. Da er ferner wußte, daß in den öffent= lichen Speichern zu Ravenna noch viel Getreide aufgeschüttet war, bestach er einen Einwohner der Stadt, diese Gebäude sammt dem Getreide in Brand zu stecken. Es giebt auch Leute, welche wissen wollen, daß dies auf Anstiften der Matasuntha[1), Witichis' Ge= mahlin, geschehen sei. Als nun das Getreide so plötzlich in Flammen aufgegangen war, äußerten einige den Verdacht, das Feuer sei böswillig angelegt worden, andre behaupteten, der Blitz habe eingeschlagen. Beide Ansichten trugen aber nur dazu bei, die Gothen und Witichis noch verzagter zu machen, da man unter einander sich nicht mehr trauen konnte und meinte, Gott selbst kämpfe wider die Gothen.

Dies ging in Ravenna vor. In den Alpen aber, welche Gallien von Ligurien trennen und bei den Römern die Cottischen heißen, gab es zahlreiche Burgen, in denen seit langer Zeit viele edle Gothen mit Weib und Kind wohnten, die dort Grenzwacht hielten. Da Belisar erfuhr, daß diese sich ergeben wollten, schickte er aus seinem Gefolge den Thomas mit wenigen Begleitern an sie ab, um sich von den Barbaren jener ganzen Gegend den Treueid leisten zu lassen. Als sie in das Alpenland gekommen waren, nahm sie der Oberbefehlshaber jener Burgen, Sisigis, in eine derselben auf, schloß sich den Römern gänzlich an und forderte auch die übrigen auf, dasselbe zu thun. Mittlerweile eilte Urajas mit 4000 Mann, die er aus Ligurien und den Alpenburgen zusammengezogen hatte, Ravenna zu Hülfe. Als bei diesen die Handlungsweise des Sisigis bekannt wurde, fürch= teten sie für ihre Familien und zogen es vor, erst nach jener Richtung zu marschieren. So kam Urajas mit seinem ganzen Heer in die Cottischen Alpen und belagerte Sisigis und Thomas mit seinem Gefolge. Als Johannes, Vitalians Neffe, und Mar= tin hiervon Kenntniß bekamen — sie standen gerade dicht am

1) vgl. Kap. 10. —

Po — zogen sie sogleich mit all ihrer Macht jenen zu Hülfe, 539 nahmen einige Alpenburgen durch Handstreich und machten deren Einwohner zu Sklaven. Unter diesen befanden sich auch viele Kinder und Weiber derjenigen Gothen, die unter Urajas standen. Sobald diese von der Gefangennahme der Ihrigen erfuhren, verließen sie ohne weiteres das Gothenlager und fielen zu Johannes ab, so daß von diesem Zeitpunkt an Urajas weder dort etwas ausrichten, noch den zu Ravenna Eingeschlossenen Hülfe bringen konnte. Er kehrte daher, ohne etwas ausgerichtet zu haben, mit einer kleinen Schaar nach Ligurien zurück, wo er sich nicht mehr rührte. So war es Belisar möglich, die Einschließung des Witichis und der Gothenfürsten in Ravenna nur noch strenger aufrecht zu erhalten.

29. Zu dieser Zeit kamen als Gesandte des Kaisers Dominicus und Maximian an, beide Senatoren, um den Frieden unter folgenden Bedingungen abzuschließen: Witichis behält die Hälfte des königlichen Schatzes und die Herrschaft über das Land jenseit des Po[1]); die andre Hälfte des Schatzes fällt dem Kaiser zu, und alles Land diesseits des Po wird ihm tributpflichtig. Nachdem die Gesandten ihr Beglaubigungsschreiben dem Belisar vorgezeigt hatten, wurden sie nach Ravenna durchgelassen. Als die Gothen und Witichis hörten, weswegen sie gekommen waren, waren sie sofort bereit, auf diese Bedingungen hin abzuschließen. Belisar gerieth hierüber in große Aufregung und nahm es sehr übel, daß man ihn nicht gewähren lassen wollte, wo er doch ohne jegliche Anstrengung dem ganzen Krieg mit einem Schlage ein Ende machen und Witichis kriegsgefangen nach Byzanz führen konnte. Als daher die Gesandten von Ravenna zurückkehrten, weigerte er sich, seine Unterschrift unter den Vertrag zu setzen. Wie die Gothen davon Kunde erhielten, glaubten sie, die Römer meinten es mit dem Friedensabschluß nicht ehrlich, wurden sehr mißtrauisch gegen sie und erklärten laut, ohne Belisars Unter=

---

1) Transpadana, auf dem linken Pouser.

330 schrift und Eidschwur könne aus dem Vertrage nichts werden.
Belisar wurde darauf aufmerksam gemacht, daß einige Obersten
murrten, er nehme nur schlecht die Interessen des Kaisers wahr
und wolle blos dem Kriege kein Ende machen.   Deshalb berief
er alle zur Versammlung und sprach in Gegenwart von Dom=
nicus und Maximin Folgendes: „Ich weiß sehr wohl, wie un=
beständig das Kriegsglück ist, und glaube auch, daß jeder von
Euch ebenso denkt,   Schon oft haben diejenigen, die bereits den
Sieg in Händen zu haben glaubten, sich in dieser Hoffnung getäuscht
gesehen — und solche, die tief im Unglück saßen, sind trotzdem
ihrer Feinde Meister geworden.   Deshalb müssen diejenigen,
welche über den Friedensschluß rathschlagen, nicht nur die günstige
Hoffnung anführen, sondern auch bedenken, daß jedes Kampfes
Ende ungünstig sein kann, und darnach ihren Entschluß einrichten.
Wegen so besonderer Umstände habe ich Euch, meine Kameraden
und diese gegenwärtigen, kaiserlichen Gesandten, zusammenberufen,
damit Ihr jetzt ganz nach Belieben aussprecht, welcher Beschluß
dem Kaiser am meisten frommt, daß mir nicht jemand hinterher
aus den vollendeten Thatsachen irgend einen Vorwurf macht.
Denn es wäre doch höchst verwerflich, zu schweigen, so lange man
sich noch für das Bessere entscheiden kann, und Beschuldigungen
zu erheben, wenn die Sache übel abgelaufen ist.   Wie der Kaiser
über die Beendigung des Krieges denkt und was Witichis' Willen
ist, das wißt Ihr ja.   Wenn auch Euch dies das Richtige zu
sein scheint, so sage nur jeder seine Meinung frei heraus. Wenn
aber einer von Euch glaubt, ganz Italien für die Römer ge=
winnen und die Feinde gänzlich zu Boden werfen zu können,
so sage auch er es ganz dreist."   Nach diesen Worten Beli=
sars betheuerten alle laut, des Kaisers Ansichten seien die
besten, und sie selbst seien durchaus nicht im Stande, weitere
Erfolge über den Feind davonzutragen. Belisar war über die
Ansicht der Obersten sehr erfreut und bat nur, sie ihm schriftlich
zu geben, damit niemand sie nachher ableugnen könne.   Darauf

stellten sie ihm eine Urkunde aus, daß sie nicht im Stande wären, 539
der Feinde im Kampfe Herr zu werden.

Solches ging im römischen Lager vor. Bei den Gothen
war unterdes die Hungersnoth bis zum Gipfel gestiegen und
ihre Widerstandskraft war gebrochen. Die Herrschaft des Witichis
war ihnen verhaßt, weil sie ihnen nur Unglück gebracht hatte;
andrerseits trugen sie Bedenken, sich dem Kaiser auf Gnade
und Ungnade zu ergeben, hauptsächlich weil ihnen bange war,
sie würden als kaiserliche Unterthanen gezwungen werden, aus
Italien auszuwandern, nach Byzanz zu gehen und dort zu bleiben.
Die vornehmsten Gothen traten nun zusammen und beschlossen,
Belisar die Krone des Westens anzubieten. Sie thaten ihm
insgeheim ihre Wünsche kund, baten ihn, die Krone nicht auszu=
schlagen, und versicherten, daß sie ihm treu dienen würden. Beli=
sar war aber keineswegs gesonnen, ohne Wissen und Willen des
Kaisers eine solche Stellung einzunehmen. Erstens sagte ihm
der Königstitel durchaus nicht zu, zweitens hatte er sich mit
den schwersten Eiden dem Kaiser verpflichtet, bei seinen Lebzeiten
niemals gegen die bestehende Ordnung etwas zu unternehmen.
Um aber die günstigen Umstände möglichst auszunutzen, that
er so, als ob er auf die Vorschläge der Barbaren mit Freuden
eingehe. Auch Witichis merkte, was vorging, und war sehr be=
sorgt deshalb. Aber um den Gothen, wie er sagte, aufs Beste
zu rathen, redete auch er insgeheim Belisar zu, den Thron zu
besteigen: niemand werde ihm im Wege stehen. Da berief
Belisar zum zweiten Mal die kaiserlichen Gesandten und sämmt=
liche Obersten und legte ihnen die Frage vor, ob es ihnen
großen Werth zu haben scheine, daß alle Gothen und auch Witi=
chis selbst kriegsgefangen würden, der ganze Schatz in ihre Hände
fiele und ganz Italien für die Römer gewonnen würde. Sie
antworteten, das werde ein hohes und übergroßes Glück sein,
und ermunterten ihn, eiligst zu thun, was er nur könnte. So=
fort schickte Belisar einige seiner Vertrauten an Witichis und

330 die Gothenfürsten und forderte sie auf, wahr zu machen, was sie
versprochen hätten. Wegen des nagenden Hungers nämlich konnten sie
an keinen Aufschub mehr denken, sondern wurden dadurch geradezu
zum Handeln gezwungen. Deswegen schickten sie sofort ihrer=
seits Gesandte ins römische Lager, die öffentlich zwar nichts er=
klären, sondern nur heimlich sich von Belisar geloben lassen
sollten, daß er niemand etwas zu Leide thun und in Zukunft
König der Italiker und Gothen sein würde und als solcher mit
dem römischen Heer in Ravenna einziehen wolle. Belisar be=
schwor alle andern Artikel, wie sie die Gesandten ihm vorge=
legt hatten; wegen des Königthums werde er den Schwur dem
Witichis selbst und den Gothenfürsten leisten. Die Gesandten
glaubten, er werde die Königswürde keineswegs zurückweisen,
strebe vielmehr allermeist darnach, und forderten ihn auf, mit
ihnen in Ravenna einzuziehen. Da ließ Belisar den Bessas,
Johannes, Narses und Aratius, die er für seine schlimmsten
Feinde hielt, den einen hierhin, den andern dorthin mit seinen
Truppen ziehen, um zu furagieren, weil es ihm nicht mehr
möglich sei, Lebensmittel für das ganze Heer auf den einen Punkt
hinschaffen zu lassen. Sie folgten dem Befehl, ebenso der Prä=
fectus Prätorio Athanasius, der soeben erst aus Byzanz ange=
kommen war; er selbst zog mit dem übrigen Heer, geführt von
den Gesandten, nach Ravenna. Sofort ließ er eine Transport=
flotille mit Brotkorn und andern Nahrungsmitteln beladen und
nach dem Hafen Classes steuern — so nennen die Römer die
Vorstadt Ravennas, wo sich der Hafen befindet. Als ich an
jenem Tage den Einzug des römischen Heeres in Ravenna so
mit ansah, stieg der Gedanke in mir auf, daß weder Tapferkeit
noch Menge noch irgend ein anderer Vorzug den Erfolg bestimmt,
sondern eine übermenschliche Kraft [1]), welche die Gemüther der
Menschen stets dahin wendet und lenkt, wo sich dem, was werden

---

1) δαιμόνιον; Prokop bezeichnet diese Macht auch als τύχη (Schicksal) oder
ὁ θεός (Gott).

soll, kein Hinderniß entgegengestellt. Denn die Gothen waren 539
ihren Gegnern an Kraft und Zahl weit überlegen, hatten auch
keine Schlacht geliefert, seit sie in Ravenna waren, ferner war
ihr Sinn nicht durch etwas ganz Ungewöhnliches getrübt worden —
und doch waren sie Kriegsgefangene ihrer schwächeren Gegner
geworden, und der Stand der Knechtschaft hatte für sie nichts
Schmähliches. Ihre Weiber aber, die von ihren Männern ge=
hört hatten, die Feinde seien groß von Gestalt und viel zahl=
reicher als sie, spieen ihnen ins Angesicht, als sie dieselben
in der Stadt unthätig dasitzen sahen, und warfen ihnen, mit
den Fingern auf die Sieger zeigend, ihre unmännliche Schwäche
vor. Belisar aber hielt den Witichis in ehrenvoller Haft und
ließ die Barbaren, die südlich vom Po wohnten, zu ihren Äckern
heimkehren, um sie in Frieden zu bebauen. Denn es kam ihm
gar nicht der Gedanke, daß von dort etwas Feindliches gegen
ihn unternommen werden könne oder daß in jenen Gegenden sich
die Gothen erheben könnten, da er eine große Anzahl römischer
Soldaten dorthin gelegt hatte. Jene machten sogleich von seiner
Erlaubniß Gebrauch. Die Römer fühlten sich schon ganz sicher,
denn ihrer waren in Ravenna schon ebensoviel wie Gothen. Dann
nahm Belisar den Königsschatz in Besitz, den er dem Kaiser über=
bringen wollte. Die Gothen brandschatzte weder er selbst, noch
litt er, daß irgend jemand sich an ihrem Eigenthum vergriff,
sondern dem Vertrage gemäß behielt jeder das Seinige. Als
aber die Barbaren, welche in den stärksten Burgen als Besatzung
lagen, erfuhren, daß Witichis und Ravenna in den Händen der
Römer seien, schickten sie Gesandte an Belisar, um ihm mitzu=
theilen, daß sie sich und die Burgen mit allem, was darin war,
ihm ausliefern wollten. Er gab ihnen bereitwilligst sein Wort und
bekam so Tarvisium[1]) und die übrigen Burgen Venetiens in seine
Hände. Caesena, das allein in der ganzen Aemilia noch übrig
gewesen war, hatte er gleichzeitig mit Ravenna gewonnen. Und

1) Treviso.

⁵³⁹ alle Gothen, die in diesen Festen befehligt hatten, begaben sich
gleich nach Empfang von Belisars Wort zu ihm und blieben
bei ihm. Nur der tapfere Ilbibad, der in Verona kommandierte,
hatte zuerst Gesandte an Belisar geschickt, um dieselben Bedin=
gungen wie die andern zu erhalten, besonders weil Belisar seine
Kinder in Ravenna vorgefunden hatte, kam aber nicht nach Ra=
venna und unterwarf sich auch dem Belisar nicht. Das hatte
seine besonderen Gründe, wie ich sogleich erzählen werde.

30. Einige römische Obersten verleumdeten Belisar beim
Kaiser, als strebe er nach der Königskrone, die ihm doch keines=
wegs zukäme. Der Kaiser rief Belisar schleunigst ab, nicht etwa
daß er jenen Verleumdungen irgendwie Glauben geschenkt hätte,
sondern weil der Krieg mit den Persern vor der Thür stand
und er dort den Oberbefehl übernehmen sollte. Die Sorge für
Italien übertrug er unter andern Bessas und Johannes und
schickte Konstantian aus Dalmatien nach Ravenna. Die Gothen,
welche nördlich vom Po und Ravenna wohnten, hörten zwar,
daß der Kaiser Belisar abberufen werde, glaubten aber nicht
daran, weil sie sich nicht denken konnten, daß Belisar die Treue,
die er Justinian geschworen, höher stellen werde als die Königs=
krone von Italien. Als man aber erfuhr, daß er allen Ernstes
sich zur Abfahrt rüste, setzten sich die echten Gothen, welche in
jenen Gegenden noch übrig geblieben waren, ins Einvernehmen
und begaben sich nach Ticinum [1]) zu Urajas, Witichis' Neffen.
Mit ihm beweinten sie lange ihres Volks Geschick und sprachen
dann so zu ihm: „Niemand von dem Geschlecht der Gothen ist
an dem jetzigen Unglück mehr schuld als Du; denn wir hätten
Deinen Ohm, der ein schwacher und unglücklicher Fürst ist,
längst der Herrschaft beraubt, wie einst Theodat, den Schwester=
sohn Theoderichs, wenn wir nicht Deine Thatkraft geschaut und
deßwegen gemeint hätten, ihm den Königstitel zu gewähren, Dir
aber die wirkliche Herrschaft zu überlassen. Aber was wir da=

1) Pavia.

mals für wohlwollende Schonung ansahen, das erscheint uns ₃₃₉
jetzt als bare Unvernunft und die Wurzel unsers Unglücks.
Von den Gothenhelden, lieber Urajas, sind, wie Du weißt, die
meisten gefallen; was noch an edlem Geblüt übrig ist, das
nimmt Belisar sammt Witichis und allen Schätzen mit. Ohne
Zweifel wird es auch uns, wegen unsrer Schwäche und geringen
Anzahl, nicht anders ergehen. In dieser verzweifelten Lage
will es uns nun besser scheinen, mit Ehren den Tod zu suchen
als mit anzusehen, wie man unsre Weiber und Kinder wegschleppt
bis ans Ende der Welt. Und wir sind überzeugt, daß wir
rühmlich untergehen werden, wenn Du unser Führer sein willst."
So die Gothen.   Ihnen antwortete Urajas: „Daß wir in unsrer
jetzigen Nothlage den Kampf der Knechtschaft vorziehen müssen,
darin bin ich mit Euch ganz einverstanden. Daß ich aber die
Königskrone der Gothen tragen soll, das scheint mir durchaus
nicht das Richtige zu sein; erstens bin ich der Schwestersohn des
Witichis, eines Mannes, der so viel Unglück gehabt hat, und
deshalb würden mich die Feinde von vornherein gering schätzen,
denn nach der Ansicht der Leute geht das Unglück von einem
Verwandten auf den andern über. Zweitens würde ich mich an
meinem Ohm versündigen, wenn ich ihn vom Throne stieße,
um mich selbst darauf zu setzen, und die meisten würden deshalb,
wie ich überzeugt bin, einen Haß auf mich werfen. Für diese
gefährliche Lage paßt zum König der Gothen nur Ildibad, ein
tapferer und entschlossener Mann, dem es außerdem vielleicht
gelingt, seinen Ohm Theudis, den Westgothenkönig, durch das
Familieninteresse zur Theilnahme am Kriege zu bewegen. Auf
diese Weise werden wir mit besseren Aussichten den Kampf wider
die Feinde aufnehmen."

Diese Worte des Urajas gefielen allen Gothen wohl. Sie
schickten nach Ildibad, der sogleich aus Verona herbeikam, legten
ihm den Purpur an, begrüßten ihn als König und baten, er
möge sich ihrer Lage annehmen. So kam Ildibad auf den Thron.

330 Bald nachher rief er alle Gothen zusammen und sprach folgen=
dermaßen: „Ihr alle, meine lieben Kameraden, seid kriegserfahrene
Leute, wie ich wohl weiß, so daß wir uns niemals aufs Ge=
rathewohl in den Krieg stürzen werden; denn wer unter den
Waffen grau geworden ist, der geht nicht tollkühn darauf los,
sondern erwägt bedächtig. Wenn wir aber über die gegenwärtige
Lage berathen wollen, dürfen wir die früheren Ereignisse nicht
vergessen. Denn viele haben es in entscheidenden Momenten
bitter bereuen müssen, daß sie das Frühere völlig vergessen hatten
und aus Unkunde desselben sich in falsche Sicherheit wiegten.
Witichis hat nicht gegen unsern Willen sondern mit unsrer aus=
drücklichen Zustimmung in diesen Krieg sich eingelassen; trotzdem
habt Ihr ihn nach einer Kette von Unglücksfällen bei Seite ge=
schoben und es fürs Beste gehalten, in der Heimath zu bleiben
und Belisar zu gehorchen, statt die Freiheit mit Leib und Leben
zu vertheidigen. Jetzt, wo Ihr hört, daß er aufbricht und nach
Byzanz zu fahren im Begriff steht, wollt Ihr wieder etwas
Neues versuchen. Und doch sollte jeder einzelne von Euch be=
denken, daß die Sachen keineswegs immer so gehen, wie man
gerade denkt, sondern oft ein ganz andres Ende nehmen, als
man erwartet hat. Glück und Reue stellen sich beide oft ganz
plötzlich ein. So kann es z. B. Belisar auch gehen. Es scheint
mir also gerathener, erst noch einmal seine wahre Meinung zu
erforschen und zu versuchen, ob man ihn nicht wieder auf den
Boden des ersten Vertrages stellen kann, und erst, wenn das
alles fehlschlägt, etwas anderes zu unternehmen.“ Das schien
den Gothen sehr wohl gesprochen, und sie schickten sofort eine
Gesandtschaft nach Ravenna. Sie wurden von Belisar vorge=
lassen, erinnerten ihn an den Vertrag, den er mit ihnen ge=
schlossen und nun ohne weiteres für nichtig erklärt hätte, nannten
ihn einen Menschen, der aus freier Wahl sich zum Sklaven er=
niedrige, fragten ihn höhnisch, ob es ihm nicht das Blut in die
Wangen treibe, daß er lieber dienen als König sein wolle, und

forderten ihn auf alle mögliche Weise auf, die Herrschaft zu ⁵³⁹
übernehmen. Sie versicherten, auch Ildibad werde freiwillig er=
scheinen, seinen Purpur zu Belifars Füßen niederlegen und ihm
als dem König der Gothen und Italiker huldigen. So sprachen
die Gesandten und erwarteten nichts anderes, als daß der Mann
nicht mehr zaudern werde, die Krone anzunehmen. Wider Er=
warten antwortete ihnen Belifar, so lange Justinian lebe, denke
er nicht daran, nach einer Krone zu streben. Mit diesem Be=
scheid wurden die Gesandten entlassen und eilten, ihn Ildibad zu
überbringen. Belifar aber machte sich auf den Weg nach
Byzanz. Der Winter ging zu Ende und mit ihm das fünfte
Jahr dieses Krieges, den Prokop beschrieben hat.

Drittes Buch.

1. Während noch alles unentschieden war, nahm Belisar den Witichis, die Gothenfürsten, Ildibads Kinder und den ganzen Schatz mit und fuhr nach Byzanz. Von den Obersten waren nur Ildiger, Valerian, Martin und Herodian bei ihm. Der Kaiser Justinian sah Witichis mit seiner Gattin freundlich an und bewunderte die Körpergröße und Schönheit der Barbaren. Den Schatz des Theoderich, der sehr sehenswerth war, zeigte er in seinem Palast ganz heimlich einigen Senatoren, indem er sich mit der Größe der Ereignisse brüstete, aber er stellte ihn nicht öffentlich aus und gewährte auch Belisar keinen Triumph wie damals, als er nach Niederwerfung Gelimers und der Vandalen zurückkehrte. Belisars Name war in aller Munde: zwei Siege hatte er erfochten, einen dicht nach dem andern, wie sie niemand vor ihm gewonnen hatte; zwei Könige hatte er kriegsgefangen nach Byzanz gebracht, Geiserichs und Theoderichs, der berühm=testen aller Barbarenkönige Nachkommenschaft und Schätze wider Erwarten den Römern als Kriegsbeute vorgeführt, den Reich=thum der Hand der Feinde entwunden und dem römischen Staat wieder erworben, fast die Hälfte des ganzen Reichs zu Lande und zu Wasser zurück erobert. Es machte den Byzantinern großes Vergnügen, Belisar jeden Tag aus seinem Hause auf den Markt oder wieder zurück gehen zu sehen, und sie konnten sich gar nicht satt an diesem Schauspiel sehen. Sein öffentliches Auftreten glich jedesmal einem stattlichen Festzug; so viel Vandalen, Gothen und

Mauren waren in seinem Gefolge. Er war ein schöner, großer 540
Mann; der Ausdruck seines Gesichts war ganz besonders liebens=
würdig. Er benahm sich stets freundlich und leutselig gegen
jedermann, mochte er noch so arm und gering sein. Soldaten
wie Landleute waren gleichermaßen zufrieden, wenn er den Ober=
befehl hatte: gegen die Soldaten war er äußerst freigebig; wenn
jemand im Kampf übel zugerichtet worden war, so legte er auf
die Wunden als Pflaster ein ordentliches Stück Geld; hatte sich
einer besonders hervorgethan, so schenkte er ihm goldne Ketten
und Armringe; hatte ein Soldat sein Pferd oder seinen Bogen
oder sonst ein Stück im Kampf eingebüßt, so gab ihm Belisar
statt dessen sofort ein neues. Die Landleute schwärmten für ihn,
weil er sie so schonend und fürsorglich behandelte, daß niemals
jemand über Vergewaltigung geklagt hat, solange Belisar im
Amt war; die Leute, bei denen er mit seinem Heer lag, wurden
womöglich wohlhabend dadurch, denn alles wurde ihnen baar be=
zahlt, und wenn das Getreide reif wurde, hielt er streng darauf,
daß die Reiterei nicht quer über die Saatfelder ritt. Keiner durfte
reifes Obst von den Bäumen pflücken. — Seine Enthaltsamkeit
war ganz außerordentlich. Nie hat er ein andres Weib berührt
als seine Gattin. Obgleich er als kriegsgefangen gothische und
vandalische Weiber in großer Anzahl hatte und so schöne, wie
kein Mensch sie sonst je gesehen, so durften sie ihm nicht unter
die Augen oder anders zu nahe kommen. Wie er überhaupt
sehr umsichtig war, so verstand er es ganz besonders, in schwie=
rigen Momenten sofort den richtigen Entschluß zu fassen. In
Kriegsgefahren zeigte sich sein Muth und seine Kühnheit stets
mit Vorsicht und ruhiger Überlegung gepaart; bei jeder Unter=
nehmung gegen den Feind war er kühn oder bedächtig, je
nachdem es die Umstände erforderten. Überdies zeigte er sich
in gefährlicher Lage stets voll Hoffnung und guter Zuversicht und
behielt immer den Kopf oben, in guten Tagen war er weder
übermüthig noch huldigte er den Freuden des Mahles: niemand

540 hat den Belifar je trunken gesehen. So lange er an der Spitze des Römerheers in Afrika und Italien stand, blieb er siegreich und wußte das Eroberte zu behaupten. Als er aber nach Byzanz abberufen wurde, traten seine Vorzüge nur in ein helleres Licht. Durch jede Art von Tugend, durch Reichthum, durch die Menge seiner Doryphoren und Hypaspisten überragte er weit alle andern Feldherrn und war mit Recht bei allen Offizieren und Soldaten hoch angesehen. Niemand wagte wohl, seinem Befehl den Ge= horsam zu weigern, sondern jeder beeilte sich, demselben nachzu= kommen aus Respekt vor seiner Tugend und aus Furcht vor seiner Macht. Aus eigenen Mitteln stellte er 7000 Reiter, treff= liche Leute einer wie der andere, von denen jeder seine Ehre darin suchte, im Treffen vornan zu stehen und die tapfersten Feinde zum Kampf herauszufordern. Als die alten Leute in Rom bei der Belagerung durch die Gothen die Heldenthaten in den verschiednen Gefechten mit ansahen, riefen sie verwundert aus: „Belifar allein mit seinem Gefolge vernichtet Theoderichs Macht!" Da Belifar nach Ansehen und Feldherrntalent eine so hohe Stellung einnahm, faßte er seine Entschlüsse, wie es dem Kaiser frommte und ließ sie nach selbsteignem Ermessen zur That werden. Die andern Befehlshaber aber, welche einander mehr gleich standen und nur ihre Privatinteressen verfolgten, singen bald an, die Römer zu brandschatzen, und sahen ruhig zu, wenn die Unterthanen von den Soldaten ausgepreßt wurden; sie dachten weder an die eigne Pflicht, noch hielten sie ihre Untergebnen in scharfer Zucht. Daher kamen zahllose Ungerechtigkeiten vor, und in kurzer Zeit waren die Verhältnisse in Italien ganz gründlich verfahren. Wie das zuging, will ich sogleich erzählen.

Als Ildibad vernommen hatte, daß Belifar von Ravenna abgereist und unterwegs sei, sammelte er alle Barbaren um sich und von den römischen Soldaten diejenigen, welche mit den be= stehenden Verhältnissen unzufrieden waren. Er bemühte sich eifrigst, seinen Thron zu befestigen und dem Gothenvolk die Herrschaft

wiederzugewinnen.   Zunächst hatte er nur 1000 Mann um sich 540
und besaß nur die eine Stadt Ticinum.   Bald aber fielen ihm
die Bewohner von ganz Ligurien und Venetien zu.   Zu Byzanz
lebte ein Generalsteuereinnehmer, oder wie die Römer auf Grie=
chisch sagen, Logothet, Namens Alexander, der stets herauszu=
rechnen wußte, daß die Soldaten an die Staatskasse ungerecht=
fertigt hohe Ansprüche machten.   Durch solche Künste wußte er
ihnen Abzüge zu machen, kam dadurch in kurzer Zeit aus ganz
unbedeutender Stellung zu einer sehr hohen, aus gedrückten Ver=
hältnissen in überaus glänzende und brachte dem Kaiser durch
seine Kniffe mehr Geld ein als irgend ein andrer Mensch; die
Zahl der Soldaten aber verringerte er und machte sie bettel=
arm: er hatte die Hauptschuld, daß sie für ihren Beruf jede Lust
verloren.   In Byzanz hatte man ihm den Spitznamen „Kneif=
zange" gegeben, weil es ihm ein Leichtes war, die Goldstücke
ringsum zu beschneiden und sie dadurch beliebig minderwerthig
zu machen, ohne daß an der äußern Rundung etwas zu sehen
war.   Das Werkzeug, welches hierzu dient, heißt Kneifzange.
Diesen Alexander schickte der Kaiser bei Belisars Abberufung nach
Italien.   Kaum war er in Ravenna angekommen, so stellte er
gefälschte Steuerrollen auf.   Denn er verlangte von den Italikern,
welche weder vom König Gehalt bezogen noch Staatssteuer ge=
zahlt hatten, Rechnungslegung und behauptete, sie hätten Theo=
derich und die andern Gothenherrscher betrogen, zwang sie auch,
dasjenige, was sie bei jenen Betrügereien, wie er sagte, sich un=
rechtmäßig angeeignet hatten, zu bezahlen.   Die Soldaten be=
lohnte er für die Strapazen und Wunden des Feldzuges dadurch,
daß er ihnen mit der kleinlichsten Pfennigfuchserei soviel Abzüge
als möglich machte.   Deshalb fingen die Italiker an, dem Kaiser
Justinian zu grollen, und kein Soldat hatte mehr Lust, seine
Haut zu Markte zu tragen, sondern sie ließen aus bösem Willen
die Feinde große Fortschritte machen.   Aus diesem Grunde blieben
die andern Befehlshaber ganz unthätig; nur Vitalius, der in

540 Venetien außer andern Truppen zahlreiche Heruler zur Verfügung hatte, wagte es, sich mit Ildibad im Kampfe zu messen, da er ganz richtig befürchtete, jener würde bald so mächtig werden, daß er nicht mehr überwältigt werden könnte. Bei Tarvisium [1]) kam es zu einem hitzigen Gefecht, in dem Vitalius aufs Haupt ge= schlagen wurde und mit starkem Verlust das Feld räumen mußte. In diesem Gefecht kamen viele Heruler um und mit ihnen Wisand, einer ihrer Führer. Auch Theudimund, Mauritius' Sohn und Mundus' Enkel, schwebte in Lebensgefahr, rettete sich jedoch mit Vitalius. Durch diese That machte Ildibad seinen Namen beim Kaiser und aller Welt bekannt.

Bald darauf zog sich Urajas Ildibads Haß folgendermaßen zu. Die Gemahlin des Urajas nahm unter diesen Barbaren unbedingt den ersten Platz ein durch ihren Reichthum und ihre Schönheit. Einst begab sie sich ins Bad, herrlich geschmückt und von einem zahlreichen Gefolge umgeben. Dort erblickte sie Ildi= bads Gemahlin, mit dürftigen Gewändern angethan, denn noch war Ildibad arm, da er kein königliches Einkommen hatte; statt nun ihr als der Gattin des Königs die schuldige Ehrfurcht zu bezeigen, unterließ sie dies und beleidigte sie noch obendrein durch geringschätzige Blicke. Ildibads Gattin empfand die ihr ange= thane Schmach sehr tief, trat weinend zu ihrem Gemahl und verlangte von ihm, er solle sie an Urajas' Gattin rächen. Des= wegen streute Ildibad unter den Barbaren zunächst die Verleum= bung aus, Urajas wolle zu den Feinden übertreten, und bald darauf beseitigte er ihn durch Meuchelmord. Seitdem war er den Gothen verhaßt, denn es wollte ihnen gar nicht in den Sinn, daß Urajas so ganz ungerechtfertigter Weise hatte sterben müssen. Unter sich redeten sie zwar vielfach von der Frevelthat Ildibads in den härtesten Ausdrücken, aber als Rächer des Mordes wollte doch keiner auftreten. Es war aber unter ihnen ein Ge= pide, Namens Uïlas, der zu den Leibwächtern des Königs gehörte.

1) Treviso.

Dieser bewarb sich um eine schöne Jungfrau, zu der er in heißester 510 Liebe entbrannt war. Während er nun mit einigen andern auf einem Streifzuge gegen die Feinde begriffen war, vermählte Ilbi= bad seine Braut an einen andern Barbaren, aus Unkenntniß oder irgend einem andern Grunde. Als das Urlas bei seiner Rückkehr erfuhr, konnte er nicht verschmerzen, was ihm angethan war, denn er war ein höchst leidenschaftlicher Mensch, sondern beschloß sofort, Ilbibad zu töbten, und war der Meinung, da= durch allen Gothen einen Gefallen zu thun. Er benutzte als Gelegenheit ein Gastmahl, welches jener den Gothenfürsten gab. Wenn nämlich der König Tafel hält, so dürfen außer vielen andern auch die Leibwächter zugegen sein. Ilbibad neigte sich gerade von seinem Lager vornüber, um nach den Speisen zu langen, als ihn plötzlich Urlas mit dem Schwerte in den Nacken traf, und während der König noch die Speisen in den Fingern hielt, rollte schon sein Kopf auf den Tisch, zum Staunen und Entsetzen aller Anwesenden. So ward Urajas' Mord an Ilbi= bad gerächt. Der Winter ging zu Ende und mit ihm das sechste Jahr des Krieges, den Prokop beschrieben hat.

2. In dem Gothenheer war ein gewisser Erarich, ein Rugier 511 von Geburt, der unter seinen Landsleuten in hohem Ansehen stand. Diese Rugier sind ein gothischer [1] Volksstamm und lebten früher selbständig für sich. Theoderich hatte sie sammt einigen andern Völkerschaften seiner Herrschaft unterworfen und mit den Gothen vereinigt, so daß sie stets mit ihnen zu Felde zogen. Doch hüteten sie sich vor der Vermischung mit fremden Weibern und hatten dadurch das Blut ihres Stammes rein gehalten. Als nun durch die Ermordung Ilbibads eine große Verwirrung entstanden war, erhoben die Rugier ganz plötzlich den genannten Erarich zum König. Das paßte zwar den Gothen durchaus nicht, aber die meisten von ihnen hatten den Muth völlig ver= loren, als sie ihre besten Hoffnungen scheitern sahen, die durch

[1] d. h. germanischer.

441 Ilbibad neu belebt worden waren, der wohl das Zeug dazu ge=
habt hatte, das Königreich und die Herrschaft über Italien für
die Gothen zu retten. Erarich nun vollbrachte keine rühmlichen
Thaten, denn schon nach fünf Monaten kam er folgendermaßen
ums Leben. Es war ein gewisser Totilas, ein Neffe Ilbibads,
ein höchst gescheiter und thatkräftiger Mann, und bei den Gothen
hoch angesehen. Dieser Totilas befehligte damals gerade die
Gothen in Tarvisium. Als er die Nachricht erhielt, Ilbibad
weile nicht mehr unter den Lebenden, wie schon erzählt ist, schickte
er zu Konstantian nach Ravenna und bot ihm an, er wolle sich,
seine Gothen und Tarvisium in die Hände der Römer geben.
Konstantian hörte diese Botschaft gern und beschwor alle Bedin=
gungen des Totilas, und schon war ein Tag zwischen beiden
verabredet worden, an welchem Totilas und die gothische Be=
satzung von Tarvisium einen Abgesandten Konstantians in die
Stadt aufnehmen wollten, um ihre und der Stadt Kapitulation
entgegenzunehmen.

Mittlerweile waren die Gothen der Herrschaft Erarichs be=
reits überdrüssig geworden, da sie sahen, daß er seiner Aufgabe,
den Krieg mit den Römern energisch fortzusetzen, nicht gewachsen
war. Die meisten behandelten ihn sogar schon öffentlich höchst
geringschätzig, weil er nach dem Tode Ilbibads nur ihren weit=
gehenden Plänen im Wege gestanden hatte. Bald einigten sie
sich und schickten Gesandte an Totilas nach Tarvisium, um diesen
auf den Thron zu rufen. Denn sie vermißten Ilbibads kräftigen
Arm schmerzlich und glaubten, daß Totilas, der Verwandte jenes,
der einzige Mann sei, der sie zum Siege führen könne, und ver=
sahen sich bei ihm der besten Absicht dazu. Er enthüllte den
Abgesandten den Vertrag, den er schon mit den Römern ge=
schlossen hätte, und erklärte, wenn die Gothen vor Ablauf der
betreffenden Frist Erarich tödteten, würde er ihnen zu Willen
sein und alles thun, was sie von ihm verlangten. Als das die
Barbaren vernommen hatten, sannen sie darauf, jenen aus dem

Wege zu räumen. So standen die Dinge im Gothenlager. Unter= 341
des verhielt sich das römische Heer ganz ruhig und nutzte die Ver=
legenheiten der Feinde gar nicht aus; man vereinigte sich nicht
und plante nicht einmal eine Unternehmung wider die Gegner.
Erarich aber berief sämmtliche Gothen zu einer Versammlung
und schlug ihnen vor, Gesandte an den Kaiser Justinian zu
schicken, mit der Bitte, Frieden abzuschließen unter denselben Be=
dingungen, die er vorher dem Witichis hatte gewähren wollen,
nämlich daß die Gothen das Land nördlich vom Po behalten,
das übrige Italien aber aufgeben sollten. Als nun die Gothen
das gebilligt hatten, suchte er sich aus seinen genauesten Freunden
einige aus und ordnete sie als Gesandte ab, unter andern einen
gewissen Kaballarius. Diese sollten angeblich dem Kaiser das vor=
schlagen, was ich soeben sagte; heimlich aber hatten sie den Auf=
trag, über nichts anderes mit ihm zu verhandeln, als daß Erarich
eine möglichst große Summe Geldes und den Patriziat erhielte:
dann wolle derselbe ganz Italien ausliefern und selbst die Herr=
schaft niederlegen. Als die Gesandten in Byzanz angekommen
waren, handelten sie ihren Instruktionen gemäß. Inzwischen
wurde Erarich durch Meuchelmord von den Gothen beseitigt, und
sie übergaben verabredetermaßen die Herrschaft dem Totilas.

3. Wie nun der Kaiser Justinian erfuhr, was für ein Ende
Erarich genommen und daß die Gothen Totilas auf den Thron
erhoben hatten, machte er seinen Generalen in Italien bittre
Vorwürfe und trieb sie unablässig zum Handeln. Deshalb zogen
sich Johannes, der Schwestersohn Vitalians, Bessas, Vitalius
und alle andern, die in den verschiednen Städten das Kommando
hatten, nach Ravenna, wo Konstantian und Alexander, von dem
oben die Rede war, sich aufhielten. Als sie alle beisammen
waren, schien es ihnen am Gerathensten, zuerst gegen Verona
in Venetien vorzugehn, und wenn sie dies den Gothen entrissen
hätten, dann sich gegen Totilas und Ticinum zu wenden. Dieses
römische Heer war 12 000 Mann stark nnd wurde von elf Ober=

541 ften befehligt, unter denen Konstantian und Alexander den ersten
Rang einnahmen. Sie gingen grade auf Verona los. Als sie
in dessen unmittelbare Nähe, bis auf 60 Stadien,[1]) herange=
kommen waren, bezogen sie ein Lager in der Ebene, die sich von
dort bis Mantua ausbreitet, welches eine Tagereise von Verona
entfernt ist. Unter den Venetern war sehr angesehen ein ge=
wisser Marcian, der in einem Kastell nicht weit von Verona
wohnte. Er war dem Kaiser ergeben und machte sich anheischig,
Verona dem römischen Heere in die Hände zu spielen. Da er
nämlich einen der Thorwächter von Jugend auf kannte, schickte
er einige Vertraute zu ihm und bestach ihn, das kaiserliche Heer
in die Stadt einzulassen. Als der Wächter gewonnen war, schickte
Marcian dieselben Leute, welche den Pakt abgeschlossen hatten,
als Gesandte an die Obersten des kaiserlichen Heeres, um sie
von der Abmachung in Kenntniß zu setzen und sie nachts bis
an die Stadt heranzuführen. Den Obersten schien es sicherer,
erst einen von ihnen mit wenigen Leuten vorauszuschicken, um
für den Fall, daß der Wächter das Thor ihnen öffnete, es zu
besetzen und das Heer ohne jegliche Gefahr in die Stadt einzu=
lassen. Keiner wollte sich zu dem Wagestück hergeben außer dem
Armenier Artabazes, der sich als tapferer Kriegsmann ohne wei=
teres auf diese Sache einließ. Er war der Anführer jener Perser,
welche Belisar grade kurz zuvor aus Persien nach der Einnahme
des Sisaurischen Kastells mit Blischanes nach Byzanz gesandt
hatte. Er suchte sich aus dem ganzen Heer 100 Mann aus und
schlich sich mit ihnen vor Mitternacht an die Mauer. Und als
ihnen der Wächter der Verabredung gemäß das Thor geöffnet
hatte, wandten sich einige, um das Heer herbeizurufen; die andern
erstiegen die Mauer, überfielen die Wächter, welche dort standen,
und töbteten sie. Als die übrigen Gothen merkten, was sich er=
eignet hatte, zogen sie sich eiligst durch ein andres Thor zurück
und blieben die ganze Nacht, ohne etwas zu unternehmen, auf

1) ungefähr 11 Kilometer.

einem Hügel, der vor der Mauer ziemlich steil sich erhebt. Von 341 dort konnte man bequem alles sehen, was in Verona vorging, und zählen, wie viel Leute in der Stadt waren. Die Römer aber machten 40 Stadien[2]) vor der Stadt Halt, weil sich die Obersten über die Vertheilung der Schätze, welche in der Stadt waren, nicht einigen konnten. Während sie auf diese Weise dort um ihre Beute sich zankten, war es heller Tag geworden, so daß die Gothen von ihrem Hügel aus ganz genau sehen konnten, wie viel Feinde in der Stadt waren und wie weit das Gros des Heeres noch von Verona entfernt stand: die Folge davon war, daß sie schnellen Laufs durch dieselben Thore, durch welche sie vorher sich zurückgezogen hatten, wieder in die Stadt ein= drangen. Die eingelassenen Römer waren nämlich nicht stark genug gewesen, die Thore zu besetzen. Jetzt zogen sie sich wie auf Kommando an die Brustwehr der Umwallung zurück, wo sie von einer großen Überzahl von Barbaren angegriffen wurden. Sie wehrten sich tapfer gegen die Anstürmenden und verrichteten große Heldenthaten, vor allen Artabazes. Endlich hatten sich auch die Obersten des römischen Heeres über die Vertheilung der Schätze in Verona geeinigt, und es schien ihnen an der Zeit, mit ihrem Heer gegen die Stadt vorzurücken. Da aber stießen sie auf verschlossene Thore und kräftigen Widerstand des Feindes. Deshalb zogen sie sich schleunigst zurück, obwohl sie sahen, wie ihre Kameraden innerhalb der Umwallung kämpften, und obwohl sie hörten, wie sie baten!, man solle sie nicht im Stiche lassen, sondern Stand halten, bis jene sich nach außen retten könnten. Als nun Artabazes' Leute merkten, daß sie von der Übermacht erdrückt würden und auf die Hülfe ihrer Kameraden nicht rechnen dürften, sprangen sie alle von der Mauer nach außen herab: die= jenigen, welche auf ebene Erde fielen, entkamen glücklich zum rö= mischen Heer, unter ihnen auch Artabazes; die andern aber, welche es weniger glücklich trafen, fielen elendiglich zu Tode.

1) ungefähr 7,35 Kilometer.

541 Als nun Artabazes das römische Heer erreicht hatte, machte er den andern Obersten die heftigsten Vorwürfe. Dann zogen sie weiter, gingen über den Eridanus [1]) und kamen nach Faventia [2]) in der Aemilia, 120 Stadien [3]) von Ravenna.

4. Auf die Kunde von den Vorfällen zu Verona zog To= tilas den größten Theil der Gothen aus Verona an sich und marschirte nach deren Eintreffen mit seinem ganzen Heer, 5000 Mann stark, gegen den Feind. Als den Obersten des römischen Heeres dies gemeldet wurde, beriethen sie sich über ihre Lage. Artabazes, der an der Berathung Theil nahm, sagte Folgendes: („Ihr habt es mit tapferen Männern zu thun, die Ihr nicht unterschätzen dürst. Ich weiß, wie tapfer sie kämpfen, aus eigner Erfahrung: sie sind vom Muthe der Verzweiflung beseelt. Da= her halte ich es für das Beste, wenn Ihr die Barbaren während des Flußübergangs angreift, weil Ihr dann am Leichtesten den Sieg erringen könnt.") Trotz diesem Vorschlag des Artabazes konnten die Obersten nicht zu einem entscheidenden Entschluß kommen und thaten nicht, was die Umstände erforderten; viel= mehr blieben sie ruhig liegen und ließen die kostbare Zeit ver= streichen.

Unterdessen war das Gothenheer schon ganz nahe herbeige= kommen. Bevor es sich aber anschickte, den Fluß zu überschrei= ten, hieß Totilas alle seine Krieger antreten und sprach ihnen folgendermaßen Muth zu: „Wenn sonst die Heere in die Schlacht gehen, meine Volksgenossen, pflegen meist für beide die Chancen so ziemlich gleich zu sein. Wir aber beginnen diesen Kampf in einer weit schlechteren Lage als die Feinde. Denn wenn diese besiegt werden sollten, so werden sie sehr bald wieder im Stande sein, uns gegenüberzutreten, da die Festungen ganz Italiens voll von ihren Soldaten sind und es auch durchaus nicht unwahrschein= lich ist, daß ihnen sehr bald ein anderes Heer aus Byzanz Ersatz bringt. Sollte uns dagegen ein Unglück treffen, so muß mit der

1) Po. — 2) Faenza. — 3) c. 22 Kilometer.

Hoffnung auf Sieg zugleich der gothische Name völlig verschwin- 541
den; denn von 200 000 Mann sind wir auf 5000 zusammengeschmolzen.   Nach dieser Erwägung halte ich es für angezeigt,
Euch an ein anderes zu erinnern.   Als Ihr den Beschluß faßtet,
mit Jldibad die Waffen gegen den Kaiser zu erheben, so waret
Ihr, alles in allem, nicht mehr als 1000 Mann stark, und nur
Ticinum mit seiner nächsten Umgebung gehörte Euch; sobald
Ihr aber ein siegreiches Gefecht gehabt hattet, ist sofort Heer
und Gebiet größer geworden.   Wenn ihr nun auch heut wie
tapfere Männer zu fechten entschlossen seid, so wird ganz gewiß
der Krieg weiter um sich greifen, und ich darf die Hoffnung aus-
sprechen, daß wir noch einmal werden der Feinde Herr werden.
Denn die Sieger nehmen immer an Macht und Zahl zu. Jeder
einzelne von Euch muß mit ganzer Kraft sich auf den Feind
werfen, beseelt von dem Gedanken, daß weiterer Widerstand gegen
die Feinde unmöglich wird, wenn wir diese Schlacht nicht gewinnen.   Einen triftigen Grund habt Ihr jedenfalls, guten
Muthes sie anzugreifen, nämlich ihre eigne Ungerechtigkeit. Sie
haben ihren Unterthanen so übel mitgespielt, daß dies für den
Verrath, den die Italiker an den Gothen begangen haben, bereits als genügende Strafe angesehen werden kann — mit diesem
einen Wort nur will ich all das Böse andeuten, was diejenigen
ihnen thaten, die von ihnen mit offnen Armen aufgenommen
wurden.   Welche Feinde aber sind leichter zu besiegen, als die,
denen Gott wegen ihrer Missethaten zürnen muß? Auch der
Schrecken, den wir ihnen eingeflößt haben, dürfte uns einige
Aussicht auf Sieg gewähren; denn wir gehen auf dieselben Leute
los, die schon mitten in Verona waren und doch, ohne daß ein
Feind ihnen auf den Fersen saß, es plötzlich wieder aufgegeben
haben und schmählich davongelaufen sind."

Nach diesen ermunternden Worten ließ Totilas 300 von
seinen Leuten in einer Entfernung von zwanzig Stadien[1]) den

[1]) 3,65 Km.

541 Fluß überschreiten und sich hinter das feindliche Heer begeben,
um ihm in den Rücken zu fallen, sobald man handgemein ge=
worden, und möglichst große Verwirrung anzurichten, so daß jene
den Kopf verlören und die Gegenwehr vergäßen. Er selbst ging
mit allen übrigen Truppen sofort über den Fluß und gerades=
wegs auf die Feinde los. In demselben Augenblick rückten auch
die Römer vor. Als sie nun ziemlich nahe an einander gekom=
men waren, ritt ein gothischer Mann, Namens Biliaris, von
gewaltiger Größe und furchtbarem Aussehen, ein kühner und
tapferer Held, gepanzert von Kopf bis zu Fuß, mitten vor das
Gothenheer und rief alle Römer auf, ob einer sich mit ihm messen
wollte. Alle fürchteten sich und waren ganz still, nur Artabazes
hatte den Muth, ihm entgegenzutreten. Beide ritten auf einan=
der los und stießen mit den Lanzen, als sie auf Armeslänge
sich genähert hatten. Artabazes kam dem Biliaris zuvor und
traf ihn in die rechte Seite. Der Barbar war zum Tode ge=
troffen und wollte hintenüber sinken, aber seine Lanze, die hinter
ihm an einem Stein Widerhalt gefunden hatte, verhinderte seinen
Fall. Artabazes aber bohrte seinen Speer immer tiefer in den
Leib des Gegners, da er die Wunde nicht gleich anfangs für
töbtlich gehalten hatte. (Dabei fährt ihm der Speer des Bar=
baren gegen den Hals und trifft gerade auf eine Arterie.) So=
fort entstand eine starke Blutung, ohne daß er dabei Schmerz
empfand, vielmehr ritt er ruhig zum römischen Heer zurück, und
Biliaris blieb todt auf dem Platze. Artabazes gab am dritten
Tage nachher seinen Geist auf, da sich das Blut nicht stillen
ließ. In Folge davon wurde die Siegeshoffnung der Römer tief
erschüttert, nachdem er ihre Sache schon dadurch, daß er bei dieser
Gelegenheit kampfunfähig geworden war, bedeutend geschädigt
hatte. Während er nämlich außer Schußweite sich verbinden ließ,
waren die Heere handgemein geworden. Als der Kampf heftig
hin= und herwogte, kamen plötzlich die 300 Barbaren im Rücken
des römischen Heeres zum Vorschein und erschreckten die Römer

gewaltig, da sie ihre Zahl überschätzten: jeder suchte sich so schnell 541
wie möglich in Sicherheit zu bringen. Die Barbaren tödteten
von den Römern, die in wilder Flucht auseinanderstoben, eine
große Anzahl, nahmen viele gefangen und eroberten sämmtliche
Feldzeichen, eine Schmach, wie sie nie zuvor die Römer betroffen
hat. Von den Obersten floh jeder einzelne mit wenigen Begleitern in irgend eine Stadt, wo sie sich dann zur Vertheidigung rüsteten.

5. Bald darauf schickte Totilas eine Heeresabtheilung
unter den tapfersten Gothenfürsten, Bledas, Ruderich und Uliaris
gegen Florenz, wo Justin kommandierte. Als diese vor der
Stadt angekommen waren, schlugen sie ein Lager auf und begannen die Belagerung. Justin war in großer Besorgniß, da
er gar nicht für Einbringung von Lebensmitteln hatte sorgen
können, schickte zu den römischen Obersten, die in Ravenna lagen,
und bat um schleunige Hülfe. Sein Bote schlich sich nachts
glücklich durch die Feinde, gelangte nach Ravenna und that kund,
wie die Sachen standen. Sofort brach ein beträchtliches Römerheer nach Florenz auf unter Bessas, Cyprian und Johannes,
Vitalians Schwestersohn. Sobald das den Gothen von ihren
Spähern gemeldet wurde, hoben sie die Belagerung auf und gingen
bis nach Mucella zurück, einem Ort, der eine Tagereise von
Florenz entfernt ist. Als das römische Heer sich mit Justin
vereinigt hatte, ließ man nur wenige von seinen Leuten als
Besatzung in der Stadt; mit allen andern gings vorwärts auf
den Feind. Während sie noch unterwegs waren, schien es ihnen
am Gerathensten, von den Obersten den auszuwählen, der beim
ganzen Heer in höchstem Ansehen stand, damit dieser voranginge
und versuchte, den Feind unversehens zu überfallen; das übrige
Heer sollte unterdessen weiter marschieren. Man warf das Loos
und erwartete den Wink des Schicksals. Das Loos fiel auf
Johannes. Den andern Obersten war schon die Lust vergangen,
der Verabredung treu zu bleiben. So sah sich denn Johannes

641 gezwungen, mit seinen Leuten gegen die Barbaren vorauszugehen. Als diese den Anmarsch der Feinde bemerkten, räumten sie aus Furcht die Ebene, in der sie ihr Lager aufgeschlagen hatten, und eilten mit vielem Lärm auf einen großen Hügel, der sich in der Nähe befand. Die Leute des Johannes waren ihnen hart auf den Fersen geblieben, stürmten gleichfalls den Hügel hinauf und wurden mit ihnen handgemein. Die Barbaren wehrten sich tapfer, so daß der Kampf lange unentschieden hin und her wogte und viele von beiden Seiten den Heldentod fanden. Als Johannes selbst mit lautem Geschrei und Getöse auf seine Geg= ner einritt, fiel einer seiner Doryphoren durch einen feindlichen Wurfspieß, und von diesem Augenblick an war der Angriff der Römer abgeschlagen, und sie wichen zurück. Mittlerweile war das Gros des römischen Heeres bis auf die Ebene nachgerückt und war daselbst in einer Phalanx aufmarschiert. Wenn sie nun die fliehenden Leute des Johannes aufgenommen und mit ihnen zusammen einen Vorstoß gegen die Feinde gemacht hätten, so wäre ihnen der Sieg sicher gewesen, und sie hätten fast alles gefangen nehmen müssen. Aber das Schicksal wollte, daß im römischen Heer ein ganz unbegründetes Gerede von Mund zu Mund ging, Johannes sei in jenem Gefecht von einem seiner eignen Doryphoren niedergestochen worden. Als das zu den Ohren der Obersten kam, wollte keiner länger Stand halten, sondern sie wandten sich alle zu schmählicher Flucht. Die Regi= menter und Schwadronen lösten sich gänzlich auf: jeder floh, wie und wo er nur konnte. Auf dieser Flucht kamen sehr viele um; diejenigen, die sich retteten, flohen mehrere Tage immer weiter, ohne überhaupt verfolgt zu sein. Dann begaben sie sich ein jeder in den nächsten festen Platz und meldeten nur, Johannes sei gefallen. Seit diesem Gefecht hörte alle Gemeinschaft zwischen den Obersten auf: sie dachten gar nicht mehr daran, ihre Kräfte wider den Feind zu vereinigen, sondern jeder blieb in seiner Festung und bereitete alles für eine Belagerung vor, denn jeder

glaubte, die Barbaren würden sich gegen ihn wenden. — Totilas 541
behandelte die Gefangenen mit der größten Leutseligkeit und
brachte es dahin, daß sie zu ihm übertraten und fortan fast alle
eifrig mit ihm gegen die Römer kämpften. Der Winter ging
zu Ende und mit ihm das siebente Jahr dieses Krieges, den
Prokop beschrieben hat.

6. Darauf nahm Totilas die Festungen Caesena und Petra. 542
Ein wenig später begab er sich nach Tuscien, wo er sich der
festen Plätze zu bemächtigen versuchte — es wollte ihm aber
niemand zufallen. Deshalb ging er über den Tiber, und ohne
das Gebiet von Rom zu berühren, gleich weiter nach Kampanien
und Samnium. Dort nahm er ohne Mühe die feste Stadt
Benevent ein, deren Mauern er dem Erdboden gleich machte,
damit nicht der Platz einem Ersatzheer aus Byzanz als Stütz=
punkt dienen könne, um von dort aus den Gothen Schwierig=
keiten zu bereiten. Dann machte er sich an die Belagerung von
Neapel, dessen Bürger ihn trotz aller Schmeichelworte nicht ein=
lassen wollten. Konon lag nämlich darin mit 1000 Römern
und Isauriern. Mit dem größeren Theil seines Heeres bezog
er ein Lager nicht weit von der Stadtmauer; den kleineren Theil
sandte er aus, um Cumae und einige andre Kastelle zu nehmen.
In jener Stadt fand er bedeutende Geldmittel vor und einige
Frauen von Senatoren. Er that diesen nichts Böses, sondern
schenkte ihnen hochherziger Weise die Freiheit. Durch diese
wohlberechnete Menschenfreundlichkeit machte er sich einen großen
Namen bei allen Römern. Und da ihm der Feind nirgends
entgegentrat, schickte er wiederholt kleinere Heeresabtheilungen
aus und erzielte dadurch bedeutende Erfolge: er gewann Bruttien
und Lukanien, Apulien und Kalabrien. Die öffentlichen Abgaben
zog er für sich ein, und ebenso nahm er die Zölle statt der
rechtmäßigen Herren des Landes ein, kurz, richtete alles ganz
als Herr von Italien ein. — Da nun das römische Heer zu
den bestimmten Terminen den hergebrachten Sold nicht ausbe=

542 zahlt bekam, so schuldete der Kaiser demselben große Summen. Seitdem waren die Italiker, die sich ihres Eigenthums beraubt und arg gefährdet sahen, in großer Sorge; die Soldaten aber waren gegen ihre Obersten unbotmäßiger denn je und blieben nur zu gern in den Städten liegen. Konstantian hielt Ravenna besetzt, Johannes Rom, Bessas Spoletium, Justin Florentia und Cyprian Perusia und von den andern jeder den Ort, wohin er sich auf der Flucht zuerst gerettet hatte.

Als der Kaiser diese Nachrichten erhielt, war er davon sehr schmerzlich berührt und ernannte sofort den Maximin zum General=quartiermeister [1]) für Italien, damit er das Oberkommando über=nehme und den Soldaten ihre Rationen, wie es sich gehörte, anweise. Er gab ihm eine Flotte mit, die ein Heer von Thra=ciern und Armeniern trug; erstere befehligte Herodian, letztere der Iberier Phazas, ein Neffe des Peranius. Auch eine geringe Anzahl Hunnen waren auf den Schiffen. Maximin fuhr mit der ganzen griechischen Flottendivision von Byzanz ab und kam nach Epirus. Dort legte er sich vor Anker und ließ die Zeit ungenützt verstreichen — er verstand nämlich vom Kriegswesen nichts, und deshalb zauderte er und hatte gar keinen Muth. Darauf schickte der Kaiser den Demetrius als Heermeister [2]) ab, der früher schon unter Belisar ein Regiment Fußvolk komman=diert hatte. Demetrius fuhr nach Sizilien und hätte gern dem Konon und den Neapolitanern schnelle Hülfe gebracht, als er vernahm, daß sie ganz eng eingeschlossen wären und schon be=denklichen Mangel an Lebensmitteln litten; aber er konnte nicht wie er wollte, da er nur ein kleines Heer hatte, das kaum zu rechnen war. Da faßte er folgenden Entschluß. Er brachte so viel Schiffe als möglich aus Sizilien auf, belud sie mit Ge=treide und den übrigen nothwendigen Lebensmitteln und ging unter Segel, indem er bei den Feinden den Schein erweckte, als

---

1) Praefectus praetorio. — 2) Magister militum, etwa = kommandierender General.

ob er sehr große Truppenmassen an Bord habe. Und er hatte 542
in Bezug auf die Feinde ganz richtig gerechnet, denn sie glaubten
wirklich, ein großes Heer zöge gegen sie, was sie daraus schlossen,
daß sie erfuhren, eine gewaltige Flotte sei von Sizilien aus
unter Segel gegangen. Und wenn Demetrius gleich zu Anfang
gerade auf Neapel hätte losfahren wollen, so wäre es ihm meiner
Meinung nach gelungen, die Feinde zu schrecken und die Stadt
zu entsetzen, da ihm niemand entgegengetreten wäre. Statt dessen
fürchtete er sich, den Kurs direkt auf Neapel zu halten, und be=
gab sich in die Häfen von Rom, wo er sich's angelegen sein ließ,
die Soldaten aus jenen Gegenden an sich zu ziehen. Diese aber,
weil sie schon von den Barbaren geschlagen waren und sich des=
halb fürchteten, bezeigten gar keine Lust, dem Demetrius gegen
Totilas und die Gothen zu folgen. Daher sah er sich darauf
angewiesen, nur mit den Leuten, die er aus Byzanz mitgebracht
hatte, nach Neapel aufzubrechen. Es gab nun noch einen andern
Demetrius, von der Insel Cephalenia, der, als alter Schiffs=
kapitän mit dem Meer und seinen Gefahren voll vertraut, mit
Belisar nach Afrika und Italien gefahren war und dadurch sich
solchen Ruf erworben hatte, daß ihn der Kaiser zum Procurator
von Neapel gemacht hatte. Als aber die Barbaren anfingen,
die Stadt zu belagern, so beschimpfte er zu wiederholten Malen
den Totilas mit der größten Frechheit und konnte trotz der be=
denklichen Lage seine Zunge gar nicht im Zaum halten. Wie
dann bei den Belagerten die Noth fort und fort wuchs und
immer schlimmer wurde, unternahm er mit Zustimmung Konons
das Wagestück, in einem kleinen Kahn allein sich zum Heer=
meister Demetrius durchzuschleichen. Wider Erwarten kam er
glücklich durch und hatte eine Unterredung mit Demetrius, in
der er ihm Muth zusprach und ihn aufforderte, ans Werk zu
gehen. Totilas aber, der die ganze Geschichte von der Abfahrt
der Flotte erfahren hatte, hielt eine große Anzahl vortrefflicher
Schnellsegler bereit, und als die Feinde, welche die Küste ent=

542 lang fuhren, nicht mehr weit von Neapel entfernt waren, griff
er sie unversehens an und schreckte sie dermaßen, daß sie sich
sämmtlich zur Flucht wandten. Er tödtete viele, bei weitem die
Mehrzahl nahm er gefangen. Die Flucht gelang nur denjenigen,
die im ersten Augenblick in die Böte hatten springen können,
und unter diesen war auch der Heermeister Demetrius. Alle
Schiffe nämlich mit ihrer ganzen Ladung und Mannschaft fielen
in die Hände der Barbaren. Da fanden sie denn auch Deme=
trius, den Procurator von Neapel. Sie tödteten ihn nicht, son=
dern schnitten ihm Zunge und Hände ab und ließen ihn, so ver=
stümmelt, laufen. So wurde Demetrius für seine freche Zunge
von Totilas gestraft.

7. Bald darauf fuhr Maximin mit seiner ganzen Flotte
nach Sizilien, blieb aber, vor Syrakus angelangt, ruhig liegen,
da er vor kriegerischen Unternehmungen sich fürchtete. Als die
römischen Obersten davon Kunde erhielten, beeilten sie sich, ihn
zu schleuniger Hülfsleistung aufzufordern, vor allen Konon, der
in Neapel von den Barbaren hart bedrängt wurde: den Be=
lagerten waren nämlich die Nahrungsmittel gänzlich ausgegangen.
Nachdem aber Maximin die kostbare Zeit aus übertriebener
Ängstlichkeit ungenützt hatte verstreichen lassen, entschloß er sich
endlich aus Furcht vor den Drohungen des Kaisers, und weil
er außerdem die Schmähungen seiner Gefährten nicht mehr hören
mochte, Herodian, Demetrius und Phazas nach Neapel abgehen
zu lassen, als der Winter sich schon sehr bemerklich machte —
er selbst blieb trotz alledem, wo er war. Als die römische
Flotte schon ganz nahe bei Neapel war, fuhr ein heftiger Wind
daher und rief ein entsetzliches Unwetter hervor. Und Phazas
gab sich ganz verloren; auch gestattete der Sturm weder das
Einziehen der Ruder noch irgend ein anderes Manöver der
Matrosen. In dem Wogengebrause konnte keiner mehr dem
andern sich verständlich machen, die Verwirrung war ganz all=
gemein, die Gewalt des Sturmes herrschte unbedingt und trieb

sie sehr wider ihren Willen auf den Strand, wo sich das feindliche 542
Lager befand. Die Barbaren erstiegen nun ganz nach Belieben
die Fahrzeuge ihrer Gegner, die sie tödteten oder über Bord
trieben, ohne daß jemand Widerstand zu leisten versuchte. Unter
vielen andern nahmen sie auch den Heermeister Demetrius
gefangen. Herodian und Phazas hatten mit geringer Mannschaft noch fliehen können, da ihre Schiffe verhältnißmäßig am
Weitesten vom feindlichen Lager ans Land getrieben waren. So
erging es der römischen Flotte. Totilas aber ließ dem Demetrius einen Strick um den Hals legen und ihn so an die Stadtmauer schleppen. Dort mußte er die Belagerten auffordern, sie
sollten sich nicht im Vertrauen auf unerfüllbare Hoffnungen zu
Grunde richten, sondern durch schnelle Übergabe der Stadt an
die Gothen sich aus ihrer qualvollen Lage befreien. Denn es
sei fortan für den Kaiser unmöglich, ihnen zu Hülfe zu kommen,
und mit dieser Flotte sei all ihre Aussicht auf Ersatz vernichtet.
Demetrius sagte diese Worte, wie ihm Totilas befohlen hatte.
Die Belagerten, welche bereits durch Hunger und alle andern
Drangsale über die Maßen angegriffen waren, verzweifelten an
jeglicher Hoffnung, als sie das Elend des Demetrius sahen und
alle seine Worte hörten, und machten ihrer Rathlosigkeit in
lauten Klagen Luft; die ganze Stadt war voll Lärm und
Wehklagen.

Da rief sie Totilas an die Mauerzinnen und sprach so zu
ihnen: „Ohne irgend einen Grund zum Groll wider Euch, Ihr
Männer von Neapel, haben wir diese Belagerung unternommen,
sondern vielmehr, um Euch von den verhaßtesten Gebietern zu
befreien und dann jedem Einzelnen von Euch reichlichen Dank
abzustatten dafür, daß Ihr um unsertwegen in diesem Kriege so
Schweres von den Feinden habt erdulden müssen. Denn Ihr
allein von allen Italikern habt dem Gothenvolk ein reiches Maß
von Wohlwollen bewiesen und seid ganz wider Euren Willen
unter die Herrschaft der Feinde gekommen. Da wir nun ge-

542 zwungen sind, Euch mit jenen zu belagern, ehren wir selbstver=
ständlich Eure Treue, und diese Belagerung ist nicht zum Schaden
der Neapolitaner unternommen. Glaubet ja nicht, aus Schmerz
über die Leiden der Belagerung den Gothen zürnen zu müssen.
Denn man darf denen, die gerne ihren Freunden Wohlthaten
erweisen wollen, keine Vorwürfe machen, wenn sie sich wider
ihren Willen genöthigt sehen, ihnen ihre Wohlthaten aufzuzwingen.
Vor den Feinden aber braucht Ihr Euch nicht mehr zu fürchten,
noch dürft Ihr aus den früheren Ereignissen schließen, daß sie
uns besiegen werden. Denn das Schicksal zerstört gewöhnlich
mit der Zeit selbst das, was es wider aller Erwarten Wunder=
bares den Menschen hat gelingen lassen. Endlich bieten wir
Euch an, den Konon und alle Soldaten frei und ungekränkt mit
all ihrer Habe abziehen zu lassen, wohin sie wollen, wenn sie
die Stadt übergeben und sie sofort verlassen. Wir sind bereit,
dies und die vollkommene Sicherheit Neapels augenblicklich zu
beschwören." So sprach Totilas, und die Neapolitaner sowie
alle Soldaten Konons stimmten dem bei, denn die Hungersnoth
war zu groß geworden. Da sie aber doch dem Kaiser den Eid
der Treue halten wollten und immer noch auf Entsatz von irgend
einer Seite hofften, so versprachen sie, binnen 30 Tagen die
Stadt zu übergeben. Totilas, der ihnen jede Spur von Hoff=
nung nehmen wollte, setzte eine Frist von drei Monaten für die
Erfüllung des Vertrages fest und versicherte, innerhalb derselben
weder einen Sturm auf die Mauer, noch sonst etwas gegen sie
unternehmen zu wollen. Die Belagerten warteten aber den
letzten Termin nicht ab — denn der Mangel an Lebensmitteln
hatte sie ganz mürbe gemacht — und öffneten bald darauf To=
tilas und den Barbaren die Thore. Der Winter ging zu Ende
und mit ihm das achte Jahr dieses Krieges den Prokop be=
schrieben hatt.

543   8. Nachdem Totilas Neapel genommen hatte, zeigte er so
viel Menschenfreundlichkeit gegen die Gefangenen, wie man es

von einem Feind und noch dazu von einem Barbaren nicht er= 513
warten konnte. Seine römischen Gefangenen waren durch Hunger
derartig heruntergekommen, daß sie vollständig entkräftet waren;
er mußte daher befürchten, daß sie stürben, wenn sie mit einem
Mal sich ganz satt äßen, und ersann daher Folgendes. Er stellte
am Hafen und an den Thoren Wächter auf, die niemand aus
der Stadt herauslassen durften. Dann ließ er ihnen mit weiser
Vorsicht weniger Speise reichen, als sie begehrten, und täglich so
viel zulegen, daß die Leute gar nicht merkten, wie viel sie be=
kamen. Nachdem er so ihre Kräfte wiederhergestellt hatte, ließ
er die Thore öffnen und gestattete jedem zu gehen, wohin es
ihm beliebte. Den Konon und seine Soldaten, so weit sie nicht
am Ort bleiben wollten, setzte er auf Schiffe und ließ sie unge=
kränkt abfahren. Sie hielten es für eine Schande, nach Byzanz
zurückzukehren, und beschlossen, eiligst nach Rom zu fahren, wurden
aber durch widrige Winde an der Abfahrt gehindert und mußten
nicht, was sie machen sollten, da sie fürchteten, Totilas werde
als Sieger sich nicht für gebunden an die Verträge halten und
ihnen etwas Böses zufügen. Sobald Totilas dies erfuhr, ließ
er sie alle zusammenkommen, redete ihnen zuerst gut zu und be=
theuerte, daß er sich nach wie vor durch seinen Eid gebunden
halte; er hieß sie guten Muthes sein und forderte sie auf, ohne
Scheu mit dem Gothenheere zu verkehren, Lebensmittel einzu=
kaufen, und wenn sie sonst noch etwas brauchten, wie von Freun=
den es sich geben zu lassen. Da der widrige Wind immer noch
anhielt und ihnen viel Zeit dadurch verloren ging, ließ er ihnen
Pferde und Zugthiere liefern, beschenkte sie mit einem Zehrpfennig
und forderte sie auf, den Landweg nach Rom zu nehmen, wofür
er ihnen einige edle Gothen als Geleitsmänner mitgab. Er
selbst zog ebenfalls ab, nachdem er Neapels Mauern dem Erd=
boden gleich gemacht hatte, damit nicht die Römer sich wieder
dort festsetzen und von diesem sichern Stützpunkte aus den Gothen
Schwierigkeiten bereiten könnten. Denn er wollte lieber mit ihnen

543 offen auf freiem Felde, als mit allerlei künstlichen und trüglichen
Mitteln kämpfen.   Doch zerstörte er nur den größten Theil der
Mauer und ließ das übrige bestehen.

In dieser Zeit ging ihn ein Römer an aus Kalabrien, und
beschuldigte einen seiner Leibwächter, er hätte seiner jungfräulichen
Tochter trotz deren Sträuben Gewalt angethan.   Der Mann
leugnete sein Verbrechen nicht und wurde ins Gefängniß geworfen,
da Totilas eifrig bemüht war, die That zu sühnen.   Die An=
gesehensten unter den Barbaren begannen für sein Schicksal zu
fürchten, thaten sich zusammen und traten vor Totilas mit der
Bitte, er möge jenem seine Schuld nachsehen, denn er war ein
tapferer und erprobter Krieger.   Ruhig, ohne eine Miene zu
verziehen, hörte er ihre Worte an und antwortete folgender=
maßen: „Nicht aus unmenschlicher Grausamkeit oder Freude an
der Trübsal meiner Volksgenossen, sondern in ernstester Besorg=
niß, den Gothen könne ein Unglück zustoßen, rede ich jetzt zu
Euch, meine Kameraden.   Ich weiß sehr wohl, daß der große
Haufe Schwarz in Weiß umzukehren liebt.   Denn die Zügel=
losigkeit, welche alles zerstört und in Grund und Boden verdirbt,
nennen sie gern Humanität, und denjenigen, der die Gesetze ge=
nau durchzuführen bestrebt ist, den schelten sie einen einfältigen
und grämlichen Tropf, um unter dem Deckmantel solcher Bezeich=
nungen ihre Frechheit zu verbergen und desto ungestrafter sün=
digen zu können.   Darin zeigt sich so recht ihre gemeine Ge=
sinnung.   Ich ermahne Euch nun, daß Ihr nicht wegen des
Fehltritts eines Mannes Euer Heil aufs Spiel setzt und, trotz
der eignen Unschuld, Euch mit derselben Schuld befleckt wie er.
Denn derjenige, welcher den Schuldigen der Strafe zu entziehen
sucht, ist meiner Ansicht nach ebenso strafbar wie dieser selbst.
Ich möchte nun, daß Ihr das Urtheil über den vorliegenden Fall
so ansehet, als wenn Euch die Entscheidung darüber vorliegt,
ob dieser Mann für sein Vergehen keine Strafe leiden soll oder
ob das Gothenvolk gerettet wird und im Kriege obsiegt.   Denkt

---

einmal daran, daß wir beim Beginn dieses Krieges ein zahlreiches Heer von glänzendem Kriegsruhm und erprobter Tapferkeit, unermeßliche Schätze, einen mehr als reichlichen Vorrath an Pferden und Waffen und endlich alle festen Punkte Italiens besaßen. Und das sind doch für Leute, die einem Kriege entgegengehen, wahrlich keine geringen Hülfsmittel. Da wir aber dem Theodat gehorchten, einem Manne, der die schnöde Habgier höher stellte als die Gerechtigkeit, so hat sich wegen unserer Zügellosigkeit die Gnade Gottes von uns abgewandt; denn das wißt Ihr, von was für Leuten und wie wenigen wir besiegt worden und wohin es mit uns gekommen ist. Jetzt aber, da uns Gott für unsere Sünden hinlänglich gestraft hat, regiert er unser Schicksal nach seinem Willen weit über Hoffen und Verstehen: weit über unsere wirkliche Macht hinaus haben wir den Feind besiegt, und da ist es doch gewiß besser, die Ursache des Sieges auch ferner sich zu erhalten, als das Gegentheil zu thun und damit gegen sein eignes Fleisch zu wüthen." Solches sprach Totilas. Die Gothenfürsten aber nahmen seine Worte beifällig auf und traten für den Leibwächter nicht mehr ein, sondern überließen ihn des Königs Gutdünken. Bald darauf ließ er den Mann hinrichten und gab sein Vermögen dem Mädchen, welchem er Gewalt angethan hatte.

9. Während Totilas sich so benahm, beraubten Obersten wie Soldaten des römischen Heeres die Unterthanen ihres Eigenthums und ließen ihrem Frevelmuth und ihren Lüsten die Zügel schießen: die Obersten schwelgten mit ihren Tirnen in den Festungen, die Soldaten wurden immer ungehorsamer gegen ihre Vorgesetzten, und ihr Übermuth kannte keine Grenzen mehr. Die Italiker aber litten schwer von beiden Heeren, denn die Gothen nahmen ihnen ihren Landbesitz, und die Kaiserlichen all ihre bewegliche Habe. Dazu mußten sie selbst allerlei Mißhandlungen ertragen und kamen fast vor Hunger um. Ja, die Soldaten, welche sie gegen die Gewaltthaten der Feinde hätten schützen sollen, waren dazu gar nicht im Stande und schämten sich dessen nicht einmal,

513 sondern brachten es durch ihre Missethaten dahin, daß jene sich geradezu nach den Barbaren sehnten. In dieser unerträglichen Lage wandte sich Konstantian an den Kaiser Justinian und schrieb ihm ganz offen, es sei ihm nicht möglich, den Krieg gegen die Gothen fortzuführen. Auch die andern Obersten erklärten in diesem Schreiben übereinstimmend ihre Abneigung gegen den Kampf und billigten Konstantians Meinung durchaus. Dahin war es mit den Italikern gekommen.

Totilas aber ließ einen Brief an den römischen Senat ab=gehen, dessen Inhalt folgender war: (er rief ihnen die Wohlthaten Theoderichs und Amalasunthas ins Gedächtniß zurück und wies mit bitterer Ironie im Gegensatz dazu darauf hin, wie die Griechen, z. B. Alexander [1]) die freundliche Aufnahme von Seiten der Römer vergolten hätten, wie sie durch die „gütige Gesinnung" und „Großherzigkeit" der Obersten und Soldaten in ihre jetzige schlimme Lage gekommen seien. Seinen eignen Sieg fasse er nur als Strafe für die Missethaten jener auf. Sie sollten nun nicht bis zum letzten Augenblicke mit ihrem Entschluß warten, sondern sich durch rechtzeitige Ergebung einen Anspruch auf die Milde und Schonung des Siegers erwerben.) Solches enthielt der Brief, den Totilas einigen Gefangenen mitgab, um ihn in Rom den Senatoren einzuhändigen. Sein Auftrag wurde auch ausgeführt, aber Johannes verhinderte die Empfänger desselben, dem Totilas eine Antwort zu geben. Deshalb ließ er eine große Anzahl von Briefen verfassen, in denen er sich mit den heilig=sten Eiden verschwor, die Gothen würden keinem Römer etwas zu Leide thun. Wer diese Briefe nach Rom gebracht hat, vermag ich nicht zu sagen. Denn alle wurden im Dunkel der Nacht an den sichtbarsten Punkten der Stadt angeklebt und, als es Tag ward, gelesen. Die Obersten des römischen Heeres hatten dieser=halb die arianischen Priester stark in Verdacht und verjagten sie sofort sämmtlich aus der Stadt. Nachdem Totilas hiervon in

1) s. S. 173.

Kenntniß gesetzt war, sandte er einen Theil seines Heeres nach 543 Kalabrien, um einen Handstreich auf die Festung Hydrus [1]) zu versuchen. Da aber die Besatzung sich nicht ergeben wollte, befahl er, zur Belagerung überzugehen, und rückte mit dem größten Theil seines Heeres gegen Rom vor. Als das der Kaiser erfuhr, gerieth er in große Aufregung und sah sich gezwungen, Belisar gegen Totilas abzusenden, obgleich ihn die Perser noch sehr hart bedrängten. Der Winter ging zu Ende und mit ihm das neunte Jahr dieses Krieges, den Prokop beschrieben hat.

10. So ging denn Belisar zum zweiten Mal nach Italien. 544 Da er aber nur sehr wenig Leute hatte — denn sein eignes Gefolge mußte er den Persern gegenüber stehen lassen — durchzog er ganz Thrazien und warb durch reiche Geldspenden junge Leute als Freiwillige an. Bei ihm war auf kaiserlichen Befehl unter andern auch der Heermeister von Illyrien [2]), Vitalius, der soeben erst aus Italien zurückgekehrt war, wo er seine illyrischen Soldaten zurückgelassen hatte. Nachdem sie beide an 1000 Mann zusammengebracht hatten, begaben sie sich nach Salona in der Absicht, zunächst nach Ravenna zu gehen und womöglich von dort aus den Feldzug zu beginnen. Denn in die Gegend von Rom sich zu begeben, war ganz unmöglich: einerseits konnte man an dem Feinde nicht unbemerkt vorbeikommen, da er in Kalabrien und Kampanien seine Quartiere hatte; andrerseits war man zu schwach, um irgendwie offensiv hier vorzugehn. Unterdes waren den Belagerten zu Hydrus die Lebensmittel gänzlich ausgegangen, so daß sie mit den belagernden Barbaren Verhandlungen bereits anknüpften, um ihnen den Platz zu übergeben, und sie hatten einen bestimmten Tag dafür bereits festgesetzt. Da ließ Belisar Schiffe mit Lebensmitteln für ein Jahr beladen und schickte sie nach Hydrus unter dem Kommando des Valentinus ab; dieser hatte den Befehl, die alte Besatzung, die durch Krankheit und Hunger, wie Belisar wohl wußte, arg mitgenommen war, eiligst

---

1) Otranto. — 2) Magister militum per Illyricum.

544 aufzunehmen und statt ihrer eine genügende Anzahl von seinen
eignen Leuten dort zu lassen, die mit frischen Kräften, reichlich
mit Proviant versehen, dann die Belagerung besser aushalten
würden. Valentin segelte bei günstigem Winde mit seiner Flotte
ab und kam glücklich vier Tage vor dem festgesetzten Termin bei
Hydrus an, dessen Hafen er unblokiert vorfand. Er besetzte ihn
und zog ungehindert in die Festung ein. Die Gothen hatten
nämlich im Vertrauen auf jenes Abkommen sich keines feindlichen
Unternehmens mehr versehen und die Belagerungsmaßregeln schon
vernachlässigt. Als sie nun plötzlich die Flotte heranfahren sahen,
befiel sie solche Furcht, daß sie die Belagerung aufhoben. Sie
bezogen in ziemlicher Entfernung von dem Platze ein Lager und
meldeten dem Totilas, wie es ihnen ergangen sei. Als von Va=
lentins Leuten einige auszogen, um die Umgegend auszuplündern,
stießen sie am Gestade auf die Feinde und wurden mit ihnen
handgemein. Sie wurden so gründlich geschlagen, daß die meisten
sich fliehend in die Fluten des Meeres stürzten; nach einem Verlust
von 170 Mann fand sich der Rest wieder in die Festung ein.
Valentin schiffte die alte Besatzung ein, die er halbtodt vorge=
funden hatte, ließ statt derselben frische Leute und Proviant auf
ein Jahr, wie Belisar befohlen hatte, zurück und fuhr mit den
übrigen nach Salona zurück. Von dort segelte nun Belisar mit
der ganzen Flotte nach Pola[1]), wo er einige Zeit mit der Or=
ganisation seines Heeres zubrachte. Als Totilas von seiner An=
kunft hörte, wollte er gern wissen, wie stark die Macht sei, die
Belisar führte, und brauchte folgende List. Ein gewisser Bonus,
ein Vetter des Johannes, befehligte die Besatzung von Genua.
Unter dessen Namen schrieb er einen Brief an Belisar, in dem
er ihn bat, er möge schleunigst zum Entsatz herbeieilen, da er sich
in äußerst mißlicher Lage befände. Darauf wählte er fünf um=
sichtige Leute aus, übergab ihnen das Schreiben und schärfte
ihnen ein, sich für Abgesandte des Bonus auszugeben und sich

1) Statt an der Küste von Istrien.

ganz genau Belisars Macht anzusehen.   Als sie vor Belisar 541
kamen, wurden sie von ihm mit seiner gewöhnlichen Leutseligkeit
empfangen.   Dann las er den Brief und trug ihnen die Bot=
schaft auf, er werde sehr bald mit seinem ganzen Heere anrücken.
Jene hielten genaue Umschau, wie ihnen Totilas geheißen hatte,
kehrten in das Gothenlager zurück und versicherten, Belisars Macht
sei durchaus nicht der Rede werth.

Mittlerweile bemächtigte sich Totilas der Feste Tibur [1]), in
welcher Isaurier als Besatzung lagen, durch Verrath.   Und das
ging so zu.   Einige von den Einwohnern standen gemeinschaftlich
mit den Isauriern Posten an den Thoren.   Mit diesen verun=
einigten sie sich, als sie mit ihnen auf Wache waren, trennten
sich ohne allen Grund von ihnen und ließen bei Nacht die Feinde,
deren Lager ganz nahebei war, in die Stadt.   Als die Isaurier
merkten, daß die Stadt verloren war, hielten sie so gut zusammen,
daß sie sich fast alle glücklich durchschlugen.   Von den Einwohnern
aber ließen die Gothen keinen einzigen am Leben sondern brachten
alle, selbst den Priester der Stadt, um, auf eine Art und Weise,
die ich zwar wohl kenne, aber nicht erzählen will, um nicht für
die Nachwelt dies Beispiel von Unmenschlichkeit zu verewigen.
Hierbei kam u. a. Catellus ums Leben, ein Italiker von hohem
Ansehen.   Auch den Tiberstrom bekamen die Gothen in ihre Ge=
walt, so daß die Römer nicht mehr aus Tuscien Lebensmittel
den Tiber hinunter fahren konnten; denn der Ort, der 120 Sta=
dien [2]) von Rom in der Nähe des Flusses liegt, wehrte als
feindliches Bollwerk denen, die jene Fahrt machen wollten.

11. Solches war das Schicksal von Tibur.

Belisar kam mit seiner ganzen Flotte in Ravenna an, versam=
melte die Gothen, welche sich daselbst aufhielten und die römischen
Soldaten und hielt ihnen folgende Rede: „Nicht zum ersten Mal
geschieht es jetzt, daß das, was Tüchtigkeit aufgebaut hat, durch

---

1) Tivoli am Aniene, Nebenfluß des Tiber, westlich von Rom. — 2) ca. 22 Km.

544 Untüchtigkeit zu Grunde geht. Denn von Alters her haftet den
menschlichen Dingen diese Schwäche an, und viele Thaten wackerer
Männer konnte die Schlechtigkeit der verworfensten Menschen zu
Schanden machen. So sind auch des Kaisers Angelegenheiten
verdorben worden. Jetzt will er aber das Verfehlte wieder gut
machen, und so groß ist sein Eifer, daß er die Bewältigung der
Perser den hiesigen Angelegenheiten hintansetzt und es für gut
gehalten hat, mich zu Euch hierher zu schicken, damit ich ausbessere
und wieder gut mache, was etwa die Obersten an seinen Sol=
daten oder den Gothen gefehlt haben. Niemals einen Fehler
zu begehen, das entspricht nicht der menschlichen Art und ist
wider die Natur der Dinge; die begangenen Fehler wieder gut
zu machen, das ziemt sich so recht für einen Kaiser und ist seinen
geliebten Unterthanen eine wahre Erquickung. Denn Ihr sollt
nicht nur von dem, was Euch drückt, befreit werden, sondern
das Wohlwollen, das der Kaiser für Euch hat, sofort wahrnehmen
und genießen. Was könnte einem Menschen wohl Herrlicheres
zu Theil werden? Da ich nun eigens zu diesem Zwecke bei
Euch bin, muß nun auch ein jeder von Euch alle seine Kräfte
anstrengen, um daraus entsprechenden Nutzen zu ziehen. Wenn
also jemand unter Euch Verwandte oder Freunde bei dem Thyran=
nen Totilas hat, so soll er sie eiligst abrufen und ihnen die
kaiserliche Willensmeinung kundthun. Denn auf diese Weise
würdet Ihr die Gunst des Friedens und die Gnade des erhabenen
Kaisers genießen. So z. B. bin ich gar nicht hierher gekommen,
um mit irgend jemand Krieg zu führen, und es würde mir sehr
schmerzlich sein, gegen Unterthanen des Kaisers feindlich auf=
treten zu müssen. Wenn aber trotzdem einige von diesen das,
was ihnen besser frommt, schnöde von sich weisen, andre sogar
uns feindlich gegenübertreten, so würden auch wir, obwohl nur
mit äußerstem Widerstreben, uns gezwungen sehen, sie als Feinde
zu behandeln." So sprach Belisar. Von den Feinden ging
aber Niemand zu ihm über, weder ein Gothe noch ein Römer.

Darauf sandte er seinen Doryphoren Thorimuth mit einer An= 544
zahl von dessen Leuten, ferner Vitalius und die illyrischen Sol=
daten in die Aemilia, um sich dort womöglich der festen Plätze
zu bemächtigen. Vitalius kam mit dieser Heeresmacht bis in
die Gegend von Bononia [1]), nahm einen von den festen Plätzen
dort und blieb dann ruhig in der Stadt Bononia. (Plötzlich
entfernen sich sämmtliche Illyrier und begeben sich in ihre Heimath,
weil sie seit ihrer Ankunft in Italien keinen Sold erhalten
haben, auch schlecht verpflegt werden, und die Hunnen ihnen Wei=
ber und Kinder in die Sklaverei fortschleppen. Durch Gesandte
bitten sie den Kaiser um Verzeihung, die ihnen schließlich auch
gewährt wird.) Als nun Totilas von dem Abzug der Illyrier
Kunde erhielt, schickte er eine Abtheilung nach Bononia, um Vi=
talius und seine Leute aufzuheben. Aber Vitalius und Thori=
muth hatten sich in einen Hinterhalt gelegt, tödteten eine große
Zahl der Heranziehenden und zwangen die übrigen zur Flucht.
(In diesem Gefecht zeichnete sich der Comes Illyrici Nazares am
meisten aus). Darauf begab sich Thorimuth zu Belisar nach
Ravenna.

Dann schickte Belisar drei seiner Doryphoren, Thorimuth,
Ricilas und Sabinian mit 1000 Mann nach Auximum [1]), um
Magnus und den Römern, die dort belagert wurden, Entsatz
zu bringen. Ohne von Totilas und dem feindlichen Heer be=
merkt zu werden, kamen sie glücklich bei Nacht nach Auximum
hinein und beschlossen, einige Ausfälle auf den Feind zu unter=
nehmen. Als ihnen am folgenden Tage um die Mittagszeit
gemeldet wurde, daß eine Anzahl Feinde ganz nahe herangekommen
sei, ritten sie hinaus, jenen entgegen, hielten es aber doch für
gerathen, erst Patrouillen vorzuschicken, um die Stärke der Feinde
zu erkunden und nicht blind draufloszugehen. Belisars Doryphor
Ricilas hatte gerade einen Rausch: er ließ niemand anders als
Patrouille reiten, sondern gab seinem Pferde die Sporen und

---

1) Bologna. — 2) Osimo, südlich von Ancona.

544 sprengte vor. (Er wird von den Gothen umzingelt und fällt,
von Speeren überschüttet. Die Römer können nur seine Leiche
retten und bringen sie nach Auximum hinein.) Dann kamen
Sabinian und Thorimuth mit Magnus dahin überein, daß es
sich nicht empfehle, wenn sie länger ihren Aufenthalt dort nähmen.
Denn einmal könnten sie den Gothen im offnen Kampf nicht
gegenübertreten, und zweitens würde die Stadt nur schneller in
die Hände der Feinde fallen, wenn sie mit von dem Proviant
der Belagerten zehrten. Nach dieser Abmachung rüsteten sie sich
mit ihren 1000 Mann zum Abzug, den sie bei Nacht bewerk=
stelligen wollten. Leider aber lief unbemerkt ein Soldat ins
feindliche Lager über und meldete dort, was im Werke war.
Sofort ließ Totilas 2000 auserlesene Leute unter die Waffen
treten und besetzte bei einbrechender Nacht die Wege, 30 Stadien [1])
von Auximum entfernt, ohne daß jemand etwas merkte. Als
diese nun um Mitternacht die Feinde heranziehen sahen, zogen
sie die Schwerter und stürzten auf sie los. Sie hieben 200
Mann nieder; Sabinian und Thorimuth kamen mit den übrigen
unter dem Schutze der dunklen Nacht nach Ariminum [2]) durch.
Alle Lastthiere, auf denen sich die Diener, Waffen und Gewänder
der Soldaten befanden, fielen in die Hände der Gothen.

Zwischen Auximum und Ariminum befinden sich zwei Städte
am Ufer des adriatischen Meeres, Pisaurum und Fanum [3]).
Beider Gebäude hatte Witichis am Anfang des Krieges nieder=
brennen und über die Hälfte des Mauerwerks zerstören lassen,
damit nicht die Römer sich dort festsetzten und den Gothen un=
bequem würden. Den einen von beiden Plätzen, Pisaurum, beschloß
Belisar zu besetzen, weil ihm die Örtlichkeit zur Weide für die
Pferde passend erschien. Er schickte nun bei Nacht einige Leute
aus seiner nächsten Umgebung und ließ von ihnen in aller Stille
Breite und Länge eines jeden Thores ausmessen. Dann ließ er
die Thorflügel zimmern und mit Eisen beschlagen, packte sie auf

1) 5,5 Km. — 2) Rimini. — 3) Pesaro und Fano.

Kähne und schickte sie ab mit Sabinian und Thorimuth, die sie ⁵¹⁴ schnell in die Mauern einfügen und dann innerhalb des Mauer= ringes bleiben sollten. Wenn sie sich so in Sicherheit gebracht hätten, sollten sie die eingestürzten Theile der Mauer mit Steinen, Lehm oder sonstwie ausfüllen. Sie kamen dem Befehl nach. Sobald als Totilas dies erfuhr, zog er mit großer Heeresmacht gegen sie aus. Sein Handstreich mißlang, und nachdem er einige Zeit dort gelegen hatte und den Platz nicht hatte nehmen können, zog er unverrichteter Sache wieder zurück ins Lager von Auximum. Von den Römern aber ließ sich keiner mehr im freien Felde sehen, sondern jedermann blieb innerhalb der Festungs= mauern. Von seinen Doryphoren schickte Belisar auch zwei nach Rom, den Perser Artasires und den Thrazier Barbation, um Bessas, der dort stand, in der Bewachung der Stadt zu unter= stützen. Auch diese hatten strengen Befehl, sich durchaus nicht mit den Feinden einzulassen. Als nun Totilas und das Gothen= heer merkten, daß Belisars Macht nicht bedeutend genug sei, um ihnen in offner Feldschlacht entgegenzutreten, fingen sie an, gegen die festesten Plätze vorzugehen. So setzten sie sich in Picenum vor Firmum und Asculum¹) und begannen, beide zu belagern. Der Winter ging zu Ende und mit ihm das zehnte Jahr dieses Krieges, den Prokop beschrieben hat.

12. Da Belisar durchaus keine Möglichkeit sah, den Be= ⁵¹⁵ lagerten zu helfen, sandte er den Johannes, Vitalians Neffen, nach Byzanz, nachdem er ihn einen theuern Eid hatte schwören lassen, daß er alles daransetzen werde, so bald als möglich zu= rückzukehren. Derselbe sollte den Kaiser bitten, zahlreiche Truppen, viel Geld, Waffen und Pferde zu schicken. Denn Soldaten hatte er sehr wenige, und diese wollten sich durchaus nicht schla= gen, da sie behaupteten, die Staatskasse sei ihnen noch viel Geld schuldig und sie litten Mangel an den nöthigsten Bedürf= nissen. Und das war wirklich der Fall. Wegen dieser Dinge

---

1) Fermo und Ascoli Piceno.

⁸⁴⁵ schrieb Belisar an den Kaiser. Der Brief hatte aber folgenden Inhalt: „Wir sind nach Italien gekommen, o bester der Kaiser, ohne Leute, Waffen, Pferde, Geld. Und wer von diesen Sachen nicht die Fülle hat, ist meiner Ansicht schwerlich im Stande, mit Erfolg Krieg zu führen. Thrazien und Illyrien haben wir von oben biß unten durchzogen und einige, wenige Soldaten dort angeworben. Wir müssen nun mitansehen, wie diese kümmer= lichen Leute weder Waffen haben noch irgendwie kriegsgeübt sind. Diejenigen aber, die wir hier vorgefunden haben, sind mit ihrer Lage unzufrieden und fürchten sich vor den Feinden, denn ihr Gemüth ist bedrückt durch die zahlreichen Niederlagen, die sie erlitten haben: ja, sie haben sich nicht damit begnügt, einen Zusammenstoß mit den Feinden zu vermeiden, sondern haben ihre Pferde laufen lassen, ihre Waffen weggeworfen. Einkünfte aus Italien herauszuziehen ist ganz unmöglich, da es sich wieder vollständig in den Händen der Feinde befindet. Deßhalb be= finden wir uns den Soldaten gegenüber in einer höchst mißlichen Lage: da wir mit dem Solde in Rückstand sind, so können wir keinen unbedingten Gehorsam verlangen — das Bewußtsein, in ihrer Schuld zu sein, lähmt die Kraft des Befehls. Auch das, o Herr, will ich Dir nicht verschweigen, daß die meisten von Deinen Leuten als Überläufer bei den Feinden weilen. Wenn es nur darauf ankam, Belisar allein nach Italien zu schicken, so steht es mit Deiner Kriegsrüstung vortrefflich, denn ich be= finde mich mitten unter Italiern; wenn Du aber Deine Gegner überwältigen willst, so mußt Du auch für das Übrige sorgen: denn ein Feldherr ohne Untergebene ist ein Unding. Es würde sich nun zunächst empfehlen, mir meine Doryphoren und Hypas= pisten zu schicken und außerdem Hunnen und andre Barbaren, so viel wie möglich, und diesen muß sogleich ihr Sold ausge= zahlt werden.“

Solches schrieb Belisar. Johannes aber hielt sich lange Zeit in Byzanz auf, ohne etwas von dem zu thun, weswegen

er dorthin gekommen war. Vielmehr verheirathete er sich mit 545
der Tochter des Germanus, der ein Neffe des Kaisers war.
Unterdessen ergaben sich Firmum und Asculum an Totilas, und
dieser marschierte nach Tuscien, um Spoletium und Asisium [1])
zu belagern. Die Besatzung von Spoletium befehligte Herodian,
die von Asisium Sisifrid, von Abkunft ein Gothe, aber den
Römern und dem Kaiser aufrichtig ergeben. Herodian nun
schloß mit den Feinden einen Waffenstillstand von dreißig Tagen.
Sollte bis zum Ablauf dieser Frist sich keine Hülfe zeigen, so
wollte er die Stadt sammt der Besatzung und den Bewohnern
an die Gothen ausliefern. Als nun der verabredete Tag heran=
gekommen, von römischen Truppen aber nirgend etwas zu sehen,
war, so übergaben Herodian und die Besatzung dem Vertrage
gemäß sich und Spoletium an Totilas und die Gothen. Hero=
dian soll das aus Haß gegen Belisar gethan haben, weil ihm
dieser gedroht hatte, er werde ihn wegen seines früheren Ver=
haltens zur Rechenschaft ziehen. So erging es mit Spoletium.
Sisifrid aber machte mit seinen Leuten Ausfälle; bei der Ge=
legenheit verlor er die Mehrzahl derselben und kam dann selbst
ums Leben. Unter diesen Umständen hielten es die Bewohner
von Asisium fürs Beste, sofort die Stadt den Feinden auszu=
liefern. Totilas aber stellte an Cyprian das Ansinnen, er solle
ihm Perusia [2]) ausliefern; wenn er es nicht thäte, so drohte er
mit seinem Zorn — für den Fall, daß er sich willfährig zeige,
versprach er ihm reiche Belohnung. Da Cyprian sich auf nichts
einlassen wollte, so wurde einer von seinen Doryphoren, Na=
mens Uliphus, bestochen, den Mann mit Hinterlist aus dem
Wege zu räumen. Als nun Uliphus einmal mit Cyprian allein
war, stieß er ihn nieder und flüchtete sich dann zu Totilas.
Nichtsdestoweniger erhielten Cyprians Soldaten die Stadt dem
Kaiser, so daß die Gothen es für angezeigt erachteten, die Be=
lagerung aufzuheben.

1) Spoleto und Assisi. — 2) Perugia.

515   **13.** Darauf ging Totilas gegen Rom vor und, als er nahe
genug gekommen war, rüstete er sich zur Belagerung. In ganz
Italien ließ er die Bauern ruhig bei ihrer Arbeit und hieß sie
ohne Furcht ihr Land wie immer bebauen; nur die Steuern, die
sie früher an die Staatskasse und die Gutsbesitzer abgeführt hatten,
mußten sie jetzt ihm zahlen. — Als sich eine Anzahl Gothen
den Mauern Roms näherte, so machten Artaseires und Barbation,
trotzdem Bessas abrieth, mit dem größten Theil ihrer Leute einen
Ausfall auf sie. Sie tödteten viele Feinde und schlugen die übrigen
in die Flucht. Als sie aber dieselben hitzig verfolgten, fielen sie in
einen Hinterhalt der Feinde. Dabei verloren sie fast alle Sol=
daten und kamen nur mit einigen wenigen glücklich davon. Seit=
dem wagte man keinen Ausfall mehr, obgleich die Feinde öfters
ein Treffen anboten. Nun fing der Hunger an, die Römer sehr
zu drücken, da sie nicht mehr die Lebensmittel von den Feldern
in die Stadt bringen konnten und die Zufuhr von der Seeseite
ihnen abgeschnitten war. Denn seit die Gothen im Besitz von
Neapel waren, hatten sie dort eine zahlreiche Flottille aufgestellt
und hielten an den sogenannten Inseln des Aeolus[1]) und den
andern jener Gegend scharfe Wache, so daß die Schiffe, welche
von Sizilien nach Portus fahren wollten, sämmtlich mit ganzer
Bemannung ihnen in die Hände fielen. — Totilas schickte eine
Heeresabtheilung in die Aemilia mit dem Auftrage, in Güte oder
mit Gewalt Placentia[2]) zu nehmen, welches die stark befestigte
Hauptstadt jener Landschaft ist und am Po liegt. Von allen
Ortschaften der Gegend war es allein noch in den Händen der
Römer. Sobald dieses Heer vor Placentia angelangt war,
forderte man die Besatzung auf, sich an Totilas und die Gothen
zu ergeben. Als diese Aufforderung ohne Erfolg blieb, schlugen
sie ein Lager auf und schlossen die Stadt ein, da ihnen nicht
verborgen geblieben war, daß sie nicht genügend verproviantiert
sei. — Damals ward zu Rom in den kaiserlichen Obersten der

2) Die liparischen Inseln. — 2) Placenza.

Verdacht rege, daß Cethegus, ein Patrizier und Princeps Senatus, 513
auf Verrath sinne. Derselbe hielt es daher für richtig, sich nach
Centumcellae zu begeben.

Belisar, welcher für Rom und den Ausgang des Krieges
fürchten mußte und doch von Ravenna aus mit seiner geringen
Streitmacht keine Hülfe bringen konnte, beschloß, von dort aufzubrechen und die Plätze nahe bei Rom zu besetzen, damit er so
im Stande wäre, den Belagerten zur Hülfe nahe zu sein. Auch
reute es ihn, gleich anfangs nach Ravenna gegangen zu sein,
wozu ihn Vitalius nicht gerade zum Vortheil der kaiserlichen
Sache veranlaßt hatte, weil er dadurch, daß er sich dort einschloß,
das Spiel gewissermaßen in die Hände der Feinde gegeben hatte.
Nach meiner Ansicht hat Belisar entweder das weniger Richtige
gethan, weil es damals den Römern schlecht gehen sollte, oder
er hat zwar das Richtige erkannt, Gott aber die Ausführung
des Beschlusses verhindert, weil er Totilas und den Gothen
helfen wollte und deshalb Belisars richtigste Entschlüsse in das
Gegentheil verkehrte. Ob sich das so oder so verhalten hat,
vermag ich nicht zu erklären. Belisar ließ nun Justin als Kommandanten von Ravenna zurück, brach selbst mit geringer Mannschaft von dort auf und marschirte durch Dalmatien und die
angrenzende Landschaft nach Epidamnus[1]), wo er auf Verstär-
kung aus Byzanz wartete. In einem Brief an den Kaiser setzte
er die Lage der Dinge auseinander. Jener schickte bald darauf
Vitalians Neffen, Johannes, und den Armenier Isaak, den Bruder
des Aratius und des Narses, mit einem Heere ab, das sich aus
Barbaren und Römern zusammensetzte. Diese kamen in Epidamnus an und vereinigten sich mit Belisar. Auch sandte der
Kaiser den Eunuchen Narses zu den Herulerfürsten, um möglichst viele für einen Zug nach Italien zu gewinnen. Wirklich
gingen zahlreiche Heruler mit ihm, die unter andern Philemuth
kommandierte, und zogen mit ihm durch Thrazien. Dort wollten

[1]) Durazzo.

sie überwintern und mit Frühlingsanfang zu Belisar sich be=
geben. Bei ihnen war auch Johannes, mit dem Beinamen
Phagan.[1]) Auf diesem Marsch bot sich ihnen die Gelegenheit,
unvermutheter Weise den Römern einen großen Dienst zu leisten.
Es hatte nämlich kurz zuvor ein großer Haufen der barbarischen
Sklavenen die Donau überschritten, der in dem römischen Gebiet
raubte, plünderte und die Bewohner als Sklaven wegschleppte.
Mit diesen wurden die Heruler plötzlich handgemein, schlugen die
an Zahl weit überlegenen Feinde, hieben sie nieder und entließen
alle Gefangenen wieder in ihre Heimat. Hierbei nahm Narses
einen Menschen gefangen, der sich den Namen des Chilbudius
anmaßte, eines sehr angesehenen Mannes, der Heermeister ge=
wesen war, und deckte nun mit leichter Mühe den Betrug auf.

14. (Der echte Chilbudius war als Heermeister von Thra=
zien[2]) wiederholentlich über die Donau gegen Anten und Sklavenen
zu Felde gezogen und endlich in einer Schlacht gefallen. Ein Ante,
der denselben Namen trug, hatte bei seinen Volksgenossen sich
für den Gefallenen ausgegeben und war auf dem Wege nach
Byzanz, um sich in seiner angemaßten Würde bestätigen zu lassen
und für die Anten ein Bündniß mit dem Kaiser abzuschließen.
Diesen Betrüger faßte Narses und nahm ihn als Gefangenen
mit nach Byzanz. — Prokop beschreibt die Sitten beider Völker,
wie folgt.) Diese beiden Stämme, die Sklavenen und Anten,
stehen nicht unter der Herrschaft eines Mannes, sondern sie leben
von Alters her als Volksstaat, so daß Glück und Unglück alle
gemeinschaftlich tragen. Auch in Bezug auf alles andere, Gesetze
und Bräuche, sind diese Barbaren völlig gleich. Denn sie kennen
nur einen Gott, den Blitzschleuderer, und glauben, daß er allein
der Herr sei über alles. Sie opfern ihm Stiere und allerlei andere
Opferthiere. Das Schicksal kennen sie nicht und wissen auch nicht,
daß es irgend eine Macht über die Menschen hat; sondern wenn
ihnen der Tod vor Augen steht, sei es, daß sie von einer Krank=

1) Der Fresser. — 2) Magister militum per Thraciam.

heit ergriffen find ober in den Krieg ziehen, so geloben sie, für 345
ben Fall der Rettung dem Gott sofort ein Opfer darzubringen;
kommen sie glücklich durch, so opfern sie nach ihrem Gelübde und
glauben, daß sie ihr Leben mit diesem Opfer sich erkauft haben.
Außerdem erweisen sie den Flüssen, Quellen und andern Dämonen
göttliche Ehren, bringen ihnen allen Opfer dar und benutzen diese
Opfer zu Orakelsprüchen. Sie wohnen in dürftigen Zelten, weit
von einander getrennt, und die einzelnen wechseln oft ihre Wohn=
sitze. Ins Feld rücken die meisten zu Fuß mit kleinen Schilden
und Wurfspießen. Panzer tragen sie nicht; manche haben sogar
weder Ober= noch Untergewand, sondern gehen dem Feinde ent=
gegen, indem sie nur die Hosen bei einem Schurz um die Lenden *m*
hinaufziehen. Sie sprechen ein und dieselbe, furchtbar barbarische
Sprache und unterscheiden sich auch im Äußeren nicht von einander.
Alle sind sie sehr groß und stark; ihre Haut= und Haarfarbe ist
weder weiß noch blond, auch nicht gerade schwarz, sondern sie
sind ganz und gar röthlich. Wie die Massageten, leben sie in
Rohheit und Dürftigkeit und starren wie jene von Schmutz. Da=
bei sind sie durchaus nicht schlecht oder bösartig, sondern kommen
auch in Bezug auf die Einfachheit der Lebensweise den Hunnen
gleich. Von Alters her nannten sich Sklavenen und Anten auch
mit demselben Namen, nämlich Spori [1]), meiner Meinung, weil
sie so zerstreut in Zelten wohnen. Deshalb ist auch ihr Gebiet
sehr groß: sie bewohnen nämlich fast das ganze jenseitige Donau=
ufer. So weit über dieses Volk .... Ich wende mich nun
wieder zu dem Punkte, von welchem ich ausgegangen bin.

15. Während der Kaiser in der beschriebenen Weise handelte, schickte Belisar den Valentin und einen seiner Doryphoren,
Namens Phokas, einen ausgezeichneten Offizier, mit einer Truppen=
macht nach Portus, um die dortige Besatzung, die unter Inno=
centius stand, zu verstärken und womöglich durch Ausfälle das
feindliche Lager zu beunruhigen. Valentin und Phokas schickten

1) vom griechischen Verbum σπείρω, welches „streuen" bedeutet, vgl. Diaspora.

345 nun unbemerkt Boten nach Rom und ließen Bessas sagen, sie
würden sofort einen Handstreich auf die feindlichen Schanzen ver=
suchen: er solle die besten von den Soldaten in Rom aussuchen
und eiligst zur Unterstützung einen Ausfall machen, sobald er den
Angriff bemerkt hätte, damit sie auf diese Weise beide den Bar=
baren schweren Schaden zufügen könnten. Das paßte aber dem
Bessas keineswegs, obwohl er 3000 Mann bei sich hatte. Als
nun Valentin und Phokas mit 500 Mann einen Vorstoß gegen
das feindliche Lager machten, tödteten sie einige Leute, und der
Waffenlärm kam den Belagerten wohl zu Ohren; da aber nie=
mand aus der Stadt hervorkam, kehrten sie schleunigst wieder
um und gelangten ohne allen Verlust wieder nach Portus. Noch
einmal sandten sie Boten an Bessas, beschuldigten ihn unver=
antwortlicher Saumseligkeit und versprachen, in nächster Zeit einen
zweiten Handstreich gegen die Feinde zu unternehmen; wieder for=
derten sie ihn auf, zu gleicher Zeit mit seiner ganzen Macht einen
Ausfall zu machen. Nichtsdestoweniger beharrte er auf seinem
Vorsatz, keinen entscheidenden Schlag außerhalb der Mauern zu
wagen. Valentin und Phokas wollten nun mit größerer Macht
den Feind anfallen und hatten schon alles dazu vorbereitet. Unter=
dessen war einer von Innocentius' Soldaten zum Totilas über=
gelaufen und hatte ihm angezeigt, daß man am folgenden Tage
von Portus aus einen Angriff auf ihn machen werde. Sofort
legte er an allen geeigneten Punkten tapfere Krieger in den Hinter=
halt. Dahinein geriethen denn Valentin und Phokas mit ihren
Leuten am nächsten Tage: sie selbst und fast alle ihre Soldaten
fanden den Tod; nur wenige retteten mit knapper Noth das
Leben und erreichten Portus.

In derselben Zeit schickte der Erzbischof von Rom, Vigilius,
der auf Sizilien seinen Wohnsitz aufgeschlagen hatte, eine große
Anzahl von Schiffen voll Getreide ab, in der Meinung, die
Schiffsleute würden ihre Ladung auf irgend eine Weise nach Rom
durchbringen. Diese Schiffe nun segelten nach Portus; die Feinde

aber erhielten Kunde davon, kamen ihnen zuvor und versteckten 545
sich hinter den Molen, um sie ohne Mühe abzufangen, sobald
sie in den Hafen eingefahren seien. Als das die Leute der Be=
satzung von Portus bemerkten, begaben sie sich alle an die Brust=
wehren und wehten mit Tüchern, womit sie den Schiffen andeuten
wollten, sie sollten nicht weiter fahren, sondern irgendwohin aus=
biegen. Diese verstanden die Zeichen falsch und glaubten, die
Leute von Portus freuten sich über ihre Ankunft und forderten
sie auf, in den Hafen einzufahren. Da ihnen noch dazu der
Wind günstig war, segelten sie in voller Fahrt in den Hafen
hinein. Auf diesen Schiffen befand sich außer vielen andern
Römern auch ein Bischof, Namens Valentin. Die Barbaren
kamen aus ihrem Hinterhalt hervor und nahmen alle Fahrzeuge,
ohne die geringste Gegenwehr zu finden. Den Bischof führten
sie vor Totilas, die anderen brachten sie alle um und nahmen
die Schiffe sammt der Fracht mit sich weg. Diesen Bischof fragte
Totilas, was er zu wissen wünschte, dann warf er ihm vor,
daß er durchaus nicht die Wahrheit rede, und ließ ihm beide
Hände abhauen. So hat sich dieß zugetragen. Nun ging der
Winter zu Ende und mit ihm das elfte Jahr dieses Krieges,
den Prokop beschrieben hat.

16. Vigilius, der Erzbischof von Rom, begab sich auf Wunsch 546
des Kaisers von Sizilien, wo er schon lange darauf gewartet
hatte, nach Byzanz. Zu dieser Zeit waren den Römern, welche
in Placentia belagert wurden, die Lebensmittel gänzlich ausge=
gangen, so daß sie vor Hunger zu unerhörter Speise griffen. Sie
hatten nämlich schon Menschenfleisch genossen, und deshalb über=
lieferten sie sich und Placentia in die Hände der Gothen. So
ging es hier zu, und auch in Rom, welches Totilas belagerte,
stieg die Noth aufs Höchste. Nun war unter den Priestern zu
Rom einer, Namens Pelagius, seines Amtes ein Diakon, der lange
Zeit in Byzanz gelebt und dort sich die wärmste Freundschaft
des Kaisers Justinian erworben hatte — dieser war kurz zuvor

⁵⁴⁶ mit reichen Schätzen nach Rom zurückgekehrt. Während der Be=
lagerung hatte er den größten Theil davon den Nothleidenden
zukommen lassen und natürlich durch diese Handlungsweise das
Ansehen, das er sonst schon bei allen Italikern besaß, noch be=
deutend erhöht. Diesen Pelagius nun veranlaßten die Römer,
welche furchtbar von der Hungersnoth litten, zu Totilas zu
gehen, um für sie einen Waffenstillstand von einigen wenigen
Tagen zu erwirken unter der Bedingung, daß, wenn innerhalb
dieser Frist keine Hülfe von Byzanz für sie einträfe, sie sich
sammt der Stadt den Gothen ergeben wollten. Mit diesem
Auftrag erschien Pelagius vor Totilas, der ihn ehrfurchts=
voll und leutselig empfing und folgende Worte an ihn richtete:
(Totilas versichert ihn des größten Wohlwollens, nur dürfe er
von drei Dingen nicht reden, von den Sizilianern, Roms Mauern
und den übergelaufenen Sklaven. Die Sizilianer haben den
Gothen mit schnödestem Undank gelohnt, indem sie den Römern
bereitwilligst alle Thore öffneten und das belagerte Rom so reich=
lich mit Getreide versahen, daß es sich ein Jahr lang hat halten
können. Deshalb können wir ihnen nicht verzeihen, denn ihre
Schuld ist so schwer, daß kein Mitleid dagegen aufkommen kann.
Die Mauern Roms schützen das feindliche Heer, das sich nie zum
offnen Kampfe stellt, sondern durch allerlei Hinterlist und Über=
fall die Gothen schädigt. Deshalb müssen wir dafür sorgen, daß
dergleichen für die Zukunft unmöglich wird. Auch Euch Römern
wird die Zerstörung der Mauern von Nutzen sein, denn dadurch
werden Euch künftig die Leiden einer Belagerung erspart bleiben,
und Rom wird dem Sieger in der Feldschlacht als Preis zufallen.
Den Sklaven, die sich zu uns geflüchtet haben, halten wir das
Versprechen, sie niemals auszuliefern — denn wenn wir das nicht
thäten, so würden wir die unauslöschliche Schmach des Treubruchs
zeitlebens mit uns herumtragen müssen.) Auf diese Worte des
Totilas antwortete Pelagius, (nach dem Gehörten wage er gar
nicht mehr, seine Bitte vorzutragen; wenn er den Sizilianern schon

so heftig zürne, was hätten dann die Römer, die wider ihn zu 546 den Waffen gegriffen hätten, zu hoffen? Er stelle seine Sache Gott anheim, der diejenigen zu strafen pflege, welche die Bitten= den verächtlich behandeln.)

17. Nach solchen Worten ging Pelagius, und als die Römer ihn unverrichteter Sache zurückkehren sahen, waren sie völlig rath= los; denn die Noth, welche von Tag zu Tag immer höher stieg, bereitete ihnen unerträgliche Qualen. Die Soldaten dagegen konnten es allenfalls aushalten, da die Lebensmittel ihnen noch nicht völlig ausgegangen waren. Deshalb versammelten sich die Römer, traten vor die kaiserlichen Obersten, Bessas und Konon, und sprachen unter lautem Weinen und Wehklagen: („Entweder seht uns als Eure Sklaven an und gebt uns als solchen zu essen — wir wollen gern dafür Sklavendienste bei Euch verrichten, oder laßt uns aus der Stadt, damit Ihr der Mühe überhoben seid, Eure Sklaven zu begraben, oder gebt uns den Tod und damit die Befreiung von unsern Leiden!") Darauf antwortete Bessas, Lebensmittel ihnen zu geben, sei unmöglich — sie zu tödten, verstoße gegen die Gesetze der Religion — sie aus der Stadt zu lassen, sei höchst bedenklich. Er versicherte, Belisar und ein Heer aus Byzanz würden in allernächster Zeit Entsatz bringen, und mit diesem Trost entließ er die Römer.

Die Hungersnoth, welche durch die lange Dauer der Be= lagerung höher und höher stieg, wurde immer drückender und zwang die Menschen, zu seltsamen und unnatürlichen Nahrungs= mitteln zu greifen. Zuerst verkauften Bessas und Konon, die Befehlshaber der römischen Besatzung, von dem Getreide, das sie in großer Menge innerhalb der Mauern aufgespeichert hatten, und ebenso die Soldaten, was sie sich an ihren täglichen Rationen absparten, an die wohlhabenden Römer für schweres Geld; ein Scheffel galt nämlich sieben Goldstücke. Wer nicht in den Ver= hältnissen lebte, sich eine so theure Nahrung gestatten zu können, der erlegte den vierten Theil jenes Preises und kaufte sich dafür

14*

₅₁₆ einen Scheffel Kleie; die bittre Noth ließ ihnen diese Speise ganz köstlich und herrlich erscheinen. Wenn einmal die Hypaspisten des Bessas auf einem Streifzuge einen Ochsen aufbrachten, so ließen sie sich denselben von den Römern mit fünfzig Goldstücken be= zahlen. Wenn aber ein Römer in den Besitz eines gefallenen Pferdes oder dergleichen gelangte, so wurde er glücklich gepriesen, weil er sich an dem Fleisch eines verendeten Thieres satt essen konnte. Der große Haufen nährte sich überhaupt nur noch von Brennnesseln, welche an der Mauer und auf den Ruinen in der ganzen Stadt wachsen. Damit aber die scharfen Pflanzen nicht Lippen und Schlund verletzten, kochten sie die Nesseln sorgfältig vor dem Verspeisen. So lange nun ein Römer noch Geld hatte, kaufte er, wie schon gesagt, Korn oder Kleie und fristete damit das Leben; wenn ihm das Geld ausging, so brachte er all seine Habe zu Markte, um dafür das tägliche Brot einzutauschen. Schließlich aber, als die kaiserlichen Soldaten kein Getreide mehr hatten, das sie den Römern hätten verkaufen können, und selbst Bessas nur noch ganz wenig besaß, andrerseits den Römern nichts mehr geblieben war, womit sie hätten bezahlen können, so griffen alle zu den Nesseln. Da nun diese Speise sich als unzulänglich erwies und nicht völlig sättigte, so schwand ihnen das Fleisch von den Knochen, ihre Hautfarbe wurde grünlich, und sie wankten wie Gespenster einher. Manche fielen todt zu Boden, während sie noch eben gingen und Nesseln kauten. Andere wieder ver= schlangen menschliche Exkremente. Viele gaben sich den Tod, um den Qualen des Hungers ein Ende zu machen, da sie weder Hunde, noch Mäuse, noch sonst ein Thier fanden, das sie hätten essen können. (Ein Römer, Vater von fünf Kindern, den diese um Brot bitten, geht mit ihnen zur Tiberbrücke, verhüllt sein Antlitz und stürzt sich vor den Augen seiner Kinder und aller Römer in den Fluß.) Da ließen sich die kaiserlichen Obersten die Erlaubniß mit schwerem Gelde bezahlen, die Stadt zu ver= lassen. Nur wenige blieben zurück; fast alle verließen die Stadt,

so gut es eben ging. Die meisten waren schon so kraftlos 546
durch den Hunger geworden, daß sie unterwegs, auf dem Schiff
oder auf der Straße, ihren Geist aufgaben. Viele blieben auch
liegen und fanden von der Hand der Feinde den Tod. Dahin
hatte das Schicksal den Senat und das Volk von Rom gebracht.

18. Nachdem Johannes und Isaak mit ihrem Heer in Epi=
damnus angelangt waren und sich mit Belisar vereinigt hatten,
vertrat Johannes die Ansicht, man müsse über die Meerenge
segeln und dann mit dem ganzen Heere zu Fuß weiter mar=
schieren, komme, was da wolle. Belisar hielt dies nicht für
richtig und wollte vielmehr zu Schiff bis in die Nähe von Rom
sich begeben. Er meinte nämlich, der Landweg koste zu viel Zeit
und es könne sich irgend ein Hinderniß auf demselben einfinden.
Wenigstens sollte Johannes durch Kalabrien und die angrenzen=
den Landschaften ziehen, die geringe Anzahl von Barbaren, die
sich daselbst aufhielten, verjagen, und nach Unterwerfung der Land=
schaften am adriatischen Meer in die Nähe von Rom vorrücken
und sich mit ihm vereinigen. Dorthin wollte auch er mit dem
übrigen Heer zur See sich begeben. Denn er war der Ansicht,
daß bei den unsäglichen Leiden der belagerten Römer selbst der
geringste Verzug äußerst verhängnißvoll werden könne. Zur See
könne man bei günstigem Winde in fünf Tagen nach Portus
kommen, während zu Lande ein Heer von Hydrus [1]) aus nicht
einmal in vierzig Tagen den Marsch machen würde. Nachdem
Belisar dem Johannes diesen Auftrag ertheilt hatte, segelte der=
selbe mit der ganzen Flotte ab und kam mit gutem Winde
nach Hydrus. Als das die Gothen merkten, welche die dor=
tige Besatzung belagern sollten, hoben sie die Belagerung auf
und zogen sich eiligst auf Brundisium [2]) zurück, welches zwei Tage=
reisen weit von Hydrus am Strande des adriatischen Meeres liegt
und unbefestigt ist. Da sie nun vermutheten, Belisar werde von
dort auch den Durchmarsch versuchen, meldeten sie an Totilas,

1) Otranto. — 2) Brindisi.

¹¹⁶ wie die Sachen standen. Dieser hielt sein ganzes Heer marsch-
bereit, um Belisar entgegenziehen zu können, und befahl den
Gothen in Kalabrien, den Durchzug möglichst zu bewachen. Als
aber Belisar von Hydrus abfuhr, sobald ein günstiger Wind die
Segel schwellte, so wurden die Gothen sorglos und hielten in
Kalabrien nicht mehr strenge Wacht. Auch Totilas blieb ruhig
liegen und bewachte nur die Zugänge zur Stadt Rom noch
eifriger, daß ja keine Lebensmittel hinein kommen könnten. Auf
dem Tiber richtete er Folgendes ein. An einer Stelle, wo das
Flußbett ganz eng war, ungefähr 90 Stadien ¹) von der Stadt,
ließ er sehr lange Balken von einem Gestade zum andern, wie eine
Art Brücke legen. Auf jedem Ufer errichtete er dann zwei hölzerne
Thürme und besetzte sie mit tapfern Kriegern, so daß auch nicht
einmal kleine Böte oder andre Fahrzeuge von Portus aus in die
Stadt hinauffahren konnten.

Unterdes ging Belisar in Portus vor Anker und wartete
auf Johannes und dessen Truppen. Dieser war nach Kalabrien
übergesetzt, ohne daß die Gothen etwas davon gemerkt hatten,
die, wie schon erwähnt, in Brundisium standen. Von zwei feindlichen Kundschaftern, die er auf dem Wege gefangen nahm, hieb
er den einen sofort nieder; der andere umfaßte seine Kniee und
bat um Gnade. „Ich werde Dir und dem Römerheer von Nutzen
sein!" sprach er. Als ihn nun Johannes fragte, was er denn
für den Fall, daß man ihm das Leben schenke, den Römern und
ihm nützen wolle, versprach er, ihm die Gothen, ohne daß sie
sichs vermutheten, in die Hände zu liefern. Johannes zeigte sich
der Erfüllung seiner Bitte nicht abgeneigt, verlangte aber, daß
er zuerst den Platz, wo die Pferde weideten, nachwiese. Auch
das versprach der Barbar und übernahm die Führung. So bemächtigte man sich zuerst der weidenden Pferde, und alle, die zu
Fuß gekommen waren, machten sich beritten, und das waren viele
tapfere Krieger. Darauf ging es in vollem Lauf auf das feind-

¹) ca. 16,5 Km.

liche Lager los. Die Barbaren waren ohne Rüstung und Waffen, 546 durch den plötzlichen Überfall wie gelähmt und dachten an keine Gegenwehr; daher wurden die meisten niedergehauen, und nur wenige entkamen zu Totilas. Johannes redete allen Kalabriern gut zu und versöhnte sie durch schöne Worte dem Kaiser wieder; er versprach ihnen nämlich, daß ihnen von Seiten des Kaisers und des römischen Heeres nur Gutes zu Theil werden solle. Dann machte er sich schnell von Brundisium auf und nahm eine Stadt, Namens Canusium, die mitten in Apulien liegt, fünf Tagereisen von Brundisium gen Westen auf dem Wege nach Rom.[1]

Dort trat ein gewisser Tullian, Venantius' Sohn, ein rö= mischer Bürger, der in Bruttien und Lukanien sehr einflußreich war, vor Johannes und führte Klage über das, was früher das kaiserliche Heer an den Italikern verbrochen hatte. Zugleich ver= sprach er, wenn sie künftig glimpflicher gegen jene verfahren wollten, so werde er dafür sorgen, daß die Bruttier und Lukanier wieder ganz wie früher als Unterthanen dem Kaiser Tribut zahlen würden. Denn sie hätten sich nicht freiwillig den Bar= baren, die noch dazu Arianer seien, angeschlossen, sondern nur, weil sie auf der einen Seite von Feinden bedrängt, auf der andern durch die kaiserlichen Soldaten gemißhandelt worden seien. Johannes gab die bündigsten Versicherungen, daß die Italiker nur Gutes von Seiten der Kaiserlichen zu erwarten hätten; und Tullian schloß sich ihm an. Seitdem hatten die Soldaten kein Mißtrauen mehr gegen die Italiker, sondern fast das ganze Ge= biet am adriatischen Meer war ihnen günstig gesinnt und dem Kaiser unterthan.

Als Totilas hiervon Kunde erhielt, schickte er 300 auser= lesene Reiter nach Kapua mit dem Auftrag, wenn sie das Heer des Johannes, im Marsch auf Rom begriffen, anträfen, dem= selben unbemerkt zu folgen; für alles Weitere werde er sorgen.

---

1) Canosa. — 2½ Stadien davon liegt Cannae, berühmt durch die Schlacht im J. 216 v. Chr.

640 Deswegen fürchtete Johannes, von den Feinden umzingelt zu
werden, gab den Marsch zu Belisar auf und wandte sich nach
Bruttien und Lukanien. Nun war unter den Gothen ein ge=
wisser Recimund, ein angesehener Mann, den Totilas mit der
Bewachung des bruttischen Landes betraut hatte. Seine Truppe
bestand aus Gothen und einigen Überläufern, römischen Soldaten
und Mauren. Mit diesen wollte er die Meerenge der Scylla
und die Küste unter Augen halten, so daß Niemand von dort
nach Sizilien oder umgekehrt ungehindert übersetzen könnte. Auf
diese Abtheilung fiel Johannes, der ganz unvermuthet und un=
gemeldet herangerückt war, und brachte ihnen einen solchen Schrecken
bei, daß sie der Gegenwehr gänzlich vergaßen und eilends flohen.
Sie suchten ihre Zuflucht auf einem Berge, der dort emporragt
und wegen seiner Abhänge schwer zugänglich ist; Johannes aber
verfolgte sie, kam zugleich mit ihnen auf dem Anstieg an, ver=
wickelte sie in ein Gefecht, noch ehe sie an den unzugänglichsten
Punkten sich befestigen konnten, und tödtete die Mehrzahl der
Mauren und römischen Soldaten, die sich aufs Tapferste wehrten;
Recimund und den Gothen, sowie den Uebrigen, gab er Pardon.
Nach dieser That blieb Johannes, wo er war, und Belisar, der
den Johannes von Tag zu Tag erwartete, verhielt sich auch ruhig.
Er machte jenem zum Vorwurf, daß er es nicht wagte, sich durch
ein Gefecht mit den 300 Mann, die in Kapua lagen, den Weg
frei zu machen, da er doch eine ganz auserlesene Schaar von
Barbaren führte. Johannes verzweifelte vielmehr daran durch=
zukommen und begab sich nach Apulien, wo er an einem Platze,
Namens Cervarium, sich lagerte.

19. Weil nun Belisar befürchten mußte, daß die Belagerten
aus Mangel an Lebensmitteln zu einem heillosen Entschluß ge=
trieben würden, versuchte er, auf jede nur mögliche Art und Weise
Lebensmittel nach Rom hineinzuschaffen. Und da seine Streit=
macht im Verhältniß zu den Feinden viel zu schwach war, als
daß er in offenem Felde eine Schlacht hätte wagen können, so

erfann er zunächst Folgendes. Er band zwei sehr breite Kähne 516
fest aneinander und errichtete auf ihnen einen hölzernen Thurm,
der viel höher war, als die der Feinde an der Brücke. Deren
Maße hatte er nämlich ganz genau von einigen seiner Leute,
die scheinbar als Überläufer sich zu den Barbaren begeben hatten.
Dann ließ er 200 Dromonen [1]) in den Tiber einlaufen, die er
mit hohen, hölzernen Seitenwänden versah, die zahlreiche Schieß-
scharten hatten, aus denen man die Feinde beschießen konnte.
Dann belud er diese Dromonen mit Korn und vielen andern
Nahrungsmitteln und bemannte sie mit den tapfersten Soldaten.
Anderen Soldaten zu Fuß und zu Pferde wies er an der Tiber-
mündung auf beiden Ufern befestigte Stellungen an und befahl,
dort zu halten und nur, wenn die Feinde einen Handstreich auf
Portus versuchen sollten, mit allen Kräften einzugreifen. Das
Kommando in Portus selbst, — dort befand sich Belisars Gemahlin und was er sonst besaß — übergab dieser an Isaak und
schärfte ihm ein, unter keinen Umständen sich von dort zu entfernen, und wenn er selbst erführe, Belisar sei von den Feinden
getödtet worden, sondern lediglich den Platz zu halten, damit,
wenn ihnen etwas Schlimmes zustieße, sie wenigstens einen Ort
hätten, wo sie eine sichere Zuflucht fänden. Denn an der ganzen
Küste war sonst kein einziger fester Platz in ihren Händen, vielmehr war das Gebiet ringsum ihnen feindlich. Er selbst bestieg
einen der Dromonen und setzte sich an die Spitze der Flotte; die
Kähne, die er mit dem Thurm hatte versehen lassen, wurden ins
Schlepptau genommen. Oben an dem Thurm hatte er einen Kahn
befestigt, der voll war von Pech, Schwefel, Harz und anderen
Stoffen, die dem Feuer als beste Nahrung dienen. Auf dem
jenseitigen Ufer des Stromes, wo der Weg von Portus nach Rom
führt, marschierte zur Unterstützung das Fußvolk. Auch hatte
Belisar am Tage zuvor an Bessas den Befehl geschickt, er solle
am nächsten Morgen mit großer Macht einen Ausfall machen,

---

1) Schnellsegler.

548 um das feindliche Lager in Verwirrung zu bringen — einen
Befehl, den er ihm schon früher zu wiederholten Malen hatte
zukommen lassen. Aber Bessas hielt es weder früher noch bei
dieser Gelegenheit für nöthig, den Befehl auszuführen. Denn
jetzt hatte nur er noch allein Brotkorn: von dem Getreide, wel=
ches die Behörden aus Sizilien nach Rom geschickt hatten, um
den Soldaten und dem ganzen Volk aufzuhelfen, hatte er nur
einen ganz kleinen Theil der Bürgerschaft überlassen, den weit
größeren aber angeblich als den Soldaten zukommend zurückbe=
halten und verkaufte dies nun für schweres Geld an die Sena=
toren — deshalb wollte er durchaus nicht, daß die Belagerung
aufhöre.

Belisar nun und die römische Flotte kamen nur langsam
vorwärts, weil ihnen die Strömung entgegen war; die Gothen
aber hinderten sie in keiner Weise, sondern blieben ruhig in ihren
Verschanzungen. Schon waren die Römer ganz nahe an die
Brücke gekommen, da trafen sie auf eine feindliche Wache, welche
auf beiden Ufern des Flusses zum Schutz einer eisernen Kette
aufgestellt war, die kurz zuvor Totilas von einem Tiberufer zum
andern hatte ziehen lassen, um den Feinden den Zugang zu der
Brücke zu erschweren. Nachdem sie einige getödtet, die andern
zur Flucht gezwungen hatten, nahmen sie die Kette auf und
gingen stracks auf die Brücke los. Kaum waren sie dort ange=
langt, so entspann sich ein hitziger Kampf, denn die Barbaren
vertheidigten sich tapfer von den Thürmen aus, und es kamen
auch schon aus den Schanzen Verstärkungen in vollem Laufe an
die Brücke geeilt. In diesem Augenblick legte Belisar die Kähne,
auf denen der Thurm stand, ganz dicht an denjenigen Thurm
der Feinde, der hoch am Fluß stand auf der Seite, wo der Weg
nach Portus führt, und befahl, den Brander anzuzünden und
von oben auf den feindlichen Thurm zu stürzen. Dieser Befehl
wurde von den Römern ausgeführt. Der Brander fiel auf den
Thurm, der sofort in Flammen aufging; mit ihm verbrannte die

ganze Besatzung, an 200 Gothen, mit ihrem Führer Osdas, 546
dem Tapfersten von allen Gothen. Durch diesen Erfolg hob sich
der Muth der Römer, und sie schossen mit um so größerem Eifer
auf die Barbaren, die aus den Schanzen zur Hülfe herbeieilten.
Diese hingegen waren durch das furchtbare Ereigniß so erschüttert,
daß sie sich zur Flucht wandten, wie jeder nur konnte. Schon
waren die Römer so dicht an der Brücke, daß sie sich fertig
machten, sie zu zerstören, um dann weiter zu fahren und unge=
hindert nach Rom vorzubringen. Aber da dies nicht im Willen
des Schicksals lag, so zerstörte der schlechte Streich eines nei=
dischen Dämons die günstigen Chancen der Römer auf folgende
Weise.

Während so auf beiden Seiten die Sache stand, kam zum
Verderben der Römer das Gerücht nach Portus, Belisar habe
gesiegt, die Kette zerstört, die gothische Wache daselbst vernichtet
und so weiter, wie ich schon erzählt habe. Wie das Isaak ver=
nahm, konnte er sich nicht mehr halten, sondern dachte nur daran,
von dem Siegesruhm auch noch einen Theil für sich zu ernten.
Ohne an Belisars Befehle zu denken, eilte er hinüber auf das
jenseitige Ufer, an dem Ostia liegt, nahm von den Soldaten,
die Belisar dort aufgestellt hatte, 100 Reiter und ritt auf die
feindliche Schanze los, wo der tapfere Ruderich kommandierte.
Bei dem Überfall machte er außer einigen andern Barbaren auch
Ruderich, der ihm entgegengetreten war, kampfunfähig. Die
Gothen gaben die Schanze sofort auf und gingen zurück, ent=
weder weil sie meinten, hinter Isaak komme noch eine größere
feindliche Abtheilung, oder um die Feinde — wie es nachher
wirklich eintraf — in eine Falle zu locken. Isaaks Leute drangen
sofort in die feindliche Schanze ein und plünderten die Kasse,
die sich dort befand, und was sonst Werthvolles da war. Die
Gothen waren aber schnell zurückgekehrt und hieben die Mehr=
zahl der Feinde nieder, nur Isaak mit wenigen Leuten nahmen
sie gefangen. Reiter brachten gestreckten Laufs die Botschaft

546 von Isaats Gefangennahme zu Belisar. Dieser gerieth durch
das, was er hörte, in Verwirrung und fragte gar nicht weiter,
auf welche Weise denn Isaak in die Hände der Feinde gefallen
sei, sondern glaubte nicht anders, als daß Portus und sein
Weib, mit einem Worte alles verloren und kein einziger, fester
Platz mehr übrig sei, der als sicherer Rückhalt dienen könne;
er war vollständig fassungslos, was ihm bis dahin gewiß noch
nicht vorgekommen war. So zog er denn schleunigst seine Truppen
zurück, um womöglich die Feinde noch unvorbereitet zu treffen
und unter allen Umständen Portus ihnen zu entreißen: unverrichteter Sache mußte das römische Heer wieder umkehren. Als
Belisar in Portus ankam, sah er ein, was für einen tollen Streich
Isaak ausgeführt und wie er selbst den Kopf völlig verloren
hatte. Dieser Schicksalsschlag traf ihn so schwer, daß er ihn aufs
Krankenlager warf. Ein Fieber ergriff ihn und setzte ihm
lange Zeit so hart zu, daß er in Todesgefahr schwebte. Zwei
Tage später starb Ruderich, und Totilas war über diesen Verlust
so erbittert, daß er Isaak hinrichten ließ.

20. Unterdes verkaufte Bessas das Korn zu immer höheren
Preisen, da das Bedürfniß der Käufer die Preise stetig steigen
machte, und wurde reich dabei. In der Sorge für dies Geschäft
ging er ganz auf und bekümmerte sich weder um den Wachdienst
auf der Mauer noch um irgend eine andre Sicherheitsmaßregel:
wer von den Soldaten wollte, kam nicht mehr zum Dienst; auf
den Mauern standen nur noch wenige Posten, und kein Mensch
kümmerte sich um sie. Weil sie nicht abgelöst wurden, schliefen
sie, wenn es ihnen paßte, da es keinen Wachoffizier gab, der
auf solche Dinge geachtet hätte, und keine Ronde, wie früher,
die aufpaßte, was die Posten trieben. Von den Bürgern war
erst recht keiner mehr im Stande, mit auf Wache zu ziehen,
denn es waren nur noch sehr wenige in der Stadt, wie schon
erwähnt, und diese waren vom Hunger zu arg mitgenommen.

Nun paßten vier Isaurier, welche am Asinarischen Thore

die Wache hatten, bei Nacht den Zeitpunkt ab, wo sie selbst auf ⁵⁴⁶
Posten zogen und ihre Nachbarn auf der Mauer zu schlafen pflegten,
banden Taue, die bis zur Erde hinabreichten, an die Zinnen,
faßten dieselben mit beiden Händen und ließen sich nach außen
hinabgleiten. Dann begaben sie sich zu Totilas und versprachen,
ihn und das Gothenheer in die Stadt einzulassen — sie be=
theuerten, dies ohne jede Schwierigkeit bewerkstelligen zu können.
Jener versicherte sie seiner wärmsten Dankbarkeit, wenn sie es
wirklich ins Werk setzten, und versprach, sie zu reichen Leuten
machen zu wollen. Dann gab er ihnen zwei Gothen aus seinem
Gefolge mit, die sich die Örtlichkeit ansehen sollten, von wo nach
der Aussage der Isaurier der Eintritt in die Stadt möglich
war. Als diese an der Mauer angelangt waren, kletterten sie
an den Tauen auf die Brustwehr, ohne daß dort jemand sie
anrief oder etwas von dem merkte, was vorging. Als sie glück=
lich oben waren, zeigten die Isaurier den Barbaren alles, wie
sie ungehindert hinaufkommen und ganz ebenso unbehelligt den
Rückzug antreten könnten, und entließen sie wieder mit dem Auf=
trag, alles dem Totilas anzusagen. Als dieser die Meldung
erhielt, freute er sich sehr darüber; aber sein Verdacht den Isau=
riern gegenüber blieb doch noch rege, und er schenkte ihnen immer
noch wenig Glauben. Einige Tage darauf kamen die Menschen
wieder zu ihm, um ihn zum Handeln anzutreiben. Wieder gab
er ihnen zwei Leute, um ihrerseits ganz genau alles auszukund=
schaften und die Meldung davon zurückzubringen. Sie kamen
wieder und berichteten genau dasselbe, wie die beiden ersten.
Mittlerweile war eine starke Abtheilung Römer auf Kundschaft
ausgezogen und nicht weit von der Stadt auf zehn Gothen ge=
stoßen, die gefangen genommen und sofort vor Bessas geführt
wurden. Dieser befragte die Barbaren, was denn Totilas im
Schilde führe, und erhielt die Antwort, er habe Aussicht, daß
einige Isaurier ihm die Stadt in die Hände spielten — denn
die Sache war schon ganz ruchbar bei den Barbaren geworden.

546 Aber troß dieser Mittheilung verharrten Bessas und Konon in
ihrer Sorglosigkeit und legten weiter kein Gewicht darauf. Nun
kamen die Isaurier zum dritten Mal zu Totilas und trieben
ihn, endlich ans Werk zu gehen. Er aber schickte wieder einige
Leute mit, und zwar von seiner eignen Sippe, die bei ihrer
Rückkehr alles genau angaben und ihn in seinem Entschlusse,
zu handeln, bestärkten.

Kaum war es Nacht geworden, da rief Totilas in aller
Stille sein ganzes Heer unter Waffen und führte es ans Asina=
rische Thor. Dann ließ er von den Gothen vier besonders starke
und tapfere Männer mit den Isauriern vermittelst der Taue die
Brustwehr erklettern, natürlich gerade zu der Stunde der Nacht,
wo eben jene Isaurier an dieser Mauerstrecke Posten standen,
während die andern für ihr Theil schliefen. Sobald die vier sich
innerhalb der Ringmauer befanden, gehen sie, ohne auf Wider=
stand zu stoßen, hinab zum Asinarischen Thor, zerschlagen mit
Beilhieben die Querhölzer, die, auf beiden Seiten in die Mauer
eingelassen, vor die Thorflügel gelegt zu werden pflegten, und
ebenso die Eisenplatten, zwischen denen beim Auf= und Zuschließen
die Schlüssel gingen. Nachdem sie auf diese Weise in aller Be=
quemlichkeit die Thore aufgesperrt hatten, konnten Totilas und
das Gothenheer ohne Mühe in die Stadt eindringen. Totilas
hielt seine Leute dicht bei einander und duldete keinerlei Zer=
streuung, denn er fürchtete, in irgend einen Hinterhalt von den
Feinden gelockt zu werden. Natürlich entstand bald Lärm und
Verwirrung in der Stadt; von den römischen Soldaten aber
floh die Mehrzahl mit den Obersten aus einem andern Thor,
wie es jedem am Bequemsten war: nur wenige suchten gleich den
übrigen Römern eine Zuflucht in den Kirchen. Von den Patri=
ziern gelang es Decius und Basilius und einigen andern, weil
sie beritten waren, mit Bessas zu entkommen; Maximus hin=
gegen, Olybrius und Orestes flüchteten in den Dom des Apostels
Petrus. Vom gemeinen Volk waren in der ganzen Stadt noch

500 Mann übrig, die sich mit Mühe in den Kirchen bargen — 516 alle andern waren entweder schon früher nach andern Ortschaften gewandert oder vor Hunger umgekommen, wie ich bereits erzählt habe. Schon in der Nacht erfuhr Totilas von vielen Seiten, daß Bessas und die Feinde auf der Flucht seien. Er versetzte darauf, diese Rede klinge seinen Ohren angenehm, und verbot, sie zu verfolgen. „Denn was kann dem Menschen Angenehmeres geschehen", sagte er, „als daß die Feinde fliehen?"

Sobald es endlich heller Tag geworden war und kein Verdacht eines Hinterhaltes mehr möglich war, begab sich Totilas in den Tempel des Apostels Petrus, um zu beten; die Gothen aber stießen nieder, wer ihnen in den Weg kam. Auf diese Weise kamen von den Soldaten 26, aus dem Volke 60 Personen um. Als nun Totilas die Kirche betrat, kam ihm Pelagius entgegen, in den Händen das Allerheiligste tragend, und sprach mit demüthigem Flehen: „Schone der Deinen, o Herr!" Jener erwiderte mit spöttischer Trockenheit: „Jetzt, o Pelagius, kommst Du als Schutzflehender!" „Gewiß", antwortete Pelagius, „denn der Herr hat mich zu Deinem Knecht gemacht. Aber nun schone Deiner Knechte, o Herr!" Totilas gab seiner Bitte Gehör und gebot seinen Gothen, von nun an keinen einzigen Römer mehr zu tödten. Von der Beute sollten sie ihm das Beste aussuchen, alles andre unter sich nach Belieben vertheilen. Sie fanden auch noch viel in den Häusern der Patrizier, weitaus am meisten aber da, wo Bessas gehaust hatte; denn das Sündengeld, das er bekanntlich durch den Verkauf des Kornes zusammengescharrt, hatte dieser böse Dämon für Totilas aufgehäuft.[1]) Und soweit war es mit den Römern, insbesondre den Senatoren gekommen, daß sie in Sklaven= oder Bauernkleidern einhergingen und bei den Soldaten um Brot oder sonst etwas zum Essen bettelten,

---

1) Derselbe Bessas zeigt sich später im Perserkriege (Goth. IV, 11 ff.) als ein durchaus tapferer Krieger und tüchtiger Feldherr trotz seines hohen Alters — von seiner schmutzigen Habsucht weiß Prokop freilich auch dort zu berichten.

546 um nur ihr Leben zu fristen; so auch Symmachus' Tochter[2]), einst
des Boëtius Gemahlin, die ihr ganzes Vermögen unter die
Dürftigen als Almosen vertheilt hatte. Sie gingen von Haus
zu Haus und klopften an jede Thür, denn jegliche Scheu und
Scham war ihnen abhanden gekommen. Und die Gothen hätten
Rusticiana gar zu gern umgebracht; sie behaupteten nämlich,
dieselbe habe durch reiche Geldgeschenke an die Führer des rö=
mischen Heeres die Zerstörung der Bildsäulen Theoderichs ver=
anlaßt, um für den Tod ihres Vaters Symmachus und ihres
Gatten Boëtius Rache zu nehmen. Totilas aber duldete nicht,
daß ihr irgend ein Leid widerfuhr, und schützte auch alle andern
Frauen vor Vergewaltigung, obgleich die Gothen sie gern zu
Genossinnen ihres Lagers gehabt hätten. So hatte keine ver=
heirathete Frau, keine Jungfrau, keine Wittwe Gewalt an ihrem
Leibe zu erleiden, und von dieser hochherzigen Mäßigung hatte
Totilas großen Ruhm.

21. Am folgenden Tage berief Totilas alle Gothen und
sprach Folgendes: „Nicht um zu Euch neue oder bisher unbe=
kannte Mahnworte zu sprechen, habe ich Euch, Kameraden, hier=
her berufen; ich will Euch vielmehr nur an das erinnern, was
ich Euch schon so oft gesagt habe. Dadurch, daß Ihr es Euch
zu Herzen genommen habt, ist Euch ein schöner Erfolg bereits
zu Theil geworden. Nun müßt Ihr aber deshalb nicht etwa
mit Gleichgültigkeit meine mahnenden Worte hören, denn solche
Worte, die zum Glücke führen, können die Menschen gar nicht
genug hören, selbst wenn jemand gar zu oft ihnen damit zu
kommen scheint: das Gute, was aus ihnen entspringt, ist doch
wahrhaftig nicht zu leugnen. Ich will nur das sagen: einst
hatten wir 200,000 streitbare Männer, Schätze in Hülle und
Fülle, Pferde und was sonst Noth thut, im Überfluß, als Be=
rather eine ganze Schaar der weisesten Greise, was für Leute,
die in den Kampf ziehen, höchst ersprießlich sein soll, und doch

1) Rusticiana.

sind wir 7000 griechischen Männern unterlegen, haben die Herr= 346
schaft und alles andre im Handumdrehen verloren. Jetzt dagegen,
wo nur noch ein kleiner Rest unseres Volkes übrig ist, wo wir
nackt und bloß und in jeder Beziehung ungeübt sind, haben wir
die Feinde geschlagen, obgleich sie mehr als 20,000 Mann stark
waren. Das ist in kurzem, was geschehen: nun will ich Euch,
wenn Ihr es auch schon recht gut wißt, doch noch einmal sagen,
warum es so gekommen ist. Die Gothen haben nämlich die Ge=
rechtigkeit allem andern hintangesetzt und wider einander ebenso
wie an den römischen Unterthanen gethan, was übel war: dar=
über ergrimmte natürlich Gottes Zorn, und er stritt wider sie
mit ihren Feinden. Und deshalb mußten wir unterliegen, ob=
wohl wir an Zahl, Tapferkeit und kriegerischer Zurüstung den
Gegnern weit überlegen waren, mußten unterliegen einer unsicht=
baren und ganz unerforschlichen Gewalt. Deshalb ist es jetzt
Eure Sache zu schützen, was Ihr Gutes habt, nämlich dadurch,
daß Ihr strenge Gerechtigkeit übt. Denn sobald Ihr vom
rechten Wege abweicht, wird sofort die göttliche Macht Euch
feindlich sein, denn diese hilft nicht irgend einem bestimmten
Stamme oder Volk, sondern immer denen, bei welchen die Ge=
rechtigkeit am Höchsten geschätzt wird, und es kostet ihr gar keine
Mühe, ihre Wohlthaten von dem einen ab= und dem andern zu=
zuwenden. Darum muß der Mensch nur darauf sinnen, kein
Unrecht zu thun; Gott aber schaltet nach Gefallen. Ich sage
nun, Ihr müßt Gerechtigkeit üben unter einander und an den
Unterthanen, denn das heißt das Glück auf immer an sich fesseln.“

Nachdem Totilas so zu seinen Gothen gesprochen hatte, be=
rief er die römischen Senatoren und überschüttete sie mit Vor=
würfen und Spottreden. Er warf ihnen vor, wie viel Gutes
sie von Theodorich und Atalarich empfangen hätten, wie sie alle
Aemter für sich gehabt und selbst ihr Gemeinwesen verwaltet
hätten, vom Glanz des Reichthums umgeben. Dafür hätten
sie den Gothen, ihren Wohlthätern, mit schwerem Undank gelohnt,

546 seien gegen Recht und Gerechtigkeit zu ihrem eignem Verderben abtrünnig geworden, hätten die Griechen in ihr Vaterland ge= führt, und so seien sie an der eignen Sache plötzlich zu Verräthern geworden. Dann fragte er sie, ob ihnen jemals irgend etwas Böses von den Gothen widerfahren sei. Er drang in sie zu sagen, ob ihnen der Kaiser Justinian je etwas Gutes ge= than hätte, und zählte nacheinander alles auf, wie man ihnen fast alle Ämter genommen habe, wie sie von den sogenannten Logotheten unter Mißhandlungen gezwungen worden wären, Re= chenschaft abzulegen über die Ämter, die sie unter der Gothen= herrschaft verwaltet hätten, wie sie trotz der schweren Schädigung durch den Krieg nichtsdestoweniger die Steuern gerade so wie im Frieden an die Griechen zahlen müßten. Und so fügte er noch manches andre hinzu, wie ein zorniger Herr seine Sklaven zu schelten pflegt. Dann zeigte er auf Herodian und die Isaurier, welche ihm die Stadt übergeben hatten, und sprach: „Ihr, die Ihr mit den Gothen zusammen aufgewachsen seid, habt bis auf den heutigen Tag uns kein Fleckchen Erde, selbst nicht das schlech= teste gegönnt; diese haben uns Rom und Spoletium geöffnet. Deßhalb seid Ihr zu Sklaven geworden; diese aber, die der Gothen gute Freunde und Vettern geworden sind, sollen, wie billig, von nun an Eure Ämter bekleiden." Die Patrizier ver= nahmen diese Worte und standen in Stillschweigen befangen da. Pelagius aber ließ nicht ab, bei Totilas für die unglücklichen und tiefgebeugten Männer zu bitten, bis er sie mit dem Ver= sprechen der Schonung und Milde entließ.

Darauf schickte er den Pelagius und einen Sachwalter aus Rom, Namens Theodor, als Gesandte zum Kaiser Justinian, nachdem er sie durch die schrecklichsten Eide verpflichtet hatte, sei= nem Interesse treu zu bleiben und so schnell als möglich nach Italien zurückzukehren. Er trug ihnen auf, alle ihre Kräfte anzustrengen, um ihm Frieden vom Kaiser zu verschaffen, damit er sich nicht gezwungen sähe, ganz Rom von Grund aus zu zer=

stören, alle Senatoren umzubringen und den Krieg nach Illyrien 346
zu tragen. Auch gab er ihnen einen Brief an den Kaiser mit.
Dieser war schon von den Ereignissen in. Italien unterrichtet.
Als aber die Gesandten vorgelassen wurden, brachten sie vor,
was ihnen Totilas aufgetragen hatte und übergaben den Brief.
Derselbe hatte folgenden Inhalt: „Da ich der Überzeugung bin,
daß Du alles weißt, was sich in Rom zugetragen hat, so will
ich es mit Stillschweigen übergehen. Weshalb ich nun diese Ge=
sandten abgeschickt habe, sollst Du jetzt erfahren. Wir bitten
Dich, daß Du den edlen Frieden anstreben und auch uns ge=
währen mögest. Als an die schönsten Beispiele dafür erinnern
wir Dich an Anastasius und Theoderich, die vor kurzer Zeit ge=
herrscht und ihre ganze Lebenszeit hindurch nur den Frieden
und seine herrlichsten Güter gepflegt haben. Solltest Du nun
ebenso handeln wollen, so würdest Du billig mein Vater heißen,
und dann werden wir künftig Deine Bundesgenossen sein, gegen
wen es auch sein mag." Als dies der Kaiser Justinian gelesen
und alle Reden der Gesandten angehört hatte, entließ er sie so=
fort, indem er nur das eine ihnen antwortete und auch an To=
tilas schrieb, daß Belisar Feldherr mit unumschränkter Vollmacht
sei und deshalb allein nach seinem Belieben mit Totilas ver=
handeln könne.

22. Während diese Gesandten aus Byzanz nach Italien
heimkehrten, trug sich in Lukanien Folgendes zu. Tullian hatte
die Bauern jener Landschaft zusammengezogen und bewachte den
Zugang, der in einem Engpasse bestand, damit nicht die Feinde
kämen und die lukanischen Ortschaften verwüsteten. Mit ihnen
standen auf diesem Posten 300 Anten, welche Johannes auf
Bitten Tullians dort zurückgelassen hatte; denn diese Barbaren
verstehen sich am Allerbesten auf den Kampf im Hochland. Als
Totilas davon Kunde bekam, hielt er es nicht für nöthig, Gothen
für diese Aufgabe zu verwenden; er sammelte vielmehr einen
Haufen Bauern, denen er nur einige wenige Gothen mitgab,

15*

540 und befahl, den Paß mit Anstrengung aller Kräfte zu erstürmen.
Wie es zum Zusammenstoß kam, wogte der Kampf lange unent=
schieden hin und her; schließlich aber trugen die Anten durch ihre
Tapferkeit, die außerdem durch die Örtlichkeit unterstützt wurde,
und Tullian mit seinen Bauern den Sieg davon. Auf die Nach=
richt hiervon beschloß Totilas, Rom dem Erdboden gleichzumachen,
den größten Theil seines Heeres in jener Gegend zurückzulassen
und mit dem Rest gegen Johannes und die Lukanier zu ziehen.
Zunächst zerstörte er von der Ringmauer an verschiedenen Stellen
so viel, daß es ungefähr ein Drittel des Ganzen betrug. Auch
von den Gebäuden wollte er die schönsten und merkwürdigsten
verbrennen und Rom zu einer Viehweide machen; da schickte
Belisar, der davon gehört hatte, Gesandte mit einem Briefe an
ihn ab. Sobald diese vor Totilas kamen, sagten sie, weswegen
sie gekommen seien und übergaben den Brief, dessen Inhalt
folgender war: („Totilas solle nicht seinen Namen beflecken durch
die Zerstörung Roms, der größten und ehrwürdigsten aller Städte.
Trüge er den Sieg davon, hätte er sich seine eigne Hauptstadt
zerstört, sollte er aber unterliegen, so würde Roms Erhaltung
ihn der Milde des Siegers empfehlen, Roms Zerstörung jede
Gnade unmöglich machen. Endlich solle er bedenken, was für
einen Namen bei der Nachwelt eine solche That ihm verschaffen
würde.") So Belisar. Totilas aber las den Brief zu wieder=
holten Malen durch, erwog reiflich die Ermahnung, die ihm zu
Theil geworden, und ließ sich bestimmen, Rom nichts Schlimmes
weiter zuzufügen. Er that dem Belisar sofort seine Meinung
kund und entließ die Gesandten mit solcher Botschaft. Den
größten Theil seines Heeres legte er nicht weit von Rom, 120
Stadien [1]) nach Westen, bei Algidum in Standquartier, damit
es Belisar auf keine Weise möglich sei, von Portus her einen
Ausfall zu machen; er selbst zog mit dem andern Theil des
Heeres gegen Johannes und die Lukanier. Die römischen Sena=

1) 22 Km.

toren nahm er mit sich, die übrigen Bürger mit Weibern und Kindern schickte er in die Ortschaften Kampaniens; in Rom durfte kein Mensch zurückbleiben, so daß er die Stadt völlig menschenleer hinter sich ließ.

Als Johannes merkte, daß Totilas auf ihn losgehe, litt es ihn nicht mehr in Apulien, sondern er begab sich eiligst nach Hydrus. Diejenigen Patrizier, welche nach Kampanien gebracht waren, schickten einige von ihren Leuten mit Wissen und Willen des Totilas nach Lukanien und forderten ihre Bauern auf, sie sollten von ihrem Vorhaben abstehen und ihre Äcker bebauen ganz wie früher, denn diese würden in den Besitz ihrer Herren zurückkehren. Jene trennten sich denn auch von dem römischen Heer und kehrten ruhig auf ihre Felder zurück; Tullian rettete sich durch die Flucht, und die 300 Anten hielten es für das Beste, zu Johannes zurückzukehren. So kam das ganze Gebiet am adriatischen Meer, mit Ausnahme von Hydrus, zum zweiten Mal unter die Hand der Gothen und des Totilas. Die Barbaren fühlten sich bereits so sicher, daß sie in ganz kleine Abtheilungen sich zerstreuten und alles rings umher durchstreiften. Auf die Meldung hiervon schickte Johannes von seinen Leuten starke Abtheilungen gegen sie aus, welche die Feinde überraschten und viele niederhieben. Dadurch wurde Totilas vorsichtig, zog seine Leute sämmtlich an sich und schlug sein Standquartier am Berge Garganus, der mitten in Apulien sich erhebt, in dem alten Lager des Afrikaners Hannibal auf.

23. Zu dieser Zeit trat einer von denen, welche mit Konon aus Rom entkommen waren, als die Stadt erobert wurde, Namens Martian, ein Byzantier von Geburt, vor Belisar und bat um die Erlaubniß, scheinbar als Überläufer zu den Feinden sich begeben zu dürfen, da er den Römern einen wichtigen Dienst erweisen wolle. Mit Belisars Erlaubniß machte er sich auf. Totilas war bei seinem Anblick hocherfreut, denn er hatte von den Einzelkämpfen des Mannes, durch die er sich als Jüngling

546 großen Ruhm erworben hatte, viel gehört und gesehen. Da zwei
von seinen Kindern und seine Gattin sich unter den Gefangenen
befanden, gab er diese und eins von den Kindern ihm sofort
zurück und behielt nur das andere als Geisel; ihn selbst schickte
er mit einigen andern nach Spoletium. Nun hatten die Gothen,
nachdem sie Spoletium aus Herodians Händen empfangen hatten,
die Ringmauer der Stadt selbst von Grund aus zerstört, hin=
gegen von dem städtischen Jagdgehege, das man dort Amphi=
theater nennt, die Eingänge sorgfältig verrammelt und eine Be=
satzung von Gothen und römischen Überläufern hineingelegt, um
die ganze Gegend in Gehorsam zu halten. Martian hatte sich
noch einige Leute zugesellt und wußte diese zu überreden, sie
wollten eine große That vollführen gegen die Barbaren und
dann ins römische Lager zurückkehren. Er schickte Boten an den
Befehlshaber der Besatzung von Perusia ab, ließ ihn durch diese
von seinem Plane in Kenntniß setzen und forderte ihn auf, so=
gleich sein Heer nach Spoletium vorrücken zu lassen. Nachdem
Cyprian von einem seiner eignen Doryphoren, wie schon erzählt,
ermordet worden war, kommandierte die Besatzung von Perusia
der Hunne Oldogandon. Dieser brach sofort mit seinen Leuten
nach Spoletium auf. Sobald nun Martian merkte, daß sie ganz
nahe waren, überfiel er mit seinen fünfzehn Mann — so viele
hatten sich ihm angeschlossen — den Befehlshaber der Verschan=
zung und tödtete ihn, dann öffnete er die Thore und ließ alle
Römer hinein. Diese hieben den größten Theil der Feinde nieder
und brachten einige lebendig zu Belisar.

Bald darauf kam dem Belisar der Gedanke, nach Rom hinauf=
zuziehen und zu sehen, wie weit es mit der Stadt gekommen war.
Mit 1000 auserlesenen Streitern machte er sich auf den Weg.
Ein römischer Mann lief eilends zu den Feinden, die in Algidum
lagerten, und brachte ihnen die Nachricht, Belisar komme mit
seinem Heer. Die Barbaren legten sich an günstiger Stelle vor
Rom in den Hinterhalt und stürzten daraus hervor, als Beli=

far und die Seinigen ganz nahe herangekommen waren. Es ent= ³⁴⁶
spann sich ein hitziges Gefecht, in dem die Römer mit der ihnen
eigenen Tapferkeit die Feinde schlugen. Nachdem sie sehr viele er=
legt hatten, zogen sie sich nach Portus zurück. So ging es dort zu.

In Kalabrien liegt am Meer die Stadt Tarent, zwei Tage=
reisen entfernt von Hydrus für jemand, der von hier auf Thurii
und Rhegium zugeht. Dorthin begab sich Johannes mit geringer
Mannschaft auf Bitten der Tarentiner, während er alle Uebrigen
als Besatzung in Hydrus zurückließ. Als er nun sah, daß die
Stadt außerordentlich groß und ganz ohne Mauern war, wurde
es ihm klar, daß er sie in ihrer ganzen Ausdehnung nun und
nimmermehr würde halten können. Da bemerkte er, daß an der
Nordseite der Stadt das Meer erst eine Landenge, dann einen
Busen bilde, wo sich der Hafen der Tarentiner befindet, und daß
dieser Isthmus in der Mitte nur 20 Stadien ¹) breit war. Das
brachte ihn auf folgenden Gedanken. Er schnitt diese Landenge
von der übrigen Stadt völlig ab, zog eine Mauer von einem
Gestade zum andern und davor noch einen tiefen Graben. Dorthin
sammelte er nicht nur die Tarentiner, sondern auch die Bewohner
der Umgegend und ließ daselbst auch noch eine stattliche Besatzung.
Dadurch fühlten sich die Kalabrier schon außerordentlich sicher und
sannen auf Abfall von den Gothen. So ging es hier zu. Totilas
aber eroberte ein Kastell in Lukanien, hart an der kalabrischen
Grenze, welches die Römer Acherontis nennen, legte eine Be=
satzung von nicht weniger als 400 Mann hinein und zog dann
mit seiner ganzen Macht gegen Ravenna. Nur wenige Bar=
baren ließ er in den kampanischen Ortschaften zurück, um die dort
internierten Senatoren zu bewachen.

24. Damals gab Belisar ein außerordentliches Beispiel von
vorsichtiger Kühnheit; was er that, schien denen, die zuerst etwas
davon sahen oder hörten, beinahe unsinnig, gestaltete sich aber
dann zu einem wunderbar herrlichen Werke hohen Muths. Er

¹) etwa 3,7 Km.

346 ließ nämlich nur eine geringe Anzahl von Soldaten in Portus
als Besatzung zurück und marschierte mit dem ganzen Heer auf
Rom, das er unter allen Umständen wiedergewinnen wollte.
Da er aber nicht im Stande war, alle die Theile der Ring=
mauer, welche Totilas zerstört hatte, in kurzer Zeit wieder auf=
zubauen, so that er Folgendes. Er häufte die Steine, welche
ganz in der Nähe herumlagen, aufeinander, wie es gerade kam,
ohne jedes Bindemittel, denn Kalk oder dergleichen war nicht bei
der Hand, so daß es wenigstens wie ein ordentlicher Bau aus=
sah, und schützte ihn von außen durch eine starke Pallisadierung.
Wie ich schon in einem früheren Buche erzählt habe, hatte er
schon früher tiefe Gräben um die ganze Ringmauer gezogen.
Dadurch, daß das ganze Heer mit wahrem Feuereifer daran
arbeitete, wurden alle zerstörten Theile der Ringmauer in 25
Tagen auf diese Weise wiederhergestellt. Die Römer, welche in
der Umgegend gehaust hatten, kehrten auch wieder zurück, einer=
seits aus Liebe zu ihrer Heimatsstadt, andrerseits weil sie dort
Überfluß an Nahrungsmitteln vorfanden, während sie bis dahin
hatten Mangel leiden müssen. Belisar hatte nämlich eine große
Anzahl von Schiffen mit allen Arten von Lebensmitteln beladen
und auf dem Fluß nach Rom hineinschaffen lassen.

Als Totilas dies erfuhr, machte er sich mit seinem ganzen
Heer auf gegen Belisar und die Stadt, noch ehe Belisar die
Thore wieder in die Ringmauer hatte einfügen können. Diese
hatte nämlich Totilas sämmtlich zerstört, und Belisar hatte aus
Mangel an Zimmerleuten sie nicht eher fertig stellen können.
Als nun das Barbarenheer nahe herangekommen war, schlug es
am Tiberfluß ein Lager auf und übernachtete daselbst; am fol=
genden Tage aber ging es zugleich mit der aufgehenden Sonne
mit großem Ungestüm und Getöse rings gegen die Mauer los.
Belisar hatte von seinen Soldaten sich die tapfersten ausgesucht
und diese anstatt der Thore aufgestellt, die übrigen ließ er oben
von der Mauer herab gegen die Anstürmenden kämpfen. Die

Schlacht war sehr heiß. Denn Anfangs hatten die Barbaren ge= 545
hofft, mit dem ersten Sturm die Stadt nehmen zu können; als
dem aber nicht so war, die Römer vielmehr sehr tapfern Wider=
stand leisteten, fielen sie mit um so größerer Wuth die Feinde
an, und der Zorn trieb sie über ihre Kräfte stets zu neuem
Wagen. Die Römer ihrerseits hielten sich über Erwarten, und
die Größe der Gefahr schien ihnen nur neuen Muth einzuflößen.
Die Barbaren hatten sehr starke Verluste, da sie von oben be=
schossen wurden; beide Heere aber wurden allmählich matt und
müde, und der Schlacht, die am frühesten Morgen begonnen hatte,
machte erst die Nacht ein Ende. Als es schon finster geworden
war, zogen sich die Barbaren in ihr Lager zurück, wo sie die
Nacht damit zubrachten, für die Pflege ihrer Verwundeten zu
sorgen. Von den Römern hielten die einen auf der Burgmauer
Wache; die andern, und zwar die allertapfersten, lösten einander
an der Stelle der Thore ab, nachdem sie sich nach vorn durch
Legen von Fußangeln[1]) gesichert hatten, damit sie der Feind
nicht überfallen könne. Diese Fußangeln sind folgendermaßen
beschaffen. Man paßt die oberen Enden von vier gleichlangen
Pfählen so aneinander, daß sie wie die Schenkel eines Dreiecks
nach allen Seiten gleich abstehen, und legte sie, wie es gerade
kommt, an die Erde. Nun stehen drei von den Pfählen ganz
fest auf dem Boden, der vierte allein frei in die Luft hinaus und
bildet für Reiter wie Fußgänger ein Hinderniß. Wenn nun
jemand die Fußangel bei Seite schieben will, so faßt derjenige
Pfahl, der bis dahin gerade heraus stand, festen Fuß, ein andrer
erhebt sich an seiner Statt und hindert die Angreifer. Das sind
diese Fußangeln. — Auf solche Weise brachten beide Theile die
Nacht nach dem Kampfe zu.

Am folgenden Tage unternahm Totilas noch einmal mit
seinem ganzen Heer einen Sturm auf die Mauer, und die Römer
vertheidigten sich in der beschriebenen Weise. Da sie sich im

1) τρίβολος, tribulus.

346 Vortheil befanden, wagten sie sogar einen Vorstoß gegen die
Feinde. Diese zogen sich zurück, und so kamen einige Römer in
der Hitze der Verfolgung zu weit von der Mauer ab. Schon
waren die Barbaren dabei, sie so zu umstellen, daß sie nicht mehr
zur Stadt zurückkehren konnten. Da schickte Belisar, der wohl
bemerkt hatte, was vorging, eine starke Abtheilung von seinem
Gefolge dorthin und bewirkte so ihre Rettung. Nachdem die
Barbaren abgeschlagen waren, zogen sie sich zurück: sie hatten
zahlreiche, tapfere Krieger verloren, und noch mehr brachten sie
verwundet ins Lager zurück. Dort verhielten sie sich ruhig,
pflegten ihre Wunden, besserten ihre Waffen aus, die arg zuge=
richtet waren, und setzten alles wieder in Stand. Viele Tage
später gingen sie noch einmal zum Sturm gegen die Mauer vor.
Diesmal zogen ihnen die Römer entgegen und griffen sie an.
Zufällig wurde der Fahnenträger des Totilas tödlich verwundet
und stürzte mit dem Feldzeichen vom Pferde. Sofort warfen sich
die Römer, welche in den ersten Reihen kämpften, auf ihn, um
die Fahne zu erobern und den Leichnam auszuplündern. Aber
die kühnsten von den Barbaren kamen ihnen zuvor: sie rissen die
Fahne an sich mit der linken Hand, die sie abgehauen hatten,
und nahmen beides mit sich. An jener Hand trug nämlich der
Gefallene ein sehr werthvolles goldenes Armband, und die Gothen
hätten es für eine Schande gehalten, wenn sich damit die Feinde
hernach gebrüstet hätten. Das Barbarenheer wandte sich zu regel=
loser Flucht, so daß die Römer den Leichnam seiner Rüstung be=
rauben konnten. Sie verfolgten die Feinde eine lange Strecke
und tödteten viele. Dann kehrten sie ganz unversehrt in die
Stadt zurück.

Damals traten die Gothenfürsten zu Totilas, schmähten ihn
und machten ihm wegen seines Mangels an Überlegung die bit=
tersten Vorwürfe, weil er nach der Einnahme von Rom die Stadt
nicht entweder dem Erdboden gleich gemacht oder sie selbst be=
halten hätte, und nun das, was sie mit großem Aufwand an

Zeit und Arbeit erworben hätten, ohne weiteres durch seine Schuld 546
verloren gegangen sei. Es ist so recht menschlich, das Urtheil
über die Dinge immer nach dem Erfolg einzurichten und seine
Meinung je nach dem wechselnden Wehen des Schicksals ins
Gegentheil zu verkehren. Deshalb verehrten die Gothen den
Totilas, so lange er mit seinen Unternehmungen Glück hatte,
wie einen Gott und priesen ihn als unbesieglich und unüber=
winblich, weil er von den eroberten Städten immer nur einen
Theil der Mauer zerstören ließ. Sobald er aber einmal Un=
glück gehabt hatte, entblödeten sie sich nicht, ihn herunterzureißen,
ohne an das zu denken, was sie eben erst selbst gesagt hatten,
und behaupteten nun ohne jedes Bedenken das gerade Gegentheil
von dem Früheren. Es ist aber gar nicht möglich, daß die Menschen
sich von diesen und ähnlichen Fehlern frei halten, da sie ihnen
angeboren sind. Totilas und die Barbaren hoben nun die Be=
lagerung auf und gingen auf Tibur[1]) zurück, nachdem sie fast
alle Brücken über den Tiber zerstört hatten, damit die Römer
sie nicht so leicht angreifen könnten. Nur eine Brücke, die Mil=
vische, konnten sie nicht zerstören, weil sie zu nahe an der Stadt
war. Dann bauten sie mit Anstrengung aller Kräfte die Festungs=
werke von Tibur wieder auf, die sie früher einmal zerstört hatten,
brachten all ihre Schätze dorthin und lagen daselbst, ohne sich
zu rühren. Belisar konnte sich daher schon etwas mehr regen:
er stellte auf allen Seiten der Ringmauer die Thore wieder her, 547
ließ sie mit Eisen beschlagen und sandte die neuen Schlüssel wie=
derum dem Kaiser. Der Winter ging zu Ende und mit ihm
das zwölfte Jahr dieses Krieges, den Prokop beschrieben hat.

25. Schon geraume Zeit vorher hatte Totilas eine Ab=
theilung nach Perusia geschickt, die ein Lager rings um die Stadt
aufgeschlagen hatte und die Römer hart bedrängte. Als die
Gothen merkten, daß jene bereits Mangel an Lebensmitteln litten,
baten sie Totilas durch Abgesandte, er möchte doch mit seiner

1) Tivoli.

547 ganzen Macht dorthin kommen, da man dann mit geringer Mühe Perusias und seiner römischen Besatzung Herr werden könne. Da nun Totilas sah, daß die Barbaren keine rechte Lust hatten, auf diesen Vorschlag einzugehen, wollte er ihren Muth neu beleben, berief eine Versammlung und sprach Folgendes: („Ihr grollt mir, weil das Glück sich einmal gegen mich erklärt hat; damit handelt Ihr undankbar gegen mich und thöricht gegen die Gottheit. Jedem Menschen kann es einmal nicht glücken, und darüber zornig zu sein, nützt gar nichts. Witichis hat Fanum und Pisaurum zerstört, Rom und andere feste Plätze stehen lassen; was von diesen letzteren aus den Gothen für Unheil geworden ist, das wißt Ihr. Ich bin daher dem ersteren Beispiel gefolgt und habe Benevent zerstört, und damit wart Ihr einverstanden; ebenso habe ich es mit den andern eroberten Städten gemacht. Nun hat Belisar durch einen unerhörten Zufall einen Erfolg davongetragen, und durch diesen einen Erfolg laßt Ihr Euch vollständig entmuthigen! Als ob Ihr nicht Belisar schon öfters geschlagen hättet! Ihr müßt Euch dieser Schwäche erwehren und mit aller Kraft Euch auf Perusia werfen. Es wird Euch auch gar nicht schwer werden, den Platz zu nehmen, denn der Kommandant, Cyprian, ist todt und die Besatzung führerlos und ungenügend verproviantirt. In den Rücken wird Euch niemand fallen, denn alle Brücken sind abgebrochen. Außerdem trauen Belisar und Johannes einander nicht recht und haben eben deswegen sich immer noch nicht vereinigt. Wo aber der Verdacht sich eingenistet hat, da erzeugt er Neid und Haß und lähmt die Thatkraft.") Nach dieser Rede führte er sein Heer vor Perusia, schlug dicht an ·der Mauer sein Lager auf, und nachdem er sich eingerichtet hatte, bereitete er alles zur Belagerung vor.

26. Während so die Dinge bei Perusia standen, ersann Johannes, welcher das Kastell Acherontis belagerte, ohne recht vorwärts zu kommen, einen kühnen Handstreich, der die römischen Senatoren befreien, ihm selbst bei allen Menschen großen und unsterb-

lichen Ruhm bringen sollte. Er hatte nämlich davon gehört, daß
Totilas ausgezogen sei, um an Roms Mauern zu kämpfen. Sofort suchte er sich aus seinen Reitern die tapfersten aus und ritt,
ohne einem Menschen sein Vorhaben mitzutheilen, Tag und Nacht
hindurch bis nach Kampanien, wo Totilas die Senatoren zurück=
gelassen hatte, um sie gelegentlich aufheben und mit sich nehmen
zu können — die Ortschaften jener Landschaft waren nämlich alle
unbefestigt. Um dieselbe Zeit war dem Totilas die Besorgniß
aufgestiegen, die sich nachher als wohlbegründet erwies, es möchte
von den Feinden wegen dieser Gefangenen etwas unternommen
werden, und er schickte eine Reiterabtheilung nach Kampanien.
Als diese bis Minturnä [1]) gekommen waren, hielten sie es für ge=
rathen, das Gros dort in Quartier zu legen, um die Pferde
zu pflegen, welche durch die Anstrengung des Rittes stark mit=
genommen waren, und nur wenige Leute auszuschicken, um
Kapua und dessen Umgegend abzustreifen. Diese Stadt lag nur
300 Stadien [2]) entfernt. Wer also selbst noch frisch war und
ein Pferd hatte, das noch laufen konnte, wurde zur Aufklärung
vorgeschickt. Es war ein eigenthümlicher Zufall, daß an ein und
demselben Tage, zu ein und derselben Stunde Johannes mit
seinen Leuten und jene Barbaren, 400 an der Zahl, in Kapua
einzogen, ohne daß vorher die einen von den andern eine Ahnung
gehabt hätten. Sofort entspann sich ein hitziges Gefecht, denn
kaum waren sie einander ansichtig geworden, wurden sie hand=
gemein. Die Römer trugen durch ihre Überlegenheit den Sieg
davon und hieben die Mehrzahl der Feinde sehr bald nieder.
Nur wenige Barbaren konnten sich durch die Flucht retten und
sprengten nach Minturnä zurück. Als die andern sahen, wie sie
mit Blut bedeckt waren, oder ihnen die feindlichen Geschosse noch
im Körper steckten, wie andere keinen Laut von sich gaben und
nicht sagten, was geschehen war, sondern, als ob die Flucht noch
fortdauerte, ihre Furcht deutlich verriethen, sprangen sie sofort

1) am Liris (Garigliano) in der Nähe des heutigen Traetto. — 2) 55 Km.

647 auf die Pferde und flohen mit jenen weiter. Beim Totilas an=
gekommen, meldeten sie, eine unzählige Masse von Feinden sei
unterwegs, natürlich nur, um dadurch die Schande ihrer Flucht
zu verdecken. Nun hatten sich ungefähr 70 römische Soldaten,
die zu den Gothen übergetreten waren, früher in die kampa=
nischen Städte begeben, und diese beschlossen, zu Johannes überzu=
gehen. Derselbe fand zwar nur wenige Senatoren vor, aber
fast alle Senatorenfrauen. Denn als Rom fiel, hatten sich die
meisten Männer auf der Flucht den Soldaten angeschlossen und
waren mit diesen nach Portus gekommen, während die Frauen
sämmtlich in Gefangenschaft gerathen waren. Der Patrizier Cle=
mentinus, welcher sich in eine Kirche der Gegend geflüchtet hatte,
wollte durchaus nicht mit dem römischen Heere gehen, weil er
früher ein Kastell, dicht bei Neapel, an Totilas und die Gothen
übergeben hatte und deshalb natürlich den Zorn des Kaisers
fürchtete. Orestes dagegen, der römischer Konsul gewesen war,
befand sich in nächster Nähe, mußte aber, weil keine Pferde da
waren, sehr gegen seinen Willen zurück bleiben. Die Sena=
toren und die 70 Überläufer ließ Johannes sofort nach Sizilien
schaffen.

Diese Nachricht versetzte den Totilas in großen Schmerz,
und es drängte ihn, sich dafür an Johannes zu rächen. Des=
halb zog er mit der größeren Hälfte seines Heeres wider ihn
aus und ließ die andere, kleinere zur Beobachtung zurück. Jo=
hannes hatte gerade mit seiner Schaar, die 1000 Köpfe zählte,
in Lukanien ein Lager aufgeschlagen und auch schon Patrouillen
ausgeschickt, die alle Wege absuchen und beobachten mußten, ob
etwa ein feindliches Heer sich in böser Absicht nahe. Totilas
konnte sich wohl denken, daß Johannes nicht ruhig im Lager
sitzen werde, ohne Patrouillen ausgeschickt zu haben, bog daher
von der großen Straße ab und ging über die Berge, die in
großer Anzahl dort hoch und steil emporragen, weiter vor, was
kaum jemand ahnen konnte, da jene Berge für weglos galten.

Die Patrouillen, welche nach jener Richtung von Johannes vor= 547
geschickt waren, merkten zwar, daß sich ein feindliches Heer in
der Gegend befinden müsse, konnten jedoch nichts Sicheres heraus=
bringen. Nichtsdestoweniger ritten sie aus Furcht vor einem
Überfall, wie er nachher wirklich stattfand, ins römische Lager
zurück. Sie kamen zur Nachtzeit in demselben Augenblick dort
an wie die Barbaren. Totilas, welcher sich nur durch seine
leidenschaftliche Rachgier, nicht durch kluge Überlegung leiten ließ,
erntete die Früchte seiner blinden Wuth: sein Heer war nämlich
zehnmal stärker als das seiner Feinde, und es versteht sich ganz
von selbst, daß er mit seiner überlegenen Macht am hellen Tage
hätte kämpfen und die Feinde deshalb erst mit Tagesanbruch
angreifen müssen, so daß sie ihm nicht unter dem Schutze der
Dunkelheit entwischen konnten. Er aber that das nicht — er
hätte wahrhaftig die Feinde bis auf den letzten wie im Netz
fangen können — sondern überfiel, seinem Zorne nachgebend,
noch vor Mitternacht das feindliche Heer. An Gegenwehr dachte
überhaupt niemand, da die meisten unmittelbar aus dem Schlafe
auffuhren. Aber die Gothen konnten doch nicht viele tödten, da
es den meisten gelang, sich von ihrem Lager zu erheben und
unter dem Mantel der Nacht zu entwischen. Wer einmal aus
dem Lager heraus war, lief in die Berge, die ganz nahe waren,
und hatte sich gerettet, so Johannes selbst und der Herulerführer
Aruf. Von den Römern fielen höchstens hundert. Bei Johannes
hatte sich ein gewisser Gilakius befunden, ein Armenier, der eine
kleine Abtheilung seiner Landsleute führte. Dieser Gilakius
konnte weder Griechisch, noch Lateinisch noch Gothisch, noch sonst
eine Sprache reden außer der armenischen. Auf ihn trafen Gothen
und fragten ihn, wer er sei, denn sie wollten nicht ohne weiteres
jeden niederstoßen, der ihnen in den Wurf kam, um nicht in dem
nächtlichen Gefecht sich untereinander zu morden, wie das wohl
vorkommen konnte. Jener war nicht im Stande, ihnen anderes
zu antworten, als daß er der Oberst Gilakius sei. Denn seinen

547 Titel, den er durch die Gnade des Kaisers empfangen, hatte er
oft gehört und auch behalten. Daran merkten die Barbaren,
daß es ein Feind war, und nahmen ihn zunächst gefangen, bald
darauf hieben sie ihn doch nieder. Johannes und Aruf flohen
mit ihren Leuten, was sie konnten, und kamen gestreckten Laufs
nach Hydrus. Die Gothen plünderten das römische Lager und
zogen wieder ab.

27. So ging es in Italien bei beiden Heeren zu. Der
Kaiser Justinian hielt es für angezeigt, frische Truppen gegen
Totilas und die Gothen abzuschicken, veranlaßt durch die Berichte
Belisars, in denen ihm dieser die Sachlage zu wiederholten
Malen auseinandergesetzt hatte. Und zwar schickte er zuerst den
Paturius, Peranius' Sohn, und Sergius, den Neffen Salomons,
mit nur geringer Mannschaft ab. Als diese in Italien gelandet
waren, vereinigten sie sich sofort mit dem Hauptheer. Darauf
sendet er Berus mit 300 Herulern, den Armenier Varazes mit
800 Mann und endlich gab er dem Heermeister von Armenien [1]),
Valerian, den Befehl, aus seinem Bezirk aufzubrechen und sich
mit seinen Doryphoren und Hypaspisten, mehr als 1000 Mann,
nach Italien einzuschiffen. Berus kam zuerst in Hydrus an, wo
er die Schiffe zurückließ. Dort befand sich auch das Lager des
Johannes; jener wollte aber nicht bleiben, sondern ritt mit
seinen Leuten ins Land hinein. Berus war nämlich ein leicht-
sinniger Mensch und der Leidenschaft des Trunkes nur zu sehr
ergeben, daher auch verwegen bis zur Tollkühnheit. Als sie
nun ganz nahe an Brundisium waren, bezogen sie dort ein Lager.
Sobald Totilas davon hörte, sagte er: „Eins von beiden ist
mit Berus der Fall: entweder gebietet er über große Streitkräfte
oder er ist von einem bösen Geist besessen. Laßt uns deshalb
sofort auf ihn losgehen, damit wir entweder kennen lernen, was
er vermag, oder er selbst seiner Tollheit sich bewußt wird."
Nach solchen Worten rückte er mit zahlreicher Mannschaft gegen

---

1) Magister militum per Armeniam.

ihn aus; als die Heruler aber sahen, daß die Feinde schon da[347]
waren, versteckten sie sich in einem nahen Gehölz. Dort wurden
sie von den Feinden umzingelt, und 200 Mann fielen. Beinahe
hätten sie auch Verus und den Rest der Heruler, die sich in dem
Dorngestrüpp versteckt hatten, gefangen, wenn nicht ein glücklicher
Zufall ganz unerwartete Rettung gebracht hätte. Die Schiffe
nämlich, auf denen sich Barazes mit seinen Armeniern befand,
gingen gerade an jener Küste vor Anker. Als Totilas diese zu
Gesicht bekam, überschätzte er ihre Zahl und zog sogleich ab.
Verus aber und seine Leute gelangten glücklich laufend zu den
Schiffen. Barazes wollte nicht weiter fahren, sondern begab sich
nur nach Tarent, wo auch Johannes, Vitalians Neffe, bald
darauf mit seiner ganzen Abtheilung ankam.

Dies war nun so zugegangen. Der Kaiser aber schrieb an
Belisar, er habe ihm so zahlreiche Truppen geschickt, daß er jetzt
nach Kalabrien vorrücken und eine Schlacht liefern müsse. Va=
lerian war nämlich auch schon am Gestade des abriatischen
Meeres angelangt, hielt es jedoch nicht für angezeigt, die Über=
fahrt noch zu unternehmen, denn da es die Zeit der Winter=
sonnenwende war, so fürchtete er, in dieser Jahreszeit würden
die Nahrungsmittel für Mann und Roß nicht genügend vor=
handen sein. Nur 300 Mann schickte er zu Johannes hinüber
und versprach, wenn er erst überwintert hätte, mit Frühlings=
anfang nachzufolgen. Sobald Belisar das kaiserliche Handschreiben
gelesen hatte, suchte er sich die besten Leute aus, 900 an der
Zahl, 700 zu Pferd und 200 zu Fuß, ließ die übrigen alle
als Besatzung für ihre Standorte zurück unter dem Kommando
des Konon, und erklärte, er wolle nach Sizilien segeln. Von
dort ging er aber bald weiter und wollte nach dem Hafen von
Tarent fahren, indem er das Schläische Vorgebirge, wo nach der
Schilderung der Dichter die Schlla haust, links liegen ließ . . .[1])

28. Belisar fuhr nun gerade auf Tarent los. Das Ge=

1) folgt eine etymologische Auseinandersetzung über diesen und andere Namen.

847 stabe dort ist aber halbmondförmig, da das Land zurückweicht und das Meer in einem Busen tief ins Land hineingeht. Die Überfahrt über den ganzen Meerbusen ist 1000 Stadien [1]) lang auf den beiden äußersten Punkten desselben, da wo das Meer ein= und ausfließt, liegen zwei Städte, im Westen Kroton [2]), im Osten Tarent; gerade in der Mitte liegt Thurii. [3]) Da sich ein Unwetter erhob, auch Wind wie Strömung gegen Belisar waren und nicht zuließen, daß die Schiffe weiter fuhren, so ging er im Hafen von Kroton vor Anker. Da er hier weder eine Befestigung vorfand, noch in der Umgegend genug Proviant war für seine Soldaten, so blieb nur er dort mit seiner Gattin und dem Fußvolk, damit er Johannes und sein Heer an sich ziehen und darüber verfügen könnte. Die gesammte Reiterei ließ er weiter vorrücken, um an den Eingangspässen der Landschaft ein Lager zu beziehen. Das Kommando über diese erhielten der Iberer Phazas und Belisars Doryphor Barbation. Er war der Ansicht, daß sie auf diese Weise einerseits für sich und die Pferde das Nöthige herbeischaffen und andrerseits den Paß leicht gegen einen feindlichen Angriff vertheidigen könnten. Die Lucanischen Berge erstrecken sich nämlich bis nach Bruttium und gehen so dicht im Bogen zusammen, daß sie nur zwei ganz enge Pässe nach der Küste haben, von denen der eine auf lateinisch Petra sanguinis [4]) heißt, während die Leute jener Gegend den andern Labula nennen. An dem Gestade liegt dort Ruscia [5]), der Hafen von Thurii, und 60 Stadien [5]) oberhalb desselben haben die alten Römer ein sehr starkes Kastell gebaut. Dessen hatte sich Johannes kurz zuvor bemächtigt und eine ziemlich starke Besatzung hineingelegt.

Bei einem Streifzug stießen Belisars Soldaten auf eine feindliche Abtheilung, welche Totilas ausgeschickt hatte, um einen Handstreich auf jenes Kastell zu versuchen. Man warb

---

1) 153,5 Km. — 2) Cottone. — 3) früher Sybaris; die Ruinen in der Nähe des heutigen Buffaloria. — 4) Blutfelsen. — 5) 11 Km., sonst Roscianum, zwischen Thurii und Paternum: jetzt Rossano.

sofort handgemein, und die römische Tapferkeit trug ohne große 547
Mühe den Sieg davon, obgleich die Barbaren bedeutend stärker
waren. Diese hatten einen Verlust von 200 Mann. Die
Übriggebliebenen flohen zu Totilas und berichteten alles, was
vorgefallen war; die Römer blieben in ihrem Standquartier
liegen. Da sie einen Sieg davongetragen hatten und der Feld=
herr fern war, fingen die Bande der Disziplin an, sich zu
lockern: weder hatten sie ihre Nachtlager dicht bei einander, noch
waren beständig Posten am Eingang des Engpasses aufgestellt,
sondern sie vernachlässigten alles Nöthige und brachten die Nächte
in ihren Zelten zu, weit von einander getrennt, und am Tage
schweiften sie umher auf der Suche nach Lebensmitteln. Pa=
trouillen schickten sie überhaupt nicht mehr ab und sorgten nicht
einmal für die allergewöhnlichsten Sicherheitsmaßregeln. Totilas,
der alles dies erfahren hatte, suchte sich aus seinem ganzen Heer
3000 Reiter aus und zog mit diesen gegen die Feinde. Der
Überfall gelang vollständig: er fand sie ganz ungeordnet und sich
umhertreibend, wie soeben erzählt worden ist, vor und warf sie
völlig über den Haufen. Phazas, der sich ganz nahebei im
Zelt befunden hatte, trat den Feinden entgegen und wehrte sich
mit rühmlicher Tapferkeit, so daß dadurch wenigstens einige fliehen
konnten; er selbst fiel mit allen seinen Leuten, und das war für
die Römer sehr schmerzlich, weil sie auf diese hervorragenden
Krieger alle ihre Hoffnung gesetzt hatten. Diejenigen, welche
noch hatten fliehen können, retteten sich, wohin sie gerade konnten.
Zuerst kam Belisars Doryphor Barbation mit zwei Begleitern
in voller Flucht zu Kroton an, meldete, was sich zugetragen
hatte, und versicherte, seiner Ansicht nach müßten die Barbaren
sogleich da sein. Diese Botschaft war ein harter Schlag für Be=
lisar; eiligst bestieg er die Schiffe und lichtete die Anker. Mit
gutem Winde gelangte er noch an demselben Tage nach Messana
auf Sizilien, 700 Stadien[1]) von Kroton, gegenüber von Rhegium.

1) 128 km.

16*

547   **29.** (Die Sklaven überschreiten die Donau und ver=
wüsten ganz Illyrien. Häufige Erdstöße ängstigen die Bewoh=
ner von Byzanz und andern Orten. Der Nil steigt zu unge=
wöhnlicher Höhe. Bei Sangaris am Schwarzen Meer [1]) wird
ein Seeungeheuer gefangen, das die Byzantier Porphyrion nennen).

Nach obenerwähnter That lagerte sich Totilas dicht vor
dem Kastell von Ruscia, da ihm zu Ohren gekommen war, die
Besatzung leide bereits Mangel, und er der Meinung war, den
Platz leicht nehmen zu können, wenn man die Zufuhr gänzlich
abschneide. Er bezog dort Standquartiere und begann die Be=
548 lagerung. — Der Winter ging zu Ende und mit ihm das drei=
zehnte Jahr dieses Krieges, den Prokop beschrieben hat.

30. Der Kaiser Justinian schickte nicht weniger als 2000
Mann zu Schiff nach Sizilien und ließ dem Valerian den Be=
fehl zugehen, ohne Säumen sich zu Belisar zu begeben. Der=
selbe fuhr über die Meerenge und kam in Hydrus an, woselbst
sich auch Belisar mit seiner Gemahlin befand. Zu dieser Zeit
fuhr Antonina, Belisars Gemahlin, nach Byzanz, um bei der
Kaiserin dahin zu wirken, daß für diesen Krieg größere Mittel
angewendet würden. Die Kaiserin Theodora wurde aber krank
und starb, nachdem sie 21 Jahre und 3 Monate den Thron
mit dem Kaiser getheilt hatte.

In dieser Zeit wurde der Mangel an Lebensmitteln im
Kastell von Ruscia so groß, daß die Belagerten mit den Feinden
Unterhandlungen anknüpften und mit ihnen sich dahin einigten,
daß sie das Kastell zur Mittsommerzeit [2]) übergeben würden,
wenn ihnen bis dahin kein Entsatz gebracht würde; dafür sollten
sie vollständig freien Abzug erhalten. In diesem Kastell befan=
den sich viele hochangesehene Italiker, unter andern Deopheron,
Tullians Bruder; vom römischen Heer 300 Illyrier zu Pferde,
welche Johannes dorthin gelegt hatte unter dem Doryphoren
Chalazar, einem Massageten von außerordentlicher Tapferkeit,

---

1) Sonst Sagaris, an der Mündung des Sangarius. — 2) also am 21. Juni.

und dem Thrazier Gubilas, ferner 100 Mann zu Fuß, die 548
Belisar als Besatzung für das Kastell geschickt hatte. — Zu
derselben Zeit bringen die Soldaten, welche Belisar als Garni=
son von Rom zurückgelassen hatte, ihren Oberst Konon um, weil
er beim Verkauf des Brotkornes und der andern Lebensmittel
sich zu ihrem Schaden bereichert hätte. Dann ordneten sie einige
Priester als Gesandte ab und gaben die bestimmte Versiche=
rung, wenn der Kaiser für diese That ihnen keine Amnestie ge=
währe und in einer festgesetzten Frist den rückständigen Sold
nicht zahle, so würden sie keinen Augenblick sich besinnen, zu
Totilas und den Gothen überzugehen. Und der Kaiser erfüllte
ihre Bitte.

Belisar, der auch Johannes hatte nach Hydrus kommen
lassen, sammelte eine große Flotte und fuhr mit jenem, ferner
Valerian und den andern Obersten gerade auf Ruscia los, um
den Belagerten Entsatz zu bringen. Da sich die Besatzung auf
der Höhe befand, konnte sie sehen, wie die Flotte heransegelte,·
gab sich froher Hoffnung hin und beschloß, sich den Feinden
nicht zu ergeben, obgleich der festgesetzte Tag schon da war.
Aber es erhob sich ein furchtbarer Sturm, der, besonders weil
jenes Gestade ganz hafenlos ist, alle Schiffe denkbar weit von
einander zerstreute, und so ging natürlich viel Zeit verloren.
Man sammelte sich im Hafen von Kroton und fuhr zum zweiten
Mal nach Ruscia. Als das die Barbaren sahen, sprangen sie
auf ihre Rosse und sprengten an den Strand, um die Landung
der Feinde zu verhindern. Totilas vertheilte seine Leute so weit
wie möglich über das ganze Gestade mit der Front gegen die
Schiffsvordertheile, die einen mit der Lanze, die andern mit ge=
spanntem Bogen bewaffnet. Dieser Anblick versetzte die Römer
in solche Furcht, daß sie nicht wagten, näher zu kommen, sondern
sich außer Schußweite ruhig vor Anker legten, dann an der
Landung verzweifelten, den Rückzug antraten und wieder nach
dem Hafen von Kroton fuhren. Dort wurde Kriegsrath ge=

⁵⁴³ halten und beschlossen, es empfehle sich mehr, daß Belisar sich
nach Rom begebe, um dort alles aufs Beste einzurichten und
die Stadt zu verproviantieren; Johannes und Valerian sollten
Mann und Roß ans Land bringen und nach Picenum ¹) marschie=
ren, um die Feinde, welche die dortigen Kastelle belagerten, da=
von abzuziehen. Auf diese Weise hofften sie, Totilas zur Auf=
gabe der Belagerung zu bringen. Johannes mit seinen 1000
Mann verfuhr nach dieser Ordre; Valerian hingegen wollte sich
den Gefahren des Marsches nicht aussetzen und fuhr über das
abriatische Meer, geradeswegs nach Ancona, von wo aus er in
Sicherheit nach Picenum zu kommen und sich mit Johannes zu
vereinigen hoffte. Aber Totilas dachte gar nicht daran, die
Belagerung aufzuheben, sondern blieb ruhig liegen und detaschierte
nur 2000 Reiter nach Picenum, um zusammen mit den Bar=
baren, welche in dieser Landschaft angesessen sind, Johannes und
Valerian abzuweisen.

Als die Belagerten im Kastell von Ruscia gar keine Le=
bensmittel mehr hatten und auch keine Aussicht auf Entsatz von
den Römern, schickten sie als Gesandte den Doryphoren Gubilas
mit dem Italiker Deopheron und baten um ihr Leben und um
Verzeihung für das Vorgefallene. Totilas versprach, nur Cha=
lazar seine Strenge fühlen lassen zu wollen, weil er den ersten
Vertrag gebrochen hatte, den übrigen sicherte er Verzeihung zu.
Darauf ergab sich ihm die Besatzung. Dem Chalazar ließ er
erst beide Hände und die Geschlechtstheile abschneiden und ihn
dann umbringen; die Soldaten, welche bleiben wollten, ließ er
im Besitz ihrer Habe und nahm sie unter denselben Bedingungen,
wie die Gothen hatten, in seinen Dienst. Er verfuhr also
ganz so, wie mit den Gefangenen aus andern Kastellen. Die=
jenigen, denen zu bleiben nicht paßte, ließ er ohne ihre Waffen
und Habe laufen, wohin sie mochten, da er keinen Menschen
zwingen wollte, in seine Dienste zu treten. 80 Mann von den

---

1) Die Landschaft südlich von Ancona am abriatischen Meer.

römischen Soldaten ließen alles, was sie hatten, im Stich und 545 begaben sich nach Kroton, alle andern behielten ihr Eigenthum und blieben. Die Italiker wurden ihrer ganzen Habe beraubt, doch schenkte man ihnen das Leben. — Antonina, Belisars Ge= mahlin kam erst nach dem Ableben der Kaiserin in Byzanz an und sprach dem Kaiser den Wunsch aus, er möge ihren Gatten abrufen, und sie setzte dies um so leichter durch, als der Krieg mit den Persern schwer auf dem Kaiser lastete und ihn zu diesem Entschlusse antrieb.

31. 32. (In Byzanz verschwören sich die Armenier Arta= banes und Arsaces, die von Justinian beleidigt waren, gegen das Leben des Kaisers. Sie ziehen einen dritten Armenier, Chanaranges, ins Vertrauen und suchen den Prinzen Germanus und dessen Sohn Justin für ihr Unternehmen zu gewinnen, von denen der Kaiser den ersteren in einer Erbschaftsangelegenheit benachtheiligt hatte. Diese gehen auf den Rath des Marcellus, Obersten der kaiserlichen Leibwache, zum Schein auf die Absichten der Verschworenen ein und theilen dann das ganze Geheimniß dem Justinian mit. Derselbe richtet seinen Verdacht zunächst auch auf die Prinzen, die aber durch das Zeugniß des Mar= cellus ihre Unschuld beweisen. Die Verschworenen bekennen auf der Folter ihre Schuld. Der Kaiser erklärt den Artabanes seiner Würde für verlustig [1]) und hält alle nur in Haft, und zwar nicht einmal im Staatsgefängniß, sondern im kaiserlichen Palast.)

33. In dieser Zeit wurden die Gothen offenkundig Herren des ganzen Westens. Und der Gothenkrieg nahm für die Römer, welche zuerst ganz entschieden die Oberhand gehabt hatten, wie ich in dem Vorhergehenden erzählt habe, eine solche Wendung, daß nicht nur ein großer Aufwand an Geld= und Menschen= kräften ganz umsonst gemacht war, sondern auch dazu Italien verloren ging und sie mit ansehen mußten, wie die Barbaren,

---

1) A. war Magister militum über ganz Afrika s. Vand. II, 28, Geschichtschreiber d. d. V., Prokop, Vandalenkrieg S. 79.

848 die schon unmittelbare Grenznachbarn geworden waren, ohne Scheu
Illyrien und Thrazien mit Feuer und Schwert verwüsteten. Und
das ging so zu. Alle Theile von Gallien, welche den Gothen
unterthänig waren, hatten diese am Anfang des Krieges an die
Franken abgetreten, weil sie, wie ich früher erwähnt habe, sich
nach zwei Seiten hin nicht wehren zu können glaubten, und dies
Verfahren hatten die Römer nicht hindern können, vielmehr mußte
der Kaiser Justinian die Franken in ihrem Besitz bestätigen, da=
mit diese Barbaren nicht etwa sich auch zum Kriege erhöben und
ihm Unannehmlichkeiten bereiteten. Sie glaubten nämlich nur
dann im sichern Besitz von Gallien zu sein, wenn ihnen der
Kaiser darauf Brief und Siegel gegeben hätte. Seitdem waren
die Frankenkönige Herren von Massilia [1]), der phokäischen Kolonie,
wie der ganzen Meeresküste und der dortigen Gewässer. Und
jetzt haben sie schon den Vorsitz bei den Circusspielen in Arelate
und prägen aus gallischem Golde eine Münze, welche nicht, wie
es sich gehört, das Bildniß des Kaisers, sondern ihr eigenes zeigt.
(Selbst der Perserkönig prägt nur Silbermünzen; Goldmünzen
aber darf kein Barbarenherrscher prägen, selbst wenn sein Land
Gold hervorbringt — das darf nur der Kaiser thun.)

Solches ging bei den Franken vor. Als aber die Gothen
und Totilas die Oberhand im Kriege gewannen, eigneten sich
die Franken ohne weiteres den größten Theil von Venetien an,
da weder die Römer es ihnen wehren konnten, noch die Gothen
im Stande waren, gegen Franken und Römer zugleich zu kämpfen.
— Die Gepiden hatten Sirmium[2]) und fast alle Städte Daziens[2])
in Besitz genommen. Als nun Justinian diese Ortschaften dem
Machtbereich der Gothen entzog, machten die Gepiden alle Römer,
die dort wohnten, zu Sklaven, drangen stetig weiter vor, plün=
derten und verheerten das römische Gebiet. Deswegen zahlte
ihnen auch der Kaiser nicht mehr die Subsidien, welche sie seit
undenklichen Zeiten von den Römern bezogen. Den Longobarden

---

1) Marseille. — 2) unweit Mitrowitz; Dazien ungefähr das heutige Rumänien.

machte der Kaiser Justinian die Stadt Noricum [1]), die panno= 548
nischen Festungen, noch viele andere Ortschaften und außerdem
bedeutende Geldsummen zum Geschenk. Dieserhalb erhoben sich
die Longobarden aus ihren Stammsitzen und ließen sich auf dem
jenseitigen Donauufer [2]) nieder, nicht weit vom Gebiet der Ge=
piden. Und nun plünderten sie Dalmatien und Illyrien bis zur
Gegend von Epidamnus und machten die Einwohner zu Sklaven.
Da aber einige von den Gefangenen geflohen und wieder in ihre
Heimat zurückgekehrt waren, durchzogen diese Barbaren das römische
Gebiet, angeblich als römische Bundesgenossen, und wenn sie
einen von den Entkommenen wieder erkannten, legten sie Hand
auf ihn wie auf einen entlaufenen Sklaven, rissen ihn aus den
Armen seiner Eltern und schafften ihn fort in ihr Land, ohne
daß jemand zu widerstehen wagte. Andere dazische Städte in
der Gegend von Singedon [3]) gab der Kaiser an die Heruler, die
auch jetzt noch dort wohnen und Illyrien sowie Thrazien raubend
und plündernd durchziehen. Eine Anzahl von ihnen ist auch
unter die römischen Soldaten gegangen und zwar zu den soge=
nannten Föderaten. Jedesmal nun, wenn die Gesandten der
Heruler nach Byzanz kommen, nehmen sie für dieselben Leute,
welche die römischen Unterthanen brandschatzen, ohne weiteres
Subsidien in Empfang und gehen damit nach Hause.

34. So theilten sich die Barbaren in das römische Reich.
Bald darauf entstand ein heftiger Streit zwischen den Gepiden und
Longobarden, die neben einander wohnen. Beide brannten darauf,
sich mit dem Gegner in der Schlacht zu messen, und schon war
dafür ein bestimmter Tag festgesetzt. Die Longobarden aber,
welche an Zahl schwächer waren als ihre Feinde, zweifelten, ob
sie allein denselben gewachsen sein würden und gingen die Römer
um ihre Bundesgenossenschaft an. Dagegen verlangten die Ge=
piden kraft ihres Bundesrechts, die Römer sollten thätig ein=
greifen und an ihrer Seite kämpfen oder sich neutral verhalten

1) sonst Noreja, Neumarkt in Steiermark. — 2) d. nördlichen. — 3) i. d. Nähe v. Belgrad.

⁵⁴⁸ und keinem von beiden Volksstämmen helfen. Beide schickten Ge=
sandte an den Kaiser Justinian und rechneten bestimmt auf seine
Hülfe. Die gepidische Gesandschaft führte Thorifwind, die longo=
bardische Auduin. Der Kaiser Justinian beschloß, beide anzu=
hören, aber nicht zusammen, sondern jede für sich. Zuerst hatten
die Longobarden Audienz und ließen sich folgendermaßen ver=
nehmen: („Die Gepiden haben dem römischen Staat nur Schaden
gebracht und sind ein ganz treuloses Volk. Solange die Gothen
Herren von Dazien waren, haben sie sich nicht gerührt, obgleich
sie schon damals als Bundesgenossen Subsidien von den Römern
bezogen, und haben niemals gewagt, die Donau zu überschreiten
aus Angst vor den Gothen. Sobald aber diese das Land hatten
aufgeben müssen und die Römer durch den Krieg in Italien be=
schäftigt waren, da haben sie Sirmium besetzt, schleppen die Römer
in die Sklaverei und rühmen sich, ganz Dazien gewinnen zu
wollen. Das ist doch geradezu Hochverrath! Und da wagen sie
noch, vor den Kaiser zu treten und ihn um Hülfe gegen die
Longobarden zu bitten! Das setzt ihrer Unverschämtheit die Krone
auf!) Wir haben nun als Barbaren schlicht und einfach gesprochen,
denn wir verstehen es nicht, viele Worte zu machen, und können
kaum uns so ausdrücken, wie es die Wichtigkeit der Sache er=
heischt. Du aber, o Kaiser, durchschaust auch das, was wir dürf=
tiger, als es hätte sein sollen, ausgesprochen haben; thue nun,
was den Römern und Deinen Longobarden frommt, und bedenke
dabei vor allem, daß die Römer von Rechtswegen auf unserer
Seite kämpfen werden, die wir von Anfang an uns zu derselben
Lehre bekannt haben wie sie, während jene Arianer sind und
eben deshalb schon ihre Feinde sein werden."

So sprachen die Longobarden. Am folgenden Tage wurden
die Gesandten der Gepiden beim Kaiser vorgelassen und sprachen
so: („Die Longobarden sind im Unrecht, denn sie rufen die Ent=
scheidung des Schwertes an, während sie den Streit friedlich durch
den Richterspruch des Kaisers schlichten konnten. Sie sind die

Schwächeren, wir die Stärkeren; deshalb ist es klüger, wenn Ihr 543
zu uns haltet. Auch ist das römische Bündniß mit den Gepiden
viel älter. Die Longobarden haben zuerst muthwillig den Krieg
begonnen, und nun wollen sie Euch in einen ungerechten Krieg
treiben, angeblich, weil wir Sirmium und einige andere dazische
Ortschaften unrechtmäßig in Besitz genommen haben. Diese Spitz=
buben! Als ob nicht der Kaiser genug Provinzen hätte, um sie
an verbündete Nationen zu verschenken! Wir haben ja nur ge=
nommen, was die Gnade des Kaisers uns gewiß zugedacht hatte,
als seinen getreuen Bundesgenossen. Und nach Bundesrecht bitten
wir, daß Ihr entweder mit uns gegen die Longobarden kämpft
oder Euch neutral verhaltet. Ein solcher Beschluß wird gerecht
und dem römischen Reiche förderlich sein.") Solches redeten die
Gepiden. Der Kaiser aber ließ sie nach langen Berathungen
unverrichteter Sache abziehen, beschwor ein Schutz= und Trutz=
bündniß mit den Longobarden und schickte ihnen mehr als
10 000 Reiter zu Hülfe unter Konstantian, Buzes und Aratius.
Ihnen schloß sich Johannes, Vitalians Brudersohn, an, welcher
vom Kaiser den Befehl erhalten hatte, nach schneller Beendigung
des Feldzugs gegen die Gepiden sofort mit seinen Leuten nach
Italien weiter zu marschieren. Als Bundesgenossen gingen auch
noch 1500 Heruler mit, die unter andern Philemuth führte.
Die übrigen Heruler, ungefähr 3000 Mann, standen auf Seiten
der Gepiden, da sie kurz zuvor, wie oben erwähnt, von den
Römern abgefallen waren. Eine römische Abtheilung von dem
Heer, welches den Longobarden zu Hülfe zog, stieß unvermuthet
auf eine Schaar Heruler unter dem Aordus, dem Bruder ihres
Königs. Es entspann sich ein hitziges Gefecht, in dem die Römer
Sieger blieben und Aordus nebst vielen Herulern den Tod fand.
Sobald nun die Gepiden erfuhren, das römische Heer sei bereits
ganz nahe, legten sie ihre Streitigkeiten mit den Longobarden bei,
und beide Barbarenvölker schlossen ein Bündniß, ohne daß die
Römer gefragt wurden. Als sie es hinterher erfuhren, befanden

545 sie sich in einer höchst mißlichen Lage. Vorrücken konnten sie nicht, und zurück wollten die Obersten auch nicht, weil sie fürch= teten, die Gepiden und Heruler würden dann ihnen auf dem Fuße folgen und Illyrien brandschatzen. Daher blieben sie stehen und berichteten an den Kaiser über ihre Lage. So ging es dort zu. Ich will aber dahin mich zurückwenden, wo ich abzuschweifen begann.

35. Belisar trat den Rückweg nach Byzanz nicht gerade mit Ehren an: fünf Jahre hindurch hatte er den Boden Italiens kaum unter den Füßen gehabt und hatte keinen einzigen Marsch ausführen können; vielmehr war er die ganze Zeit hindurch wie auf der Flucht versteckt gewesen, von einem Kastell an der Küste immer zum andern herumfahrend, und seitdem hatten sich die Feinde Rom selbst und fast alles andere unterthan gemacht. Gerade damals verließ er Perusia, die Hauptstadt Tusciens, welche scharf belagert und, während er noch unterwegs war, mit Sturm genommen wurde. Nach seiner Ankunft in Byzanz hielt er sich dort auf und ruhte, im Vollgenuß eines sehr bedeutenden Vermögens, auf seinen Lorbeern aus, was ihm vor der Abfahrt nach Afrika die Gottheit durch ein deutliches Zeichen angekündigt hatte. Das Zeichen war folgendes. Belisar hatte eine Besitzung in der Vorstadt von Byzanz, welche Panteichion heißt und gegen= über auf dem Festlande liegt. Kurz ehe Belisar die Führung des römischen Heeres in Afrika gegen Gelimer übernahm, trugen dort die Weinstöcke außerordentlich reichlich. Den gewonnenen Wein, eine beträchtliche Menge, füllten die Knechte in Fässer, die sie im Weinkeller halb in die Erde gruben und an der oberen Hälfte sorgfältig mit Lehm verschmierten. Acht Monate darauf gerieth der Wein in den Fässern in Gährung und sprengte den Lehm, mit dem jedes Faß verschlossen war, schäumte über und floß in solchen Strömen auf den Boden, daß ein förmlicher Teich entstand. Als das die Knechte sahen, waren sie sehr erstaunt und füllten davon eine große Anzahl von Krügen. Dann ver=

schmierten sie die Fässer von Neuem mit Lehm und schwiegen im ⁵⁴⁸
Übrigen von der Sache. Als sie aber mehrmals dasselbe sich er=
eignen sahen, so führten sie ihren Herrn herbei, dieser aber ver=
sammelte viele seiner Freunde und zeigte ihnen, was geschehen
war. Man erklärte das Wunder dahin, daß diesem Hause große
Reichthümer zufallen würden.

Solches hatte Belisar erlebt. Vigilius aber, der Erzbischof
von Rom, und die vornehmen Italiker, welche sich damals in
großer Anzahl zu Byzanz befanden, ließen nicht nach, dem Kaiser
beständig in den Ohren zu liegen, er möchte doch alles daran=
setzen, Italien wieder zu gewinnen. Am meisten trieb dazu
Gothigus ¹), ein Patrizier und langjähriger Konsular, der eigens
zu jenem Zwecke kurz vorher nach Byzanz gekommen war. Der
Kaiser versprach zwar, Italien nicht zu vergessen, sein Haupt=
interesse war aber den christlichen Dogmen zugewandt, und er
beschäftigte sich eifrigst mit der Beseitigung der streitigen Punkte.
So standen die Dinge in Byzanz. Es floh aber Ildisgus ²), ein
longobardischer Mann, aus folgendem Grunde zu den Gepiden.
Wachis, welcher König der Longobarden war, hatte einen Neffen,
Namens Risiulf, der dem Gesetze nach sein Nachfolger werden
mußte ³), wenn er starb. Wachis hätte nun gern seinem eignen
Sohne die Krone verschafft; deßhalb trieb er Risiulf unter irgend
einem nichtigen Vorwand in die Verbannung. So mußte dieser
sein väterliches Erbe aufgeben und floh mit Zurücklassung zweier
Söhne zu den Warnen. Diese Barbaren bestach Wachis, den
Risiulf aus dem Wege zu räumen. Von dessen Söhnen starb
der eine an einer Krankheit, der andere, Namens Ildisgus, floh
zu den Sklavenen. Bald darauf erlag auch Wachis einer Krank=
heit, und die Krone ging auf seinen Sohn Waldar über. Da
dieser aber noch sehr jung war, so verwaltete für ihn als Vor=

---

1) Wohl der S. 205 genannte Ochbegus. — 2) Goth. IV, 27 Ildigisal genannt,
s. daselbst. — 3) Also jedenfalls der hinterlassene Sohn eines älteren Bruders, der nach
germanischem Recht den Vorzug hatte, vgl. Vand. I, b, Geschichtschr. d. d. V. 73
(Prokop, Vandalenkrieg) S. 20, 21. — Aehnlich noch jetzt bei den Osmanen.

545 munb Aubuin die Herrschaft. Dessen Macht und Ansehen war so groß, daß er den Thron bestieg, als jener Knabe von einer Krankheit weggerafft wurde. Als nun der Krieg zwischen Ge= piden und Longobarden sich erhob, von dem schon die Rede war, so schloß sich Ildisgus mit seinem Gefolge von Longobarden und zahlreichen Sklavenen sofort den Gepiden an, und diese hofften, ihn zum Throne führen zu können. Nachdem sie dann mit den Longobarden sich gütlich geeinigt hatten, forderte Aubuin von ihnen als Bundesgenossen die Auslieferung Risiulfs. Das wollten sie denn doch nicht thun, sondern gaben ihm zu verstehen, er möge sich entfernen, wohin ihm beliebe, und so sein Leben retten. Ohne sich zu besinnen, ging er mit seinem Gefolge und einer Anzahl Gepiden, die sich ihm freiwillig anschlossen, wieder zu den Sklavenen. Auch dort blieb er nicht lange, son= dern machte sich auf zu Totilas und den Gothen mit einer Mann= schaft von mindestens 6000 Mann. In Benetien wurde er mit einer römischen Abtheilung unter Lazarus handgemein, schlug sie und tödtete viele davon. Doch vereinigte er sich nicht mit den Gothen, sondern ging wieder über die Donau zurück zu den Sklavenen.

Während es hier auf besagte Weise zuging, fiel einer von Belisars Doryphoren, Namens Indulf, von Abstammung ein Bar= bar, ein muthiger und tapferer Krieger, der in Italien als Ge= fangener zurückgeblieben war, ohne jeden Grund zu Totilas und den Gothen ab. Ihn schickte Totilas sogleich mit einer großen Abtheilung von Schiffen und Mannschaft an die Küste Dalmatiens. Er begab sich zunächst nach Muikurum, bei Salonae dicht am Meere gelegen, und verkehrte zuerst mit den Leuten als Römer und Freund Belisars, dann zog er plötzlich das Schwert und befahl seinen Soldaten, alles niederzumetzeln. Nachdem er den Ort ganz ausgeplündert hatte, fuhr er ab und warf sich auf einen andern Küstenplatz, den die Römer Laureata [1]) nennen.

---

1) Loreto, südlich von Ancona.

Auch hier landete er und machte jeden nieder, der ihm in den 548 Weg kam. Als dies Claudian erfuhr, der damals zu Salonae kommandirte, bemannte er ein Geschwader sogenannter Dromo= nen und schickte es gegen ihn aus. Dasselbe landete bei Lau= reata, wo es die Feinde angriff. Die Römer wurden aber gründlich geschlagen, flohen, wie nur jeder konnte, und ließen ihre vor Anker liegenden Dromonen im Stich. Es befanden sich da= selbst auch andre Fahrzeuge, die mit Korn und andern Lebens= mitteln beladen waren. Alle diese fielen Ilauf und den Gothen in die Hände, welche die ganze Besatzung niedermachten und mit der Beute sich zu Totilas begaben. Der Winter ging zu Ende und damit das vierzehnte Jahr dieses Krieges, den Prokop be= schrieben hat.

36. Darauf führte Totilas sein ganzes Heer vor Rom 549 und begann es zu belagern, nachdem er ein Lager aufgeschlagen hatte. Belisar hatte 3000 auserlesene Krieger als Besatzung von Rom zurückgelassen unter seinem Doryphoren Diogenes, einem verständigen Mann und trefflichen Krieger. Deshalb zog sich auch die Belagerung in die Länge. Denn die Belagerten schienen durch ihre überlegene Tapferkeit dem ganzen Gothenheer gewachsen zu sein, und Diogenes paßte mit größter Aufmerksam= keit auf, daß niemand sich in feindlicher Absicht den Mauern näherte. Außerdem hatte er überall in der Stadt innerhalb der Ringmauer Getreide säen lassen, so daß ihnen der Mundvorrath nicht gut ausgehen konnte. Oftmals rückten die Gothen zum Gefecht bis an die Mauer vor, versuchten einen Sturm und wurden abgeschlagen durch die große Tapferkeit der Römer. Dann fiel Portus, und die Belagerten wurden immer schärfer bedrängt. So sah es dort aus. Der Kaiser Justinian aber beschloß, so= bald Belisar nach Byzanz zurückgekehrt war, einen andern Ge= neral mit einem Heer gegen Totilas und die Gothen auszu= senden. Und ich glaube, wenn er diesen Gedanken hätte zur That werden lassen, so hätte er der Feinde Herr werden können,

549 besonders da ihm Rom noch gehörte, die dortige Besatzung hätte
erhalten werden können und sich mit dem Entsatzheer von Byzanz
vereinigt hätte. Statt dessen ernannte er zwar einen Patrizier
Liberius und befahl ihm, sich bereit zu halten; bald wurde er
aber durch irgend eine andere Angelegenheit abgelenkt und ließ
seine gute Absicht fallen.

Als die Belagerung Roms schon ziemlich lange gedauert
hatte, machten einige Isaurier, welche an dem Thor, welches nach
dem Apostel Paulus benannt ist, die Wache hatten, dem Totilas
das Anerbieten, ihm die Stadt zu überliefern. Sie beklagten
sich nämlich, daß sie vom Kaiser seit vielen Jahren keinen Sold
erhalten hätten, und sahen andrerseits, daß die Isaurier, welche
zum ersten Mal Rom den Gothen in die Hände geliefert hatten,
durch ihre Schlauheit in den Besitz großer Reichthümer gelangt
waren. Ein bestimmter Tag wurde für das Unternehmen fest=
gesetzt. Als er herangekommen war, brauchte Totilas folgende
List. Um die erste Nachtwache setzte er zwei kleine Fahrzeuge
auf den Tiber und bemannte sie mit Trompetern. Diesen befahl
er, den Fluß hinaufzurudern, und wenn sie ganz nahe an die
Ringmauer gekommen wären, aus allen Kräften zu blasen. Er
selbst stellte das Gothenheer, ohne von den Feinden bemerkt zu
werden, ganz nahe an dem erwähnten Thor, das nach dem
Apostel Paulus heißt, auf und hielt sich schlagfertig. Da er
ferner bedachte, es könnten Leute von dem römischen Heer in der
Finsterniß aus der Stadt entkommen und sich nach Centumcellae [1])
werfen, dem einzigen festen Platz jener Gegend, der sich noch in
römischem Besitz befand, ließ er eine Schaar tapferer Männer an
der Straße, die dorthin führte, sich in den Hinterhalt legen und
gab ihnen den Befehl, die Fliehenden niederzumachen. Als nun
die Leute auf den Kähnen nahe an die Stadt gekommen waren,
bliesen sie ihrer Instruktion gemäß. Die Römer waren dadurch
so sehr erschreckt, daß in Furcht und Bestürzung jeder plötzlich

1) Civita vecchia.

ohne Überlegung seinen Posten verließ, um in jene Gegend der 349
Mauer zu eilen, wo sie einen Überfall vermutheten. Nur die
verrätherischen Isaurier blieben ruhig auf ihrem Posten, öffneten
in aller Muße das Thor und ließen die Feinde in die Stadt
ein. Wer ihnen begegnete, wurde niedergestoßen, viele flohen
aus den andern Thoren; die aber nach Centumcellae wollten,
fielen in den Hinterhalt und fanden den Tod. Nur wenige ent=
kamen mit genauer Noth, und unter diesen soll sich der ver=
wundete Diogenes befunden haben.

Im römischen Heer befand sich ein gewisser Paulus, von
Geburt ein Kilikier, der zuerst Belisars Haushofmeister gewesen
war, dann als Führer einer Reiterschwadron nach Italien ge=
kommen und der römischen Garnison unter Diogenes zugewiesen
worden war. Dieser Paulus sprengte, als die Stadt genommen
wurde, mit 400 Reitern zum Hadriansgrabe und besetzte die
Brücke, die zur Peterskirche führt. Als nun das Gothenheer
frühmorgens, als eben der Tag zu grauen anfing, diese Leute
angriff, leisteten die Römer hartnäckigen Widerstand und ließen
sich nicht werfen, sondern tödteten von den Barbaren, die dicht=
gedrängt in der Enge standen, eine große Menge. Als das
Totilas bemerkte, ließ er sofort das Gefecht abbrechen und die
Gothen, welche den Feinden gegenüberstanden, Halt machen, weil
er glaubte, jene Männer durch Aushungerung in seine Gewalt
zu bekommen. An diesem Tage blieben Paulus und seine Vier=
hundert ohne Speise und brachten auch die Nacht so zu. Am
folgenden Tage beschlossen sie, einige Pferde zu schlachten; da die
ungewohnte Speise sie aber anwiderte, schoben sie die Ausführung
des Entschlusses bis zum späten Abend auf, obgleich sie der
Hunger arg quälte. Dann überlegten sie lange hin und her,
sprachen einander Muth ein und beschlossen, es sei das Beste,
durch einen ehrlichen Soldatentod dem Leben ein Ende zu machen.
Sie gedachten sich plötzlich auf die Feinde zu stürzen, niederzu=
hauen, so viel jeder könnte, und so bis auf den letzten Mann

349 ehrenvoll zu fallen. Sofort umarmten und küßten sie sich, dann
traten sie ihren letzten Gang an, der sie alle zum Tode führen
sollte. Totilas hatte aber etwas davon gemerkt und hegte die
Besorgniß, daß diese Leute, die zu sterben entschlossen waren und
keine Hoffnung auf Rettung mehr hatten, ein entsetzliches Blut=
bad unter den Gothen anrichten würden. Er schickte daher einen
Herold an sie ab und ließ ihnen die Wahl, ob sie entweder mit
Zurücklassung ihrer Pferde und Waffen ungekränkt nach Byzanz
abziehen und schwören wollten, niemals wieder gegen die Gothen
zu dienen, oder ob sie im vollen Besitz ihrer Habe als gleichbe=
rechtigt in das gothische Heer eintreten wollten. Solche Rede
hörten die Römer gern. Und zunächst entschieden sich alle dafür,
nach Byzanz zu gehen; dann schämten sie sich, zu Fuß und ohne
Waffen die Rückreise anzutreten, fürchteten auch, dabei in Hinter=
halt zu fallen und das Leben zu verlieren, und erhoben die An=
klage, daß ihnen die römische Staatskasse seit langer Zeit den
Sold schuldig geblieben sei — kurz alle entschlossen sich gutwillig,
in das gothische Heer einzutreten: nur Paulus und ein Isaurier,
Namens Mindes, traten vor Totilas und baten, sie nach Byzanz
zu entlassen: sie hätten Weib und Kind in der Heimath, ohne
die sie nicht leben möchten. Da diese Aussagen auf der Wahr=
heit beruhten, willfahrte ihnen Totilas, beschenkte sie mit Reise=
geld und entließ sie mit Geleitsmannschaften. Andere von dem
römischen Heer, welche in den Kirchen der Stadt ihre Zuflucht
gesucht hatten, ungefähr 300 an der Zahl, erhielten Pardon und
traten zu Totilas über. Rom wollte dieser künftighin weder
zerstören noch aufgeben, sondern ließ Gothen, Römer, Senatoren
und alle andern dort wohnen, und zwar aus folgendem Grunde.

37. Kurz vorher hatte Totilas an den Frankenkönig Ge=
sandte geschickt mit der Bitte, ihm seine Tochter zur Frau zu
geben. Dieser hatte es ihm aber rund abgeschlagen mit der
Bemerkung, er sei weder König von Italien noch werde er es
je werden, da er das eroberte Rom nicht hätte behaupten können,

sondern nur einen Theil davon zerstört und es dann den Feinden 549
wiederum überlassen hätte. Deshalb ließ er damals eifrigst
Lebensmittel in die Stadt schaffen und in größter Eile alles
wieder aufbauen, was er hatte niederreißen oder verbrennen lassen,
als er Rom zum ersten Mal erobert hatte. Auch gestattete er
von den Römern den Senatoren und allen andern, die er in
Kampanien interniert hatte, die Rückkehr. Nachdem er dann noch
Circusspiele veranstaltet, bot er sein ganzes Heer zu einem Zuge
nach Sizilien auf. Gleichzeitig rüstete er 400 kleine Fahrzeuge
für den Seekrieg aus und außerdem eine zahlreiche Flotte großer
Schiffe, welche der Kaiser aus dem Osten dorthin gesandt hatte,
und die ihm sammt der ganzen Mannschaft und Ladung in die
Hände gefallen waren. Auch schickte er Stephanus, einen rö=
mischen Mann, als Gesandten an den Kaiser mit der Bitte, dem
gegenwärtigen Kriege ein Ende zu machen und mit den Gothen
einen Vertrag zu schließen, nach welchem sie ihm als Bundes=
genossen gegen jeden andern Feind helfen sollten. Der Kaiser
Justinian ließ aber weder den Gesandten vor sich, noch kehrte
er sich irgendwie an diese Vorschläge. Sobald Totilas davon
Kenntniß erhielt, rüstete er sich wiederum zum Kriege. Zunächst
erschien es ihm räthlich, einen Versuch auf Centumcellae zu
machen, ehe er nach Sizilien aufbräche. In jenem Kastell hatte
damals das Kommando Diogenes, Belisars Doryphor, und eine
ansehnliche Besatzung war ihm unterstellt. Als das Gothenheer
vor Centumcellae angekommen war, schlug es hart an der Mauer
ein Lager auf und begann die Belagerung. An Diogenes schickte
Totilas Gesandte, um ihn und seine Soldaten herauszufordern:
wenn sie eine entscheidende Schlacht zu liefern wünschten, so sollten
sie nur möglichst bald kommen. Ferner ermahnte er sie, jede
Hoffnung fahren zu lassen, es könne ein anderes Heer vom Kaiser
ihnen zu Hülfe kommen; denn Justinian sei fernerhin gar nicht
mehr im Stande, den Krieg mit den Gothen zu einem glück=
lichen Ende zu führen — das gehe zur Genüge daraus hervor,

540 welches Schicksal Rom nach so langer Dauer des Krieges gehabt
habe. Wenn sie aber gar keine Lust verspürten, sich zu schlagen,
so stellte er ihnen frei zu wählen, was sie lieber wollten: entweder als vollständig gleichberechtigt in das Gothenheer einzutreten oder freien Abzug nach Byzanz zu erhalten. Diogenes
und die Römer antworteten, sie wollten weder es auf eine Schlacht
ankommen lassen, noch in das Gothenheer eintreten, denn sie könnten das Leben ohne ihre Kinder und Weiber nicht ertragen. Die
Stadt aber, deren Bewachung ihnen anvertraut sei, könnten sie
augenblicklich anstandshalber nicht gut übergeben, da sie, besonders weil sie dem Kaiser unter die Augen treten wollten, keinen
stichhaltigen Grund dafür hätten. Doch baten sie, den Abschluß
der Angelegenheit hinauszuschieben, bis sie dem Kaiser ihre gegenwärtige Lage geschildert hätten; wenn inzwischen keine Hülfe vom
Kaiser käme, dann könnten sie den Gothen die Stadt ausliefern
und ihren Abzug genügend rechtfertigen. Da dem Totilas dies
zusagte, wurde ein bestimmter Tag festgesetzt und von jeder Seite
30 Mann als Geiseln für den Vertrag gestellt; darauf hoben
die Gothen die Belagerung auf und gingen nach Sizilien. Als
sie nach Rhegium kamen, griffen sie die dortige Besatzung an,
ehe sie über die Meerenge setzten. Dort kommandierten Thorimuth und Himerius, welchen Belisar diesen Posten angewiesen
hatte. Ihre Mannschaft war zahlreich und tapfer; daher schlugen
sie den Sturm der Feinde ab und machten dann einen Ausfall,
in dem sie ebenfalls siegreich waren. Nachher blieben sie hinter
ihren Mauern, da die Feinde an Zahl weit überlegen waren,
und warteten das Weitere ab. Totilas ließ eine Abtheilung des
Gothenheeres dort zur Beobachtung zurück, in der Erwartung,
die Römer würden bald durch den Hunger zur Übergabe getrieben
werden; dann schickte er eine andere Schaar nach Tarent, welche
ohne Mühe sich der Burg daselbst bemächtigte, und die Gothen,
welche er in Picenum zurückgelassen hatte, nahmen zu derselben
Zeit die Stadt Ariminum durch Verrath.

Auf diese Nachricht faßte der Kaiser Justinian den Ent= 549
schluß, seinen Neffen Germanus zum unumschränkten Feldherrn
für den Krieg gegen die Gothen und Totilas zu ernennen, und
befahl ihm, sich bereit zu halten, und als das Gerücht hiervon
nach Italien drang, bereitete es den Gothen große Sorge, denn
der Ruf des Germanus war bei allen Leuten sehr bedeutend.
Die Römer hingegen schöpften wieder neue Hoffnung, und alle,
besonders die kaiserlichen Soldaten, hielten um so mehr der Ge=
fahr und dem Unglück Stand. Da änderte der Kaiser — warum,
weiß ich nicht — seine Meinung und beschloß, den Römer Liberius,
von dem vorhin die Rede gewesen ist, an Stelle des Germanus
für jenes Amt aufzurufen. Derselbe machte sich sofort reise=
fertig, und es sah so aus, als sollte er unverweilt mit dem Heer
unter Segel gehen. Aber dem Kaiser war die Sache wieder leid
geworden, und Liberius blieb ruhig, wo er war. — Zu dieser
Zeit lieferte Verus mit den braven Kriegern, die er um sich
gesammelt hatte, den Gothen aus Picenum in der Nähe von
Ravenna ein Gefecht, in dem er selbst mit der Mehrzahl seiner
Leute nach tapferer Gegenwehr den Tod fand.

38. (Die Sklavenen fallen von Neuem in Illyrien und
Thrazien ein, schlagen die römischen Truppen und dringen vor
bis an die Südküste Thraziens, nur zwölf Tagereisen von Byzanz
entfernt. Ihre Verwüstungen sind grauenhaft; sie wüthen auf
ganz unmenschliche Weise gegen alles Lebendige.)

39. Bald darauf versuchten die Gothen, die Festung Rhe=
gium zu erstürmen, wurden aber von den Belagerten, welche sich
aufs Tapferste wehrten, blutig abgewiesen; besonders zeichnete sich
Thorimuth wiederholt durch rühmliche Thaten aus. Totilas aber
durchschaute wohl, daß den Belagerten die Lebensmittel anfingen
auszugehen, ließ daher eine Abtheilung seines Heeres zur Be=
obachtung zurück, damit die Feinde nicht fernerhin Zufuhr hinein
brächten und wegen des Mangels an Nahrungsmitteln sich selbst
und die Festung den Gothen überlieferten. Dann setzte er selbst

849 mit dem übrigen Heer nach Sizilien über uud griff das feste
Messana an. Domnentiolus, des Buzes Schwestersohn, der die
Besatzung befehligte, machte einen Ausfall und blieb in dem
Gefecht Sieger; dann beschränkte er sich darauf, sorgfältig Wache
zu halten, und unternahm weiter nichts. Da nun niemand mehr
den Gothen entgegentrat, verwüsteten sie fast ganz Sizilien. Die
Römer, welche in Rhegium belagert wurden und, wie erwähnt,
unter Thorimuth und Himerius standen, sahen sich genöthigt,
weil ihnen der Proviant völlig ausgegangen war, sich selbst und
die Festung nach Abschluß eines Vertrages zu übergeben.

Auf diese Nachricht ließ der Kaiser eine Flotte zusammen=
bringen, setzte darauf ein stattliches Heer von Fußsoldaten, er=
nannte Liberius zum Feldherrn und befahl ihm, sofort nach
Sizilien abzusegeln, um die Insel unter allen Umständen wieder
zu gewinnen. Kaum hatte er aber Liberius ernannt, so gereute
ihn dies schon wieder, denn Liberius war ein ganz alter Mann
und verstand nichts von der Kriegführung. Nun wurde Arta=
banes wieder zu Gnaden angenommen, zum Heermeister von
Thrazien[1]) ernannt und sogleich nach Sizilien abgeschickt, zwar
nur mit geringer Mannschaft, aber mit dem Auftrag, die Flotte
von Liberius zu übernehmen und diesen nach Byzanz zurückzu=
schicken. Zum Feldherrn mit unumschränkter Vollmacht für den
Krieg mit Totilas und den Gothen ernannte er schließlich doch
seinen Brudersohn Germanus. Er gab ihm nur wenige Sol=
daten mit, dafür aber desto mehr Geld, um aus den tüchtigsten
Leuten Illyriens und Thraziens ein Heer anzuwerben und da=
mit in aller Eile nach Italien zu ziehen. Ferner erhielten der
Herulerführer Philemuth mit seinen Schaaren und Johannes,
des Germanus Eidam und Schwestersohn Vitalians, der als
Heermeister in Illyrien stand[2]), den Befehl, mit jenem nach
Italien aufzubrechen.

Ein edler Ehrgeiz beseelte damals den Germanus, die Gothen

1) Magister militum per Thraciam. — 2) Magister militum per Illyricum.

niederzuwerfen, damit ihm der Ruhm zufiele, Italien und Afrika 549
dem römischen Reiche erhalten zu haben. (In Afrika hatte er
den Tyrannen Stotzas besiegt, die aufständischen Soldaten zur
Pflicht zurückgeführt und geordnete Verhältnisse hergestellt.[1]) Und
jetzt, wo die Sachen in Italien soweit gekommen waren, wie ich
eben geschildert habe, wollte er auch hier sich großen Ruhm ge=
winnen, dadurch daß er dies Land wieder in festen Besitz des
Kaisers brächte. Zunächst nahm er, da seine Gattin, Namens
Passara, kurz zuvor gestorben war, Matasuntha zur Frau, Ama=
lasunthas Tochter und Theoderichs Enkelin, nachdem sie durch Witi=
chis' Tod frei geworden war. Er hoffte nämlich, wenn diese
seine Gemahlin sich bei ihm im Lager befände, würden die Gothen
billigerweise sich scheuen, gegen sie die Waffen zu erheben, in
Erinnerung an die Herrschaft Theoderichs und Atalarichs. Ferner
gelang es ihm, durch verschwenderische Aufwendung kaiserlicher,
noch mehr aber eigener Gelder ein über alles Erwarten großes
Heer der besten Soldaten leicht und schnell zusammen zu bringen.
Denn viele tapfere Römer wollten von den Obersten, bei denen
sie sogar als Doryphoren und Hypaspisten dienten, nicht viel
wissen und gingen lieber zu Germanus, ebenso aus Byzanz,
Thrazien und Illyrien; bei diesem Werbegeschäft unterstützten ihn
seine Söhne Justin und Justinian, die ihn begleiteten, aufs
Eifrigste. Auch aus den thrazischen Reiterregimentern nahm er
mit Erlaubniß des Kaisers einige Leute. Ferner kamen viele
Barbaren von jenseit der Donau auf die Kunde von der Frei=
gebigkeit des Germanus und traten gegen reichen Sold ins rö=
mische Heer ein, und aus anderen Gegenden strömten ebenfalls
die Barbaren hinzu. Endlich versprach der Longobardenkönig, 1000
Panzerreiter, die er fertig ausgerüstet hatte, sofort abgehen zu lassen.

Als dies in Italien bekannt wurde und noch viel mehr,
wie das Gerücht, je weiter es geht, desto mehr zu übertreiben

[1] Vgl. Vand. II, 16—19, (Geschichtschr. d. d. D. 73. Protop, Vandalen=
trieg S. 77). —

549 pflegt, wurden die Gothen theils sehr besorgt, theils schwankten
sie, ob sie gegen Theoderichs Geblüt kämpfen dürften. Die rö=
mischen Soldaten aber, welche freiwillig oder gezwungen im
gothischen Heere dienten, schickten einen Boten an Germanus
und ließen ihm sagen, sobald sie merkten, daß er italischen Boden
betreten und sein Heer darauf ein Lager aufgeschlagen habe,
würden sie ohne Säumen auf seine Seite treten. Auch diejenigen
römischen Soldaten in Ravenna und den wenigen anderen Städten,
die den Römern geblieben waren, faßten wieder Muth und hofften
das Beste; daher bemühten sie sich nun, dem Kaiser jene Plätze
zu erhalten. Selbst diejenigen, welche unter Verus oder in irgend
einem anderen Gefecht geschlagen waren und nun zersprengt und
vereinzelt umherirrten, wie es gerade kam, sammelten sich auf die
Kunde, daß Germanus unterwegs sei, in Istrien und warteten
dort ruhig seine Ankunft ab. Damals forderte Totilas, — die
Frist, welche er mit Diogenes in Centumcellae ausgemacht hatte.
war abgelaufen — diesen durch einen Herold auf, dem Vertrage
gemäß ihm die Stadt auszuliefern. Diogenes aber behauptete,
er sei dazu nicht mehr verpflichtet, denn man habe ihm gemeldet,
Germanus sei zum Feldherrn mit unbeschränkter Vollmacht für
diesen Krieg ernannt worden und sei mit seinem Heer nicht mehr
weit. Was die Geiseln anbeträfe, so wolle er die seinigen
zurück haben und die von den Gothen gestellten freilassen. Mit
dieser Botschaft entließ er die Abgesandten und rüstete sich zur
Vertheidigung seines Postens in der sichern Aussicht auf Ger=
manus' Ankunft. So ging es dort zu. Der Winter ging zu
Ende und mit ihm das fünfzehnte Jahr dieses Krieges, den
Prokop beschrieben hat.

40. Während nun Germanus sein Heer in Sardica, einer
550 Stadt Illyriens, sammelte und ordnete, sowie alle Kriegsrüstung
mit größter Sorgfalt betrieb, trat ein Sklavenschwarm, größer
denn je zuvor, über die Donau und lagerte vor Naissus.[1] (Einige

1) Eine Stadt in Obermösien, jetzt Nissa an der Nissawa.

Nachzügler werden von den Römern aufgegriffen und erklären, 550
diesmal wollten sie Thessalonike und die Nachbarstädte erobern.
Der Kaiser läßt sofort dem Germanus den Befehl zugehen, jene
Städte zu decken und die Sklavenen zurückzudrängen. Diese
fürchten sich vor ihm, weil gleich nach Justinians Thronbesteigung
Germanus als Heermeister von Thrazien einen Einfall der Anten,
ihrer Nachbarn, energisch zurückgewiesen hatte, wodurch er sich
einen großen Namen bei allen Barbaren machte. Sie geben ihre
Absicht, in die Ebene herabzusteigen auf, überschreiten vielmehr
das Gebirge und fallen in Dalmatien ein.) Als Germanus
dieser Sorge ledig war, befahl er seinem Heer, sich marschfertig
zu halten, da er in zwei Tagen nach Italien aufbrechen wolle.
Da machte plötzlich eine Krankheit seinem Leben ein Ende. So
wurde vor der Zeit Germanus abberufen, ein tapferer und kühner
Mann, ein guter Feldherr von selbständigem Entschluß . . . .
      Der Kaiser, welcher diesen Verlust sehr schmerzlich empfand,
befahl dem Johannes, dem Schwestersohn Vitalians und Eidam
des Germanus, sowie dem einen der Söhne des Germanus,
Justinian, dies Heer nach Italien zu führen. Sie begaben sich
nach Dalmatien, um in Salonae zu überwintern, denn sie hielten
es für unmöglich, bei so vorgerückter Jahreszeit noch um das
adriatische Meer herum nach Italien zu marschieren; zu Wasser
den Übergang zu bewerkstelligen, ging aber nicht an, da sie keine
Schiffe hatten. — Liberius, welcher noch keine Nachricht davon
besaß, daß der Kaiser über die Flotte anderweitig verfügt hatte,
fuhr nach Syrakus, das von den Feinden belagert wurde. Er
erzwang die Einfahrt in den Hafen und ging mit der ganzen
Flotte innerhalb der Befestigungswerke vor Anker. Bald darauf
kam Artabanes nach Kephalonia, wo er erfuhr, daß die Flotte
des Liberius bereits nach Sizilien abgesegelt sei, ging sofort wieder
unter Segel und fuhr quer über das sogenannte adriatische [1])
Meer. Als er sich der kalabrischen Küste näherte, erhob sich

1) Jonische.

650 plötzlich ein Unwetter, und ein furchtbarer Sturm blies ihm ent=
gegen, so daß sämmtliche Schiffe zerstreut wurden und man be=
reits glaubte, der größte Theil sei nach Kalabrien verschlagen
und in die Hände der Feinde gefallen. Dem war aber nicht so,
sondern nachdem die Schiffe vom Sturm tüchtig hin= und her=
geworfen waren und stark gelitten hatten, wendeten sie und fuhren
wieder nach dem Peloponnes zurück. Andere fanden anderswo
Rettung oder Untergang. Ein Schiff aber, auf dem sich Arta=
banes selbst befand, büßte im Sturm den Mastbaum ein, so
daß es, ein Spiel der Wellen, von der Strömung nach Malta
getragen wurde. So fand Artabanes noch wider Erwarten
Rettung.

Da Liberius nicht im Stande war, Ausfälle zu machen
gegen die Feinde oder sie zu einer entscheidenden Schlacht heraus=
zufordern, und andrerseits für die große Zahl die Lebensmittel
nicht mehr für lange reichten, lichtete er mit seiner Flotte
die Anker und fuhr, ohne daß es die Feinde merkten, hinauf
nach Panormus. Nachdem aber Totilas und die Gothen fast
alle sizilischen Städte ausgeplündert hatten, nahmen sie große
Heerden von Pferden und anderen Thieren, alles Getreide und
andere Feldfrüchte und sehr große Schätze mit von der Insel,
packten alles auf Schiffe, verließen plötzlich Sizilien und fuhren
nach Italien hinüber. Als Grund dafür giebt man Folgendes
an. Totilas hatte einen Römer aus Spoletium, Namens Spinus,
kurz vorher zu seinem Quästor[1]) gemacht. Dieser Mann hielt sich
in der Stadt Katana auf, die unbefestigt war. Totilas wollte
ihn aber unter allen Umständen befreien und erbot sich, für ihn
die Gattin eines vornehmen Römers, die in Gefangenschaft ge=
rathen war, auszuliefern. Die Römer dagegen wollten nicht einen
Mann, der die Würde eines Quästors bekleidete, gegen ein Weib
auswechseln. Spinus fürchtete, unterdessen von den Feinden
umgebracht zu werden und versprach ihnen, den Totilas dahin

1) Schatzmeister.

zu bringen, daß er sofort Sizilien räume und mit dem ganzen 550
Heere über die Meerenge nach Italien zurückkehre. Sie ver=
pflichteten ihn betreffs dieses Versprechens mit einem Eid, gaben
ihn heraus und erhielten dafür die betreffende Dame. Sobald
er mit Totilas zusammenkam, setzte er ihm auseinander, daß es
für die Gothen sich gar nicht lohne, nach Ausplünderung von
fast ganz Sizilien sich noch wegen einiger weniger festen Plätze
aufzuhalten. Er versicherte nämlich, vor ganz Kurzem, als er
noch bei den Feinden war, gehört zu haben, daß Germanus, der
Neffe des Kaisers, gestorben sei, daß aber sein Eidam Johannes
und sein Sohn Justinian mit dem ganzen Heer, das von Ger=
manus zusammengezogen sei, schon in Dalmatien ständen und
sehr bald von dort nach Ligurien aufbrechen würden, um dort
die Kinder und Weiber der Gothen zu Sklaven zu machen und
alles auszuplündern. „Und es wäre doch gerathener für uns,“
fuhr er fort, „dem zu begegnen und in Sicherheit mit den
Unsrigen den Winter zuzubringen. Wenn wir dann jene besiegt
haben, können wir immer noch gleich zu Anfang des Frühlings
wieder auf Sizilien landen, ohne irgend etwas von Seiten des
Feindes zu befürchten.“ Durch diese Vorstellungen wurde Totilas
bestimmt, ließ nur in vier festen Plätzen eine Besatzung zurück
und fuhr mit dem ganzen übrigen Heer und aller Beute hinüber
nach Italien.

So ging es also dort zu. Johannes aber und das kaiser=
liche Heer waren nach Dalmatien gekommen, und man beschloß,
dort zu überwintern, in der Absicht, nach Ablauf der Winters=
zeit zu Lande sofort auf Ravenna zu marschiren. (Die Sklavenen
erhielten neuen Zuzug von jenseits der Donau und durchzogen
nach Belieben das römische Reich.) Und einige hegten den Ver=
dacht, Totilas habe diese Barbaren durch große Summen be=
stochen und den Römern auf den Hals geschickt, um es dem
Kaiser unmöglich zu machen, dem Gothenkrieg seine ganze Sorg=
falt ungestört zuzuwenden. Ob die Sklavenen von Totilas ge=

⁵⁵⁰ wonnen oder ungerufen gekommen sind, kann ich nicht sagen. (In drei Heerhaufen getheilt, zogen sie einher und überwinterten sogar in dem Lande, als ob es ihnen gehörte. Der Kaiser sendet ein Heer gegen sie aus, das auf den einen Schwarm bei Adria=nopel trifft. Die Feinde lagern auf Anhöhen, die Römer in der Ebene, einander gegenüber. Endlich zwingen die römischen Soldaten ihre Obersten, die Schlacht anzubieten. Die Römer werden so gründlich geschlagen, daß sogar Konstantians Fahne verloren geht. Dann plündern die Sklavenen die reiche Land=schaft Astica ¹), und bringen bis an die langen Mauern vor, wenig mehr als eine Tagereise weit von Byzanz. Endlich gelingt den Römern ein Überfall, durch den sie viele Gefangene befreien und auch Konstantians Feldzeichen zurückerobern.) Die übrigen Bar=baren aber brachten ihre Beute glücklich in die Heimath.

1) Landschaft Thraziens, östlich von Byzanz am Schwarzen Meer.

Viertes Buch.

1. Das was ich bis jetzt berichtet habe, wurde, soweit es irgend anging, nach den Ländern erzählt, welche den Kriegsschauplatz abgaben, und nach diesem Prinzip habe ich die Bücher geordnet und zusammengestellt, welche schon an die Öffentlichkeit gelangt und im ganzen römischen Reich bekannt geworden sind. Von jetzt an kann ich nach demselben Grundsatz nicht mehr verfahren, da es nicht mehr möglich war, an die schon herausgegebenen Bücher das später Geschehene anzufügen, sondern was sich an kriegerischen Ereignissen, auch gegen die Perser, zugetragen hat, seitdem ich die früheren Bücher herausgegeben habe, das alles soll in diesem vorliegenden Buche beschrieben werden: es wird also nothwendiger Weise eine Universalgeschichte werden.[1]

4. (In der Krim wohnen die Tetraxitischen Gothen, ein kleiner Volksstamm, der christlichen Lehre zugethan. Ob sie, wie die übrigen Gothen, Arianer sind, weiß Prokop nicht zu sagen. Im 21. Jahre der Regierung Justinians schickten sie Gesandte   548 an den Kaiser, um sich von ihm an Stelle ihres verstorbenen Bischofs einen neuen auszubitten; gleichzeitig suchten sie Schutz gegen ihre Nachbarn, die Hunnen.) Auf welche Weise und wo-

---

1) ποικίλη ἱστορία. — Kap. 1—17 wird der Krieg gegen die Perser erzählt; 549—51 mannigfache Exkurse geographischen und ethnologischen Charakters sind eingeflochten, von denen ich nur die auf germanische Völkerschaften bezüglichen mittheile. Justinian erkauft vom Perserkönig einen fünfjährigen Waffenstillstand, (um mit ganzer Kraft an die Wiedereroberung Italiens zu gehen).

her die Tetraxiten dorthin gekommen sind, will ich jetzt erzählen. —

5. (Bei den Hunnen, die früher Kimmerier hießen, hatte
einst ein König zwei Söhne, Uturgur und Kuturgur, die sich in
das väterliche Reich theilten,) und nach ihnen heißt noch heute
die eine Hälfte der Hunnen Uturguren, die andern Kuturguren.
Diese alle wohnten dort, [in der Ebene nördlich vom Kaukasus,
östlich vom Mäotischen See [1])] in keiner Beziehung von einander
verschieden, ganz ohne Verkehr mit den Menschen, welche auf
der andern Seite des Sees und seines Ausflusses [2]) wohnen. Sie
gingen nämlich niemals über das Wasser und glaubten, das sei
überhaupt unmöglich: sie fürchteten sich also vor einer ganz
leichten Sache, nur weil sie dieselbe niemals versucht und sich
um den Übergang nie bekümmert hatten. Jenseit des Mäotischen Sees und der Straße, [die es mit dem Schwarzen Meere
verbindet,] wohnen hart am Gestade die sogenannten Tetraxitischen Gothen, von denen ich soeben gesprochen habe, weiterhin
dann die Gothen, Westgothen, Vandalen und die andern gothischen [3]) Völkerschaften. Diese wurden in früheren Zeiten auch
Skythen genannt, da alle Völker, welche in jenen Gegenden
sitzen, gemeinhin den skythischen Namen führen; einige von ihnen
hießen Sauromaten oder Melanchlänen oder sonst wie. Wenn
nun wahr ist, was die Leute sagen, so ereignete es sich einige
Zeit darauf, daß mehrere junge Kimmerier sich auf der Jagd
vergnügten, und eine Hirschkuh, die sie verfolgten, vor ihren
Augen in die Fluthen sprang. Sei es nun, daß Ehrgeiz oder
Jagdeifer oder auch eine göttliche Macht die Jünglinge dazu trieb:
sie folgten dieser Hirschkuh und ließen nicht eher von ihr ab,
als bis sie mit ihr auf das jenseitige Gestade gelangten. Das
Wesen, welches sie verfolgt hatten, verschwand — wer kann
sagen, was es eigentlich war! Denn mir kommt es so vor, als

---

1) Asowsches Meer. — 2) Straße von Kertsch, ins Schwarze Meer. —
3) d. h. germanischen.

sei es lediglich erschienen, um den Barbaren, welche jene Gegend
bewohnten, Verderben zu bringen. Die Jünglinge brachten freilich keine Jagdbeute, wohl aber eine Gelegenheit zu Kampf und
Raub mit heim. Als sie nämlich so schnell wie möglich in ihre
väterlichen Wohnsitze zurückgekehrt waren, machten sie allen Kim-
meriern bekannt, daß jenes Gewässer passierbar sei. Sofort griffen
sie zu den Waffen und gingen ohne Zögern auf das andre Ufer
hinüber, zu der Zeit, als die Vandalen bereits sich aufgemacht
und in Afrika niedergelassen hatten und ebenso die Westgothen
in Spanien. Sie überfielen nun die Gothen, die auf jenen
Ebenen wohnten, plötzlich, tödteten ihrer viele und verjagten die
übrigen. Diejenigen, welche mit dem Leben davon kamen, erhoben sich mit Weib und Kind, verließen das Land ihrer Väter
und gingen über die Donau ins römische Reich hinein. Zuerst
thaten sie den Bewohnern jener Gegenden viel Übles an, dann
ließen sie sich mit Erlaubniß des Kaisers in Thrazien nieder.
Zum Theil wurden sie römische Bundesgenossen, welche wie die
andern Soldaten ihren jährlichen Sold vom Kaiser bezogen, und
wurden Foederati genannt — mit diesem Namen bezeichnen sie
die Römer auf Lateinisch meiner Ansicht nach deshalb, weil die
Gothen nicht im Felde besiegt, sondern durch Vertrag sich zum
Kriegsdienst verpflichtet haben — ein anderer Theil aber blieb
feindlich gesinnt und setzte den Krieg ohne jeden Grund weiter
fort, bis sie unter Theoderichs Führung nach Italien abzogen.

Diesen Verlauf nahmen die Dinge bei den Gothen. Die
Hunnen also hatten einen Theil der Gothen aufgerieben, den
andern, wie eben berichtet, vertrieben. Die Kuturguren holten
nun ihre Familien nach und siedelten sich in jenem Gebiet an,
wo sie noch bis auf den heutigen Tag wohnen. Jedes Jahr
erhalten sie reiche Geschenke vom Kaiser; nichtsdestoweniger kommen sie regelmäßig über die Donau und durchstreifen brand-
schatzend das Land des Kaisers, gleichzeitig Feinde und Bundesgenossen der Römer. Die Uturguren kehrten unter ihrem Herrscher

zurück in ihre Heimath, um dort künftig allein zu wohnen. Als
sie nahe an den Mäotischen See gekommen waren, stießen sie
dort auf die Tetraxitischen Gothen. Zunächst stellten sich diese
den Angreifern gegenüber hinter ihrem Schildwall, zur Abwehr
bereit, im Vertrauen auf ihre Kraft und die Stärke ihrer Stel=
lung¹) — sie sind nämlich von den Barbaren jener Gegenden
die tapfersten, und der Ausfluß des Mäotischen Sees, wo damals
die Tetraxiten angesessen waren, bildet einen halbmondförmigen
Meerbusen, dessen Biegung so stark ist, daß er für die Angreifer
nur einen ziemlich schmalen Weg übrig läßt. Dann aber einig=
ten sie sich gütlich — denn die Hunnen wollten nicht gern viel
Zeit verlieren, und die Gothen konnten nicht darauf rechnen,
der Menge der Feinde längere Zeit erfolgreichen Widerstand zu
leisten — und zwar dahin, daß sie den Uebergang gemeinschaft=
lich machen wollten. Dann sollten sich die Gothen auf dem
gegenüberliegenden Festlande dicht an der Meerenge niederlassen,
wo sie auch jetzt noch wohnen und als Freunde und Bundesge=
genossen, den Uturguren gleichberechtigt, für alle Zeiten wohnen.
So kamen diese Gothen dorthin, und während die Kuturguren
westlich vom Mäotischen See zurückgeblieben waren, gehörte das
Stammland allein den Uturguren, die den Römern keinerlei Un=
gelegenheiten bereiteten, da sie weit ab von ihnen wohnen und
durch viele Völker getrennt, ihnen selbst beim besten Willen nicht
beikommen können.

18. Wie ich früher erzählt habe, hatten die Gepiden
mit den Longobarden, ihren Todfeinden, einen Vertrag geschlossen;
da es ihnen aber schlechterdings unmöglich war, ihre Mißhellig=
keiten in Güte zu schlichten, glaubten sie wieder zu den Waffen
greifen zu müssen. So zogen denn die Gothen und Longobarden
mit ihrer ganzen Macht gegen einander zu Felde, jene unter
Thorismind, diese unter Auduin. Jedem von diesen beiden folgten
viele Myriaden. Schon waren sie ganz nahe bei einander, die

¹) Sie sperrten also den Isthmus von Perekop.

Heere konnten aber eins das andre noch nicht sehen — da be= 549
fiel beide plötzlich ein sogenannter panischer Schrecken und trieb
sie ohne jeglichen Grund zu schleuniger Flucht, so daß allein die
Könige mit ganz geringer Begleitung auf dem Schlachtfeld halten
blieben. Diese versuchten vergeblich, die Fliehenden aufzuhalten
und sich ihrem Schwall entgegenzustemmen: weder Bitten und
Flehen, noch Schrecken und Drohungen fruchteten. Auduin war
nicht wenig bestürzt über die regellose Flucht der Seinigen —
er wußte nämlich nicht, daß beim Feinde es gerade ebenso zu=
gegangen war, und schickte sofort einige Leute von seinem Gefolge
als Gesandte zu den Feinden, um Frieden zu erbitten. Als
diese vor den Gepidenkönig Thorismind gekommen waren, sahen
sie, was vorgegangen war, und erklärten sich das Geschehene aus
dem, was sie an den eignen Leuten erlebt hatten. Sie traten
also vor Thorismind und fragten ihn, wo denn in aller Welt
die Masse seiner Unterthanen wäre. Jener leugnete durchaus
nicht, was vorgefallen war, sondern sprach: „Sie haben Reißaus
genommen, obgleich niemand sie in die Flucht schlug." „Den
Longobarden ist's ganz ebenso gegangen," fielen ihm die Ge=
sandten ins Wort, „denn weil Du, o König, die Wahrheit offen
bekannt hast, wollen auch wir keinen Hehl daraus machen. Da
nun Gott entschieden nicht gewollt hat, daß die beiden Völker
zu Grunde gehen, und deshalb ihre Rüstung zu Schanden ge=
macht hat, indem er einem wie dem andern den rettenden Schrecken
einflößte, so laß auch uns dem göttlichen Willen nachgeben und
dem Kriege ein Ende machen." „So soll es sein!" versetzte
Thorismind. So machten sie einen Waffenstillstand auf zwei
Jahre, um während dieser Frist durch wechselseitige Gesandt=
schaften und ungestörten Meinungsaustausch alle Differenzen bis
ins Kleinste begleichen zu können. So zogen sich beide damals
in ihr Land zurück.

Aber während dieses Waffenstillstandes war es ihnen nicht
möglich, alle streitigen Punkte völlig ins Reine zu bringen, und

549 fie griffen wiederum zu ben Waffen. Die Gepiden nun hegten
die Beforgniß, bie Römer würden, wie man auch überall an=
nahm, ben Longobarden helfen, und beabsichtigten, sich durch ein
Bündniß mit einem Theile ber Hunnen zu stärken. Sie sandten
also zu den Fürsten ber Kuturguren, welche am westlichen Ufer
bes Mäotischen Sees wohnen, und baten um ihren Beistand im
Kriege gegen bie Longobarden. Jene schickten ihnen sofort 22000
Mann, bie unter andern Chinialus befehligte, ein Mann von
hervorragender kriegerischer Tüchtigkeit. Die Gepiden waren
über bie sofort erfolgte Ankunft dieser Barbaren keineswegs er=
freut, ba ber Krieg noch nicht unmittelbar bevorstand, vielmehr
noch auf ein Jahr Waffenstillstand war, und veranlaßten sie,
einen Streifzug in bas kaiserliche Gebiet zu machen, um bie
unbequemen Gäste auf bie Römer abzulenken. Da aber bie
Römer bie Donauübergänge in Illyrien und Thrazien sorgfältig
bewachten, so schafften sie biefe Hunnen von ihrem eignen Lande
aus über bie Donau und ließen sie auf bie Römer los. Während
sie plündernd bas Land dort durchzogen, ersann ber Kaiser
Justinian Folgendes. Er wiegelte bie uturgurischen Hunnen
am östlichen Ufer bes Mäotischen Sees auf und veranlaßte sie
burch reiche Geschenke, über ben Don zu gehen und in bas Ge=
biet ber Kuturguren einzufallen. Das that auch Sandil, nach=
bem er noch 2000 tetraxitische Gothen an sich gezogen hatte,
und schlug bie Kuturguren in einer gewaltigen Schlacht, aus ber
nur wenige entkamen.

19. Während so bie Barbaren sich untereinander befehde=
ten, gelingt es ben Römern, bie von ben Kuturguren in bie
Sklaverei geschleppt worden waren, viele Tausende an ber Zahl,
in Folge jener Schlacht unbehelligt in bie Heimath zurückzukehren.
Chinial wird burch bie Kunde von bem Vorgefallenen und reiche
Geschenke bestimmt, sich friedlich zurückzuziehen. Von ben Kutur=
guren, bie bem Schwerte ber Uturguren entgangen waren, gehen
2000 Mann mit Kind und Kegel auf römisches Gebiet über,

u. a. Sinnion, der einst mit Belisar gegen Gelimer und die 549
Vandalen gekämpft hatte, und werden kaiserliche Schutzbefohlene.
Sie werden in Thrazien angesiedelt. Darüber geräth der Utur=
gurenkönig Sandil in Zorn und schickt Gesandte an Justinian,
um ihm darüber Vorwürfe zu machen. Dieselben werden mit
Geschenken überhäuft und beruhigt entlassen.)

20. Zu dieser Zeit kam es zwischen den Warnen[1]) und
den kriegerischen Bewohnern der Insel, welche Brittia heißt[2]),
aus folgendem Grunde zu Krieg und Blutvergießen. Die Warnen
sitzen jenseits des Donauflusses bis zum nördlichen Ozean und
dem Rheinstrom, der sie von den Franken trennt und den an=
dern Völkerschaften, welche nach jener Richtung hin wohnen.
Diese alle, welche von Alters zu beiden Seiten des Rheines an=
gesessen waren, hatten jedes Volk für sich seinen Namen und
nur eins hieß die Germanen; gewöhnlich aber bezeichnet man
mit Germanen sie alle zusammen. Die Insel Brittia liegt in
dem genannten Ozean, nicht weit ab vom Festland, sondern nur
ungefähr 200 Stadien gegenüber den Rheinmündungen, zwischen
Irland und Island. Irland liegt nämlich nach Westen, der
äußersten Küste Spaniens gegenüber, 4000 Stadien vom Fest=
lande entfernt; Britannien dem Theil von Gallien zugewandt, den
der Ozean bespült nördlich von Spanien und Irland. Island
endlich, soweit menschliche Kenntniß reicht, im fernsten Theil des
nördlichen Ozeans. Über Irland und Island habe ich bereits
bei früherer Gelegenheit gesprochen. Die Insel Britannien
bewohnen drei sehr zahlreiche Völkerschaften, von denen jede
unter ihrem eignen König steht. Diese Völker heißen Angeln,
Friesen und gleichnamig mit der Insel, Britten. Und so unge=
heuer ist die Kopfzahl dieser Stämme, daß jedes Jahr große

---

1) Sonst Varini genannt. Prokop überträgt den Namen dieses Volkes, das zu
seiner Zeit an der Ostseeküste, zwischen Peene und Trave — an der Warnow — wohnte,
auf sämmtliche germanische Völkerschaften der norddeutschen und der angrenzenden nord=
slavischen Tiefebene. — 2) Prokop nennt — abweichend von andern Schriftstellern —
Britannien Βρεττία, Irland Βρεττανία.

Mengen mit Weib und Kind von dort aufbrechen und zu den
Franken hinüberziehen. Diese siedeln die Ankömmlinge in dem
Theil ihres Gebiets an, der ihnen am wenigsten Einwohner zu
haben scheint, und aus diesem Umstand leiten sie für sich gewisse
Ansprüche auf die Insel her. Jedenfalls gab kurze Zeit zuvor
der Frankenkönig, als er einige seiner Vertrauten nach Byzanz
an den Kaiser Justinian als Gesandte abschickte, einige Angeln
mit, um so den Glauben zu erwecken, als ob auch jene Insel
unter seiner Botmäßigkeit stünde. So nun verhält es sich mit
der Insel Brittia.[1])

Ueber die Warnen herrschte vor nicht gar langer Zeit ein
Mann, Namens Hermegisklus. Dieser hatte, um seine Herrschaft
zu befestigen, die Schwester des Frankenkönigs Theodebert als
Gattin heimgeführt, da ihm seine erste Gemahlin gestorben war,
nicht ohne einen Sohn zu hinterlassen, Namens Radiger. Ihn
hatte sein Vater mit einer brittischen Jungfrau, deren Bruder
damals König des Angelnvolkes war, verlobt und bereits große
Schätze als Morgengabe gegeben. Dieser Hermegisklus sah einst,
als er mit den angesehensten Warnenhäuptlingen spazieren ritt,
einen Vogel auf einem Baum sitzen, der laut krächzte. Ob er
nun die Stimme des Vogels verstand oder sonst irgend eine
Ahnung hatte und nun so that, als könne er die Weissagung
des Vogels deuten — kurz, er erklärte seinen Begleitern, er
werde am vierzigsten Tage sterben, denn das bedeute die Stimme
des Vogels. (Er fügte hinzu, sein Sohn Radiger solle die Verbindung mit der brittischen Prinzessin aufgeben und ihr die über-
sandten Geschenke belassen als Entschädigung für die ihr angethane Schande, dagegen lieber seine Stiefmutter heirathen, um
so die Verbindung und das freundschaftliche Verhältniß mit den
Franken aufrechtzuerhalten, die ihnen als Feinde großen Schaden

---

1) Prokop meint vielleicht, daß die eingeborenen keltischen Britannier, welche vor
den eindringenden germanischen Völkerschaften zurückwichen, zum Theil eine Zuflucht in
der Bretagne suchten und fanden.

thun könnten, während die Britannier weit entfernt seien und
deshalb nichts von ihnen zu befürchten stände.)

Am vierzigsten Tage nach jener Prophezeiung starb Herme-
gisklus wirklich an einer Krankheit. Sein Sohn übernahm die
Herrschaft über die Warnen; er vollzog nach dem Rathe der
angesehensten Männer unter diesen Barbaren den Willen des
Verstorbenen, schrieb sofort seiner Braut ab und heirathete seine
Stiefmutter. Als das die Braut Radigers erfuhr, fand sie die
ihr angethane Schmach unerträglich und rüstete sich, an dem
Treulosen Rache zu nehmen. Denn nach der Anschauung jener
Barbaren hat ein Weib ihre Ehre verloren, wenn ihr die Ehe
versprochen, nachher aber nicht vollzogen wird. Zunächst schickte
sie einige von ihrer Sippe als Gesandte zu Radiger, um zu er-
fragen, aus welchem Grunde er sie so schnöde behandelte, da sie
weder gegen ihre jungfräuliche Ehre gefehlt, noch sonst irgend
etwas sich hätte zu Schulden kommen lassen. Da sie auf diesem
Wege nichts auszurichten vermochte, so rüstete sie mit männ-
lichem Muthe zum Kriege. Sie sammelte sogleich eine Flotte
von 400 Schiffen und ein Heer von nicht weniger als 100,000
streitbaren Männern und zog selbst mit dieser Macht gegen die
Warnen aus. Zur Unterstützung nahm sie einen ihrer Brüder
mit, jedoch nicht den, der König war. Diese Inselbewohner sind
von allen Barbaren, die wir kennen, die stärksten. Sie kämpfen
zu Fuß, nicht als ob sie blos nicht zu reiten verständen, sondern
sie kennen die Pferde überhaupt nicht, da sie auf der Insel nicht
einmal in Abbildungen, geschweige denn lebendig zu sehen sind.
Denn dies Thier existirt auf Brittia überhaupt nicht.[1] Wenn
nun einer von ihnen als Gesandter oder aus irgend einem andern Grunde zu den Römern oder Franken kommt oder zu einem
andern Volk, das Pferde hält, und dort sich gezwungen sieht, zu
Pferde zu steigen, so kann er nicht selbst hinaufkommen, sondern

---

1) Das steht mit allen andern Nachrichten im Widerspruch; vielleicht liegt ein
Verwechselung vor mit der skandinavischen Halbinsel.

andre Leute müssen ihn hinauf= und natürlich auch wieder her=
unterheben. Die Warnen kämpfen ebenfalls nie zu Pferde, sondern
immer zu Fuß. So sind diese Barbaren beschaffen. Ruder=
sklaven gabs auf dieser Flotte nicht, sondern alle Soldaten ru=
derten selbst. Auch den Gebrauch der Segel kennen diese Bar=
baren nicht, sondern gebrauchen nur Ruder zur Seefahrt.

Als sie nun aufs Festland hinübergefahren waren, legte die
Jungfrau, welche das Kommando führte, hart an der Rheinmün=
dung eine starke Befestigung an und blieb dort mit geringer
Mannschaft; das ganze übrige Heer ließ sie unter ihrem Bruder
gegen den Feind ausziehn. Die Warnen aber hatten ihr Lager
nicht weit vom Ozean und der Rheinmündung aufgeschlagen.
Bald waren die Angeln dort, und es kam zu einer Schlacht,
in der die Warnen aufs Haupt geschlagen wurden. Viele von
ihnen kamen in diesem Treffen um, die übrigen flohen, mit ihnen
der König. Die Angeln konnten die Verfolgung nur so weit
ausdehnen, wie es zu Fuß möglich ist, und kehrten dann zu ihrem
Lager zurück. Die Prinzessin empfing sie aber mit Scheltworten
und machte besonders ihrem Bruder die bittersten Vorwürfe: sie
erklärte, das Heer habe gar nichts ausgerichtet, da es nicht
Radiger lebendig gefangen mitbrächte. Sofort las sie die tapfer=
sten Krieger aus und entsandte sie mit dem Auftrag, ihr unter
allen Umständen den Radiger lebendig zu fangen. Diese machten
sich an die Erfüllung ihrer Aufgabe und suchten aufs Sorgfäl=
fältigste die ganze Gegend ab, bis sie Radiger versteckt in einem
Walddickicht fanden. Sie banden ihn und führten ihn vor die
Jungfrau. Zitternd stand er vor ihrem Angesicht und glaubte,
jeder Augenblick könne ihm den martervollen Tod bringen. Sie
aber tödtete ihn wider Erwarten nicht, that ihm auch sonst nichts
zu Leide, sondern machte ihm nur Vorwürfe wegen seiner schnöden
Handlungsweise und fragte, warum er unter Verletzung des ge=
schlossenen Verlöbnisses das Beilager mit einer andern vollzogen
habe, während doch die jungfräuliche Ehre seiner Braut ganz

rein gewesen sei. Er entschuldigte sich mit dem letzten Willen
seines Vaters und dem Drängen der Häuptlinge, redete sehr be=
weglich und flocht in seine Vertheidigung viele Bitten ein: nur
nothgedrungen habe er so gehandelt; wenn sie nur wolle, könne
sie noch jetzt seine Gattin werden, und er wolle, was er ihr an=
gethan, durch sein künftiges Verhalten wieder gut machen. Das
sagte der Jungfrau zu, Radiger wurde seiner Fesseln entledigt
und mit der größten Aufmerksamkeit behandelt. Die Schwester
Theodeberts wird sofort entlassen, und er heiratet die Brittin.
So endigte diese Sache.

Auf dieser Insel Britannien haben die Alten eine lange
Mauer[1]) gebaut, die sie in zwei Theile theilt nach mehr als
einer Hinsicht, weil Erde und Luft und alles andere auf beiden
Seiten durchaus nicht gleich sind. Denn südlich von der Mauer
ist gute Luft, den Jahreszeiten entsprechend, im Sommer näm=
lich gemäßigt warm, im Winter kalt. Und auf dieser Seite
wohnen zahlreiche Menschen in derselben Weise wie anderswo,
die Bäume stehen in voller Pracht ihrer rechtzeitig gereiften
Früchte und die Saatfelder geben denen anderer Gegenden nichts
nach, sondern stehen vortrefflich, da das Land hinreichend be=
wässert ist. Nördlich aber von der Mauer ist gerade das Gegen=
theil der Fall: zuverlässig kann dort ein Mensch nicht eine halbe
Stunde leben; Schlangen und Nattern sowie viele andere Arten
solcher Thiere bewohnen jene Gegend. Und was das Merkwür=
digste ist, die Eingeborenen behaupten, daß, wenn jemand sich
auf die andere Seite der Mauer begiebt, er sofort den Geist auf=
geben muß, so verderblich wirkt schon die Luft dort, und Thiere,
die sich hinüber verirren, fallen ebenfalls sogleich todt um. Da
mich meine Erzählung bis hierher geführt hat, so muß ich einer
Sache Erwähnung thun, die ganz fabelhaft klingt und mir durch=

---

1) Der sogenannte Piktenwall, von Kaiser Hadrian im Jahre 120 gegen die
Einfälle der Pikten und Skoten angelegt, zwischen dem Solwaybusen und der Mündung
des Tyne; Reste sind noch jetzt vorhanden.

aus nicht glaublich erscheinen will, obgleich sie von zahllosen
Leuten berichtet wird, die versicherten, alles mit eignen Ohren
gehört und mit eignen Augen gesehen zu haben, ja selbst dabei
thätig gewesen zu sein. Übergehen will ich die Geschichte aber
auch nicht, um nicht in den Ruf zu kommen, als hätte ich bei der
Beschreibung der Insel aus Unkenntniß irgend etwas übergangen.

Man erzählt also, daß die Seelen der Verstorbenen immer
nach dieser Insel hinüber fahren. Auf welche Weise, das will ich
sogleich erzählen, wie ich es oft genug von Leuten aus jener
Gegend im Ton ehrlichster Überzeugung habe berichten hören —
ich möchte das Erzählte auf eine gewisse hellseherische Begabung
zurückführen. — An der Küste, die Britannien gegenüber liegt,
befindet sich eine große Zahl von Dörfern, deren Bewohner von
Fischfang, Ackerbau und Schiffahrt nach Britannien sich ernähren.
Sie sind den Franken unterthan, zahlen aber keinerlei Tribut,
derselbe ist ihnen vielmehr nach ihrer Behauptung erlassen, in
Anbetracht einer Dienstleistung, die ich im Folgenden schildere.
Jene Leute behaupten nämlich, der Reihe nach die Überfahrt der
Seelen besorgen zu müssen. Diejenigen nun, welche in der
nächstfolgenden Nacht an der Reihe sind für diese Dienstleistung,
gehen, sobald es dunkel geworden ist, in ihre Wohnungen und
legen sich schlafen, bis der Führer des Zuges sie weckt. Vor
Mitternacht merken sie nämlich, wie es an ihre Thüren klopft,
und hören die Stimme eines Unsichtbaren, die sie an die Arbeit
ruft. Sogleich stehen sie, ohne sich zu besinnen, von ihrem Lager
auf und begeben sich an den Strand, einem gewissen Zwange
folgend, über dessen Art sie sich nicht Rechenschaft geben können.
Dort finden sie Kähne vor, zur Abfahrt bereit, aber ganz menschen=
leer. Es sind das nicht ihre eignen, sondern fremde Fahrzeuge.
Sie steigen hinein und greifen zu den Rudern. Dann fühlen
sie, wie die Schiffe durch die Menge der Mitfahrenden so schwer
belastet werden, daß sie bis an die Deckbalken und die Ruder=
einschnitte im Wasser liegen und kaum einen Finger breit daraus

hervorragen; aber zu sehen ist niemand. In einer Stunde rudern
sie nach Britannien hinüber, während sie mit ihren eignen Schif=
fen, wenn sie nicht segeln, sondern nur rudern, in einer Nacht
und einem Tage kaum hinüberkommen. Wenn sie drüben an=
gelangt sind, merken sie, wie sich die Fahrzeuge entleeren und
fahren sofort zurück, und so leicht sind dann die Schiffe plötzlich
geworden, daß nur der Kiel unter Wasser sich befindet, der Rumpf
sich aber hoch darüber erhebt. Sie sehen keinen Menschen mit=
fahren noch aussteigen, behaupten dagegen eine Stimme zu hören,
die den am Ufer Harrenden jeden einzelnen der neu Ankommen=
den namentlich nennt, die Stellung hinzugefügt, die er bei Leb=
zeiten bekleidet hat, und seine Abstammung väterlicherseits. Wenn
auch Frauen mit hinüber gefahren sind, so wird der Name dessen
ausgerufen, dem sie im Leben angehörten. Solches geschieht nach
den Aussagen der Leute jener Gegend. Ich nehme nun meine
Erzählung wieder auf.

21. Dies war die Lage der Dinge in jedem einzelnen Lande.
Der weitere Verlauf des Gothenkrieges aber war folgender.

Wie ich bereits erzählt habe, hatte der Kaiser den Belisar
nach Byzanz zurück berufen und ihm eine durchaus ehrenvolle
Stellung angewiesen; doch schickte er ihn weder nach Italien,
als Germanus gestorben war, noch ließ er ihn in den Orient
abgehen, trotzdem er dessen Heermeister war, sondern ernannte
ihn zum Obersten der kaiserlichen Leibwächter und behielt ihn
bei sich. Dem Range nach stand Belisar am Höchsten von allen
Römern, obwohl es solche gab, die vor ihm in die Liste der
Patrizier eingetragen waren und vor ihm als Konsuln auf dem
kurulischen Sessel gesessen hatten. Doch alle diese räumten ihm
bereitwillig den ersten Platz ein, da sie sich scheuten, solcher Helden=
größe gegenüber den Buchstaben des Gesetzes zu betonen und auf
ihrem Recht zu bestehen; das gefiel dem Kaiser ganz außer=
ordentlich. — Johannes, Vitalians Schwestersohn, überwinterte
in Salona. Zu dieser Zeit erwarteten ihn die Obersten des

551 römischen Heeres in Italien und blieben daher unthätig. Da
ging der Winter zu Ende und mit ihm das sechzehnte Jahr dieses
Krieges, den Prokop beschrieben hat.

Im folgenden Jahr gedachte Johannes von Salona auf=
zubrechen und ein Heer schleunigst gegen Totilas und die Gothen
zu führen; doch der Kaiser hinderte ihn daran und befahl ihm,
dort zu bleiben, bis der Eunuch Narses käme. Er hatte näm=
lich beschlossen, denselben zum Feldherrn mit unumschränkter Voll=
macht für diesen Krieg zu ernennen. Warum der Kaiser also
beschloß, kann mit wirklicher Sicherheit niemand sagen, denn ein
kaiserlicher Beschluß kann wider den Willen des Herrschers über=
haupt niemals öffentlich bekannt werden; was aber die Menschen
muthmaßten, will ich wohl angeben. Der Kaiser Justinian
kam zu der Einsicht, daß die andern Obersten des römischen
Heeres sich schwerlich dem Johannes fügen würden, da sie ihrer
Meinung nach ihm im Range völlig gleich standen. Und deshalb
befürchtete er, sie möchten wegen einer abweichenden Ansicht oder
aus Neid und bösem Willen durch ihr Verhalten nur noch mehr
Unheil anrichten. Noch eine andere Geschichte hörte ich von
einem römischen Mann erzählen, als ich mich in Rom aufhielt,
und zwar von einem Mitgliede des Senats. Dieser Römer er=
zählte, daß einst, als noch Theoderichs Enkel Atalarich über
Italien herrschte, eine Rinderheerde am späten Abend vom Felde
in die Stadt Rom kam über den Markt hin, den die Römer
Forum Pacis nennen — es steht dort nämlich seit alten
Zeiten ein Tempel des Friedens, in den der Blitz eingeschlagen
hat. Vorn an diesem Markt befindet sich ein alter Spring=
brunnen, und auf demselben ein eherner Stier, ein Werk, wie
ich glaube, des Atheners Phidias oder Lysippus. An jenem Orte
befinden sich überhaupt viele Bildwerke von der Hand dieser
beiden Männer, z. B. eins von Phidias, wie die Inschrift be=
sagt. Ferner das Kalb des Myron. Die alten Römer waren
nämlich eifrig bemüht, gerade die schönsten Kunstwerke Griechen=

lands nach Rom zu schaffen. — Der Römer sagte also, der einzige 551
verschnittene Stier von jener vorüberziehenden Heerde habe sich
von derselben getrennt, sei in jenen Springbrunnen getreten und
habe sich über den ehernen Stier gestellt. Nun sei ein Etrusker
— dies Volk versteht sich auch zu meiner Zeit auf Weissagung
— gerade des Weges gekommen, dem Aussehen nach ein ein=
facher Bauer, und habe das Zeichen dahin gedeutet, daß ein
Verschnittener dereinst den Herrn Roms stürzen werde. Damals
nun erntete jener Etrurier und sein Ausspruch weiter nichts als
Gelächter. Vor dem Eintreffen nämlich pflegen die Leute Weis=
sagungen lächerlich zu machen, da der Thatbestand noch nicht
gegen sie zeugen kann, und behaupten, es sei ein abgeschmacktes
Märchen, weil das Ereigniß noch nicht eingetreten und die Nach=
richt davon unglaubwürdig erscheint; jetzt aber bewundert jeder
dies Zeichen, indem er sich vor dem Erfolge beugt. Also viel=
leicht aus diesem Grunde wurde Narses Feldherr gegen Totilas,
sei es daß der Kaiser die Zukunft richtig erkannte, sei es daß
das Schicksal selbst die nöthige Entscheidung traf. — Narses brach
auf, vom Kaiser mit einem bedeutenden Heer und reichlichen Geld=
mitteln ausgerüstet. Als er mit seinen Schaaren mitten in Thrazien
war, blieb er einige Zeit iu Philippopolis [1]), da ihm der Weiter=
marsch verlegt war durch ein Hunnenheer, das raubend und plün=
dernd in das römische Reich eingebrochen war, ohne auf Wider=
stand zu stoßen. Als aber ein Theil desselben sich nach Thesalo=
nike,[2]) der andere gegen Byzanz gewandt hatte, kam er mit ge
nauer Noth durch und konnte seinen Marsch fortsetzen.

22. Während Johannes zu Salona den Narses erwartete
und dieser, durch den Anfall der Hunnen behindert, nur langsam
vorwärts kam, that Totilas, der sich auf die Ankunft des Narses
und seines Heeres gefaßt machte, Folgendes. Er brachte eine
Anzahl Römer, unter ihnen einige Senatoren nach Rom selbst,
während er die übrigen in Kampanien beließ. Jenen befahl er,

1) An der Maritza. — 2) Saloniki.

nach besten Kräften für die Stadt zu sorgen, indem er durch=
blicken ließ, daß sein früheres Vorgehen gegen Rom, wobei viel
in Flammen aufgegangen war, besonders jenseits des Tiber, ihn
reue. Da jene aber wie Kriegsgefangene behandelt und aller
Mittel gänzlich beraubt worden waren, so sahen sie sich nicht
im Stande, für die Erhaltung des öffentlichen Eigenthums, ja
nicht einmal ihres persönlichen Guts etwas zu thun, obgleich
von allen Menschen, die wir kennen, die Römer am allermeisten
an ihrer Vaterstadt hängen und eifrigst bemüht sind, sämmtliche
Denkmäler der alten Zeit zu schützen und zu bewahren. Und
obgleich sie nun schon lange Zeit unter der Herrschaft von Bar=
baren stehen, so haben sie doch die öffentlichen Bauten und den
größten Theil der Kunstwerke vor Zerstörung zu retten gewußt,
und die letzteren haben dem Zahn der Zeit und der Vernach=
lässigung erfolgreich widerstanden, Dank dem vorzüglichen Material
und der Kunst, mit der sie angefertigt sind. So z. B. waren
noch Denkmäler vorhanden, die sich auf die Zeit der Stamm=
väter beziehen, u. a. das Schiff des Äneas, des Gründers der
Stadt [1]), das noch jetzt zu sehen ist, so unglaublich es auch klingen
mag . . . . [2])

Totilas aber bemannte 300 Kriegsschiffe mit Gothen und
ließ diese Flotte auslaufen mit dem Auftrag, gegen Griechenland
sich zu wenden und alles, wie es sich gerade bot, auszuplündern.
Die Flotte konnte bis zu dem Lande der Phäaken, das jetzt
Kerkyra [3]) genannt wird, nichts Schlimmes verüben; denn auf
dieser Fahrt von der Meerenge der Charybdis bis zur Insel
Kerkyra liegt keine bewohnte Insel, so daß ich, der ich oft diese
Fahrt gemacht habe, in Verlegenheit bin, wo ich die Insel der
Kalypso zu suchen habe . . . . [4])

Als diese gothische Flotte nach Kerkyra gekommen war, über=

1) Äneas ist vielmehr der Ahnherr des Gründers Romulus. — 2) Folgt eine
genaue Beschreibung der Lage und Beschaffenheit desselben nach eigenster Anschauung Pro=
kops. — 3) Corfu. — 4) Erkurs hierüber, an den sich einige weitere Bemerkungen
über ähnliche Gegenstände knüpfen.

fiel fie bie Infel unb plünberte fie gänzlich aus, ebenfo bie be= 551
nachbarten Infeln, welche bie Syboten heißen. Dann fuhren
fie bis zur gegenüberliegenben Küfte unb branbfchatten alle Ort=
fchaften in ber Nähe von Dobona, befonbers Nikopolis [1] unb
Anchifus, wo einft Anchifes, ber Bater bes Äneas, nach ber
Einnahme von Ilios auf ber Fahrt mit feinem Sohn nach ber
Überlieferung ber Eingeborenen geftorben fein foll, unb hiervon
hat angeblich ber Ort feinen Namen. Sie ftreiften bie ganze
Küfte ab, bis fie auf eine große Anzahl griechifcher Schiffe ftießen,
bie fie alle fammt ihrer Fracht kaperten. Darunter waren auch
einige Schiffe mit Proviant aus Griechenlanb für Narfes' Heer.
So ging es hier zu.

23. Schon geraume Zeit früher hatte Totilas eine gothifche
Heeresmacht nach Picenum gefchickt, um Ancona zu nehmen. Diefer
gab er als Befehlshaber bie angefehenften unter allen Gothen:
Skipuar, Giblas unb Gunbulf, ber einft Belifars Doryphor ge=
wefen war unb von einigen Inbulf genannt wirb. Ihnen gab
er auch 47 Kriegsfchiffe, um bie Feftung zu Waffer unb zu Lanbe
belagern unb fie mit leichterer Mühe nehmen zu können. Auf
biefe Belagerung war fchon lange Zeit hingegangen, unb bie
Belagerten wurben bereits burch Mangel an Lebensmitteln hart
bebrängt. Als bies Balerian erfuhr, ber in Ravenna ftanb,
konnte er zwar für fich allein ben Römern in Ancona nicht Luft
machen, aber er fchickte an Johannes, Bitalians Schwefterfohn,
ber auf ber Rhebe von Salona lag, einen Brief folgenben In=
halts: „Auf biefer Seite bes abriatifchen Meeres ift, wie Du
weißt, nur noch Ancona in unfern Hänben — wenn es wirklich
noch unfer ift. Denn bei ben Römern, welche bort unter ber
Belagerung furchtbar leiben, ftehen bie Sachen fo, baß wir be=
fürchten müffen, wir kommen mit unferer Hülfe fchon zu fpät,
unfer guter Wille ift burch bie Ereigniffe um fein Ziel betrogen
unb ftrengt fich ganz vergeblich an. Doch genug bavon, benn

1) Am Eingang bes Sinus Ambracius, gegenüber von Actium; jetzt Paleoprevitza.

561 die Bedrängniß der Belagerten ist derart, daß ich nicht weiter
schreiben darf: jeder Augenblick ist für sie kostbar, und ihre Ge=
fahr fordert eine wirksamere Hülfe als das bloße Wort!" Kaum
hatte Johannes diesen Brief gelesen, so beschloß er, gegen den
ausdrücklichen Befehl des Kaisers, auf seine eigene Verantwor=
tung auszulaufen, da er glaubte, dem Drange der Verhältnisse
mehr Rechnung tragen zu müssen als selbst einem kaiserlichen
Auftrage. Er suchte sich die tüchtigsten Leute aus und bemannte
damit 38 lange Schiffe, die alle sehr schnell waren und zum
Seekrieg sorgfältig ausgerüstet, nahm einigen Proviant mit und
fuhr von Salona nach Pola[1]), wo auch Valerian mit 12 Schiffen
bald darauf sich einstellte.

Nach erfolgter Vereinigung hielten sie einen Kriegsrath und
machten sich schlüssig über das, was zu thun sei. Dann lichteten
sie die Anker und fuhren nach der gegenüberliegenden Küste an
einen Ort, den die Römer Sena Gallica[2]) nennen, nicht weit
von Ancona. Als die gothischen Obersten hiervon Kunde er=
hielten, bemannten sie sofort die Kriegsschiffe, die sie bereit hatten,
47 an der Zahl, mit auserlesener Mannschaft. Den Rest des
Heeres ließen sie zur Belagerung der Festung zurück und segelten
geradeswegs auf die Feinde los. Das Belagerungsheer befehligte
Skipuar, die Flotte Giblas und Indulf. Als sie ganz nahe sich
gegenüberstanden, legten sie bei, zogen die Schiffe in einen engen
Kreis zusammen und hielten eine Art Rede an die Soldaten.
Zunächst sprachen Johannes und Valerian folgendermaßen: („Es
handelt sich nicht nur um den Entsatz von Ancona, sondern um
die Wiedergewinnung der ganzen italischen Küste. Im Fall einer
Niederlage ist Italien so gut wie verloren, und Ihr werdet nir=
gends eine Zuflucht finden, denn zu Lande wie zu Wasser herrschen
dann die Gothen. Auf Eure Tapferkeit allein kommt es an:
kämpfet mit dem festen Entschluß zu fallen oder zu siegen —

---

1) Pola korrigirt schon Maltret aus Skardon, das im Text steht — eine Korrek=
tur, die dem Sinne nach durchaus nothwendig ist. — 2) Sinigaglia.

durch den Sieg werdet Ihr Glück und Ruhm ernten!") So
ließen sich Johannes und Balerian vernehmen. Die gothischen
Feldherrn ermahnten die Ihrigen, wie folgt. („Diese verwünschten
Griechen, die sich schon, wer weiß wo, verkrochen hatten, sind
wieder hervorgekommen und wagen es, sich uns entgegenzustellen!
Ihr müßt sie nun gleich tüchtig abweisen, damit ihre Frechheit
sich nicht noch höher erhebt. Es sind ja nur Griechen, die von
Natur nicht viel Muth besitzen. Ihr werdet sehen, daß ihre
Tapferkeit, von der sie zunächst viel Wesens machen, im Augen=
blick des Zusammenstoßes nicht Stich hält. Denkt daran, wie
oft Ihr sie schon besiegt habt, und sorgt dafür, daß sie einen
ähnlichen Denkzettel davontragen.") ¹)

Nach diesen mahnenden Worten fuhren die gothischen Obersten
den Feinden entgegen und begannen ohne Zaudern das Treffen.
Es entspann sich eine große Seeschlacht, die aber einem Kampf
zu Lande sehr ähnlich war. Denn sie standen Schiffsschnabel an
Schiffsschnabel und Vorderkastell an Vorderkastell, und die Ge=
schosse flogen herüber und hinüber. Diejenigen, welche besonders
tapfer waren, kämpften Mann an Mann von einem Verdeck zum
andern mit Schwert und Speer wie auf dem Lande. So ging
es zu beim Beginn der Schlacht. Dann aber setzten die Bar=
baren, welche gar nicht zu manövrieren verstanden, das Gefecht
in großer Unordnung fort: einestheils entfernten sich ihre Schiffe
so weit von einander, daß der Feind jedes einzeln angreifen konnte;
anderntheils drängten sie sich so dicht an einander, daß sie sich
nicht rücken noch rühren konnten und die Verdecke der einzelnen
Schiffe so dicht an einander lagen, wie die Maschen einer ge=
flochtenen Decke. Nur mit vieler Mühe, ohne gehörigen Nach=
bruck konnten sie Pfeile auf die weiter abliegenden Feinde schießen,

---

1) Prokop liebt es, in seinen Reden römisches und barbarisches Wesen gegen=
überzustellen: die Römer sprechen fest und männlich, ohne zu prahlen, der Gefahr sich
wohl bewußt; die Barbaren machen leere Worte, voll Dünkel und eitler Siegeszuversicht.
So öfters. Der Wichtigkeit der bevorstehenden Schlacht entspricht die Länge der Reden,
die vor einer Seeschlacht besonders auffallen muß.

651 und Schwert und Speer vermochten sie auch nicht ordentlich zu
gebrauchen, wenn jene ihnen näher auf den Leib rückten, sondern
unter vielem Geschrei stießen sie gegen einander und konnten nicht
loskommen, prallten vielmehr immer wieder in steigender Ver=
wirrung zusammen, obgleich sie mit Stangen sich freizustoßen
suchten: bald standen sie mit den Schnäbeln ganz dicht zusammen,
bald fuhren sie weit auseinander — beides zu ihrem großen
Schaden. Jeder rief seinem nächsten Nachbar mit grellem Getöse
Kommandos zu, nicht um vereint gegen den Feind loszugehen,
sondern blos um die richtigen Abstände wieder zu bekommen. Da=
durch, daß sie sich so immer mehr in einander festfuhren, gaben
sie selbst die Hauptveranlassung für den Sieg der Feinde. Die
Römer, muthig im Angriff und geschickt im Manövrieren, rich=
teten ihre Schiffe gehörig aus, fuhren weder zu weit auseinander
noch kamen sie sich näher, als das Bedürfniß erforderte; viel=
mehr hielten sie richtig Abstand und sorgten so für Freiheit der
Bewegung: sobald sie ein vereinzeltes feindliches Schiff bemerk=
ten, stürzten sie sich auf dasselbe und brachten es ohne große
Mühe zum Sinken. Wenn sie irgendwo die Feinde in Unord=
nung gerathen sahen, überschütteten sie dieselben mit einem Pfeil=
regen, und wenn es dann zum Entern kam, war es ihnen ein
Leichtes, die ungeordneten und durch die eigne Verwirrung schon
ermatteten Gegner im Nahkampf zu vernichten. Die Barbaren
wurden durch die Ungunst des Schicksals und die Fehler, welche
sie selbst während des Kampfes begangen hatten, ganz kopflos
und vermochten nicht das Gefecht fortzusetzen, weder mit den
Schiffen, noch im Kampfe Mann gegen Mann von den Ver=
decken aus, sondern gaben die Schlacht verloren, vor Schrecken
wie gelähmt, und ließen alles über sich ergehen. Dann wandten
sich die Gothen zu regelloser Flucht. Weder auf Gegenwehr
noch ehrenvollen Rückzug oder Derartiges bedacht, fuhren sie,
völlig zersprengt, zwischen den feindlichen Fahrzeugen umher.
Einige von ihnen schlugen sich mit elf Schiffen durch und ent=

flohen unbemerkt; alle übrigen kamen in die Gewalt der Feinde. 551
Viele wurden von den Römern getödtet, viele gingen mit den
Schiffen unter; von den Obersten rettete sich Indulf mit jenen
elf Schiffen, den andern nahmen die Römer gefangen. Diejenigen,
welche auf den elf Schiffen glücklich davongekommen waren, gingen
ans Land und verbrannten sofort ihre Fahrzeuge, damit sie nicht
in die Hände der Feinde fielen, und marschierten selbst zu dem
Heere hin, welches Ancona belagerte. Dort meldeten sie das
Vorgefallene, und sogleich brach alles auf. Das Lager wurde
den Feinden preisgegeben. Dann traten sie einen eiligen und
unordentlichen Rückzug auf das nahe Auximum an. Bald da=
rauf kamen die Römer vor Ancona an, besetzten das verlassene
feindliche Lager, versahen die Besatzung der Stadt mit Proviant
und fuhren wieder ab: Valerian begab sich nach Ravenna, Johan=
nes segelte zurück nach Salona. Vornehmlich durch diese Schlacht
empfingen der Muth und die Macht der Gothen den Todesstoß.

24. Zu derselben Zeit nahmen die Dinge auf Sizilien
für die Römer folgenden Fortgang. Liberius kehrte von dort
auf allerhöchsten Befehl nach Byzanz zurück, und an seine Stelle
setzte der Kaiser den Artabanes über die ganze römische Macht
auf Sizilien. Dieser belagerte die Gothen, welche nur in ganz
geringer Anzahl in den dortigen Kastellen als Besatzung zurück=
geblieben waren, schlug ihre Ausfälle siegreich zurück und brachte
sie dann durch Aushungerung zur Übergabe. Die Bestürzung
hierüber einerseits und der schwere Schlag, den sie durch den Ver=
lust der Seeschlacht erlitten hatten andrerseits, brachten die Gothen
dazu, an dem glücklichen Ende des Krieges ganz zu verzweifeln.
Sie hatten schon jegliche Hoffnung aufgegeben, da sie sich sagen
mußten, daß, wenn die Römer auch nur geringen Zuzug er=
hielten, sie bei der Überlegenheit der Feinde und ihrer eignen
Schwäche nicht mehr im Stande wären, selbst kurze Zeit noch
den Widerstand fortzusetzen und sich in Italien zu halten. Auch
die Hoffnung, durch Unterhandlungen vom Kaiser irgend etwas

551 zu erreichen, hatte sich bereits als nichtig erwiesen. Zu wieder=
holten Malen hatte nämlich Totilas an ihn Gesandte abgeschickt,
um ihm auseinanderzusetzen, den größten Theil Italiens hätten
die Franken in Händen, das übrige sei durch den Krieg zur
Wüste geworden; die Gothen wollten Sizilien und Dalmatien,
die Länder, welche noch verhältnißmäßig am wenigsten gelitten
hätten, an die Römer abtreten; für den verwüsteten Rest woll=
ten sie Steuern und jährlichen Tribut zahlen, dem Kaiser als
Bundesgenossen folgen, wohin er wolle, und überhaupt seine
Unterthanen werden. Aber der Kaiser nahm davon gar keine
Notiz und schickte alle Gesandten zurück, da er den Gothen ingrimmig zürnte und sie gänzlich aus dem römischen Reiche ver=
treiben wollte.

So lagen die Dinge. Theodebert aber, der Frankenkönig,
war kurz zuvor ¹) an einer Krankheit gestorben, nachdem er einige
Theile von Ligurien, das Gebiet der kottischen Alpen und den
größten Theil von Venetien ohne Schwierigkeit sich tributpflichtig
gemacht hatte. So benutzten die Franken geschickt die mißlichen
Verhältnisse der Kämpfenden und bereicherten sich gefahrlos durch
Besitzergreifung der Gegenden, um die Gothen und Römer
kämpften. Jenen blieben nur wenige feste Plätze in Venetien;
denn die Ortschaften am Meer hatten sich die Römer, die andern
fast sämmtlich die Franken unterthänig gemacht. Während nun
so, wie ich geschildert habe, Römer und Gothen mit einander
Krieg führten und keine von beiden Parteien es noch mit einem
neuen Feind aufnehmen konnte, trafen Gothen und Franken ein
Abkommen des Inhalts, daß, solange die Gothen mit den Römern
Krieg führten, jeder ruhig das behalten solle, was er in Händen
habe und nichts Feindliches gegen den andern unternehmen. Sollte
jedoch Totilas einmal die Oberhand im Kriege über Justinian
gewinnen, dann sollten Gothen und Franken darüber verhandeln,
wie es das beiderseitige Interesse erfordere. Dies war der In=

¹) 548.

halt des Vertrages. — Dem Theodebert folgte auf dem Throne 551
sein Sohn Theodebald.¹) Und der Kaiser Justinian schickte den
Senator Leontius, des Athanasius Schwiegersohn, an ihn ab,
der ihn an das Bündniß gegen Totilas erinnern und die Räu-
mung der italischen Ortschaften, die Theodebert widerrechtlich in
Besitz genommen hatte, von ihm verlangen sollte.

Als Leontius vor Theodebald trat, sprach er also: „Schon
manchen andern Leuten ist es wohl einmal nicht so gegangen,
als sie erwartet hatten; was aber jetzt die Römer von Euch
haben erfahren müssen, das geht doch über menschliche Begriffe.
Denn ehe der Kaiser Justinian diesen Krieg unternahm und öffentlich gegen die Gothen zu Felde zog, haben die Franken als Zeichen
der Freundschaft und Bundesgenossenschaft große Geschenke erhalten
und versprochen, ihn thätig zu unterstützen. Dann ist es ihnen
aber garnicht eingefallen, dem Vertrage gemäß zu handeln, sondern sie haben obendrein noch so schlecht an den Römern gehandelt, wie sich kaum ein Mensch vorstellen kann. Denn Dein
Vater Theodebert unterfing sich, gegen Recht und Gerechtigkeit
ein Land in Besitz zu nehmen, dessen eben der Kaiser Herr geworden war mit vieler Mühe und großen Kriegsgefahren, wobei
die Franken unthätig zusahen. Ich bin nun zu Euch gekommen,
nicht etwa um Euch Vorwürfe oder Beschuldigungen auszusprechen,
sondern um Euch dazu aufzufordern, was Euch selbst frommen
soll — ich meine nämlich so, daß Ihr Eure günstige Macht-
stellung aufs Sicherste befestigt, wenn Ihr den Römern ihr
Eigenthum überlaßt. (Erfüllt, wie sichs gehört, das Versprechen
Theodeberts und ziehet mit uns gegen Totilas zu Felde, was
Ihr ganz von selbst schon hättet thun müssen, weil die Gothen
Eure alten Feinde und immer gegen Euch treulos gewesen sind.
Jetzt schmeicheln sie Euch; wenn sie uns aber glücklich los sind,
werden sie ihre wahre Gesinnung gegen Euch bald offenbaren,
die sie nur aus Arglist verbergen.) Deshalb erneuert das Bünd-

¹) Bis 555.

551 niß mit dem Kaiser und zieht gegen Eure alten Feinde mit
ganzer Macht zu Felde."

So sprach Leontius. Ihm antwortete Theodebald folgender=
maßen: „Ohne einen Schein von Recht nennt Ihr uns Eure
Bundesgenossen gegen die Gothen, denn diese sind jetzt unsere
Freunde. Gesetzt nun, die Franken hielten ihnen nicht Wort,
so werden sie es auch Euch nicht halten. Denn wo sich erst
einmal Untreue gegen Freunde gezeigt hat, da pflegt die Ge=
sinnung auf immer vom rechten Wege abgewichen zu sein. Was
ferner die Ortschaften betrifft, von denen Ihr geredet habt, so
will ich nur so viel sagen, daß mein Vater Theodebert niemals
darauf ausging, einen Nachbarn zu vergewaltigen oder auf frem=
des Eigenthum sich zu stürzen. Der Beweis dafür ist, daß ich
nicht reich bin. Er hat jene Plätze gar nicht den Römern weg=
genommen, sondern sie vertragsmäßig von Totilas erhalten, der
sie besaß. Und darüber müßte sich eigentlich Justinian mit den
Franken freuen. Denn derjenige, dem von seinem Eigenthum
etwas weggenommen ist, müßte sich doch freuen, wenn er die
Räuber von jemand anderem bezwungen sähe, in der Meinung,
daß diejenigen, die ihn selbst geschädigt haben, mit Fug und
Recht Strafe leiden — es müßte denn sein, daß er seinerseits
auf die glücklichen Sieger neidisch würde, weil sie aus der Be=
strafung der Feinde Nutzen gezogen haben, ein Umstand, der
wohl oft die Menschen in neidische Stimmung bringt. Die Ent=
scheidung über diesen Fall können wir füglich Schiedsrichtern
überlassen, so daß, wenn wirklich mein Vater den Römern etwas
weggenommen hat, wir dies ohne Zögern herausgeben müßten.
Und wegen dieser Sache sollen unverzüglich Gesandte von uns
nach Byzanz geschickt werden." Nach diesen Worten entließ er
den Leontius und schickte als Gesandten Leuthart, einen fränki=
schen Mann, selbviert als Gesandten an den Kaiser Justinian
ab. Sie kamen in Byzanz an und erledigten die Angelegenheit,
derentwegen sie gekommen waren.

Totilas trachtete darnach, die zur Provinz Libyen gehörigen 551
Inseln zu besetzen. Sogleich sammelt er eine Flotte, besetzt sie
mit einer starken Abtheilung Soldaten und schickt sie nach Korsika und Sardinien. Zuerst wandten sie sich gegen Korsika und
nahmen es, ohne auf Widerstand zu stoßen ein, dann besetzten
sie auch Sardinien. Beide Inseln machte sich Totilas tributpflichtig. Als dies Johannes erfuhr, der Heermeister in Afrika[1]),
schickte er eine Abtheilung Schiffe und Soldaten nach Sardinien.
Als diese in die Nähe von Calaris[2]) kamen, bezogen sie dort
ein Lager und gedachten den Platz zu belagern, denn einen Sturm
glaubten sie nicht wagen zu dürfen, da die gothische Besatzung
ziemlich stark war. Als die Barbaren das merkten, zogen sie
aus, überfielen die Feinde, schlugen sie ohne große Mühe und
tödteten viele von ihnen. Die übrigen flohen zunächst auf die
Schiffe und fuhren bald darauf mit der ganzen Flotte nach Kar-
thago zurück, wo sie überwinterten, um bei Frühlingsanfang mit
größerer Macht von Neuem gegen Korsika und Sardinien zu
ziehen . . . .[3])

25. (Ein großer Sklavenenschwarm bricht in Illyrien ein
und haust dort fürchterlich. Der Kaiser bietet Truppen gegen
sie auf; diese sind aber so schwach, daß sie nichts gegen sie unternehmen und nicht einmal ihren Rückzug über die Donau hindern
können. Die Gepiden nämlich übernehmen es, die Sklavenen
hinüberzuschaffen und bekommen für den Kopf ein Goldstück. Der
Kaiser will, damit dergleichen nicht wieder vorkommt, mit den
Gepiden ein Bündniß schließen.)

Mittlerweile rüsteten Gepiden und Longobarden wiederum
zum Kriege. Die Gepiden, welche noch nicht wußten, daß der
Kaiser Justinian den Vertrag mit den Longobarden bereits beschworen hatte, wollten aus Furcht vor der römischen Macht gern
Freunde und Bundesgenossen der Römer werben. Sie schickten

1) Magister militum per Africam. — 2) Cagliari. — 3) Erkurs über die
Namen der Insel Sardinien u. a. m.

851 also unverzüglich Gesandte nach Byzanz, um ebenfalls mit dem
Kaiser ein Bündniß abzuschließen. Derselbe ging ohne Zögern
darauf ein: er selbst beschwor diesen Vertrag und ebenso zwölf
Senatoren auf Bitten der Gesandten. Bald darauf forderten
die Longobarden kraft ihres Bundesrechts ein Hülfsheer gegen
die Gepiden, und der Kaiser schickte es, weil er den Gepiden
vorwarf, nach Abschluß des Vertrages den Sklavenenzug zum
Schaden der Römer über den Donaufluß befördert zu haben.
(An der Spitze dieses Heeres standen des Germanus Söhne,
Justin und Justinian u. a.), ferner der Gothe Amalafrid, der
Tochtersohn Amalafridas, der Schwester des Gothenkönigs The=
oderich, und Sohn des Thüringerkönigs Hermenefrid. Diesen
hatte Belisar mit Witichis nach Byzanz gebracht, und der Kaiser
hatte ihn zum römischen Obersten gemacht, seine Schwester an
den Longobardenkönig Auduin verheirathet. Von diesem Heere
kam niemand zu den Longobarden außer Amalafrid mit seinem
Gefolge; denn die übrigen blieben auf Befehl des Kaisers bei
der Stadt Ulpiana in Illyrien, wo unter den Einwohnern ein
Aufstand sich erhoben hatte, wie sie die Christen wegen ihrer
Glaubensstreitigkeiten auszufechten pflegen, eine Sache, über die
ich ein besonderes Buch schreiben werde.[1] — Die Longobarden
und Amalafrid fielen mit aller Macht in das Gepidenland ein.
Die Gepiden traten ihnen entgegen, und es kam zu einer großen
Schlacht, in der dieselben besiegt wurden und sehr viele von
ihnen den Tod gefunden haben sollen. Und Auduin, der Longo=
barbenkönig, schickte einige Leute aus seinem Gefolge nach Byzanz,
um dem Kaiser Justinian die frohe Botschaft von dem Siege
über die Feinde mitzutheilen, gleichzeitig aber auch Vorhaltungen
zu machen, daß kein kaiserliches Hülfsheer zur Stelle gewesen
sei, obgleich er eine so große Menge von Longobarden geschickt
habe, um mit Narses gegen Totilas und die Gothen zu ziehen.
So trug sich dies zu.

1) Diese Absicht hat Prokop, so viel wir wissen, nicht ausgeführt.

(Griechenland wird von einem furchtbaren Erdbeben heim= 551
gesucht, das besonders in Achaja und Böotien schlimme Ver=
wüstungen anrichtet.)

In Italien aber ereignete sich Folgendes. Die Bewohner
von Kroton und die Besatzung dieser Stadt unter Palladius
wurden von den Barbaren hart bedrängt und litten besonders
viel durch den Mangel an Lebensmitteln. Sie schickten nun,
ohne daß es die Feinde merkten, öfters Boten nach Sizilien, um
die Obersten des dortigen Römerheeres und besonders Artabanes
anzuflehen: wenn sie nicht schleunigst Hülfe bekämen, so sähen
sie sich, sehr wider ihren Willen, gezwungen, sich selbst und die
Stadt binnen Kurzem den Feinden zu übergeben. Aber keiner
kam ihnen zu Hilfe. Und der Winter ging zu Ende, mit ihm
das siebzehnte Jahr dieses Krieges, den Protop beschrieben hat.

26. Narses brach von Salona auf und zog gegen Totilas 552
und die Gothen mit dem ganzen römischen Heer, das gewaltig
groß war; der Kaiser hatte ihm nämlich entsprechend reiche Mittel
zur Verfügung gestellt. Deshalb konnte er nun einerseits ein
sehr stattliches Heer sammeln und für die übrigen Kriegsbedürf=
nisse ausreichend sorgen; andrerseits war er auch fähig, den Sol=
daten in Italien alle Rückstände zu zahlen, die der Kaiser un=
gebührlich lange Zeit sich hatte ansammeln lassen, statt ihnen,
wie es Gebrauch war, den festgesetzten Sold aus der Staatskasse
zu zahlen. Er hatte sogar so viel, daß er auch diejenigen, welche
zu Totilas übergelaufen waren, umstimmen konnte, und sie, durch
diese klingenden Lockmittel zahm gemacht, dem Reiche wieder ge=
wonnen wurden. Während also der Kaiser Justinian diesen Krieg
anfangs ohne rechten Eifer geführt hatte, machte er jetzt ganz
zuletzt bedeutende Anstrengungen. Denn als Narses merkte, daß
er nach Italien gehen sollte, zeigte er einen Ehrgeiz, wie er sich
für einen Feldherrn geziemt, und erklärte dem Kaiser, als dieser
ihn aufforderte, er werde ihm nur dann zu Willen sein, wenn
er ausreichende Streitkräfte zu seiner Verfügung erhielte. Auf

552 diese Weise bekam er Geld, Leute und Ausrüstungsmaterial vom
Kaiser, wie sie der Würde des römischen Reiches angemessen waren,
und brachte mit unermüdlicher Energie ein stattliches Heer zu=
sammen: sowohl aus Byzanz nahm er zahlreiche Soldaten mit,
als er auch aus Thrazien und Illyrien eine große Menge an
sich zog. Johannes schloß sich ebenfalls ihm an mit seinen eignen
Truppen und denen, die sein Schwiegervater Germanus hinter=
lassen hatte. Ferner ließ sich der Longobardenkönig Auduin durch
reiche Geschenke des Kaisers Justinian und den abgeschlossenen
Bundesvertrag bestimmen, von seiner eignen Gefolgschaft 2500
tapfere Krieger auszusuchen und zur Unterstützung abzusenden,
denen er über 3000 Mann als Knappen mitgab. Dann gingen
mit Narses über 3000 Mann vom Volk der Heruler, die unter
andern Philemuth befehligte, zahlreiche Hunnen, Dagisthäus mit
seinem Gefolge, der deshalb aus dem Gefängniß entlassen wurde[1]),
viele persische Überläufer unter Kabades, dem Sohn des Zames
und Enkel des Perserkönigs Kabades, der, wie ich früher erzählt
habe[2]), mit Hülfe des Chanaranges den Nachstellungen seines
Oheims Chosroes entgangen war und damals zu den Römern
übergetreten war; ferner Asbad, ein junger Gepide von hervor=
ragender Tapferkeit, mit 300 seiner Landsleute, die ebenfalls
tapfere Krieger waren; der Heruler Aruth, der von Jugend auf
römisch erzogen war und die Tochter des Mauritius, des Sohnes
des Mundus, zur Gattin genommen hatte, und selbst ein kühner
Degen, zahlreiche Heruler von gleicher Tapferkeit um sich hatte;
endlich Johannes, mit dem Beinamen der Fresser, der früher
schon öfter erwähnt wurde, mit einer Schaar kriegstüchtiger Römer.
Narses selbst war von großartiger Freigebigkeit und hatte für
jeden Bittenden eine offene Hand; da er vom Kaiser reich aus=
gestattet war, folgte er seiner Neigung zum Geben um so mehr.
Weil nun schon von früher her viele Offiziere und Soldaten ihn
als ihren Wohlthäter verehrten, so drängten sich alle, sobald

1) Er war des Hochverraths verdächtig. Goth. IV, 9. — 2) Pers. I, 23.

seine Ernennung zum Oberfeldherrn gegen Totilas und die Gothen 552
bekannt geworden war, mit wahrem Feuereifer, unter ihm zu
dienen, theils um alte Dankesschulden abzutragen, theils in
der Erwartung, wie natürlich, reiche Belohnungen bei ihm zu
verdienen. Vornehmlich waren die Heruler und die übrigen Bar=
baren ihm wohlgesonnen, deren Gunst er sich durch besondere
Freigebigkeit gesichert hatte.

Als er an die Grenze von Venetien kam, schickte er an die
fränkischen Befehlshaber, welche in den dortigen Forts komman=
dierten, Botschaft und ersuchte sie, den Römern, als einer be=
freundeten Macht, den Durchzug zu gestatten. Dieselben erklärten
aber, sie könnten das dem Narses unter keinen Umständen ge=
währen; den wahren Grund ihrer Weigerung, nämlich den Vor=
theil der Franken und ihre günstige Gesinnung gegen die Gothen
gaben sie nicht an, sondern schützten einen andern, nicht gerade
sehr stichhaltigen vor, nämlich daß er ihre Todfeinde, die Longo=
barden, in seinem Heere mit sich führe. Narses war hierüber
anfangs ziemlich rathlos und fragte die anwesenden Italiker,
was zu thun sei. Da erklärten ihm einige, selbst wenn die
Franken den Durchzug gestatteten, könne er auf diesem Wege
doch nicht nach Ravenna kommen, sondern höchstens seinen Marsch
bis Verona fortsetzen, denn Totilas habe den Kern seines Heeres
unter dem Gothen Tejas, einem ausgezeichneten Krieger, nach
Verona geschickt, das den Gothen noch gehörte, um mit allen
Kräften den Durchzug des römischen Heeres zu verhindern. Und
so war es wirklich. Sobald Tejas in der Stadt Verona ange=
kommen war, machte er den Feinden den Durchmarsch auf diesem
Wege unmöglich, indem er die ganze Gegend am Poflusse durch
künstliche Veranstaltungen unwegsam und unzugänglich machte.
Er ließ Verhacke, Gräben und Abstürze anlegen und benutzte
geschickt beim Ausbau seiner Linien die morastigen Stellen und
Wasserlachen. Dann nahm er selbst mit dem Gothenheer Auf=
stellung und gab genau Acht, um sofort die Offensive gegen die

352 Römer zu ergreifen, falls sie diesen Weg einschlagen sollten.
Solche Maßregeln ergriff Totilas in der Meinung, hart am
Gestade des adriatischen Meeres entlang könnten die Römer nicht
marschieren, da dort viele schiffbare Flüsse ihre Mündung haben
und die Gegend zu Lande unpassierbar machen; Schiffe andrer=
seits hatten sie nicht in so großer Anzahl, um allesammt mit
dem ganzen Troß quer über das adriatische Meer zu fahren,
und wenn sie in kleinen Abtheilungen führen, glaubte er mit
dem, was ihm vom Gothenheer geblieben war, sie immer beim
Landen abfassen und ohne Mühe abweisen zu können. In dieser
Meinung traf Totilas seine Anordnungen, und Tejas führte sie
aus. — Als Narses nun in arger Verlegenheit war, gab ihm
Johannes, Vitalians Schwestersohn, welcher jene Gegenden genau
kannte, den Rath, mit dem ganzen Heer am Gestade entlang=
zuziehen, das ihnen, wie ich bereits erzählte, noch unterthänig
war, und einige große sowie viele kleine Fahrzeuge mitzunehmen.
Wenn dann der Zug an eine der Flußmündungen käme, so könne
man aus den Kähnen eine Schiffbrücke zusammensetzen und so
den Übergang ohne große Schwierigkeit bewerkstelligen. Solches
rieth Johannes, und Narses folgte ihm: auf die erwähnte Art
zog er an der Spitze des ganzen Heeres auf Ravenna.

27. Während dies dort vorging, trug sich Folgendes zu.
Der Longobarde Ildigisal [1]), den ich in einem früheren Buch er=
wähnt habe, war mit dem Longobardenkönig Auduin verfeindet,
weil dieser sich der Krone bemächtigt hatte, die nach dem Recht
der Erbfolge jenem zukam, hatte die heimatlichen Gefilde ver=
lassen und sich nach Byzanz begeben. Justinian nahm den An=
kömmling außerordentlich gnädig auf und machte ihn zum Ober=
sten einer Schola — so nennt man die Leibgarderegimenter.
Mit ihm waren auch noch mindestens 300 tapfere longobardische
Männer, die anfangs zusammen in Thrazien wohnten. Da for=
derte Auduin Ildigisals Auslieferung von Justinian, als seinem

1) Oder Ildigisus Goth. III, 35. S. 253 f.

Freunde und Bundesgenossen, indem er als Lohn seiner Freund= 552
schaft den Verrath an dem Schutzbefohlenen forderte. Darauf
ging der Kaiser nicht ein. Bald darauf nahm Ildigisal, welcher
sich beklagte, seine Stellung und sein Einkommen entspreche weder
seiner eignen noch des römischen Reiches Würde, die Miene eines
Schwergekränkten an. Dies bemerkte Goar, ein gothischer Mann,
der am Anfang dieses Krieges als Gesangener aus Dalmatien
nach Byzanz gekommen war, damals als noch der Gothenkönig
Witichis mit den Römern Krieg führte. Da er nun ein muthiger
und thatkräftiger Mann war, so beruhigte er sich bei seinem
Schicksal nicht. Als die Gothen, welche einst gegen den Kaiser
gekämpft hatten, nach der Überwältigung des Witichis auf Ab=
fall sannen, wurde er als offenkundiger Verschwörer verhaftet,
dann mit Verbannung nach Aegypten bestraft und dorthin ver=
schickt. Er blieb lange Zeit an seinem Verbannungsort. Nach=
her begnadigte ihn der Kaiser und gestattete ihm die Rückkehr
nach Byzanz. Als dieser Goar den eben beschriebenen Groll
Ildigisals wahrnahm, so setzte er ihm eifrigst zu und beredete
ihn schließlich zu entfliehen. Er versprach, mit ihm gemeinschaft=
lich sich von Byzanz zu entfernen. Als sie ihren Plan fertig
hatten, brachen sie plötzlich mit wenigen Begleitern auf; in der
thrazischen Stadt Apri¹) aber trafen sie auf die dort angesiedelten
Longobarden, und diese schlossen sich ihnen an. Sie überfielen
die kaiserlichen Gestüte, entnahmen daraus eine große Anzahl
Pferde und zogen weiter. Sobald der Kaiser hiervon Kunde er=
hielt, schickte er Botschaft über ganz Thrazien und Illyrien an
alle Obersten und Soldaten, diesen Flüchtlingen mit aller Macht
entgegenzutreten. Und zuerst wurden einige wenige Kuturgurische
Hunnen (von denen, die ihre Stammsitze verlassen hatten, wie
ich soeben erst erzählt habe, und in Thrazien vom Kaiser ange=
siedelt worden waren) mit den Flüchtlingen handgemein. Diese
wurden geschlagen; einige fielen, die übrigen flohen, ließen von

¹) Nördlich vom thrazischen Chersones.

552 jenen ab und blieben, wo sie waren. So durcheilten Ildigisal
und Goar mit den Ihrigen ganz Thrazien, ohne von jemand
aufgehalten zu werden. Als sie dann nach Illyrien kamen, fanden
sie dort ein Römerheer vor, das sorgsam zusammengezogen war,
um sie zu verderben. Dieses Heer befehligten u. a. Aratius,
Rhekitangus, Leonian und Arimuth. Sie waren den ganzen
Tag nicht von den Pferden gekommen. Da machten sie beim
Einbruch der Dunkelheit Halt an einem waldigen Platze, um
dort die Nacht zu biwakieren. Jene Obersten befahlen ihren Sol=
daten, vor allem für die Pferde zu sorgen und sich durch einen
Trunk aus dem vorbeigehenden Flusse für die Strapazen des
Rittes zu entschädigen. Sie selbst nahmen jeder nur drei oder
vier Leibwächter mit und tranken ein wenig abseits aus dem
Flusse, denn sie waren natürlich sehr durstig geworden. Goar
und Ildigisal waren ganz in der Nähe und erfuhren alles durch
ihre Patrouillen. Ganz unvermuthet fielen sie über die Trin=
kenden her und tödteten alle. Nun konnten sie ihren Weitermarsch
ohne Besorgniß einrichten, wie sie wollten; denn die Soldaten,
welche führerlos geworden, waren völlig rathlos, verloren den
Kopf und zogen sich zurück. So kamen Goar und Ildigisal
glücklich durch zu den Gepiden.

Von den Gepiden floh ein gewisser Ustrigotthus zu den
Longobarden auf folgende Weise. Der Gepidenkönig Elemund
war kurz zuvor an einer Krankheit gestorben, mit Hinterlassung
eines einzigen, noch ganz jungen Sohnes, eben jenes Ustrigotthus.
Diesen hatte Thoriswind der Krone beraubt. Da der Jüngling
gegen den Thronräuber keine Waffe hatte, so gab er das väter=
liche Reich auf und floh zu den Longobarden, die den Gepiden
feindlich waren. Bald darauf schlossen die Gepiden mit dem
Kaiser Justinian und dem Volk der Longobarden einen Vertrag
nnd banden sich gegenseitig mit den schwersten Eiden, für ewige
Zeiten fortan Freundschaft zu halten. Als nun dieser Vertrag
rechtskräftig geworden war, verlangten der Kaiser Justinian und

der Longobardenkönig Auduin vom Gepidenkönig Thorismind die 562
Auslieferung Ildigisals, ihres gemeinschaftlichen Feindes, indem
sie den Verrath an dem Schutzflehenden als ersten Beweis der
bestehenden Freundschaft forderten. Thorismind trug den Fall
den vornehmen Gepiden vor und fragte eifrig, ob er den beiden
Herrschern zu Willen sein dürfe. Diese erklärten, er dürfe es
unter keinen Umständen thun, und betheuerten, es sei besser,
daß das Volk der Gepiden mit Weib und Kind sofort zu Grunde
gehe, als daß sie den Fluch eines solches Frevels auf sich lüden.
Dieser Ausspruch stürzte den Thorismind in arge Verlegenheit:
denn er konnte die Sache gegen den Willen seiner Unterthanen
nicht wohl unternehmen, und andrerseits wollte er auch nicht
den Krieg gegen die Römer und Longobarden von Neuem ent=
brennen lassen, der endlich mit so großem Aufwand an Zeit und
Mühe beigelegt war. Endlich kam er auf folgenden Gedanken:
er forderte von Auduin die Auslieferung des Ustrigotthus, Ele=
munds Sohn, und trieb zu gleichem Verbrechen an, indem er
den gegenseitigen Verrath an den Schutzflehenden empfahl. Da=
durch, daß er selbst ein Ansinnen ähnlicher Art stellte, wies er
zunächst die Zumuthung der Longobarden zurück, und Auduin
selbst wurde ohne weiteres sein Mitschuldiger an der Schand=
that. Nachdem sie sich so geeinigt hatten, thaten sie öffentlich
nichts, da sie wohl wußten, daß weder die Longobarden noch die
Gepiden Theil an der Befleckung haben wollten — jeder räumte
vielmehr mit Hinterlist den Feind des andern aus dem Wege.
Auf welche Weise, unterlasse ich zu berichten, weil die Gerüchte
von dieser Sache nicht übereinstimmen, sondern weit von einander
abweichen, denn es handelt sich ja um die allergeheimsten Dinge.
So endigte es mit Ildigisal und Ustrigotthus.

28. Als Narses zu der Stadt Ravenna gekommen war,
vereinigten sich mit ihm die Obersten Valerian und Justin und
was sonst noch an römischem Kriegsvolk an jenem Orte vorhanden
war. Nachdem sie dort neun Tage sich aufgehalten hatten, schrieb

⁵⁸² ein tapferer Gothe, Usdrilas, der Befehlshaber der Besatzung
von Ariminum, an Balerian folgenden Brief: „Da alles voll von
Gerede über Euch ist, und Ihr ganz Italien mit dem Schreck=
gespenst Eurer Macht peinigt, Euer Hochmuth über alle Grenzen
hinausgeht und Ihr damit Eurer Meinung nach die Gothen
eingeschüchtert habt, so sitzt Ihr nun ruhig in Ravenna! Da=
durch, daß Ihr Euch so verkriecht, zeigt Ihr ganz deutlich, daß
es mit Eurem Stolz nicht mehr weit her ist, die Ihr mit einem
bunt zusammengewürfelten Barbarenschwarm das Land drückt,
auf das Ihr gar kein Recht habt. Macht Euch schleunigst auf
und rüstet Euch zum Kampf; zeigt Euch doch den Gothen und
laßt uns, die wir schon lange auf Euren Anblick begierig sind,
nicht noch länger warten!" So der Brief. Wie Narses ihn ge=
lesen hatte, machte er sich über die Prahlerei der Gothen lustig,
dann rüstete er sich sofort zum Ausmarsch und ließ Justin als
Befehlshaber der Besatzung von Ravenna zurück. Als sie nahe
an die Stadt Ariminum gekommen waren, merkten sie, daß der
Durchmarsch nach dieser Seite hin schwierig sei, da die Gothen
kurz zuvor die Brücke abgebrochen hatten. Diese Brücke, welche
über den bei Ariminum vorbeifließenden Strom [1]) führt, ist
für einen Fußgänger ohne Gepäck nur mit großer Mühe zu
passieren, vorausgesetzt, daß ihn noch dazu niemand stört oder am
Übergang hindert; wenn aber gar feindliche Schaaren sich dem
widersetzen, kann man überhaupt nicht durchkommen. Deshalb
war Narses, als er mit wenigen Begleitern an dem Ort an=
langte, wo sich die Brücke befand, in großer Verlegenheit und
spähte umher, wie sich wohl ein Übergang bewerkstelligen ließe.
Auch Usdrilas war mit einigen Reitern dorthin gekommen, um
jede Bewegung der Feinde zu beobachten. Da spannte einer aus
Narses' Gefolge den Bogen, schoß und streckte ein Pferd von den
Feinden zu Boden. Sofort machte Usdrilas mit den Seinigen
Kehrt und ritt in die Festung zurück, aber nur um mit seinen

1) Die Marecchia.

besten Streitern aus einem andern Thor zum Angriff vorzugehen, 552
damit er Narses überraschte und sofort vernichtete. Dieser hatte
sich nämlich an eine andere Stelle des Ufers begeben, um einen
Übergang zu suchen. Nun stießen von ungefähr einige Heruler
auf Usdrilas und hieben ihn nieder; ein Römer erkannte ihn
zufällig, und da schlugen sie ihm den Kopf ab, kamen damit ins
römische Lager und zeigten ihn dem Narses. Durch dies Ereigniß fühlten sich alle mächtig gehoben und erklärten, daß Gott
den Gothen übel wolle, gehe klar daraus hervor, daß die Feinde
bei ihrem Anschlag auf den Feldherrn ihren eignen Obersten
plötzlich verloren hätten, ohne daß es etwa auf diesen besonders
abgesehen war. Obgleich Usdrilas, der Kommandant von Ariminum, gefallen war, trieb Narses das Heer weiter vor, denn
er beabsichtigte weder Ariminum noch irgend einen andern Platz,
der in den Händen der Feinde war, zu behelligen, weil dadurch Zeit verloren gegangen und das Hauptziel durch die Beschäftigung mit Nebendingen verrückt worden wäre. Die Feinde
verhielten sich ruhig, da sie ihren Führer verloren hatten, und
waren nicht mehr hinderlich, so daß Narses ungescheut eine Brücke
schlagen und das ganze Heer hinüberführen konnte. Er bog nun
von der Flaminischen Straße nach links ab. Denn da Petra
Pertusa eine sehr starke Festung, von der ich in den früheren
Büchern geredet habe, seit lange in den Händen der Feinde sich
befand, so war die Flaminische Straße den Römern gesperrt und
völlig unzugänglich. Deshalb verließ Narses den kürzeren Weg
und schlug den ein, der ihm sicher war.

29. So verhielt es sich mit dem Vormarsch des römischen
Heeres. Totilas aber hatte bereits Kenntniß von den Vorfällen
in Benetien. Er wartete daher auf Tejas mit seinem Corps
und lag zunächst still in der Gegend von Rom. Als jenes mit
Ausnahme von 2000 Reitern eingetroffen war, wartete er die
letzteren nicht mehr ab, sondern brach mit seinem ganzen Heer
auf, um den Feinden bei Gelegenheit ein Treffen zu liefern.

552 Auf diesem Marsche erfuhr er Usdrilas' Ende und den Übergang
der Feinde bei Ariminum. Sofort marschierte er nun durch
Tuscien und gelangte in den Apennin, woselbst er ein Lager
aufschlug dicht bei einem Dorf, das die Eingeborenen Taginä
nennen. Auch das römische Heer unter Narses rückte bald darauf
in das Apenningebirge ein und bezog ein Lager, höchstens
100 Stadien[1] von dem der Feinde entfernt, auf einer Ebene,
die ganz von Hügeln eingeschlossen war, wo einst der Römer=
feldherr Camillus die Horden der Gallier vernichtet haben soll.
Deshalb trägt bis auf unsere Tage der Ort die Bezeichnung
Busta Gallorum[2] zur Erinnerung an die Niederlage der
Gallier. Busta nennen nämlich die Lateiner die Überbleibsel
der Scheiterhaufen. Auch findet sich daselbst eine große Zahl von
Grabhügeln jener Todten. Sofort sandte Narses einige seiner
Vertrauten an Totilas, um ihn aufzufordern, er möge die Waffen
niederlegen und endlich einmal an einen Friedensschluß denken:
er ließ ihm vorrechnen, daß er, an der Spitze eines geringen und
aufs Gerathewohl zusammengerafften Heeres, schwerlich im Stande
sein würde, sich gegen das römische Reich zu halten. Er gab
ihnen auch den ferneren Auftrag, wenn jener durchaus schlagen
wollte, so sollten sie ihn ersuchen, sofort einen Tag für die Schlacht
zu bestimmen. Als diese Gesandten vor Totilas getreten waren,
richteten sie ihre Botschaft aus. In jugendlichem Übermuth er=
klärte er laut, sie würden unter allen Umständen eine Schlacht
liefern müssen. Darauf fuhren sie fort: „Erlauchter Herr, be=
stimme doch einen Zeitpunkt für das Treffen!" „Von heut an
in acht Tagen werden wir kämpfen!" versetzte er. Die Gesandten
kehrten nun zu Narses zurück und thaten ihm die getroffene Ver=
abredung kund; der aber argwöhnte eine Hinterlist des Totilas
und sorgte dafür, daß alles schon für den nächsten Tag schlag=
fertig war. Er hatte auch ganz richtig die Absicht der Feinde
errathen, denn am folgenden Tage erschien Totilas plötzlich an

---

1) 18,35 Km. — 2) Das gallische Leichenfeld.

der Spitze eines ganzen Heeres. Schon lagerten sie sich nahe 562
gegenüber, nicht mehr als zwei Pfeilschüsse von einander entfernt.

Es befand sich daselbst ein Hügel von geringem Umfang,
den beide Heere gar zu gern gehabt hätten, da die Römer ein
lebhaftes Interesse hatten, die Feinde von oben zu beschießen,
und die Gothen bei dem hügeligen Terrain, wie ich es bereits
beschrieben habe, dem römischen Heer nur dann in den Rücken
fallen konnten, wenn sie auf einem Feldweg vorrückten, der an
eben jenem Hügel entlang ging. Deshalb mußte beiden dieser
Punkt von höchster Wichtigkeit sein, den Gothen, um während
des Gefechts die Feinde zu umgehen und von zwei Seiten zu
beschießen, den Römern, um dies verhindern zu können. Narses
kam dem Gegner zuvor, indem er aus einem Regiment Fußvolk 50 Mann aussuchte und sie noch vor Mitternacht abschickte,
um den Punkt einzunehmen und besetzt zu halten. Sie gelangten
dorthin, ohne daß der Feind ihnen irgendwie entgegentrat, und
setzten sich fest. Vor dem Hügel fließt ein Bach daher, hart an
dem Feldweg, von dem ich soeben gesprochen habe, gerade gegenüber dem Punkte, wo die Gothen ihr Lager aufgeschlagen hatten.
Dort hielten die Fünfzig, dicht an einander gedrängt, so gut es
die Enge erlaubte, in einer Phalanx geordnet. Kaum hatte Totilas
bei Tagesanbruch sie bemerkt, so machte er sich daran, sie zu
vertreiben. Sofort schickte er eine Schwadron Reiter ab, mit
dem Befehl, jene schleunigst zu delogieren. Die Reiter sprengten
mit großem Getöse und Geschrei auf sie los, um sie im ersten
Anlauf über den Haufen zu rennen; jene aber erwarteten, Schild
an Schild, dicht an einander geschlossen, den Angriff, den die
Gothen, die im Gedränge sich gegenseitig hinderten, nun versuchten. Der Schild- und Speerwall der Fünfzig war so dicht
geschlossen, daß sie die Attake glänzend abschlugen. Dabei machten
sie mit den Schilden ein Getöse, vor dem die Pferde scheuten,
während die Reiter vor den Speerspitzen zurück prallten. Die
Pferde, welche durch die Enge und den Lärm mit den Schilden

₅₅₂ wild wurden und weder vor- noch rückwärts konnten, bäumten
sich hoch auf, und die Reiter wußten sich auch nicht zu helfen
gegen diese enggeschlossene Schaar, die nicht wankte noch wich,
während sie ihre Pferde vergeblich dagegen anspornten. Der erste
Angriff war also abgeschlagen; nicht besser erging es ihnen beim
zweiten. Nach mehrfachen Versuchen gaben sie es endlich auf,
und Totilas schickte eine zweite Schwadron zu gleichem Zwecke
vor. Als auch diese, wie die erste, abgewiesen wurde, trat eine
dritte an ihre Stelle. So ließ Totilas eine ganze Anzahl
Schwadronen vorgehen; als er aber gar nichts ausrichten konnte,
gab er die Sache endlich auf. Die Fünfzig trugen für ihre
Tapferkeit unsterblichen Ruhm davon, vor allem aber zeichneten
sich zwei Männer in diesem Gefecht aus, Paulus und Ausilas,
die aus der Phalanx hervorsprangen und ihre Tapferkeit in hell-
stem Lichte zeigten. (Zuerst legen sie den Säbel auf die Erde
und schießen, so lange sie Pfeile haben, dann greifen sie zum
Säbel und hauen den Angreifern die Speerspitzen ab. Dabei
wird des Paulus Säbel unbrauchbar, er wirft ihn weg, und
entreißt den Angreifern hintereinander vier Lanzen. Seine Tapferkeit trägt wesentlich dazu bei, daß die Gothen den Sturm aufgeben. Wegen seiner Heldenthaten nimmt Narses den Paulus
sofort in die Zahl seiner eignen Hypaspisten [1]) auf.)

30. So gings hier zu. Beide Heere aber rüsteten sich
zur Schlacht. Und Narses ließ sein Heer in dichtem Kreise sich
schließen, worauf er mahnend also sprach: „Bei gleichen Kräften
bedürfte es vielleicht unmittelbar vor der Schlacht für die Soldaten einer längeren Rede, die den Muth anfeuert, damit sie
eben dadurch etwas vor den Feinden voraushaben und mit um
so größerer Bereitwilligkeit in die Schlacht gehen; Ihr aber,
Kameraden, die Ihr an Tapferkeit, Zahl und Ausrüstung Euren
Gegnern weit überlegen seid, braucht für den bevorstehenden
Kampf meiner Meinung nach nichts, als daß Gott Euch gnädig

1) Leibwächter.

gesinnt ist. Da Ihr nun durch eifriges Gebet seine Gunst er= 662
wirkt habt, so könnt Ihr Euch mit stolzer Sicherheit an die
Überwältigung dieser Räuber machen, die schon einmal Sklaven
des erhabenen Kaisers waren, ihm dann entlaufen sind, einen
Menschen aus der Hefe des Volks an ihre Spitze gestellt und
nun eine Zeit lang durch Raub und Diebstahl die Ruhe des
Römerreichs gestört haben. Wenn sie bei Sinnen wären, so
würden sie, wie wohl jeder zugeben muß, gar nicht auf den Ge=
danken gekommen sein, sich uns zur Feldschlacht zu stellen. Statt
dessen rennen sie mit unvernünftiger Dreistigkeit in den Tod und
stürzen sich mit einer Tollkühnheit, die man nur Wahnsinn nennen
kann, ins offenkundige Verderben, nicht als ob sie gegründete
Hoffnung auf Sieg hätten oder eine unvorhergesehene und un=
vermuthete Wendung ihres Schicksals erwarteten, sondern augen=
scheinlich, weil Gott sie in die Strafe für ihre Übelthaten selber
hineintreibt; denn wem von oben her eine solche zugedacht ist,
der pflegt ihr gewissermaßen auf halbem Wege entgegenzukommen.
Ferner geht Ihr in diesen Kampf als Vertheidiger eines wohl=
geordneten Staatswesens; jene aber sind Umstürzler, die gegen
das Joch der Gesetze sich aufbäumen. Sie haben gar nicht die
Hoffnung, ihr Werk in ihren Nachkommen fortleben zu sehen,
sondern sie fristen ihr Dasein und ihre Aussichten nur von einem
Tag zum andern. Und aus diesem Grunde sind sie geradezu
verächtlich; denn denjenigen, welche nicht für das Gesetz und ein
geordnetes Staatswesen fechten, fehlt Begeisterung und Thatkraft.
Der Sieg ist also bereits entschieden, weil er sich nach der Seite
hinzuneigen pflegt, wo eben jene Tugenden vorhanden sind.“
Solche Ermahnung sprach Narses aus. Und Totilas, der wohl
bemerkte, wie seine Leute das Römerheer anstaunten, rief alle
zusammen und sprach folgendermaßen:

„Zum letzten Mal, Kameraden, habe ich Euch zusammen=
berufen und spreche vor Euch Worte der Aufmunterung. Denn
nach dieser Schlacht wird eine Rede vor dem Kampf nicht mehr

20*

652 nöthig sein: wir und der Kaiser Justinian haben nämlich unsre
Kräfte dermaßen überanstrengt und erschöpft durch Strapazen,
Kämpfe und anderes Ungemach viele Jahre hindurch, daß wir
der Kriegsnöthe satt sind. Wenn wir daher heute die Feinde
schlagen, so brauchen die Gothen keine Schlacht mehr zu liefern,
denn die Niederlage jener wird beiden Parteien einen hinläng=
lichen Grund zur Einstellung der Feindseligkeiten liefern. Wenn
nämlich die Menschen eine recht trübe Erfahrung gemacht haben,
so pflegen sie sich nicht gern wieder in eine ähnliche Lage zu
bringen, sondern selbst wenn zwingende Gründe sie dahinein
treiben, so scheuen sie davor zurück, weil die Erinnerung an die
gehabten Leiden sie abschreckt. Da Ihr das wißt, Kameraden,
so strengt alle Eure Kraft an bis zur letzten Faser und glaubt
nicht, für eine spätere Gelegenheit noch etwas aufsparen zu
müssen; haltet aus, wie dicht auch die Hiebe fallen mögen, und
tragt Eure Haut gerade heute willig zu Markte. Schont weder
Waffen noch Pferde, die Euch hinterher doch nichts mehr nützen
können. Denn das Schicksal, welches die gänzliche Erschöpfung
der Kräfte herbeiführte, hat für den heutigen Tag die Hoffnung
auf einen entscheidenden Sieg vorbehalten. Kämpfet mit Tapfer=
keit, ja mit Kühnheit; denn diejenigen, denen wie uns die Hoff=
nung an einem Haar hängt, dürfen auch nicht einen Augenblick
schwanken oder stutzen. Wenn wir heut den richtigen Moment
verpassen, nützt uns hinterher auch die größte Anstrengung nichts
mehr, eben weil es zu spät ist und die Gelegenheit, wenn sie
einmal ungenützt vorübergegangen ist, nicht wiederzukehren pflegt.
Es kommt also für Euch darauf an, die günstige Gelegenheit
im Kampf zu erspähen und ihre Vortheile thunlichst auszunutzen.
Ich brauche Euch eigentlich nicht zu sagen, daß, wie die Sachen
liegen, Flucht gleichbedeutend mit Verderben ist. Denn wer
seinen Platz verläßt und flieht, der will doch sein Leben retten;
wenn aber die Flucht sichern Tod in Aussicht stellt, so steht sich
immer derjenige, welcher der Gefahr ins Auge sieht, noch besser

als der Ausreißer. — Die aus allen möglichen Völkern bunt 551 zusammengewürfelte Menge der Feinde könnt Ihr nur verachten, weil es solcher, mit Geld zusammengeflickten Bundesgenossenschaft an Aufrichtigkeit und innerer Kraft zu fehlen pflegt und bei der Verschiedenheit der Völker Verschiedenheit der Ansichten unvermeid= lich ist. Glaubt auch nicht, daß diese Hunnen und Longobarden und Heruler, die für wer weiß wie viel Geld gedungen sind, mit Todes= verachtung kämpfen werden. Ihr Leben wird ihnen immerhin noch mehr werth sein als das Geld, und mir ist wohlbekannt, daß sie anfangs zum Schein tapfer fechten werden, dann aber bald ab= sichtlich nachlassen, entweder weil sie ihr Geld schon bekommen haben, oder weil sie gemäß geheimen Befehlen ihrer Obersten handeln. Denn nicht nur Waffenwerk, sondern selbst die liebste Beschäfti= gung, wenn sie nicht freiwillig geschieht, sondern mit Gewalt oder Lohn oder sonstwie erzwungen wird, pflegt den Menschen keine Freude mehr zu machen, sondern weil sie erzwungen ist, erscheint sie ihnen widerwärtig. Solches bedenkend, laßt uns tapfern Muthes gegen die Feinde gehen."[1]

31. So sprach Totilas.

Die Heere aber standen kampfbereit folgendermaßen ge= ordnet. Beide hatte eine gerade Front, die jeder so lang und tief wie möglich zu machen bestrebt war. Auf dem linken Flügel der Römer hielten Narses und Johannes vor dem Hügel und mit ihnen die Blüthe des Römerheeres: außer den gewöhnlichen Soldaten hatten nämlich beide ein auserlesenes Gefolge von Doryphoren, Hypaspisten und Hunnen. Auf dem rechten Flügel standen Valerian, Johannes der Fresser und Dagisthäus mit den übrigen Römern: auf beiden Seiten ungefähr 8000 Bogen= schützen von den Regimentern zu Fuß. In die Mitte der Pha= lanx stellte Narses die Longobarden, Heruler und alle andern

1) Es ist sehr auffallend, wie sehr die Reden des 4. Buches, wo Prokop den Ereignissen ferner steht, sich von den früheren unterscheiden: sie sind bedeutend farbloser und matter als die, denen er als Augenzeuge beigewohnt haben könnte, z. B. bei der Belagerung Roms durch Wittigis S. 60 ff.

552 Barbaren, ließ sie absitzen, damit sie zu Fuß kämpften und ihnen
die Möglichkeit abgeschnitten wäre, sich schnell zurückzuziehen, wenn
sie etwa während der Schlacht flau oder unbotmäßig werden
sollten. Nur den äußersten linken Flügel der römischen Front
zog Narses in einem stumpfen Winkel vor, in einer Stärke von
1500 Reitern. Von diesen hatten 500 Mann den Befehl,
schleunigst zu Hülfe zu eilen, wenn an irgend einem Punkte die
Römer geschlagen werden sollten; 1000 Mann waren dazu bestimmt, das feindliche Fußvolk, sobald es in Aktion getreten sei,
zu umgehen, so daß es von zwei Seiten zugleich angegriffen
wurde. Totilas stellte sein ganzes Heer dem entsprechend auf.
Er ritt vor der Front entlang, indem er den Soldaten Muth
zusprach und sie durch Wort und Miene zur Tapferkeit aufforderte. Auf der andern Seite that Narses dasselbe: er ließ
goldene Armringe, Ketten und Zügel auf Stangen vor sich her-
tragen und zeigte den Soldaten diese und ähnliche Dinge, die
den Muth für Kampf und Gefahr anreizen sollten. Eine Zeit
lang lagen sich die Heere unthätig einander gegenüber, indem
jedes den Angriff des Gegners abwartete.

Darauf sprengte aus dem gothischen Heer ein tapferer Krieger, Namens Kokas, hervor bis nahe an die römische Schlachtreihe und rief, ob ihm nicht jemand im Einzelkampf gegenübertreten wolle. Dieser Kokas war einer von den römischen Soldaten,
die früher zu Totilas übergelaufen waren. Sofort stellte sich
ihm einer von Narses' Doryphoren, ein Armenier Namens Anzalas, ebenfalls zu Pferde. Kokas stürmte zuerst auf seinen
Gegner los, mit eingelegter Lanze nach dem Unterleib desselben
zielend. Doch Anzalas machte mit dem Pferde schnell eine Wendung, so daß er dem Angriff auswich. Da er so dem Feinde
in die Flanke gekommen war, stieß er ihm den Speer in die
linke Seite. Jener sank vom Pferde todt zu Boden, worüber
die Römer ein ungeheures Geschrei erhoben. Nichtsdestoweniger
hielten sich beide Heere ruhig. Totilas aber ritt allein in den

Raum zwischen beiden, nicht um zum Einzelkampf herauszufor=   552
dern, sondern um Zeit zu gewinnen.   Denn da er die Meldung
empfangen hatte, die 2000 Gothen, welche noch nicht zu ihm
gestoßen waren, seien schon 'ganz in der Nähe, wollte er den
Kampf nicht vor ihrer Ankunft beginnen und that Folgendes.
Zuerst wollte er den Feinden zeigen, was für ein Mann er sei.
Er hatte eine ganz von Gold strotzende Rüstung an; von seinem
Helm und Speer wallten purpurne Büsche von großer Schön=
heit, wie es sich wohl für einen König ziemt.   Auf einem pracht=
vollen Pferde reitend, führte er auf dem freien Raum mit Ge=
schicklichkeit das Waffenspiel aus.   Zuerst ließ er sein Roß die
zierlichsten Wendungen und Volten machen.   Dann warf er in
vollem Jagen den Speer hoch in die Lüfte und faßte ihn, wenn
er wirbelnd niedersank, in der Mitte; er fing ihn bald mit der
rechten, bald mit der linken Hand in künstlicher Abwechselung,
wobei er seine ganze Gewandtheit zeigte, sprang von hinten und
von vorn, wie von beiden Seiten vom Pferde herab und wieder
hinauf, wie einer, der von Jugend auf die Künste der Reitbahn
geübt hat.   Mit solchem Thun brachte er den ganzen Morgen
hin.   Um dann den Beginn der Schlacht noch mehr hinauszu=
ziehen, schickte er einen Herold zum römischen Heer, der eine
Unterredung nachsuchen sollte.   Aber Narses schlug das ab: so
lange Zeit zu Unterhandlungen gewesen sei, habe sich Totilas
kriegslustig gezeigt, und nun mitten auf dem Schlachtfeld suche
er eine Unterredung herbeizuführen — dadurch lasse man sich
nicht täuschen.

32.   Mittlerweile waren die 2000 Gothen angelangt. Als
Totilas erfuhr, daß sie im Lager seien, begab er sich in sein
Zelt, da die Zeit zum Mittagsmahl herangekommen war, die
Gothen gaben ihre Stellung auf und zogen sich ebenfalls zurück.
Bei seiner Ankunft fand er die 2000 schon vor und befahl, daß
alle Soldaten ihre Mahlzeit einnehmen sollten.   Er selbst legte
eine andre Rüstung an und ließ alle sich gefechtsbereit machen.

562 Dann führte er sofort sein Heer gegen den Feind, in der Hoffnung, ihn zu überfallen und demnächst zu schlagen. Aber die Römer waren keineswegs unvorbereitet, denn Narses hatte in richtiger Voraussicht dessen, was nachher wirklich eintraf, um einem Überfall vorzubeugen, befohlen, niemand dürfe abkochen, Mittagsruhe halten, ein Stück der Rüstung ablegen oder sein Pferd abzäumen. Doch blieben die Soldaten nicht ganz ohne Speise und Trank: in Reih und Glied frühstückten sie, ohne auch nur einen Augenblick die Beobachtung des feindlichen Anmarsches aus den Augen zu lassen. Außerdem wurde die Schlachtordnung geändert: Narses ließ die Flügel, auf denen je 4000 Bogenschützen zu Fuß standen, halbmondförmig schwenken. Das gothische Fußvolk stand in seiner Gesammtheit hinter den Reitern, damit, wenn diese geschlagen werden sollten, die Fliehenden einen Rückhalt hätten und mit jenen zusammen wieder zum Angriff vorgehen könnten. Alle Gothen hatten strengen Befehl, für dieses Treffen nicht den Bogen oder eine andre Waffe, sondern nur die Lanze zu gebrauchen. So wurde Totilas durch seine eigne Unklugheit überwunden, indem er am Anfang dieser Schlacht sein Heer den Feinden entgegenwarf, ohne daß es ihnen in Bezug auf Bewaffnung oder sonstwie gewachsen war — wie er dazu kam, weiß ich nicht. Die Römer brauchten nämlich, wie es die Gelegenheit mit sich brachte, im Kampf bald den Bogen, bald die Lanze, bald das Schwert und konnten so jede Chance ausnutzen: sie fochten theils zu Pferde, theils zu Fuß, indem sie die Feinde hier umzingelten, dort den Angriff abwarteten und mit ihren Schilden dem ersten Anprall erfolgreich begegneten. Die gothischen Reiter dagegen, welche ihr Fußvolk weit hinter sich gelassen hatten, ritten in blindem Vertrauen auf die Wucht ihrer Lanzen wie toll drauflos und ernteten, als sie an den Feind kamen, die Früchte ihres unbesonnenen Vorgehens. Denn da sie ihren Angriff auf die Mitte der feindlichen Aufstellung gerichtet hatten, kamen sie ganz unvermuthet gerade mitten

zwischen die 8000 Bogenschützen, da diese, wie schon erwähnt, ⁵⁵²
allmählich herumgeschwenkt waren. Von zwei Seiten beschossen,
wurden sie sofort in Verwirrung gebracht und verloren zahlreiche
Leute und noch mehr Pferde, ehe sie noch an die Feinde gekom=
men waren. Arg mitgenommen, wurden sie endlich mit den=
selben handgemein. Ob man in diesem Kampfe die Römer oder
ihre barbarischen Bundesgenossen mehr bewundern soll, vermag
ich nicht zu sagen, weil wirklich Muth und Tapferkeit beim Zu=
rückweisen des feindlichen Angriffs bei beiden ganz gleich war.
Schon wurde es Abend, da kamen beide Heere plötzlich in Be=
wegung, die Gothen zur Flucht, die Römer zur Verfolgung.
Der Angriff der Gothen war vollständig gescheitert, sie gaben
dem Andrängen der Römer nach und wandten sich, bestürzt über
deren große Anzahl und vortreffliche Ordnung. Sie dachten nicht
mehr an Gegenwehr, sondern flohen, als ob sie sich vor Ge=
spenstern fürchteten oder eine höhere Macht gegen sie kämpfte.
Als sie bald darauf bei ihrem eignen Fußvolk ankamen, nahm
das Übel zu und griff immer weiter um sich; denn sie gingen
nicht in geordnetem Rückzuge dorthin zurück, um sich zu sammeln
und dann das Gefecht aufzunehmen, oder einen neuen Vorstoß
zu unternehmen oder dergleichen, sondern in solcher Unordnung,
daß bei ihrem stürmischen Rückprall Leute des eignen Fußvolks
niedergetreten wurden. Deshalb öffnete auch das Fußvolk seine
Reihen nicht, um sie hindurchzulassen, noch hielt es Stand und
gewährte ihnen dadurch Sicherheit, sondern alle flohen mit ihnen
Hals über Kopf, wobei sie wie in einem nächtlichen Treffen sich
gegenseitig Tod und Verderben brachten. Die römischen Solda=
ten benutzten diesen panischen Schrecken und schlugen ohne
Schonung alles nieder, was noch auf den Beinen war und weder
sich zu wehren noch aufzusehen wagte. Jene boten gewissermaßen
selbst die Kehle dem Messer dar. Und ihre Furcht beruhigte
sich nicht, sondern nahm womöglich noch größere Dimensionen
an. Bei dieser Metzelei kamen 6000 Mann von ihnen um;

562 viele ergaben sich den Feinden, die ihnen zuerst Quartier gaben,
sie nachher aber doch niedermachten. Außer den Gothen kamen
auch die meisten von den alten römischen Soldaten um, die früher
sich vom Römerheer getrennt hatten und, wie bereits früher er=
wähnt, zu Totilas und den Gothen übergelaufen waren. Wer
vom Gothenheer nicht umgekommen oder in die Hände der Feinde
gefallen war, der suchte im Verborgenen zu entschlüpfen, zu Fuß
oder zu Pferde, wie Glück, Umstände und örtliche Verhältnisse
es gerade gestatteten.

Schon war die Schlacht zu Ende, und es war bereits ganz
finster geworden. In der Dunkelheit floh Totilas, nur von fünf
Männern begleitet, unter denen einer Skipuar hieß. Ihm setzten
einige Römer nach, die keine Ahnung hatten, wen sie verfolgten.
Einer von ihnen war der Gepide Asbad. Als dieser ganz nahe
an Totilas herangekommen war, holte er aus, um ihm den
Speer in den Rücken zu stoßen. Ein gothischer Jüngling aber,
der dem Hause des Totilas angehörte und seinem Herrn auch auf
der Flucht folgte, rief, voll Empörung über das Schicksal, welches
seinem Könige drohte, laut aus: „Was machst Du, Du Hund,
wie kannst Du die Hand wider Deinen Herrn erheben!" Darauf
stieß Asbad mit aller Kraft seinen Speer dem Totilas in den
Rücken, dann erhielt er selbst einen Hieb ins Bein von Skipuar
und blieb liegen. Skipuar wieder wurde von einem andern der
Verfolger getroffen und machte Halt. Nun gaben Asbads Ge=
fährten, vier an der Zahl, die Verfolgung auf, um ihn selbst
zu retten, und ritten mit ihm zurück. Totilas' Gefährten, die
glaubten, die Feinde säßen ihnen noch auf den Fersen, ritten in
demselben Tempo mit ihm weiter, obgleich er tödlich getroffen
war und kaum noch ein Lebenszeichen von sich gab, da ihnen die
Nothwendigkeit solche gewaltsame Anstrengung auferlegte. Nach=
dem sie 84 Stadien [1]) zurückgelegt hatten, kamen sie an einen
Ort, Namens Caprae. Dort rasteten sie und verbanden Totilas'

____

1) ca. 15,4 Km.

Wunde; derselbe gab aber bald seinen Geist auf. Seine Leute [552]
bargen den Leichnam in der Erde und setzten ihre Flucht fort.
So verlor Totilas Thron und Leben, nachdem er elf Jahre lang
König der Gothen gewesen war. Das Schicksal, das ihn traf,
war nicht seiner früheren Thaten würdig: zu Anfang war ihm
alles geglückt, und nach glänzenden Thaten mußte er so enden!
Auch bei dieser Gelegenheit zeigte es sich, wie das Schicksal erst
dem Menschen schön thut und ihm dann dem Rücken kehrt: das
Unerwartete ist ihm das Liebste, und ohne ersichtlichen Grund
scheint es zu bestimmen — so ließ es eine lange Zeit dem Totilas
großes Glück zu Theil werden, und dann gefiel es ihm, ein kläg=
liches Ende einem Manne zu bereiten, der es nicht verdient hatte.
Aber dergleichen Dinge sind uns Menschen, meiner Meinung nach,
nun einmal unfaßlich und werden es auch immer bleiben. So
lange es Menschen giebt, schwatzt man darüber hin und her,
und jeder urtheilt eben, wie es ihm beliebt, indem er durch
Worte, die wahrscheinlich klingen, sich und andere über seine Un=
wissenheit hinwegtäuscht.

Doch ich nehme den Faden meiner Erzählung wieder auf.

Die Römer wußten gar nicht, daß Totilas nicht mehr unter
den Lebenden weilte, bis ihnen eine gothische Frau es mittheilte
und sein Grab zeigte. Trotz dieser Kunde wollten sie es nicht
glauben, begaben sich jedoch an Ort und Stelle, wo sie sofort
den Sarg mit Totilas' Leiche ausgruben. Nachdem sie ihn er=
kannt und an diesem Anblick ihre Neugier befriedigt hatten, sollen
sie ihn angeblich der Erde zurückgegeben und Narses das Ganze
gemeldet haben. Es gibt aber Leute, die über das Ende des
Totilas und die Schlacht ganz anders berichten, und ich halte
es nicht für unangemessen, auch diese Erzählung mitzutheilen.
Sie behaupten nämlich, die Flucht des Gothenheeres sei keines=
wegs ohne triftigen Grund geschehen, sondern einer von den rö=
mischen Plänklern habe unversehens den Totilas mit einem Pfeil
getroffen. Totilas habe nämlich in der Rüstung eines gemeinen

552 Soldaten an irgend einer Stelle der Phalanx ganz unbemerkt gehalten, um nicht den Feinden kenntlich zu sein und ihnen als bequemes Ziel zu dienen; da habe nun das Schicksal es gerade so eingerichtet, daß es den Pfeil auf seine Person lenkte. Er habe er eine tödtliche Wunde empfangen und als Schwerverwundeter natürlich nicht in der Phalanx bleiben können, sondern habe sich allmählich mit wenigen Begleitern zurückgezogen. Bei Caprae sei er zu Pferde gekommen, dort habe er es vor Schmerzen nicht mehr aushalten können und habe bald seinen Geist aufgegeben, während man noch versuchte, seine Wunde zu behandeln. Das Gothenheer aber, welches so wie so den Gegnern nicht gewachsen war, sei entsetzt gewesen, wie so unerwartet sein Führer kampfunfähig gemacht worden war, weil nämlich unabsichtlich Totilas ganz allein von den Feinden tödtlich getroffen wurde. Darauf hätten sie vollständig den Muth verloren, und ihre grenzenlose Furcht habe sie zu so schimpflicher Flucht getrieben. Hierüber kann nun jeder denken, wie ihm beliebt.

33. Narses freute sich nicht wenig über diese Ereignisse, schrieb aber allen Erfolg Gott allein zu, womit es ihm auch völlig Ernst war, und that, was weiter nöthig schien. Und zunächst wollte er die Longobarden mit ihrem wüsten Treiben los sein. Diese lebten nämlich überhaupt ganz zügellos und hatten besonders, wo sie nur konnten, die Häuser in Brand gesteckt und den Frauen, die sich in die Kirchen geflüchtet hatten, Gewalt angethan. Er machte ihnen also reiche Geschenke und entließ sie in ihre Heimat. Bis an die römische Grenze gab er ihnen Valerian und dessen Neffen Damian nebst ihren Leuten mit als Geleit, damit sie nicht noch unterwegs allerlei Schandthaten verübten. Nachdem sie glücklich über die Grenze waren, legte sich Valerian vor die Stadt Verona, um sie durch Belagerung dem Kaiser wiederzugewinnen. Die Besatzung trat aus Furcht in Unterhandlung mit Valerian, um sich und die Stadt ihm zu übergeben. Sobald das die Franken erfuhren, die Venetien be-

jetzt hielten, traten sie ganz entschieden dagegen auf und erklärten, 552
sie machten auf das Land, als ihnen gehörig, Anspruch. So
mußte Valerian mit seinem ganzen Heer von dort unverrichteter
Sache wieder abziehen. — Die Gothen, welche nach jener Schlacht
dem Tode entronnen waren, gingen über den Po, wo ihnen noch
Ticinum [1]) und dessen Umgegend gehörte, und wählten Tejas zu
ihrem Könige. Dieser fand den ganzen Schatz vor, den Totilas
in Ticinum niedergelegt hatte, und beschloß, die Franken als
Bundesgenossen zu gewinnen. Die Gothen ordnete und übte er
der Lage der Dinge gemäß, indem er alle um sich sammelte.
Als Narses Meldung hiervon erhielt, ertheilte er an Valerian
den Befehl, mit seinem Korps am Po zu bleiben, um den Gothen
ihre Vereinigung zu erschweren; er selbst marschierte mit seinem
ganzen Heer auf Rom. Auf dem Marsch durch Tuscien nahm
er Narnia durch Übergabe; in dem mauerlosen Spoletium ließ
er eine Besatzung und trug ihr auf, die von den Gothen zer=
störten Theile der Umwallung schleunigst wiederherzustellen. Auch
gegen die Besatzung von Perusia ließ er einen Handstreich unter=
nehmen. Dort kommandierten zwei römische Überläufer, Meli=
gebius und Uliphus, der zuerst Cyprians Doryphor gewesen war
und dann durch Totilas' Versprechungen sich hatte verleiten lassen,
Cyprian, der damals in Perusia Befehlshaber war, hinterlistig
zu beseitigen. Meligebius nun, der für Narses war, wollte mit
seinen Leuten die Stadt den Römern ausliefern. Uliphus aber
und die Seinigen merkten etwas davon und erklärten sich offen
dagegen. Schließlich wurde Uliphus mit seinen Gesinnungsge=
nossen niedergemacht, und Meligebius überlieferte Perusia sofort
den Römern. Offenbar traf so den Uliphus die Strafe von
Gott, daß er gerade an demselben Ort seinen Untergang finden
mußte, wo er selbst den Cyprian erschlagen hatte. So ging es
dort zu. Als die gothische Besatzung von Rom erfuhr, Narses und

1) Pavia.

552 das römische Heer seien gegen sie unterwegs und schon ganz nah herangekommen, rüstete sie nach Kräften zum Widerstand. Nun hatte Totilas viele Häuser der Stadt verbrennen lassen, als er sie zum ersten Male nahm. Da er dann zu der Einsicht gekommen war, die Gothen, welche stark zusammengeschmolzen waren, seien nicht mehr im Stande, die ganze Stadtmauer besetzt zu halten, so trennte er durch eine kurze Mauer einen kleinen Theil der Stadt am Grabmal des Hadrian ab und verband sie mit der schon vorhandenen Mauer, so daß es wie ein Kastell aussah. Dorthin hatten die Gothen ihre kostbaren Besitzthümer geschafft und hielten daselbst scharfe Wacht — um den übrigen Theil der Stadtmauer kümmerten sie sich weiter nicht. Damals nun hatten sie nur wenige Wächter an diesem Platz zurückgelassen, und sonst waren alle an die Brustwehren der Stadtmauer geeilt, eifrig bemüht, einen Sturm der Feinde von dort aus abzuschlagen. Bei dem Umfang der Mauer konnten aber weder die angreifenden Römer sie ganz einschließen, noch die Gothen sie bewachen. Daher griffen die einen zerstreut an, wohin sie gerade kamen, und die andern vertheidigten sich demgemäß. Auf der einen Stelle griff Narses mit einer großen Schaar Bogenschützen an, auf der andern Johannes, Vitalians Schwestersohn, mit seinen Leuten, auf der dritten endlich Philemuth mit seinen Herulern, während die übrigen noch weit ab waren. Auch die drei angreifenden Abtheilungen waren weit von einander entfernt. Und die Barbaren wandten sich gegen jede einzelne von ihnen zur Vertheidigung. Die andern Theile der Stadtmauer, auf die kein Angriff von Seiten der Römer geschah, waren ganz ohne Besatzung, da die Gothen, wie bereits erwähnt, nur an den Stellen sich sammelten, wo sie einen Sturm erwarteten. Nun rückte auf Narses' Geheiß mit zahlreichen Schaaren, nämlich dem Regiment des Narses und dem des Johannes, reichlich mit Leitern versehen, plötzlich Dagisthäus gegen einen Abschnitt der Stadtmauer vor, der gänzlich unbewacht war. Sofort ließ er sämmtliche

Leitern anlegen, ohne daß es jemand wehrte, überstieg mit leichter 552
Mühe sammt seinen Leuten die Mauer und konnte nun nach
Belieben die Thore öffnen. Sobald die Gothen das merkten,
dachten sie nicht mehr an Gegenwehr, sondern alle flohen, wie
und wo jeder konnte: die einen warfen sich in das Kastell, die
andern eilten in vollem Lauf nach Portus. Bei dieser Gelegenheit drängt sich mir die Beobachtung auf, wie das Schicksal mit
den menschlichen Dingen seinen Spott zu treiben pflegt, indem
es weder die Menschen gleichmäßig behandelt, noch sie mit denselben Augen anzusehen pflegt, sondern wie es Zeit und Ort
gerade mit sich bringt, mit ihnen umspringt: es spielt mit ihnen,
indem es je nach Zeit, Ort und Umständen mit der Person der
armen Menschenkinder macht, was es will. So mußte derselbe
Bessas, welcher Rom zu Grunde gerichtet hatte, bald darauf das
lazische Petra den Römern wieder erobern, und derselbe Dagisthäus, der Petra den Feinden überlassen hatte, gleich nachher
Rom dem Kaiser zurückgewinnen.[1]) Doch so ist es gegangen von
Anbeginn und wird auch so bleiben, so lange dasselbe Schicksal
die Menschen regiert. — Narses ging nun mit seiner ganzen
Macht auf das Kastell los. Die Barbaren, welche ganz eingeschüchtert waren, übergaben sich und das Kastell sofort an ihn
gegen Zusicherung des Lebens. Dies geschah im 26. Jahre der
Herrschaft des Kaisers Justinian. Es war das fünfte Mal unter
seiner Regierung, daß Rom mit Sturm genommen wurde, und
Narses sandte sofort dem Kaiser die Schlüssel der Stadt.

34. Damals wurde den Menschen recht handgreiflich vor
Augen geführt, daß denjenigen, welchen der Untergang bestimmt
ist, selbst scheinbare Glücksfälle zum Verderben gereichen, und diese
Leute, gerade wenn es ihnen nach Wunsch geht, mitten in ihrem
Glück zu Grunde gehen. Auf folgende Weise nämlich schlug dem
Senat und Volk gerade dieser Sieg zu um so größerem Ver-
derben aus. Die fliehenden Gothen, welche an dem Besitz Italiens

1) Vgl. S 223 und Goth. IV, 9.

552 verzweifelten, hieben unterwegs jeden Römer, der ihnen begeg=
nete, ohne weiteres nieder. Und ebenso behandelten die Bar=
baren, welche im römischen Heere dienten, jeden als Feind, der
ihnen beim Einzug in die Stadt in die Hände lief. Dazu kam
noch Folgendes. Zahlreiche Senatoren hielten sich noch auf
Totilas' Befehl in den Städten Kampaniens auf. Als man
nun erfuhr, daß Rom in den Händen des kaiserlichen Heeres
sei, machten sich einige von ihnen auf nach Rom. Die Gothen,
welche sich in den festen Plätzen jener Gegend befanden, durch=
streiften auf die Kunde hiervon alle Ortschaften nnd tödteten
sämmtliche Patrizier. Unter ihnen befand sich auch Maximus,
von dem früher die Rede war. Endlich hatte Totilas, als er
dem Narses entgegenzog, aus jeder Stadt die Söhne der vor=
nehmsten Römer vor sich führen lassen, 300 von ihnen ausge=
sucht, die er am Schönsten fand, und den Eltern erklärt, dieselben
sollten an seinem Hofe leben — in Wahrheit sollten sie als
Geiseln dienen. Totilas hatte sie in das Land jenseit des Po
geschickt, Tejas fand sie dort vor und ließ sie alle hinrichten.

Der Gothe Ragnaris, welcher die Besatzung von Tarent
befehligte, hatte, wie bereits erzählt, mit Einwilligung des Kaisers
vom Pakurius Pardon zugesichert erhalten und versprochen, sich
den Römern anzuschließen, auch für diesen Vertrag sechs Gothen
als Geiseln gestellt. Sobald er aber vernahm, daß Tejas von
den Gothen zum König erwählt sei, die Franken zu Hülfe ge=
rufen habe und mit seinem ganzen Heer gegen die Feinde aus=
ziehen wolle, änderte er seinen Entschluß und war durchaus nicht
gesonnen, den Vertrag zu halten. Nun wollte er gern seine
Geiseln wieder erlangen, und zu diesem Zweck schlug er den
krummen Weg der Hinterlist ein. Er ließ den Pakurius bitten,
er möge ihm einige römische Soldaten schicken, unter deren Ge=
leit er und die Seinigen sicher nach Hydrus gelangen könnten,
um dann übers adriatische Meer nach Byzanz zu fahren. Pakurius,
der von den bösen Absichten des Mannes keine Ahnung hatte,

schickte fünfzig von seinen Leuten. Jener ließ sie in die Festung 552
ein und legte sie sofort in Fesseln. Dann ließ er dem Pakurius
sagen, wenn er seine Soldaten gesund wieder haben wolle, so
müsse er die gothischen Geiseln ausliefern. Auf diese Botschaft
hin ließ Pakurius nur eine kleine Besatzung in Hydrus zurück
und brach mit dem übrigen Heer sofort gegen die Feinde auf.
Ragnaris aber tödtete die fünfzig Mann, ohne sich auch nur
einen Augenblick zu besinnen, und führte seine Gothen aus Tarent
heraus, den Feinden entgegen. In dem Gefecht, das sich nun
entspinnt, ziehen die Gothen den Kürzeren. Ragnaris verlor den
größten Theil seiner Mannschaft und wandte sich mit den wenigen
übrig gebliebenen zur Flucht. Nach Tarent konnte er nicht wieder
hineinkommen, weil ihn die Römer davon abgeschnitten hatten.
Daher warf er sich nach Acherontis [1]), wo er blieb. Bald darauf
nahmen die Römer durch Übergabe Portus, das sie belagert hatten,
ferner ein Kastell in Tuscien, Namens Nepa [2]), und das Fort
von Petra Pertusa. [3])

Tejas, der sich sagen mußte, daß die Gothen allein gegen
das Römerheer zu schwach seien, schickte eine Gesandtschaft an
Theodebald, dem Frankenkönig, und suchte ihn durch reiche Geschenke zum Bündniß zu bestimmen. Aber die Franken, die sich
meiner Ansicht trefflich auf ihren Nutzen verstanden, wollten weder
für die Gothen noch zum Vortheil der Römer in den Tod gehen,
sondern trachteten darnach, Italien für sich selbst zu gewinnen
und auch allein dafür in den Krieg zu ziehen. Nun hatte Totilas
einen Theil seines Schatzes, wie schon gesagt, in Ticinum niedergelegt, den weit größeren aber in einer sehr starken Festung,
nämlich zu Cumae in Kampanien, und die Besatzung daselbst
seinem eignen Bruder [4]) und Herodian unterstellt. Diese wollte
Narses in seine Gewalt bekommen und schickte eine Abtheilung
nach Cumae, um es zu belagern; er selbst blieb in Rom, um

---

1) Am Acheron in Bruttien, jetzt Cirenza. — 2) alte Etruskerstadt, jetzt Nepi. —
3) Kastell S. Pietro. — 4) vielmehr Tejas' Bruder Aligern.

552 dort die Verhältnisse zu ordnen. Eine andere Abtheilung sandte
er aus zur Belagerung von Centumcellae. Da brach Tejas,
welcher für die Besatzung von Cumae fürchtete und an dem Bei=
stande der Franken verzweifelte, mit seinem Heer zur Entschei=
dungsschlacht mit dem Feinde auf. Infolge dieser Nachricht ließ
Narses den Johannes, Vitalians Brudersohn, und Philemuth
mit seinem eignen Heer nach Tuscien ziehen, um sich dort fest=
zusetzen und den Feinden den Weg nach Kampanien zu verlegen,
damit dann die Belagerer von Cumae in aller Ruhe den Platz
mit Güte oder Gewalt nehmen könnten. Aber Tejas gab den
kürzesten Weg zur Rechten auf und zog in weitestem Bogen, am
Gestade des adriatischen Meeres entlang, nach Kampanien, ohne
daß nur einer der Gegner etwas davon merkte. Diese Botschaft
bewog den Narses, Johannes' und Philemuths Truppen, die den
Weg durch Tuscien hatten verlegen sollen, an sich zu ziehen
und ebenso Valerian mit seiner Abtheilung, der soeben Petra
Pertusa eingenommen hatte — kurz alle Truppen zu vereinigen.
Dann ging er mit seinem ganzen Heer, zur Schlacht gerüstet,
nach Kampanien.

35. In Kampanien erhebt sich der Vesuv, (der wie der
Ätna in Sizilien oft mit Gebrüll glühende Asche auswirft. Tief
unten in seinem Krater kann man das unauslöschliche Feuer
brennen sehen. Auch wirft er große und kleine Steine aus,
und Lavaströme brechen aus seinem Innern hervor und wälzen
sich die Abhänge herab.) Am Fuß des Vesuv sind Quellen mit
trinkbarem Wasser, aus denen ein Fluß, Namens Drakon ent=
steht, der bei Nuceria vorbeifließt.¹) An den Ufern dieses Flusses
schlugen damals die beiden Heere ihre Lager auf. Der Drakon
ist zwar nur ein kleiner Fluß, aber für Reiter und Fußgänger
nicht passierbar, da er in einem engen, tiefen Bett einherfließt
und seine Ufer außerordentlich abschüssig sind. Ob das durch
die [vulkanische] Natur des Bodens oder die Kraft des Wassers

1) Necera am Sarno.

bewirkt ist, vermag ich nicht zu sagen. Die Gothen besetzten nun 552 die Brücke, welche über den Fluß führte, und hatten ihr Lager dicht an derselben. Sie wurde durch hölzerne Thürme und Ma= schinen aller Art, unter andern auch sogenannte Ballisten, be= festigt, damit die Gothen ihre Feinde durch Schüsse von oben belästigen könnten. An ein Nahgefecht war nicht zu denken, da der Fluß, wie schon bemerkt, die Gegner trennte: man trat nur so dicht wie möglich ans Ufer und beschoß sich gegenseitig. Auch einige Zweikämpfe kamen vor, wenn ein Gothe die Brücke überschritt und dazu aufrief. So lagen sich die Heere zwei Monate einander gegenüber. Und so lange die Gothen die See beherrschten und zu Schiff Lebensmittel heranschaffen konnten, vermochten sie Stand zu halten, da ihr Lager vom Meere nicht weit entfernt war. Bald aber bemächtigten sich die Römer der feindlichen Schiffe durch den Verrath eines gothischen Mannes, der den Oberbefehl über die ganze Flotte hatte, und außerdem kamen nun unzählige Schiffe für sie aus Sizilien und den andern Theilen des Reichs. Außerdem ließ Narses am Flußufer hölzerne Thürme aufstellen, welche den Gothen allen Muth benehmen mußten. Deshalb gerathen die Gothen, die bereits Mangel an Lebensmitteln litten, in große Bestürzung und ziehen sich auf einen Berg ganz in der Nähe zurück, den die Römer auf Lateinisch Mons Lactarius [1]) nennen. Dorthin konnten ihnen die Römer wegen des ungünstigen Terrains nicht folgen. Aber die Bar= baren sollten sofort bereuen, sich dorthin zurückgezogen zu haben, da sie noch viel größeren Mangel leiden mußten und gar kein Mittel hatten, für sich und die Pferde irgend etwas auf= zutreiben. Deshalb schien es ihnen besser, den Tod in offener Schlacht zu suchen als Hungers zu sterben: unerwartet rückten sie vor und machten plötzlich einen Angriff auf die Feinde. Die Römer wehrten sich den Umständen gemäß, d. h. nicht in Reih und Glied nach Schwadronen oder Regimentern unter richtigem Kom=

---

1) Wörtlich: Milchberg, östlich von Stablae. —

552 mando, sondern bunt durcheinander, ohne selbst die gegebenen
Befehle hören zu können. Dennoch vertheidigten sie sich, so gut
es ging, mit aller Kraft. Die Gothen hatten ihre Pferde laufen
lassen und standen alle zu Fuß, mit der Front gegen den Feind,
in einer tiefen Phalanx. Als das die Römer sahen, stiegen sie
ebenfalls ab und stellten sich in derselben Formation auf.

Jetzt komme ich an die Beschreibung einer höchst denkwür=
digen Schlacht und des Heldenmuthes eines Mannes, der in
keiner Beziehung einem der sogenannten Heroen nachsteht. Und
zwar will ich von Tejas reden. Die Gothen stachelte ihre ver=
zweifelte Lage zur Tapferkeit an; die Römer leisteten ihnen, ob=
gleich sie ihre Verzweiflung bemerkten, mit allen Kräften Wider=
stand, da sie sich schämten, dem schwächeren Gegner zu weichen.
Beide gingen mit Ungestüm auf die nächststehenden Feinde los,
die einen, weil sie den Tod suchten, die andern, weil sie um die
Palme des Sieges stritten. Früh am Morgen begann die Schlacht.
Weithin kenntlich stand Tejas mit wenigen Begleitern vor der
Phalanx, von seinem Schilde gedeckt und die Lanze schwingend.
Wie die Römer ihn sahen, meinten sie, mit seinem Fall werde
der Kampf sofort zu Ende sein, und deshalb gingen gerade die
tapfersten, sehr viele an der Zahl, geschlossen gegen ihn vor,
indem sie alle mit den Speeren nach ihm stießen oder warfen.
Er aber fing alle Speere mit dem Schilde, der ihn deckte, auf
und tödtete viele in blitzschnellem Sprunge. Jedesmal, wenn sein
Schild von aufgefangenen Speeren ganz voll war, reichte er ihn
einem seiner Waffenträger und nahm einen andern. So hatte
er ein Drittheil des Tages unablässig gefochten. Da ereignete
es sich, daß in seinem Schilde zwölf Speere hafteten, so daß er
ihn nicht mehr beliebig bewegen und die Angreifer nicht mehr
damit zurückstoßen konnte. Laut rief er einen seiner Waffen=
träger herbei, ohne seine Stellung zu verlassen oder nur einen
Finger breit zurückzuweichen. Keinen Augenblick ließ er die Feinde
weiter vorrücken; weder wandte er sich so, daß der Schild den

Rücken deckte, noch bog er sich zur Seite, sondern wie mit dem 562
Erdboden verwachsen stand er hinter dem Schilde da, mit der
Rechten Tod und Verderben gebend, mit der Linken die Feinde
zurückstoßend — so rief er laut den Namen des Waffenträgers.
Dieser trat mit dem Schilde herzu, und er nahm ihn sofort
statt des speerbeschwerten. In diesem Moment war nur einen
kurzen Augenblick seine Brust entblößt: ein Speer traf ihn, und
er sank sofort todt zu Boden. Einige Römer steckten seinen Kopf
auf eine Stange und zeigten ihn beiden Heeren, den Römern,
um sie noch mehr anzufeuern, den Gothen, damit sie in Verzweif=
lung den Kampf aufgäben. Die Gothen aber thaten das keines=
wegs, sondern kämpften bis zum Einbruch der Nacht, obwohl sie
wußten, daß ihr König gefallen war. Als es dunkel geworden
war, ließen die Gegner von einander ab und brachten die Nacht
unter den Waffen zu. Am folgenden Tage erhoben sie sich früh,
nahmen dieselbe Aufstellung und kämpften wieder bis zur Nacht.
Keiner wich dem andern auch nur um eines Fußes Breite, ob=
gleich von beiden Seiten viele den Tod fanden, sondern erbittert
setzten sie die furchtbare Blutarbeit fort, die Gothen in dem
vollen Bewußtsein, ihren letzten Kampf zu kämpfen, die Römer,
weil sie sich von jenen nicht überwinden lassen wollten. Zuletzt
schickten die Barbaren einige von ihren Vornehmen an Narses
und ließen ihm sagen, sie hätten wohl gespürt, daß Gott wider
sie sei — sie fühlten, daß eine unüberwindliche Macht ihnen
gegenüberstehe — und durch die Ereignisse über den wahren
Sachverhalt belehrt, wollten sie ihre Meinung ändern und vom
Kampf ablassen, nicht um Unterthanen des Kaisers zu werden,
sondern um bei irgendwelchen andern Barbaren in Freiheit zu
leben. Sie baten, die Römer möchten ihnen einen friedlichen
Abzug gestatten und, billiger Erwägung Raum gebend, ihnen die
Gelder als Wegzehrung belassen, die sie in den Kastellen Italiens
jeder früher für sich aufgespart hätten. Hierüber ging Narses
mit sich zu Rathe. Johannes aber, Vitalians Neffe, redete ihm

552 zu, diese Bitte zu gewähren, nicht weiter mit Männern zu
kämpfen, für die der Tod keinen Schrecken hätte, und nicht den
Muth der Verzweiflung auf die Probe zu stellen, der nicht nur
für jene, sondern auch für ihre Gegner noch verhängnißvoll werden
könne. „Der Mann der weisen Mäßigung," sagte er, „läßt sich
am Siege genügen, übermäßige Anstrengung aber könnte leicht
auch zum Verderben ausschlagen." Narses billigte diese Ansicht
und es wurde ausgemacht, die übriggebliebenen Barbaren sollten
mit all ihrer Habe sofort ganz Italien meiden und unter keinen
Umständen mehr die Waffen gegen die Römer tragen. Mittlerweile brachen 1000 Gothen aus dem Lager hervor und begaben
sich nach der Stadt Ticinum und den Ortschaften jenseits des
Po, geführt unter andern von Indulf, dessen ich früher Erwähnung gethan habe; die übrigen beschworen sämmtlich den
Vertrag. Auf dieselbe Weise nahmen die Römer auch Cumae
und alle übrigen Ortschaften, und das achtzehnte Jahr dieses
Gothenkrieges, den Prokop beschrieben hat, ging zu Ende.[1]

1) Ausführlicher in dem folgenden Bericht des Agathias.

Auszüge aus Agathias' Historien.

Erstes Buch.

1. Als Tejas, der dem Totilas in der Herrschaft über die Gothen folgte, mit aller Macht den Krieg gegen die Römer wiederaufgenommen und sich dem Narses gegenübergestellt hatte, wurde er aufs Haupt geschlagen und fiel selbst in der Schlacht. Die übriggebliebenen Gothen, denen die Römer unablässig zusetzten, machten endlich, da sie durch die beständigen Angriffe hart bedrängt und außerdem an einem wasserlosen Ort völlig eingeschlossen waren, mit Narses einen Vertrag dahin, daß sie ihre eignen Güter bewohnen und dem römischen Kaiser fürderhin unterthan sein sollten. Nachdem diese Sache zu solchem Ende gekommen war, glaubte man allgemein, nun hätten die Kriege in Italien einen Abschluß erhalten. Es war aber nur das Vorspiel zu weiteren; denn meiner Ansicht nach werden sie in unserem Zeitalter überhaupt nicht aufhören, sondern vielmehr dauern und in üppiger Blüthe stehen, (denn das ist so der Lauf der Welt, und aus der Habgier und Ungerechtigkeit der Menschen erwachsen stets neue Kriege und Unruhen, die Verderben über die Völker bringen.) So kam es auch damals. Von den Gothen, welche sich in Folge des Vertrages zerstreut hatten, gingen die einen, welche früher südlich vom Po gewohnt hatten, nach Tuscien und Ligurien, wie es jedem beliebte; die andern vertheilten

552 sich, wie auch früher, über Venetien in die Städte und Forts
dieser Gegend. Als sie nun dort waren, hätte es sich gehört,
daß sie den beschworenen Vertrag durch die That wahr gemacht
und im sichern Besitz ihres Eigenthums sich nicht in langaus=
sehende Verwicklungen gestürzt hätten, um sich von ihren schweren
Schicksalen zu erholen. Sie dachten aber gar nicht daran son=
dern sannen sofort auf Empörung und den Beginn eines neuen
Krieges. Da sie aber für sich allein den Römern nicht mehr
gewachsen zu sein glaubten, so wandten sie sich sogleich an die
Franken, in der Meinung, für ihre Zukunft am Besten zu sorgen,
wenn sie, durch ein Bündniß mit ihren Nachbarn und Freunden
gestärkt, sich wieder zum Kriege erhöben.

2. Das Frankenvolk ist nämlich der unmittelbare Grenz=
nachbar von Italien. Von Alters her heißen sie bekanntlich
Germanen. Sie wohnen in dem Lande am Rheinstrom; auch
gehört ihnen der größte Theil von Gallien, das früher nicht in
ihrem Besitz war, sondern erst hinzuerobert ist, ferner die alte
ionische Pflanzstadt Massilia ..¹) Diese Franken sind nun nicht
Nomaden, wie fast alle andern Barbarenvölker, sondern sie haben
die römische Verwaltung angenommen, die römischen Gesetze,
ebenso römisches Handels= und Eherecht, endlich die Religion.
Denn sie sind alle Christen und zwar durchaus rechtgläubige.
Stadtverwaltung, Priester, Feste haben sie gerade so wie wir,
und für ein Barbarenvolk scheinen sie mir ungemein gesittet und
gebildet. Das einzige, wodurch sie sich von uns unterscheiden,
ist ihre barbarische Kleidung und ihre eigenthümliche Sprache.
Ich bewundere sie sowohl wegen ihrer übrigen Vorzüge, als beson=
ders wegen ihrer Gerechtigkeitsliebe und Eintracht. Nämlich schon
zu öfteren Malen, früher und auch zu meiner Zeit, haben sie
niemals, obwohl die Herrschaft bald unter drei bald unter mehr
Fürsten getheilt war, die Waffen gegen einander erhoben und

---

¹) Agathias bedauert, daß diese Stadt ihren hellenischen Charakter ganz verloren hat. —

das Vaterland mit dem Blute seiner Kinder besudelt. (Während anderswo es leicht Krieg und Blutvergießen giebt, wenn mehrere Herrscher sich gegenüberstehen,) kommt das bei ihnen nicht vor, auch wenn sie noch so sehr getheilt sind. Wenn wirklich die Könige einen Streit haben, dann greifen wohl alle zu den Waffen, als ob sie damit die Entscheidung im Kriege herbeiführen wollten; wenn sie sich aber gegenüberstehen, lassen sie sogleich ihren Groll fahren, wenden sich zur Eintracht und verlangen von ihren Fürsten, daß sie die Sache gütlich beilegen; geschieht das nicht, so müssen jene ihr Recht selber im Zweikampf suchen, denn es ist bei ihnen weder Sitte noch Recht, daß wegen persönlichen Zwistes jener das ganze Volk leiden muß. Dann lösen sie sofort die Regimenter auf, legen die Waffen nieder, und alles ist wieder Friede und Freundschaft; beide Heere verkehren zwanglos mit einander, und der Streit ist wie weggeblasen. So ist bei ihnen das Volk gerecht und vaterlandsliebend, die Herrscher sind wohlwollend und wenns darauf ankommt, nachgiebig. Deshalb ist auch ihre Macht festgegründet und ihre Gesetze immer dieselben; von ihrem Lande haben sie nichts verloren, wohl aber viel hinzuerworben. Denn wo Gerechtigkeit und Freundschaft zu Hause sind, da machen sie den Staat glücklich und sicher, und seine Feinde sind ihm gegenüber machtlos.[1]

3. Bei so vortrefflichen Einrichtungen sind die Franken ihre eigenen und ihrer Nachbarn Herren. Die Krone erbt sich vom Vater auf den Sohn fort. Auch damals, als die Gothen Gesandte an sie schickten, hatten sie drei Könige. Es scheint mir nun nicht unangemessen, ein wenig weiter auszuholen und die Ereignisse, welche kurz vorher waren, zu berichten, um dann zu den Herrschern zurückzukehren, welche damals regierten. Es waren vier Brüder: Childebert, Chlothar, Theoderich und Chlodomer. Diese theilten das Reich, als ihr Vater Chlodwig starb (511) nach

---

[1] Dies schmeichelhafte Bild von den Franken stimmt nicht ganz mit den sonstigen Berichten überein. —

Städten und Stämmen gleichmäßig untereinander.   Bald darauf
zog Chlodomer gegen die Burgunden zu Felde [1]), ein germanisches,
höchst kriegerisches Volk.   In diesem Feldzuge fiel er, von einem
Speer mitten in die Brust getroffen.   Als er gefallen war und
die Burgunden sein langes Haar sahen, das bis zum Gürtel
herabhing, merkten sie sogleich, daß sie den Führer der Feinde
getödtet hatten.   Denn bei den Franken darf ein König sich nie=
mals scheeren lassen, sondern von Kind auf geht er ungeschoren
einher, und die Locken wallen ihm, in der Mitte gescheitelt, auf
die Schultern von beiden Seiten herab.   Nicht wie die Türken
und Avaren gehen sie ungekämmt, borstig und schmutzig oder
über Gebühr gesalbt einher, sondern sie flechten bunte Bänder
hinein und strählen das Haar sorgfältig.   Es so lang zu tragen,
ist ein Erkennungszeichen und Ehrenrecht des königlichen Geblüts:
die Unterthanen schneiden es rundum ab und dürfen es nicht
lang wachsen lassen. — Die Burgunden hieben dem Chlodomer
den Kopf ab und zeigten ihn seinen Kriegern, die sofort den
Muth sinken ließen und an der Fortsetzung des Kampfes ver=
zweifelten.   So schlossen denn die Sieger, wie es ihnen am
Besten dünkte und unter den günstigsten Bedingungen Frieden,
und die Überbleibsel des Frankenheeres waren froh, in die Hei=
math zurückkehren zu können.   Nachdem Chlodomer auf diese
Weise umgekommen war, theilten sich die Brüder sein Reich,
denn er war kinderlos gestorben.   Bald darauf starb auch Theo=
derich (534) und hinterließ seinem Sohn Theodebert mit den
andern Gütern die Krone.

4.   Nachdem Theodebert den Thron bestiegen hatte, unter=
warf er die Alamannen und andre benachbarte Stämme; er war
nämlich ein kühner und unruhiger Geist und liebte die Gefahren
mehr als nöthig war.   So lange die Römer gegen den Gothen=
könig Totilas Krieg führten, ging Theodebert ernstlich mit dem
Gedanken um, während Narses und sein Heer in Italien ge=

---

2) Die Zerstörung des Burgundenreichs ist 523, Chlodomer stirbt 524. —

fesselt wäre, selbst mit einem starken Heer nach Thrazien zu ziehen, dort alles zu unterwerfen und den Krieg bis zur Kaiser= stadt Byzanz zu tragen. So ernstlich war diese Absicht und so eifrig wurde die Zurüstung betrieben, daß er zu den Gepiden, Longobarden und andern benachbarten Völkern Gesandte schickte, um sie zur Theilnahme an diesem Feldzuge aufzufordern. Er erklärte es nämlich für unerträglich, daß der Kaiser Justinian in seinen Edikten sich Francicus, Alamannicus, Gepidicus, Longobardicus u. s. w. nenne, als ob er alle diese Völkerschaften unterjocht hätte. Er selbst nahm diesen Übermuth sehr übel und stachelte die andern zu gleicher Gesinnung auf, da sie ja ebenso davon betroffen wären. (Agathias meint, dieser Zug wäre dem Theodebert wohl schlecht bekommen.) Wenn nicht sein Lebens= ende frühzeitig hereingebrochen wäre, so hätte er sich wirklich auf den Weg gemacht. Aber als er einst auf die Jagd ging, trat ihm ein Stier entgegen, groß und mit gewaltigem Gehörn, nicht einer von den zahmen, die zum Pflügen gebraucht werden, son= dern ein wilder Wald= oder Bergstier, der mit den Hörnern jeden Gegner niederwirft — man nennt diese Art, glaube ich, Auerochsen.[1]) Sie sind in jener Gegend sehr häufig, denn dort in den dichtbewachsenen Schluchten, rauhen Bergen und kalten Gegenden hält sich das Thier mit Vorliebe auf. Wie solch einen Stier Theodebert aus einem Thal aufspringen und auf ihn selbst loskommen sah, faßte er festen Fuß, um ihn mit dem Speer abzufangen; als das Thier aber schon ganz nahe heran= gekommen war, rannte es im vollen Lauf mit dem Kopf einen kleinen Baum um, so daß er völlig umgebrochen wurde. Von den stürzenden Zweigen schlug gerade der größte dem Theodebert an den Kopf. Der Schlag war tödlich, und der König stürzte sofort hintenüber. Mit Mühe brachte man ihn noch nach Hause, und dann starb er an demselben Tage (548). Ihm folgte sein Sohn Theodebald, obgleich er noch sehr jung war und seine Er=

1) Dubali. —

ziehung noch nicht vollendet; denn der väterliche Brauch rief ihn auf den Thron.

5. In jener Zeit nun, als Tejas gefallen war und die Gothen auf fremde Hülfe angewiesen waren, herrschten als Könige bei den Franken der unmündige Theodebald, Childebert [1]) und Chlothar, seine Oheime, wie das römische Gesetz sagen würde. [2]) Aber an diese, welche sehr weit entfernt wohnten, glaubten sich die Gothen nicht wenden zu müssen, vielmehr schickten sie ganz offen eine Gesandtschaft an Theodebald, und zwar nicht das ganze Volk, sondern nur die, welche nördlich vom Po saßen. Die übrigen sahen wohl auch die Änderung und Umwälzung der bestehenden Verhältnisse mit günstigen Augen an, verhielten sich aber unthätig, da sie an dem Erfolg zweifelten und die Unbeständigkeit des Glücks fürchteten; sie schwankten unentschlossen hin und her und beobachteten mit großem Eifer, was vorging, um sich den Siegern anzuschließen. Die Gesandten der andern reisten ab und erschienen vor dem König und allen seinen Großen. Sie baten, man solle sie doch nicht verachten, weil sie von den Römern zu Boden geworfen seien, sondern mit ihnen zusammen den Kampf aufnehmen und einem verwandten und befreundeten Volke beispringen, das sich in höchster Gefahr befände, völlig vernichtet zu werden. Sie zeigten, daß es auch für die Franken von größtem Werthe sei, zu verhindern, daß die römische Macht nicht zu hoch sich erhebe, und mit aller Kraft sich ihrem Wachsthum zu widersetzen. „Denn wenn sie das Gothenvolk völlig beseitigt haben", sagten die Gesandten, „werden sie auch gegen Euch zu Felde ziehen, wie in früheren Zeiten." (Folgt eine weitere Ausführung dieses Gedankens und am Schluß die Verheißung:) „Außerdem werden unzählige Schätze Euer sein, die Ihr einerseits den Römern abnehmen, andrerseits von uns erhalten werdet."

1) Ch. war vielmehr schon 534 gestorben. — 2) μέγιστοι θείοι, maximini patrui. —

6. Als die Gesandten so gesprochen hatten, ließ sich Theode= 552
bald dadurch keineswegs bestimmen — er war nämlich ein junger
Mensch ohne Heldenmuth und Kriegslust, sondern sehr kränklich
und schwächlich — und war der Ansicht, um fremder Leiden
willen dürfe man sich nicht selbst in Gefahren stürzen. Aber
Leutharis und Butilin nahmen das Bündniß an, obgleich das
dem Könige keineswegs gefiel. Diese beiden Männer waren
Brüder, Alamannen von Geburt, und standen bei den Franken
in höchstem Ansehen, so daß sie auch Herzöge ihres Volks ge=
worden waren, eine Würde, die ihnen Theodebert selbst verliehen
hatte. Die Alamannen sind, wenn man dem Afinius Quadra=
tus [1]), einem Italiker, der die germanischen Verhältnisse genau
beschrieben hat, folgen will, ein Volk, bestehend aus zusammen=
gelaufenen Leuten und Mischlingen, und das bedeutet auch ihr
Name. Zuerst hatte sie der Gothenkönig Theoderich, als er
über ganz Italien herrschte, sich tributpflichtig und unterthänig
gemacht. Als er aus dem Leben geschieden war und dann der
große Krieg zwischen dem römischen Kaiser Justinian und den
Gothen ausbrach, hatten die Gothen, den Franken schmeichelnd,
um sich ihre Freundschaft und ihr Wohlwollen zu erwerben, viele
andre Landschaften aufgegeben und auch das Volk der Alamannen
aus ihrer Botmäßigkeit entlassen ... Sobald dasselbe von den
Gothen freigegeben worden war, hatte Theodebert es unterwor=
fen, und als er, wie schon erzählt, den Tod gefunden hatte,
wurde es mit allen übrigen Völkern seinem Sohne Theodebald
unterthan.

7. Sie haben einige Sitten und Gebräuche, die ihnen
eigen sind; in Bezug auf öffentliche Angelegenheiten und Ver=
waltung folgen sie den Einrichtungen der Franken. Nur in Be=
zug auf die Gottheit haben sie abweichende Ansichten. Sie ver=
ehren nämlich gewisse Bäume, Flüsse, Hügel und Schluchten,

---

1) Ein Geschichtschreiber des 3. Jahrhunderts n. Chr., Verfasser einer Geschichte
der Partherkriege und einer römischen Geschichte.

552 denen sie Pferde, Stiere und unzählige andre Thiere opfern, indem sie diesen die Köpfe abschlagen. Aber die enge Vereinigung mit den Franken übt bereits hierauf eine günstige Wirkung aus und ändert ihre Ansichten, besonders die der Verständigeren, und ich glaube, sie wird in kurzer Zeit bei allen den Sieg davontragen . . .[1]) Ich nehme nun den Faden meiner Erzählung wieder auf. Leutharis und Butilin trugen sich beide mit großen Hoffnungen, als sie sich zum Zuge gegen die Römer rüsteten, und glaubten sich zu großen Dingen berufen. Sie meinten nämlich, der Feldherr Narses werde nicht einmal ihrem ersten Anprall Stand halten können, und sie würden ganz Italien nebst Sizilien in ihre Hand bekommen. Sie sprachen ihre Verwunderung über die Gothen aus, daß sie sich vor einem solchen Kerlchen, einem verweichlichten und verzärtelten Haremswächter, der eigentlich gar kein Mann sei, fürchteten. Von solcher Gesinnung beseelt, sammelten sie ein stattliches Heer und brachten von den Franken und Alamannen 75 000 tapfere Krieger auf. Dann trafen sie alle Vorbereitungen, um sofort in Italien einzufallen.

8. Obgleich der römische Feldherr Narses von ihren Plänen noch nicht ganz genau unterrichtet war, so bemühte er sich doch als ein äußerst vorsichtiger Mann, allen feindlichen Anschlägen zuvorzukommen und beschloß, zunächst mit aller Macht gegen die Kastelle in Tuscien, welche noch in den Händen der Gothen waren, sich zu wenden. Denn dieser Mann wurde durch den Sieg weder zu übermüthiger Unbesonnenheit veranlaßt, noch neigte er, wie vielleicht ein anderer gethan hätte, nach dem Erfolge zu Leichtsinn und Wohlleben: mit schnellem Entschluß führte er sein Heer vor Cumae. Dies Cumae ist eine italische Festung von so außerordentlicher Stärke, daß es fast uneinnehmbar scheint. Es liegt wie ein Wartthurm auf einem steilen,

1) Erkurs über das Verkehrte solcher religiösen Vorstellungen und der blutigen Opfer ꝛc. —

schwer zugänglichen Felsen am Tyrrhenischen Meer; denn der 332
Felsen erhebt sich so hart am Gestade, daß seinen Fuß die Wogen
umbrausen, und seine Kuppe ist mit Thürmen und Mauern aufs
Stärkste befestigt.   Die früheren Gothenkönige Totilas und Tejas
hatten ihre besten und herrlichsten Schätze diesem Kastell wegen
seiner Festigkeit anvertraut.   Nachdem Narses davor angelangt
war, gab er sich die größte Mühe, es so bald wie möglich zu
erobern und die Schätze in seine Hand zu bekommen, damit
nicht die Gothen einen sichern Stützpunkt behielten und ihm
selbst nicht die Krönung seines Sieges vorenthalten bliebe.   In
der Festung, die eine ausreichende Besatzung hatte, befehligte
Aligern, der jüngste Bruder des verstorbenen Gothenkönigs Tejas,
der keineswegs friedliche Gesinnungen hegte, weil Tejas im Kriege
ums Leben gekommen war, und er ganz genau wußte, daß die
Macht der Gothen fast gänzlich vernichtet war.   Er dachte nicht
an Ergebung, sondern sah im Vertrauen auf die Festigkeit des
Platzes und seine reichliche Verproviantierung der Zukunft furchtlos ins Auge, hohen Muthes und bereit, jeglichem Angriffe zu
begegnen.

9. Sofort ertheilte Narses den Befehl zum Sturm.   Mit
vieler Mühe klommen seine Leute den steilen Abhang hinauf
und näherten sich den Mauern, sie schleuderten ihre Speere auf
diejenigen, die sich an den Brustwehren sehen ließen; die Pfeile
schwirrten, Schleuderkugeln flogen hoch im Bogen, und lebhaft
spielte das Belagerungsgeschütz.   Aligerns Leute, die zwischen
den Thürmen auf der Mauer standen, waren auch nicht müßig
mit Bogen und Speer; auch schleuderten sie große Steine, Baumstämme, Äxte und was sich sonst an Vertheidigungsmitteln bot,
mit einem Wort, sie ließen nichts unversucht.   Die Pfeile, welche
Aligern selbst schoß, lernten die Römer bald von den andern
unterscheiden: mit starkem Zischen und unglaublicher Schnelligkeit
kamen sie angesaust und zerschmetterten alles, selbst wenn sie
auf einen Stein oder sonst etwas Hartes und Schwerzerbrech-

552 liches trafen. Bei Narses befand sich in angesehener Stellung,
als Oberst eines römischen Regiments, ein gewisser Palladius.
Als Aligern diesen erblickte, wie er erzgepanzert mit großem
Muth zum Angriff gegen die Mauer vorging, schießt er von
oben auf ihn und durchbohrt den Mann sammt Harnisch und
Schild — so sehr übertraf er an Kraft die übrigen, und so stark
waren seine Hände im Gebrauch des Bogens. Solche Schüsse
that er viel an den folgenden Tagen. Beide Theile sahen sich
in ihren Hoffnungen getäuscht: die Römer [zogen nicht ab, denn]
es kam ihnen schimpflich vor, sich zurückzuziehen, ehe sie den
Platz genommen hättten; die Gothen hatten bewiesen, daß sie
durch die Belagerung keineswegs zur Übergabe veranlaßt würden.

10. Der Feldherr Narses war in nicht geringer Aufregung,
daß die Römer vor so einem kleinen Kastell so viel Zeit ver-
schwenden mußten. Während er hin und her überlegte, kam
ihm der Gedanke, auf folgende Weise die Eroberung zu versuchen.
An der Ostseite des Felsens ist eine große, hochgewölbte Höhle,
von Natur weit und tief sich öffnend wie ein Abgrund, (worin
die Sibylle gewohnt haben soll). Über dieser Höhle lagen die
Fundamente eines Theils der Mauer. Narses glaubte diesen
Umstand benutzen zu können und schickte zahlreiche Mannschaft
in die Höhle hinein, mit Hauen und Schaufeln; er ließ nun
die obere Wandung der Höhle, auf der die Befestigung stand,
ganz allmählich fortnehmen und so viel abtragen, daß schon das
unterste Fundament bloß lag. Dann ließ er es mit Balken
richtig absteifen, welche die ganze Last tragen mußten, damit es
nicht nach und nach einstürzte und die Gothen daran merkten,
was vorging. Denn wenn sie gleich zu Anfang dazugekommen
wären und den Schaden ausgebessert hätten, so würden sie nachher um so mehr aufgepaßt haben. Damit sie nun überhaupt
nichts merkten und nicht das Geräusch beim Steinebrechen hörten, so mußte das römische Heer unter großem Geschrei und
Getöse einen Sturm auf die Mauer über der Erde unternehmen,

was denn auch geschah. Als nun die ganze Mauer, die über 552
der Höhle lag, untergraben war und nur noch auf den Stützen
ruhte, häufte man trockene Blätter und andre leicht brennbare
Stoffe auf, steckte sie in Brand und zog sich schnell zurück.
Bald schlug die Flamme empor, und die verkohlten Stützen
brachen zusammen unter der Wucht, die auf ihnen lastete. Der
ganze Theil der Mauer, der auf ihnen geruht hatte, senkte sich
und stürzte in sich zusammen. Die Thürme und Brustwehren,
die dort standen, brachen plötzlich los und rollten in den Ab=
grund; das Thor, das natürlich wegen der Feinde fest verschlossen
war — den Schlüssel hatten die Thorwächter — stürzte sammt
den Querbäumen und Riegeln hinab auf die Klippen am Strande,
und ebenso alles, was damit zusammenhing, als Pfosten, Sims
und Fundamente. Als dies geschehen war, glaubten die Römer
bequem einbringen und den Feind verachten zu können, aber sie
sollten sich darin getäuscht sehen. Die Risse nämlich und Ab=
stürze sowohl außen an dem Felsen als auch in den innern
Höhlungen klafften weit auf und machten den Ort nach wie vor
sehr abschüssig und schwer zu ersteigen. Narses versuchte noch
einen Sturm, als ob er im ersten Anlauf plündernd einbringen
wollte, aber da die Gothen sich an jener Stelle sammelten und
aufs Tapferste Widerstand leisteten, wurde er abgewiesen und
konnte nicht zum Ziele kommen.

11. Da es sich gezeigt hatte, daß der Platz mit stürmen=
der Hand nicht zu nehmen war, so hielt er es für besser, nicht
das ganze Heer davor liegen zn lassen und wandte sich alsbald
gegen Florenz, Centumcellae und einige andre Festungen in Tus=
cien, um in dieser Gegend alles geordnet zu haben, ehe der
Feind sich nahe. Denn schon war ihm die Meldung zugegangen,
Leutharis und Butilin mit ihrem Heer von Franken und Lon=
gobarden ständen bereits südlich vom Po; deshalb machte er den
größten Theil seines Heeres frei und führte denselben nach Norden.
Da Philemuth, der Oberst seiner Herulerschaaren, wenige Tage

352 vorher an einer Krankheit gestorben war und sie einen ihrer
Landsleute zum Führer haben mußten, so ernannte er ihren
Stammesgenossen Phulkaris, den Neffen des Phanitheus, und
befahl ihm, mit Johannes, Vitalians Schwestersohn, Valerian
und Artabanes, vielen andern Obersten und Hauptleuten, sowie
dem größeren und besseren Theil des Heeres den Apennin, der
Tuscien von der Ämilia trennt, zu umgehen und bis an den
Po vorzurücken, dort sich festzusetzen, alle festen Punkte zu besetzen und den Feind abzuschlagen und zurückzubrängen. Wenn
sie denselben vollständig werfen könnten, sollten sie dem Schicksal
dafür Dank wissen; wenn sie das gegen die Übermacht der Feinde
nicht leisten könnten, so sollten sie wenigstens ihren Weitermarsch
aufhalten, sie einzuschüchtern und zu lähmen suchen, bis er selbst
seine Anordnungen sämmtlich getroffen hätte. Jene marschierten
ab. Auch vor Cumae ließ er eine ansehnliche Macht stehen, um
die Belagerten so eng als möglich umschlossen und ununterbrochen
belagert zu halten. Sie verschanzten sich vor der Stadt und
beobachteten alle Ausgänge, um jeden, der furagieren ginge, abzufangen; denn da die Belagerung schon beinahe ein Jahr gedauert hatte, so waren ihrer Meinung nach die Lebensmittel
bereits aufgezehrt. Narses nahm die meisten von den Städten,
gegen die er sich wandte, ohne Kampf. Die Florentiner zogen
ihm entgegen und übergaben ihm sich und ihre Stadt auf die
Zusicherung, daß ihnen nichts Übles widerfahren solle. Ebenso
die Einwohner von Centumcellae [1]), Volaterra [2]), Luna [3]) und
Pisa. So ging ihm alles nach Wunsch, und alle Plätze fielen
in seine Hände, ohne daß er seinen Marsch zu unterbrechen
brauchte.

12. Nur die Bewohner von Luca versuchten die Übergabe
zu verzögern, obwohl sie vorher einen Vertrag mit Narses geschlossen, Geiseln gestellt und beschworen hatten, sie würden ihm

---

1) Civita vecchia. — 2) Volterra, südlich von Pisa. — 3) Carrara, nördlich
von Pisa. —

die Schlüssel einhändigen und sich ergeben, wenn sie nicht binnen 552
30 Tagen Entsatz erhielten, um nicht nur von den Thürmen
und Mauern herab sich wehren, sondern in offener Schlacht
kämpfen zu können: sie hofften nämlich, die Franken würden sehr
bald ihnen zu Hülse kommen. Deshalb hatten sie auch nur
jenen Vertrag abgeschlossen. Der festgesetzte Tag war bereits
verstrichen, ohne daß sich Entsatz gezeigt hätte; nichtsdestoweniger
beschlossen sie, den Vertrag nicht zu halten und abzuleugnen.
Als Narses sich so betrogen sah, war er natürlich sehr zornig
und leitete die Belagerung ein. Einige aus seiner Umgebung
forderten, man müsse sämmtliche Geiseln hinrichten, um die Leute
in der Stadt zu kränken und für ihre Wortbrüchigkeit zu strafen.
Der Feldherr aber, der stets nur den Geboten der Klugheit
folgte, ließ sich auch diesmal nicht vom Zorne hinreißen, grau=
samer Weise die Unschuldigen hinzuschlachten für das Unrecht,
das andere gethan hatten, sondern ersann folgende List. Er
ließ die Geiseln vorführen, die Hände auf den Rücken und das
Haupt auf die Brust geschnürt, und zeigte sie ihren Landsleuten
in dieser kläglichen Stellung. Dann drohte er laut, sie sofort
tödten zu lassen, wenn nicht jene erfüllten, was sie versprochen
hätten. Er hatte den Geiseln nämlich Holzstücke in den Nacken
binden und diese dann mit Lappen bedecken lassen, daß die Feinde
von fern die Täuschung nicht merken konnten. Als jene nun
nicht hören wollten, befahl er, allen der Reihe nach den Kopf
abzuschlagen. Die Doryphoren zogen dann ihre Schwerter und
schlugen aus allen Kräften zu, als ob sie die Hälse durchhauen
wollten. Da die Schläge aber nur ins Holz gingen, so schade=
ten sie nichts, die Getroffenen fielen aber doch vornüber, wie
ihnen befohlen war, und zuckten und zappelten wie im Todes=
kampf. Als das die Leute in der Stadt sahen, konnten sie wegen
der Entfernung die Wahrheit nicht durchschauen, sondern ur=
theilten nach dem Schein und brachen, aufs Tiefste erschüttert,
in laute Klagen aus. Die Geiseln waren nämlich nicht ge=

                                                    22*

552 wöhnliche Leute aus der Menge, sondern gehörten zu den Besten
und stammten aus den vornehmsten Geschlechtern. (Deshalb
die lauten Wehklagen.) Viele Frauen kamen mit zerrissenen Ge=
wändern auf die Mauern, die als Mütter oder Gattinnen oder
sonstwie um die angeblich Getödteten trauerten. Alle klagten
laut den Narses an als einen Frevler und Missethäter, sie nann=
ten seine That eine Schande und Schmach: seine Frömmigkeit
und Gottesfurcht sei die reine Heuchelei.

13. Als sie so schmähten, sagte Narses: „Seid Ihr nicht
selbst Schuld an ihrem Verderben? Habt Ihr sie nicht selbst
preisgegeben? Durch Euern Meineid und Vertragsbruch habt
Ihr Euch einen schlechten Dienst geleistet! Aber wenn Ihr noch
jetzt Euch eines Besseren besinnen und Euer Versprechen erfüllen
wollt, so sollt Ihr nichts Böses erfahren. Denn diese werden
wieder aufleben, und Eurer Stadt werden wir nichts Übles zu=
fügen. Wenn nicht, braucht Ihr Euch um diese nicht mehr zu
grämen, sondern vielmehr nur zu bedenken, daß es Euch allen
ebenso gehen wird." Als das die Lucaner hörten, glaubten sie,
er wolle sie hinters Licht führen und mit dem Wiedererwecken
der Todten foppen. Allerdings lag eine List hinter den Worten
verborgen, aber nicht, wie sie es sich dachten. Dennoch gingen
sie darauf bereitwillig ein und schwuren, sich selbst und die Stadt
sofort ihm zur freien Verfügung zu übergeben, wenn sie die
Geiseln wieder lebendig sähen. Denn da es ihnen unmöglich
schien, daß die Todten wiederauflebten, glaubten sie auf diese
Weise recht bequem den Vorwurf des Meineids abzuwälzen und
das Recht auf ihre Seite zu bringen. Da befahl Narses jenen,
sie sollten alle aufstehen, und zeigte sie ihren Mitbürgern wohl=
behalten und unverletzt. Diese waren bei dem unerwarteten
Anblick natürlich ganz bestürzt; doch waren lange nicht alle der
Ansicht, man müsse jetzt das Beschworene halten, sondern es gab
auch solche, die dagegen waren. Denn da die Männer am Leben
waren, hatte sich ihre Betrübniß in frohe Hoffnung verwan=

'belt: sie kamen wie der große Haufe zu thun pflegt, auf 552
ihre erste Absicht zurück, und die Sache der Treulosigkeit trug
den Sieg davon. Als Narses ihre Verblendung gewahr wurde,
entließ er großmüthigen Herzens sofort die Geiseln und schickte
sie ohne Lösegeld nach Hause, ohne von der Stadt eine Gegen=
leistung zu verlangen. Da die Lucaner sich darüber wunderten
und nicht recht wußten, warum er so handelte, sagte er: „Es
ist nicht meine Gewohnheit, mit Schmeichelei und gleißenden
Versprechungen zu locken. Auch ohne diese [werde ich Euer Herr
werden, denn] wenn Ihr nicht gutwillig Euch ergebt, werden
diese da Euch dazu zwingen." Und damit zeigte er auf die
Schwerter. Die entlassenen Geiseln mischten sich unter ihre Mit=
bürger und verkündeten in ihren Gesprächen laut den Ruhm
des Narses; sie erwähnten, wie schonend und freundlich er sie
behandelt hätte: wie leutselig und herablassend er war, wie Ge=
rechtigkeitsliebe und Thatendrang in ihm vereinigt waren, konnte
man überall hören. Und es schien so, als würden diese Reden
besseren Erfolg haben, als die Waffen, da sie die Kampflustigen
und Wetterwendischen zum Schweigen brachten und der Mehr=
zahl es nahe legten, sich den Römern anzuschließen.

14. Während Narses noch mit dieser Belagerung be=
schäftigt war, hatten die römischen Schaaren, die in die Amilia
ausgesandt waren, Unglück gehabt und befanden sich natürlich
in sehr bedenklicher Stimmung.[1]) Zuerst nämlich hatten sie streng
auf Zucht nnd Ordnung gehalten; wenn sie sich an die Plünde=
rung eines feindlichen Dorfes oder Fleckens machten, so rückten
sie geschlossen vor und zerstreuten sich nicht zu sehr. Auf dem
Rückmarsch lockerten sie die Reihen nicht, sondern blieben zu=
sammen. Auch ließen sie in gehörigem Abstande eine Nachhut
den Zug decken, marschierten im Viereck und nahmen die Beute

---

1) Es ist eine Lücke im Text. Vielleicht besser: hatten die römischen Schaaren rc.
eine Niederlage erlitten, und als das Narses erfuhr, gerieth er über das Geschehene in
Aufregung und war natürlich darüber höchst mißmuthig.

552 in die Mitte desselben, wo sie am Sichersten war. Während
sie zuerst auf diese Weise die feindlichen Ortschaften ausplünder=
ten, wandte sich wenige Tage später die Sache, und alles ging
verloren. Der Heruleroberst Phulkaris war nämlich zwar ein
tapferer Mann, der vor nichts in der Welt sich fürchtete, aber
ein tollkühner Wagehals, der in seinem Übermuth leicht zu weit
ging. Seiner Ansicht nach war es nicht die Aufgabe eines
Obersten und Heerführers, das Heer zu ordnen und aufzustellen,
sondern er suchte seinen Ehrgeiz hauptsächlich darin, allen andern
sichtbar im Vordertreffen zu kämpfen, sich mit vollem Ungestüm
auf die Gegner zu werfen und eigenhändig dreinzuschlagen.
Damals nun kannte seine Selbstüberhebung keine Grenzen, und
er versuchte einen Handstreich auf Parma, das sich bereits in den
Händen der Franken befand. Nun hätte er wenigstens Pa=
trouillen vorschicken müssen, um sich möglichst genau über die
Feinde zu unterrichten, und wenn dies geschehen, in guter Ord=
nung vorrücken sollen. Statt dessen führte er in blindem Ver=
trauen auf sein Ungestüm und seine stürmische Tapferkeit das
Regiment Heruler und was er an römischen Soldaten bei sich
hatte, völlig ungeordnet in Eile vorwärts, ohne an ein drohen=
des Unheil auch nur zu denken. Der Frankenführer Butilin
wußte von seinem Anmarsch und verbarg im Amphitheater, nicht
weit von der Stadt, die muthigsten und tapfersten von seinen
Leuten, die er sorgfältig ausgesucht hatte, so daß sie einen furcht=
baren Hinterhalt bildeten, stellte Wachen aus und wartete den
richtigen Zeitpunkt ab. Als nun Phulkaris und die Heruler
schon an den Feinden vorbeimarschiert waren, stürzten die Franken
auf ein gegebenes Zeichen hervor und griffen den Zug, der ohne
jede Vorsichtsmaßregel in größter Unordnung sich vorwärts be=
wegte, in geschlossenen Reihen an. Die ersten, auf welche sie
trafen, stießen sie sämmtlich nieder, da sie durch den plötzlichen
und unerwarteten Überfall vollständig überrascht und umzingelt
waren; die Mehrzahl merkte noch gerade, in was für eine

schlimme Lage sie gekommen waren, und suchte ihre Rettung 552
auf unehrenhafte und schimpfliche Weise: sie kehrten den Feinden
den Rücken zu und flohen Hals über Kopf, ohne an Gegenwehr
und ihre langjährige Waffengeübtheit zu denken.

15. Als so das Heer zersprengt war, blieb Phullaris mit
seinen Doryphoren allein zurück und hielt es unter seiner Würde,
ebenso davonzulaufen. Er zog einen ruhmvollen Tod einer
schimpflichen Rettung vor. Ein Grabdenkmal bot ihm eine
günstige Rückendeckung, und so stand er festen Fußes da und
tödtete viele Feinde, indem er bald gewaltig vorsprang, bald mit
dem Antlitz gegen den Feind Schritt für Schritt zurückwich. Er
hätte sich auch noch ganz gut durch die Flucht retten können;
als aber seine Leute ihn dazu aufforderten, sagte er: „Wie könnte
ich Narses' scharfer Zunge Stand halten, wenn er mich der Un=
besonnenheit beschuldigte?" Er hatte also mehr Furcht davor,
gescholten als getödtet zu werden, und blieb, indem er sich aufs
Tapferste wehrte und zu kämpfen nicht eher abließ, als bis er,
von Feinden dicht umdrängt, die Brust von vielen Speeren durch=
bohrt, das Haupt durch einen Beilhieb gespalten, mit dem Tode
ringend vornüber auf seinen Schild fiel. Diejenigen, welche bei
ihm ausgehalten hatten, fanden sämmtlich über seinem Leichnam
den Tod, theils durch eigne Hand, theils von den Feinden über=
wältigt. So erfreute sich Phullaris nicht lange seiner neuen
Würde, sondern sein Glück war kurz wie ein Traum, und dann
verlor er jählings Amt und Leben. Durch diesen Sieg fühlten
sich die Franken mächtig gehoben und gestärkt. Die Gothen
aber, welche die Ämilia, Ligurien und die angrenzenden Land=
schaften bewohnten und Frieden und Freundschaft gehalten hatten,
wenn auch nicht aufrichtig und ehrlich, mehr aus Furcht als aus
gutem Willen, diese faßten frischen Muth, brachen offen das
Bündniß und schlossen sich den Barbaren an, denen sie sich ver=
wandt fühlten. Die römischen Schaaren unter Johannes, Vi=
talians Schwestersohn, und Artabanes, von denen schon die Rede

562 war, sowie diejenigen Heruler, welche sich durch die Flucht ge=
rettet hatten, zogen sich sofort auf Faventia [1]) zurück. Denn
die Obersten meinten, von einer Belagerung Parmas ab=
sehen zu müssen, da die Menge der Feinde sich daselbst gesammelt
hatte und dieselben den unerwarteten Glücksfall gehörig auszu=
nutzen sich anschickten. Die Städte der Gothen nämlich öffneten
sich ihnen, und sie wollten augenscheinlich von diesen Stützpunkten
aus mit aller Kraft zum Angriff übergehen. Deshalb also ge=
dachten die Obersten, sich so nahe wie möglich an Ravenna zu
ziehen und auf diese Weise den Feinden auszuweichen, denen sie
nicht mehr gewachsen zu sein glaubten. Als Narses hiervon die
Meldung erhielt, zürnte er und war sehr ungehalten über die
Frechheit der Barbaren, zugleich auch über den Verlust des Phul=
karis, der nicht ein Krieger gewöhnlichen Schlages gewesen war,
sondern sehr tapfer und durch viele Siege berühmt: er wäre
auch gewiß nicht in die Hände der Feinde gefallen, wenn er
ebenso klug wie tapfer gewesen wäre. Narses war nun freilich
sehr betrübt, aber er ließ sich dadurch nicht, wie die meisten
Menschen, in Furcht und Schrecken setzen, sondern beschloß viel=
mehr, seinen Soldaten, die er durch den Unglücksfall bestürzt
sah, Muth zuzusprechen, um sie wieder aufzurichten und ihnen
alle Besorgniß zu nehmen.

16. Narses war nämlich ebenso klug wie tapfer und be=
sonders geschickt, sich in alle Verhältnisse zu finden. Seine Bil=
dung war nicht sehr bedeutend, und auf Beredsamkeit gab er
nicht viel. Das alles ersetzte ihm sein gerader Verstand, der
ihn auch befähigte, das was er wollte, klar auseinanderzusetzen.
Und all das leistete er, obwohl er ein Verschnittener und in der
erschlaffenden Luft des Palastes aufgewachsen war. Er war von
kleinem Wuchs und auffallend schlank und hager. Seine That=
kraft und Tüchtigkeit waren geradezu unglaublich . . . Damals
nun trat Narses vor sein Heer und sprach Folgendes: („Der

1) Faënza. —

Tod des Phulkaris hat Euch über die Maßen erschüttert; man ⁵⁵² darf sich aber durch solch ein Ereigniß nicht aus der Fassung bringen lassen. Von diesem Unfall muß vielmehr eine neue Reihe von Siegen anfangen. Die Feinde sind uns zwar an Zahl überlegen, aber wir ihnen an Manneszucht und Kriegs= kunst. Wir haben die reichsten Hülfsmittel, jene nicht. Endlich wird Gott uns beistehen, die wir für unser Eigenthum kämpfen, und nicht jenen Räubern. Diese Lucaner aber dürfen wir nicht zu Athem kommen lassen, sondern ein jeder von Euch muß mit besonderem Muthe zur Fortsetzung der Belagerung und des Krieges sich rüsten.")

17. Durch diese Rede hob Narses wiederum den Muth seines Heeres und setzte noch eifriger die Belagerung von Luca fort. Er zürnte aber den andern Obersten, weil sie, statt die günstiger gelegenen Punkte festzuhalten, auf Faventia sich zurück= gezogen und durch diese Vorsichtsmaßregeln ihn selbst in eine unangenehme Lage gebracht hatten. (Nach seiner Ansicht hätten sie vor Parma bleiben müssen, um die Feinde an weiterem Vor= gehen zu hindern, und dort hätte er sich nach Unterwerfung Tusciens dann mit ihnen vereinigt. Statt dessen war er selbst nun dem ersten Angriff der Feinde ausgesetzt. Daher sandte er einen seiner Vertrauten, Stephanus aus Epidamnus in Illyrien, an jene ab, um ihnen Vorwürfe wegen ihrer Furchtsamkeit zu machen und zu befehlen, sofort in die frühere Stellung wieder einzurücken.) Stephanus machte sich mit 200 tapfern und wohl= ausgerüsteten Reitern auf den Weg, den er unter vielen Ge= fahren, ohne sich bei Nacht Ruhe zu gönnen, zurücklegte. Denn einige Abtheilungen der Franken durchstreiften bereits das flache Land, des Futters und der Beute wegen, die sie dort fanden. Die Römer ritten meist bei Nacht, enggeschlossen und unter den nöthigen Vorsichtsmaßregeln, um im Nothfalle kampfbereit zu sein; sie hörten das Wehklagen der Landleute, das Gebrüll der weggetriebenen Rinder und das Krachen beim Fällen der Bäume.

552 So kamen sie, während solche Geräusche ihnen beständig in die
Ohren tönten, glücklich durch nach Faventia zu dem Heer. (Ste=
phanus richtete seinen Auftrag aus, indem er mit dem Zorn
des Narses und der Ungnade des Kaisers drohte.   .

18. Die Obersten entschuldigten sich, sie hätten in der
Gegend von Parma nicht genug Proviant gehabt; Antiochus, der
dafür hätte sorgen sollen, sei nicht dagewesen; auch sei ihnen
der Sold nicht, wie sichs gehöre, ausgezahlt worden. Stephanus
eilte nach Ravenna, holte Antiochus herbei und brachte die
Obersten dahin, wieder nach Parma vorzugehen. · Dann begab
er sich zu Narses und meldete ihm den Erfolg seiner Sendung.)
Narses hielt es für unerträglich, daß die Lucaner durch die scho=
nende Art der Belagerung zu weiterem Widerstand geradezu er=
muthigt würden, und unternahm einen Sturm auf die Mauern:
das Belagerungsgeschütz begann zu spielen, auf die Thürme
wurden Brandgeschosse geschleudert, die Vertheidiger der Brust=
wehren mit Steinen und Pfeilen beschossen. Schon war Bresche
gelegt, und jegliche Art des Verderbens drohte der Stadt. Da
sprachen die früheren Geiseln für die Römer, und wenn es nach
ihnen gegangen wäre, würde sofort die ganze Stadt sich ergeben
haben. Aber die fränkischen Befehlshaber, die zur Bewachung
der Stadt dort waren, trieben zur Fortsetzung des Kampfes und
wollten den Sturm durch einen Ausfall abschlagen. Sofort
wurden die Thore geöffnet, und sie stürzten plötzlich auf die
Römer los, in der Hoffnung, sie werfen zu können. Damit
thaten sie nicht den Feinden, sondern nur sich selbst Schaden,
denn die meisten Lucaner waren schon von den früheren Geiseln
überredet und kämpften nicht mehr mit dem rechten Ernst. Da
aber ihre wiederholten Vorstöße nicht den gehofften Erfolg hatten,
mußten sie sich unter starken Verlusten mit Schimpf und Schande
zurückziehen und wurden nun innerhalb der Mauern nur noch
schärfer bedrängt, so daß sie keinen Ausweg mehr sahen. Nun
verzweifelten sie an dem glücklichen Ausgang des Kampfes und

wollten gern Frieden machen, um sich aus ihrer schlimmen Lage ₅₅₂ zu befreien. Sie ließen sich darauf von Narses das Versprechen geben, daß er wegen der früheren Vorfälle ihnen nicht zürne, übergaben die Stadt, ließen bereitwillig das Heer ein, nachdem die Belagerung drei Monate gedauert hatte, und waren fortan wieder Unterthanen des römischen Kaisers.

19. Als nach der Einnahme von Luca dem Narses nichts mehr im Wege stand, glaubte er nicht länger verweilen zu dürfen, auch nicht einmal soviel, um von der Anstrengung sich zu er= holen. Er ließ daselbst als Kommandanten den Oberst Bonus aus Mösien an der Donau zurück, einen klugen Mann, der in der Verwaltung wie im Kriegswesen gleich erfahren war, mit einer Besatzung, die stark genug war, eine etwaige Erhebung der Barbaren jener Gegend zu überwältigen oder niederzuhalten. Nachdem er dies so angeordnet hatte, drängte es ihn, gerades= wegs nach Ravenna zu marschieren, um die dortigen Truppen in die Winterquartiere zu vertheilen; denn da der Spätherbst schon zu Ende ging und man sich der Wintersonnenwende näherte, hielt er es für richtig, den Feldzug abzubrechen. Hauptsächlich that er dies der Franken wegen, welche die Hitze nicht vertragen können und davon stark mitgenommen werden, so daß sie nicht gern im Sommer Krieg führen, während sie in der Winterszeit von Kraft strotzen und alle Anstrengungen mit größter Leichtig= keit ertragen. An die Winterkälte nämlich sind sie durch das rauhe Klima ihres Vaterlandes gewöhnt. Deshalb wollte Narses die Wiedereröffnung des Krieges bis zum nächsten Frühjahr auf= schieben. Er vertheilte also das Heer in kleinen Schaaren unter Hauptleuten und Rittmeistern über die Festungen und Forts, die in seinen Händen waren, und befahl ihnen, dort zu über= wintern, mit Frühlingsanfang aber sämmtlich in Rom sich zu sammeln, damit er dort das Heer mustern und ordnen könne. Die Soldaten marschierten demgemäß ab. Narses begab sich nach Ravenna, nur von seiner persönlichen Dienerschaft, den

552 Doryphoren, umgeben, (sowie der Kriegskanzlei. Sein ganzes
Gefolge bestand aus 400 Mann).

20. Aligern, der Sohn Fredegerns und Bruder des Tejas,
dessen ich bei der Belagerung von Cumae Erwähnung gethan
habe, dieser Aligern also schien allein zu verstehen, was ihm
frommte, und einen Blick für die Zukunft zu haben, als die
Franken nach Italien kamen und sich zu Herren der gothischen
Angelegenheiten aufgeworfen hatten. Indem er nämlich die
Lage überschaute, kam er zu der Erkenntniß, daß die Franken
ihre Bundesgenossenschaft nur als Vorwand und schönes Aus=
hängeschild benutzten, nämlich auf Andringen der Gothen gekom=
men zu sein, daß aber ihre wahre Absicht, die eine ganz andere
war, sich bald zeigen werde: sie würden nämlich, selbst wenn
die Römer unterlägen, den Gothen Italien nicht abtreten wollen,
sondern sie, die sie angeblich hätten befreien wollen, erst unter=
jochen, dann unter fränkische Beamte stellen und ihrer väterlichen
Gesetze berauben. Als er dies lange hin und her überlegt hatte
und zugleich den Druck der Belagerung spürte, hielt er es schließ=
lich für das Beste, die Stadt und den Schatz dem Narses zu
überliefern, die römische Art und Lebensweise anzunehmen und
damit den Gefahren und dem Leben als Barbar zu entgehen.
Es schien ihm nämlich recht und billig, daß, wenn die Gothen
Italien nicht besitzen könnten, wenigstens die alten Einwohner
und Eingeborenen es beherrschen sollten und nicht für immer
ihrer Heimath beraubt würden. Dies hatte er für seine Person
als das Richtige erkannt und gab damit seinen Volksgenossen ein
gutes Beispiel. Zunächst zeigte er den belagernden Römern
an, er wolle zum Oberfeldherrn gehen. Das wurde ihm ge=
stattet, und er begab sich nach Classes, wo, wie er wußte, Narses
sich aufhielt. Dies Kastell liegt im Weichbild von Ravenna.[1]
Er trat vor Narses, händigte ihm die Schlüssel von Cumae ein

---

1) C. ist der Hafen von Ravenna.

und stellte sich ihm ganz zur Verfügung. Jener nahm ihn gütig 552
auf und versprach ihm noch größere Belohnungen. Dann befahl
er sofort, ein Theil des Belagerungsheeres solle in die Stadt
einziehen, diese wie den Schatz sich übergeben lassen und gut
bewachen. Dem übrigen Heer wurden andre Städte und Kastelle
znm überwintern angewiesen. Alle diese Befehle wurden aus=
geführt. (Um den erledigten Posten des Obersten über die He=
ruler bewarben sich Aruth und Sindual; letzterer wird von Narses
ernannt und mit seinen Leuten ebenfalls ins Winterquartier ge=
schickt.) Den Aligern schickte er nach Caesena, mit der Verab=
redung, nach seiner Ankunft auf die Mauer zu steigen und, allen
sichtbar, sich vorzubeugen, so daß jeder erkennen könne, wer er
wäre. Er ordnete das so an, damit die Franken, die gerade
dort vorüberzogen, ihn im Lager ihrer Feinde sähen und vom
Marsch nach Cumae, sowie der Hoffnung auf den Schatz Ab=
stand nähmen, vielleicht auch von dem ganzen Kriege, da ihnen
doch alles vorweggenommen war. Als jener die Franken vor=
beiziehen sah, beschimpfte er sie von der Mauer herab und ver=
spottete sie, daß sie sich vergeblich anstrengten und nun das
Nachsehen hätten, während die Römer den ganzen Schatz und
die Abzeichen der gothischen Königsherrschaft selbst in Händen
hätten, so daß, selbst wenn noch ein neuer Gothenkönig ernannt
werden sollte, er nicht mehr die ehrenden Abzeichen seiner Würde
führte, sondern sich mit einem einfachen Soldatenkleid und dem
Aussehen eines gewöhnlichen Mannes begnügen müßte. Die
Franken riefen zu ihm hinauf, schmähten ihn und nannten ihn
einen Verräther an seinem Geschlecht. Auch wurden sie durch
die veränderte Sachlage so schwankend gemacht, daß sie ganz
ernstlich zu Rathe gingen, ob der Krieg fortzusetzen sei; doch
siegte schließlich die Ansicht, nicht abzulassen, sondern den an=
fänglichen Plan durchzuführen.

21. Narses lernte in Ravenna die dortigen Regimenter
kennen und rüstete sorgfältig. Darauf begab er sich mit dem

352 obenerwähnten Gefolge nach Ariminum. Da nämlich kurz zuvor
der Warne Wakkaris gestorben war, ein ausgezeichneter Krieger,
so hatte sich sein Sohn Theodebald mit seinem Gefolge den
Warnen dem Kaiser zur Verfügung gestellt und war nach Ari=
minum gekommen, um dort mit Narses zusammenzutreffen und
sammt seinen Leuten als zuverlässiger Bundesgenoß Geldgeschenke
zu empfangen. Während Narses sich dort aufhielt, kamen 2000
Franken, Fußvolk und Reiterei durcheinander, die von ihren
Führern auf Raub und Plünderung ausgeschickt waren, nahe
an die Stadt und verwüsteten deren Äcker, nahmen das Zugvieh
weg und raubten nach Herzenslust, so daß Narses selbst es mit
ansehen mußte: er saß nämlich in einem hochgelegenen Gebäude,
von wo er einen Rundblick auf die Ebene hatte. Weil er es
nun für feige und schimpflich hielt, unter diesen Umständen nicht
einzugreifen, sprengte er aus der Stadt auf einem Rosse, das sehr
muthig und doch vorzüglich zu leiten war; es konnte nämlich
nicht nur kunstgerecht springen und tanzen, sondern war auch
auf Angriff der Feinde und Rückzug trefflich dressiert. Er hatte
alle kriegstüchtigen Leute zusammengerafft und befohlen, ihm
zu folgen. Sie sprangen auf die Pferde, etwa 300 an der Zahl,
und ritten gerade auf die Feinde los. Bei diesem Anblick zogen
sich dieselben zusammen und vergaßen ihre Beute; sie bildeten,
Reiter und Fußvolk in eins, eine Phalanx, allerdings nur von
geringer Tiefe — wie hätte es auch bei ihrer geringen Anzahl
anders sein können — aber doch ziemlich stark durch die geschlossene
Schildreihe und richtige Deckung auf den Flügeln.¹) Als die
Römer auf Pfeilschußweite herangekommen waren, hielten sie es
nicht für richtig, ein Nahgefecht mit der wohlgeordneten Schaar
zu beginnen, sondern sie beschossen dieselbe mit Pfeilen und Wurf=
spießen, um die vorderste Reihe zu erschüttern und die Front
dann zu durchbrechen. Aber jene standen Schild an Schild fest
und unbeweglich, ohne auf irgend einem Punkte nachzugeben, und

1) Durch die Reiter.

konnten auch die Bäume eines dichten Waldes als Deckung be= 552
nutzen; sie schleuderten nur ihre Angonen — so heißen nämlich
bei ihnen die Wurfspieße.

22. Da ihnen nicht beizukommen war, so verfiel Narses,
der alles sorgfältig erwog, auf eine List, wie sie die Barbaren,
vornehmlich die Hunnen, anzuwenden pflegen. Er befahl nämlich
seiner nächsten Umgebung, umzuwenden und schnell zurückzureiten,
als ob sie sich fürchteten und flöhen, um auf diese Weise die
Barbaren aus dem Dickicht auf das freie Feld zu locken. Das
Übrige sei seine Sache. Sie thaten, wie ihnen befohlen, und
flohen. Die Franken, durch diese Flucht getäuscht und sie für
echt haltend, lösten sofort guten Muthes die Phalanx auf, kamen
aus dem Walde hervor und machten sich an die Verfolgung.
Auch von ihrem Fußvolk gingen die Stärksten und Schnellsten mit
vor. Alle strengten sich nach Kräften an, um womöglich Narses
lebendig zu fangen und so mit einem Schlage dem Kriege ein
günstiges Ende zu bereiten. Ihre Reihen hatten sich vollständig
gelöst, wild und unachtsam stürmten sie vorwärts, voll froher
Hoffnung. Die Römer ritten gestreckten Laufes vor ihnen her
und machten ihre Sache so gut, daß es fast so aussah, als ob
die Flucht echt sei. Wie nun die Barbaren über das Blachfeld
sich zerstreut hatten und von dem Walde weit entfernt waren,
da warfen plötzlich die Römer auf ein Zeichen des Feldherrn die
Pferde herum und standen durch diese Schwenkung den Feinden
nun mit der Front gegenüber. Dieselben waren durch das Un=
erwartete der Sache so erschreckt, daß sie auf Hieb und Stich
keinen Widerstand mehr leisteten und sich ihrerseits zur Flucht
wandten. Die Reiter der Barbaren, welche die drohende Ge=
fahr noch rechtzeitig bemerkt hatten, sprengten eiligst in den
Wald zurück und kamen von da unangefochten in ihr Lager. Die
aber zu Fuß waren, fanden einen ruhmlosen Tod, weil sie keinen
Widerstand zu leisten wagten, durch den unerwarteten Umschwung
wie erstarrt oder von Sinnen. Sie wurden schaarenweise nieder=

552 geftredt, wie eine Heerde von Schweinen ober Schafen. Da ihre beften Leute, mehr als 900 an ber Zahl, gefallen waren, fo zogen fich bie übrigen zurüd zu ihren Führern, weil fie fich ohne bie große Maffe nicht mehr ficher genug fühlten. Narfes ging wieder nach Ravenna zurüd, wo er alles aufs Befte in Stanb fette, unb begab fich bann nach Rom, um bort ben Winter zuzubringen.

Zweites Buch.

1. Als es Frühling geworden war, sammelten sich die Schaa= 553 ren dem gegebenen Befehl gemäß (um Rom), und alle Regimenter stießen zusammen. Narses ließ sie alle Tage tüchtig exerzieren: sie mußten sich im Laufen üben, in voller Rüstung auf die Pferde springen, die Pyrrhicha, eine Art Waffentanz, ausführen. Auch ließ er häufig durch Trompetenschall alarmieren, damit sie nicht, durch die guten Tage der Winterquartiere der kriegerischen Arbeit entwöhnt, nachher im Kampfe selbst sich schlaff zeigten. Unter= dessen zogen die Barbaren langsam weiter, ihren Weg mit Raub und Brand zeichnend. Ohne Rom und dessen Umgegend zu berühren, marschierten sie vorwärts, zur Rechten das Thyr= henische, zur Linken das Jonische Meer. In der Landschaft Sam= nium trennten sie sich; Butilin zog mit der größeren und besseren Hälfte an der Küste des Thyrrhenischen Meeres entlang, plün= derte den größten Theil von Kampanien aus und durchzog Lu= kanien und Bruttien, bis zur Meeresenge, die Sizilien von der Südspitze Italiens trennt. Mit der kleineren Hälfte verwüstete Leutharis Apulien und Kalabrien bis zur Stadt Hybrus, die am Gestade des adriatischen Meeres liegt, da wo das Jonische an= fängt. Die wirklichen Franken gingen mit den Heiligthümern schonend und ehrerbietig um, da sie, wie ich schon erwähnte, rechtgläubig sind und dieselben kirchlichen Gebräuche wie die Rö= mer haben. Die Alamannen aber, welche andersgläubig sind,

663 plünderten schonungslos die Kirchen und beraubten sie ihres
Schmuckes. Viele heilige Gefäße und Weihwasserbecken ganz von
Gold, viele Kelche und Körbe und was sonst zum Dienst bei
den heiligen Sakramenten geweiht ist, nahmen sie weg und
machten es zu ihrem Privateigenthum; Damit begnügten sie sich
aber keineswegs, sondern sie warfen die Dächer von den Gottes=
häusern und stürzten ihre Fundamente um. Alle heiligen Stätten
wurden besudelt und die Felder befleckt, da überall Todte unbe=
erbigt liegen blieben. Aber die Strafe des Himmels blieb nicht
lange aus: die einen kamen durchs Schwert, die andern durch
Krankheit um, und auch nicht einer wurde seiner ursprünglichen
Hoffnung froh, denn Ungerechtigkeit und Frevel gegen Gott ist
immer schädlich und verderblich, am meisten aber in Kampf
und Streit . . .[1]). So ging es auch damals den Barbaren,
die mit Leutharis und Butilin waren.

2. Als sie das ausgeführt und eine ungeheure Masse
Beute zusammengerafft hatten, war der Frühling schon vorüber=
gegangen und die Sommerszeit herangekommen. Da wollte
Leutharis, der eine der Führer, nach Hause zurückkehren, um in
Ruhe seinen Raub zu genießen. Auch schickte er Boten an seinen
Bruder, um diesen ebenfalls zu veranlassen, sich baldmöglichst
heimwärts zu wenden, sowie dem Kriege und dessen ungewisser
Zukunft Lebewohl zu sagen. Butilinus hatte aber einerseits
den Gothen geschworen, mit ihnen zusammen den Krieg gegen
die Römer zu führen, anderseits schmeichelten ihm diese, indem
sie das Gerede herumtrugen, sie würden ihn zu ihrem König
ausrufen, und daher beschloß er, zu bleiben und den Vertrag
weiter durchzuführen. Deswegen blieb er und rüstete zum Kriege.
Leutharis dagegen zog mit seinem Heerhaufen sogleich ab und
beeilte sich sehr, um die Beute möglichst in Sicherheit zu bringen
und, wenn er zu Hause angelangt wäre, seine Leute dem Bruder
zurückzuschicken, damit sie ihm in dem Kampfe beiständen. Doch

---

1) Weitere rhetorische Ausführung dieses Gedankens.

es kam anders: er konnte weder für sich seine Absicht durchführen ⁵⁶³
noch seinem Bruder beistehen. Und das ging so zu. Als er
denselben Weg einschlug, den er gekommen war, geschah ihm bis
zum picenischen Gebiet nichts Böses. Auf dem Durchmarsch
durch dasselbe schlug er bei der Stadt Fanum ein Lager auf.
Sofort schickte er, seiner Gewohnheit gemäß, eine Vorhut und
Patrouillen aus, zusammen in der Stärke von 3000 Mann,
nicht nur um den Weg weiter aufzuklären, sondern auch die
Feinde, wenn sie sich sehen ließen, zu vertreiben. Nun standen
Artabanes und der Hunne Uldach mit einem Heer von Römern
und Hunnen in der Stadt Pisaurum zur Beobachtung der Heer=
straße. Als sie jene Vorhut hart am Gestade des adriatischen
Meeres marschieren sahen, verließen sie in aller Stille die Stadt,
fielen in geschlossenen Massen über sie her und tödteten viele
mit den Schwertern. Andre, welche auf die Klippen am Gestade
sich zurückgezogen hatten, sprangen den Abhang hinunter, fielen
kopfüber ins Meer und kamen in der Brandung um. Das Ge=
stade jener Gegend ist nämlich nicht eben, sondern hügelig und
nicht von allen Seiten bequem zugänglich, und wenn man oben
angekommen ist, kann man nicht nach dem Meere zu leicht
hinuntersteigen, sondern es ist dort schlüpfrig, zerklüftet, und die
Felsen hängen über den Strand. Als auf solche Weise der
größte Theil umgekommen war, wandte sich bei diesem Anblick
der Rest zu regelloser Flucht und fiel mit großem Geschrei und
Wehklagen auf das Lager, als ob ihnen die Römer auf den
Fersen säßen. Leutharis rüstete sich zum Kampf und ging mit
seinem ganzen Heer in langer und tiefer Phalanx vor. Während
seine Leute diese Stellung einnahmen und im Drange der Um=
stände an weiter nichts andres dachten, wurden die meisten Ge=
fangenen frei und benutzten die Verlegenheit ihrer Feinde: sie
liefen fort und nahmen von der Beute, was sie fassen konnten,
in die nächstgelegenen Kastelle mit.

    3. Als nun Artabanes und Uldach, die sich nicht stark

ᵌ genug für eine Schlacht glaubten, ihr Heer nicht weiter vorführ=
ten, lösten die Franken ihre Phalanx, kamen wieder zu sich und
ersahen nun, was für Verlust sie erlitten hatten. Um weiteren
und schwereren Schlägen auszuweichen, hielten sie es für das
Beste, schleunigst von Fanum aufzubrechen und den Marsch fort=
zusetzen. Dabei ließen sie den Weg am sandigen Gestade des
adriatischen Meeres rechts liegen und zogen am Fuße des Apennin entlang. Sie gingen also geradeswegs durch die Ämilia
auf das Gebiet der kottischen Alpen los. Nachdem sie nicht
ohne Mühe über den Po gesetzt und nach Venetien gekommen
waren, rasteten sie zu Ceneta, das in ihren Händen war. Als
sie sich wieder in Sicherheit fühlten, ärgerten sie sich sehr und
machten aus ihrem Zorn kein Hehl, daß sie so wenig von der
Beute übrig behalten und unnütz und fruchtlos so viel Strapazen
durchgemacht hätten. Aber damit war ihr Unglück noch keines=
wegs zu Ende. Bald stellte sich eine Seuche ein und raffte sie
plötzlich haufenweise hinweg.* Einige von ihnen meinten, die
Krankheit käme von der schlechten Luft her, in der sie leben
müßten; andre klagten die Veränderung der Lebensweise an,
weil sie nämlich nach häufigen Kämpfen und langen Märschen
plötzlich ein bequemes und zügelloses Leben führten. Den wahren
Grund und die eigentliche Ursache ihres Unglücks erkannten sie
aber nicht: das war nämlich ihre Ungerechtigkeit und ihr maß=
loser Frevel gegen alles göttliche und menschliche Recht. Be=
sonders deutlich zeigte es sich an dem Feldherrn, daß ihn das gött=
liche Strafgericht ereilte. Denn er wurde verrückt und raste ganz
offenbar, wie diejenigen zu thun pflegen, die den Verstand ver=
loren haben; häufiger Schwindel befiel ihn, und er stieß furcht=
bares Geheul aus. Bald vorn=, bald hinterüber fiel er zu Boden,
sein Mund floß von Geifer über, gräßlich rollte und verdrehte
er die Augen. Und soweit steigerte sich die Raserei des Un=
glücklichen, daß er schließlich seine eignen Gliedmaßen zu zerflei=
schen begann: mit den Zähnen faßte er seine Ärme, riß das

Fleisch herunter und verzehrte es; wie ein wildes Thier leckte er [553]
seinen Geifer auf. Wie er so gegen sein eignes Fleisch wüthete
und elend dahinsiechte, erlöste ihn endlich der Tod. Auch seine
Gefährten starben schaarenweise, da die Seuche nicht eher nach=
ließ, als bis alle umgekommen waren. Zum Theil erlagen sie
bei gesunden Sinnen dem Fieber; einige befiel ein Schlagfluß;
andere wieder Kopfweh oder Raserei. Mannigfaltig waren die
Erscheinungsformen der Krankheit; immer aber endete sie tödlich.
So endete der Zug des Leutharis und seines Heeres.

4. Während dies in Venetien vorging, marschierte der andre
Feldherr, Butilin, nachdem er fast alle Städte und Kastelle bis
zur Meeresenge von Messina ausgeplündert hatte, schnell und
geradeswegs auf Kampanien und Rom, weil ihm zu Ohren ge=
kommen war, daß Narses dort das kaiserliche Heer sammle. Er
wollte keinen Verzug noch Aufschub, sondern eine Entscheidung
in der Feldschlacht herbeiführen, da auch er bereits einen bedeu=
tenden Theil seines Heeres durch Krankheit verloren hatte. Dem
Sommer war nämlich bereits der Herbst gefolgt, und die Wein=
stöcke hingen voll Trauben, und da Narses vorsorglich alles hatte
verwüsten lassen, so nahmen die Barbaren in Ermangelung
andrer Nahrungsmittel die Trauben ab, zerquetschten sie mit den
Fingern und sättigten sich mit Most [1]). In Folge dessen hatten
sie stark an Durchfall zu leiden; einige starben daran, andre
kamen auch glücklich durch. Butilin glaubte nun, um jeden
Preis schlagen zu müssen, ehe das Übel alle überwältigt hätte.
In Kampanien angekommen, schlug er ein Lager auf, nicht weit
von Kapua, am Casilinusflusse [2]), der in dem Apennin ent=
springt, sich durch jene Ebene schlängelt und ins Tyrrhenische
Meer ergießt. Er umgab sein Heer mit einer starken Wagen=
burg und vertraute im Übrigen auf die natürliche Festigkeit des
Ortes: er glaubte nämlich seine rechte Flanke durch den vorbei=

---

1) „Den die Griechen wegen seines starken Duftes ἀνθοσμίας nennen." —
2) Volturno. —

553 strömenden Fluß gedeckt. Außerdem ließ er die Karren, von denen er eine große Menge mit sich führte, mit den Vorderrädern in einander schieben und die Hinterräder bis zu den Naben mit Erde bewerfen, so daß nur die obere Hälfte aus dem Erdreich hervorsah. Nachdem er hierdurch und mit anderem Holzwerk das Lager gehörig befestigt hatte, ließ er nur einen schmalen Weg zwischen den Bollwerken frei, um auf diesem leicht Angriff und Rückzug bewerkstelligen zu können. Damit ferner die Brücke, die über den Fluß führte, nicht unbewacht bliebe und ihm von dort kein Schaden zugefügt werde, besetzte er sie und ließ einen hölzernen Thurm aufführen, den er mit den tapfersten und best= bewaffneten seiner Leute besetzte, die aus dieser Deckung die Brücke vertheidigen und die Römer am Übergang hindern sollten. Als er all diese Maßregeln getroffen hatte, glaubte er, den Umständen nach aufs Beste gesorgt zu haben, als ob es bei ihm allein stünde, die Feindseligkeiten zu eröffnen und nicht eher ein Treffen zu liefern, als es ihm paßte. Was seinem Bruder in Venetien zugestoßen war, wußte er noch nicht; doch wunderte er sich, daß derselbe ihm nicht sein Heer der Verabredung gemäß geschickt hatte, und es stieg der Verdacht in ihm auf, daß dies sich nicht so lange verzögert haben würde, wenn ihnen nicht ein schweres Unglück zugestoßen wäre. Aber er glaubte, auch ohne jene mit den Feinden fertig zu werden, da er ihnen an Zahl immer noch überlegen war; denn von seinem Heer waren immerhin noch 30000 Mann übrig, während die Römer kaum 18000 Mann stark waren.

5. Er selbst war guten Muthes und machte alle seine Leute darauf aufmerksam, daß es sich in dem bevorstehenden Kampf um eine wichtige Entscheidung handle. „Entweder" — so sagte er — „werden wir Italien gewinnen, dessenwegen wir gekommen sind, oder es bleibt uns nur übrig, hier ruhmlos zu fallen. Natürlich, edle Genossen, ziehen wir das erstere vor, und bei uns, als tapferen Männern, steht es zu erreichen, was wir be=

gehren." So und auf ähnliche Weise feuerte Butilin seine Leute 553
beständig an. Sie waren auch ganz getrost und setzten ihre .
Waffen in Stand, jeder nach seinem Gutdünken. Da wurden
Äxte, da die eigenthümlichen Lanzen geschliffen, die sie Angonen
nennen, dort die zerschlagenen Schilde ausgebessert, und das alles
ging ihnen leicht von der Hand. Denn die Bewaffnung dieses
Volkes ist nur ärmlich und bedarf nicht der Hände verschiedener
Handwerker, sondern wenn etwas verdorben ist, bessern die Besitzer
es selbst aus. Panzer und Beinschienen kennen sie gar nicht;
die meisten gehen barhaupt einher, und nur wenige setzen für
die Schlacht einen Helm auf. Brust und Rücken sind nackt bis
an die Hüften; von da aus gehen bis zum Knie Hosen aus
Leinen oder Leder. Nur wenige sind beritten, weil sie von Alters
her an den Kampf zu Fuß gewöhnt und darin geübt sind. Am
Schenkel tragen sie das Schwert und an der linken Seite den
Schild. Bogen, Schleuder oder andre Waffen zum Fernkampf
tragen sie nicht, sondern nur zweischneidige Äxte und die Angonen,
die sie mit Vorliebe benutzen. Diese Angonen sind Speere von
mittlerer Größe, zum Schleudern und zum Stoß im Nahkampf
gleich geeignet. Den größten Theil derselben bedeckt der eiserne
Beschlag, so daß das Holz kaum am untersten Ende hervorsieht;
oben an der Spitze sind an beiden Seiten einige gebogene Spitzen,
in der Form von Angelhaken, nach unten gekrümmt. Im Ge=
fecht schleudert nun der Franke einen solchen Angon. Wenn er
den Menschenleib trifft, bringt natürlich die Spitze ein, und es
ist für den Getroffenen ebenso wie für einen andern schwer, das
Geschoß herauszuziehen, denn die Widerhaken, die im Fleisch stecken,
leisten Widerstand und vermehren die Schmerzen, so daß der
Feind, selbst wenn die Wunde an und für sich nicht tödlich war,
doch zu Grunde gehen muß. Wenn dagegen der Schild getroffen
ist, so hängt der Speer von demselben herab und bewegt sich
gleichzeitig mit demselben, und das unterste Ende schleppt am
Boden nach. Der Betroffene kann den Speer nicht herausziehen

553 wegen der eingedrungenen Hafen und auch nicht abhauen, da das
. Holz durch das umgelegte Eisen geschützt ist. Sieht das der
Franke, so springt er schnell darauf und tritt auf den Lanzen=
schaft, so daß der Schild herabgedrückt wird, die Hand des Eigen=
thümers nachgeben muß und Kopf wie Brust entblößt werden.
Dann ist es ein Leichtes, den unbedeckten Gegner zu tödten, ent=
weder durch einen Axthieb auf den Kopf oder durch einen Stoß
mit einem zweiten Speer in die Kehle. So ist die Bewaffnung
der Franken, und dergestalt rüsteten sie sich zum Kampf.

6. Als Narses hiervon Meldung erhielt, brach er sofort
mit seinem ganzen Heer von Rom auf und schlug ein Lager auf
nicht weit vom Feinde, so daß man ihn hören und seine Ver=
schanzung sehen konnte. Während sich die Heere so in Sicht
gegenüber lagen, wurden auf beiden Seiten eifrig Vorbereitungen
getroffen, Wachen und Posten ausgesetzt, und von den Obersten
sorgfältig alles besichtigt. Furcht, Hoffnung und Zweifel regten
sich, und alle die unberechenbaren Gefühle, die vor einem ent=
scheidenden Kampfe sich einzustellen pflegen, wogten hin und her.
Alle Städte Italiens waren unruhig und schwankend, wem sie
zufallen würden. Mittlerweile plünderten die Franken die be=
nachbarten Dörfer und holten sich ungestraft Proviant aus den=
selben. Dieses mitanzusehen hielt Narses für eine Schande,
und es ärgerte ihn, daß die Troßknechte der Feinde ungestraft
unter seinen Augen vorbeizogen, als ob sich noch kein Feind sehen
ließe. Er beschloß, das nicht länger zu dulden, sondern nach=
drücklich zu verhindern. Unter den römischen Rittmeistern war
ein Armenier, Charanges, ein sehr tapferer, kluger und, wenn
es darauf ankam, verwegener Mann. Diesem Charanges, dessen
Zelt an demjenigen Ende des Lagers stand, das den Feinden
zugekehrt war, befahl Narses, die Fuhrleute anzugreifen und
ihnen derart zuzusetzen, daß sie nicht mehr wagten, Futter ein=
zufahren. Er stieg sogleich mit einigen Leuten seiner Schwadron
zu Pferde, nahm die Wagen fort und tödtete die Fuhrleute.

Einen Wagen, der ganz voll recht trocknen Heus war, ließ er ⁵⁵³
an den Thurm heranfahren, den die Franken vor der Brücke
aufgeführt hatten, wie vorher erwähnt. Als der Wagen ganz
nahe heran war, warf er Feuer in das Heu, und da sofort eine
mächtige Flamme emporschlug, ging der ganze Thurm, der nur
aus Holz bestand, in Feuer auf. Die Besatzung, welche sich
nicht zur Wehr setzen konnte und beinahe mit verbrannt wäre,
zog es vor, den Platz zu räumen, bewerkstelligte mit Mühe ihren
Rückzug und floh in das Lager. Die Römer aber waren der
Brücke Meister. Dies Ereigniß brachte die Franken natürlich
in Unruhe, und sie griffen sofort zu den Waffen. Von Zorn
und Wuth schäumend, konnten sie sich nicht länger bezähmen,
sondern wollten, über die Maßen frech und verwegen, nicht mehr
still liegen und abwarten, sondern noch an demselben Tage eine
Schlacht liefern, obgleich ihnen die alamannischen Seher ge=
weissagt hatten, sie dürften an jenem Tage nicht schlagen, wenn
sie nicht alle umkommen wollten. Meiner Ansicht nach würden
sie, auch wenn am nächsten oder einem spätern Tage der Kampf
stattgefunden hätte, dasselbe Schicksal gehabt haben, wie an jenem;
denn die Veränderung des Tages hätte nicht genügt, um sie
von der Strafe zu befreien, die sie für ihre Gottlosigkeit ver=
dient hatten. Ob dies nun sowieso eintraf oder vielleicht die
alamannischen Seher wirklich die Zukunft voraussahen — jeden=
falls erschien der Menge jene Weissagung durchaus nicht eitel
und nichtig. Wie es nun weiter alles verlief, will ich sogleich
genau, soweit es in meinen Kräften steht, berichten.

7. Die Franken waren also von Aufregung erfaßt und
hatten bereits zu den Waffen gegriffen. Auch Narses ließ die
Römer unter Gewehr treten und führte sie aus dem Lager heraus
in den Raum zwischen beiden Heeren, um sie dort in einer Pha=
lanx aufzustellen. Als sich das Heer eben in Bewegung gesetzt
hatte und der Feldherr bereits zu Pferde gestiegen war, wird
ihm gemeldet, daß ein Heruler, und zwar kein gewöhnlicher Sol=

553 bat, sondern ein Mann von abliger Abkunft und großem Ansehen, einen seiner Sklaven, der irgend etwas verbrochen haben mochte, ohne weiteres getödtet hätte. Sofort zieht er die Zügel an und bringt sein Pferd zum Stehen. Der Mörder wird vorgeführt, weil es ein Frevel wäre, in die Schlacht zu gehen, ehe dieser Makel abgewaschen und gesühnt war. Da der Barbar auf Narses' Befragen die That eingestand und nicht zu leugnen ver= suchte, sondern im Gegentheil noch behauptete, die Herren könn= ten mit ihren Sklaven machen, was sie wollten, und den andern könnte es ebenso gehen, wenn sie nicht gut thäten, da er also keine Spur von Reue über seine Gewaltthat zeigte, vielmehr frech und hochmüthig sich derselben noch rühmte, befiehlt Narses seinen Dorpphoren, den Mann hinzurichten. Man stieß ihm ein Schwert in die Weichen, daß er starb. Die Heruler waren darüber nach Barbarenart unwillig und gedachten trotzig, sich an der Schlacht nicht zu betheiligen. Aber Narses, der auf solche Weise die Schuld des Mordes abgewälzt hatte, dachte gering von den Herulern, trat vor das Heer und rief laut, so daß jeder es hören konnte, wer an dem Siege Antheil haben wolle, der solle ihm folgen. So sehr vertraute er augenscheinlich auf die Hülfe des Höchsten und ging in die Schlacht, als ob der Sieg für ihn vorherbestimmt wäre. Der Herulerführer Sindual hielt es für schimpflich und schmachvoll, wenn bei einem so ge= waltigen Kampf er und seine Leute der Fahnenflucht gezichen werden könnten und den Schein erweckten, als fürchteten sie sich vor den Feinden und schützten als Vorwand für ihre Feig= heit ihre Freundschaft für den Hingerichteten vor. Er konnte nicht länger ruhig zusehen und ließ dem Narses sagen, er möge verziehen, bis er mit den Seinen herangekommen wäre. Dieser antwortete ihm, warten wolle er zwar nicht, aber er werde da= für Sorge tragen, daß sie ihren Platz in der Schlachtordnung erhielten, auch wenn sie ein wenig später kämen. Da setzten sich die Heruler, wohlbewaffnet und in guter Ordnung in Bewegung.

8. Als Narses an den Ort gekommen war, wo er zu 553
schlagen gedachte, ordnete er sein Heer sofort in einer Phalanx.
Auf beiden Flügeln hielt die Reiterei mit Wurfspieß und runden
Schilden, Bogen und Schwert umgehängt, einige auch mit langen
Lanzen. Der Feldherr selbst war am rechten Flügel, bei ihm
Zandalas, sein Haushofmeister, mit demjenigen Theil des Hof=
gesindes, der waffenfähig war. Auf beiden Flügeln standen Va=
lerian und Artabanes, die den Befehl hatten, sich am Rande
des Walddickichts verborgen zu halten, um unerwartet auf die
Feinde loszustürmen, wenn sie angriffen, und sie von zwei Sei=
ten zu fassen. Den ganzen Raum in der Mitte nahm das
Fußvolk ein. In der Front standen die Vorkämpfer, von Kopf
bis zu Fuß in Eisen gehüllt, und bildeten den Schildwall, hinter
ihnen die andern Reihen dicht aufgeschlossen bis zu der Queue
hin; die Leichtbewaffneten und Schleuderer schwärmten dahinter
umher und warteten auf die Gelegenheit, von ihren ferntragen=
den Geschossen Gebrauch zu machen. Mitten in der Phalanx
war ein Platz für die Heruler angesetzt und noch leer, denn sie
waren noch nicht eingerückt. Zwei Heruler, die dicht vorher zu
den Feinden übergelaufen waren, da sie von dem späteren Ent=
schluß Sinduals nichts wußten, trieben die Barbaren an, schleu=
nigst die Römer anzugreifen: „Denn Ihr werdet sie in voller
Unordnung und Verwirrung finden“, sprachen sie, „weil das
Herulerregiment in seinem Trotz sich weigert, am Kampfe theil=
zunehmen, und die andern durch diesen Abfall ganz bestürzt sind“.
In dem Wunsch, daß diese Aussage der Wahrheit entspreche,
ließ sich Butilin leicht überreden und führte sein Heer vor. Alle
gingen voll Kampfbegier gerade auf die Römer los, nicht ruhigen
Schritts und wohlgeordnet, sondern als ob sie gar nicht schnell
genug vorwärts kommen könnten, eilfertig und stürmisch, wie
wenn sie im ersten Anlauf das feindliche Heer über den Haufen
werfen wollten. Ihre Schlachtordnung hatte die Form eines
Keils, sah also wie ein griechisches Delta (Δ) aus: da, wo sie

553 spitz zuging, waren die Schilde dachförmig eng in einander ge=
schoben, so daß es wie ein Eberkopf aussah. Die Schenkel waren
staffelförmig aus Sektionen und Zügen zusammengesetzt und sehr
schräg gestellt, so daß sie allmählich bis zu großer Breite aus=
einandergingen und in der Mitte ein leerer Raum entstand und
man die bloßen Rücken der Soldaten reihenweise sehen konnte.
Sie hatten nämlich divergierende Fronten, damit sie nach beiden
Seiten gegen die Feinde gewendet ständen und durch ihre Schilde
gedeckt kämpfen könnten, während durch eben diese Aufstellung
die Rückendeckung sich von selbst machten sollte.

9. Dem Narses, der sowohl vom Glück begünstigt war, als
er auch vortrefflich seine Maßregeln zu treffen verstand, ging alles
nach Wunsch. Denn als die Barbaren mit furchtbarem Feldgeschrei
im ersten Anlauf mit den Römern zusammenstießen, durchbrachen
sie die Mitte der Vorkämpfer und kamen an den leeren Raum, in
den die Heruler noch nicht eingerückt waren; die Spitze ihres Keils
durchschnitt die Reihen, ohne großen Verlust zu bringen, bis zu
der Queue — einige von ihnen gingen sogar noch weiter, als
ob sie das römische Lager stürmen wollten. Da bog und dehnte
Narses allmählich die Flügel, so daß sie nach vorn herum=
griffen[1]), und befahl den Bogenschützen zu Pferde, von beiden
Seiten die Feinde im Rücken zu beschießen, und das geschah so=
fort ohne Schwierigkeit. Weil nämlich die Feinde zu Fuß kämpf=
ten, war es den Reitern ein Leichtes, aus der Entfernung die
ausgedehnten Linien zu beschießen, die sich nach rückwärts hin
nicht wehren konnten. Und es war, scheint mir, für die Reiter
auf den Flügeln sehr einfach, über die dicht vor ihnen Stehen=
den hinweg die Reihen auf der gegenüberliegenden Seite in den
Rücken zu schießen. Von allen Seiten wurden die Rücken der
Franken auf diese Weise bestrichen, da die Römer vom rechten
Flügel die eine innere Seite des Keils, die vom linken die andere

---

1) „Die Taktiker würden dies Manöver einen ἐπικάμπιος ἐμπρόσθιος
nennen," wörtlich: Biegung nach vorn hinaus.

beschossen. So flogen die Pfeile kreuz und quer und trafen 553
alles, was in dem Zwischenraum war, ohne daß die Barbaren
merkten, woher eigentlich die Geschosse kamen, oder sich dagegen
schützen konnten. Denn da sie mit der Front gegen die Römer
standen und nur nach dieser einen Richtung ihre Blicke gewandt
waren, da sie ferner mit den Schwerbewaffneten, die ihnen gegen=
überstanden, kämpften und die Bogenschützen zu Pferde dahinter
kaum sehen konnten, endlich nicht in die Brust, sondern in den
Rücken die Schüsse empfingen, so wußten sie gar nicht, von wo
das Verderben kam.[1] Die meisten hatten übrigens gar nicht
Zeit, darüber nachzudenken, weil fast jeder Schuß tödlich war.
Denn da immer die Äußersten fielen, wurden die bloßen Rücken
der Nächsten sichtbar, und weil das sehr häufig geschah, schmolz
ihre Menge schnell dahin. Mittlerweile waren Sindual und
die Heruler eingerückt und traten denjenigen gegenüber, welche
die Mitte durchbrochen hatten und dann weiter vorgedrungen
waren. Sofort gingen sie zum Angriff über; jene aber waren
nicht wenig bestürzt, glaubten, in einen Hinterhalt gefallen zu
sein, und wandten sich zur Flucht, indem sie die beiden Über=
läufer des Verraths beschuldigten. Sindual und seine Leute
ließen jedoch nicht los, sondern drängten nach, bis jene theils
niedergestreckt, theils in die Strudel des Flusses hinabgeworfen
waren.[2] Als so die Heruler ihren Platz eingenommen hatten,
die Lücke ausgefüllt und die Phalanx geschlossen war, wurden
die Franken, wie in ein Netz verstrickt, hingeschlachtet. Ihre
Schlachtordnung war gänzlich zertrümmert, und sie ballten sich
zu einzelnen Knäueln zusammen, die nicht mehr aus noch ein
wußten. Die Römer streckten sie nicht nur durch Pfeilschüsse
nieder, sondern jetzt griffen auch das schwere Fußvolk und die
Leichtbewaffneten ein mit Spießen, Stangen und Schwertern;

---

1) Diese Beschreibung ist etwas unwahrscheinlich; es ist vielmehr anzunehmen, daß
die römischen Reiter bereits im Rücken der feindlichen Aufstellung waren. — 2) also
waren die Franken über den Fluß gegangen.

333 die Reiter überflügelten sie vollends, griffen sie im Rücken an
und schnitten ihnen jeden Ausweg ab. Was dem Schwerte ent=
rann, sah sich genöthigt, auf der Verfolgung in den Fluß zu
springen und ertrank. Von allen Seiten ertönte das Wehgeheul
der Barbaren, die aufs Elendeste abgeschlachtet wurden. Der
Anführer Butilin und sein ganzes Heer wurden vom Erdboden
vertilgt, wobei auch die kaiserlichen Überläufer umkamen, und
kein einziger von den Germanen sah den heimathlichen Heerd
wieder, mit Ausnahme von fünf Mann, die auf irgend eine
Weise dem allgemeinen Verderben entronnen waren. Wie sollte
man da nicht sagen, daß sie die Strafe erlitten für ihre Misse=
thaten und eine höhere Gewalt über sie gekommen war? Jener
ganze große Haufe von Franken und Alamanen und wer sonst
noch mit ihnen in den Krieg gezogen war, — alles war ver=
nichtet, und von den Römern waren nur 80 Mann gefallen, die
den ersten Stoß der Feinde hatten aushalten müssen. In dieser
Schlacht kämpften mit Auszeichnung fast alle römischen Regimen=
ter, von den verbündeten Barbaren thaten sich am meisten her=
vor der Gothe Aligern, denn auch dieser kämpfte mit, und der
Heruleroberst Sindual, der keinem etwas nachgab. Alle aber
priesen und bewunderten den Narses, der durch seine Feldherrn=
kunst sich so hohen Ruhm erworben hatte.

     10.   Ein so herrlicher, so glänzender und ganz außerordent=
licher Sieg ist in den früheren Zeiten meiner Ansicht nach nie=
mand zu Theil geworden; und wenn früher andere ein ähnliches
Schicksal hatten, wie die Franken, so kann man nachweisen, daß
auch sie wegen ihrer Ungerechtigkeit den Untergang fanden (so
z. B. Datis, Xerxes, die Athener vor Syrakus). Nachdem die
Römer ihre Todten der Sitte gemäß begraben und die Feinde
ausgeplündert hatten, sammelten sie eine ungeheure Menge von
Waffen. Dann zerstörten sie die Verschanzung und plünderten
auch hier alles aus. Mit Beute schwer beladen, bekränzt und
Siegeslieder singend, in denen sie ihren Feldherrn priesen, kehrten

sie nach Rom zurück. Das ganze Gefilde von Capua war von 553
Blut durchtränkt und der Fluß so voll Leichen, daß er über
seine Ufer trat. Mir hat auch ein Mann aus jener Gegend
ein Lied mitgetheilt, das am Ufer des Flusses von irgend jemand
auf eine Tafel eingegraben ist und folgendermaßen lautet:

„Nur mit unendlicher Mühe der Leichen gewaltige Menge
Wälzet Volturnos Fluth bis zum Tyrrhenischen Meer;
Sie erlagen dem römischen Speer, die fränkischen Horden,
Und inmitten des Heers fiel auch der Held Butilin!
Sei mir gesegnet, o Fluß! Du hast als Zeichen des Sieges
Mit barbarischem Blut roth Deine Wogen gefärbt.“

So lautet das Gedicht — ob es wirklich auf dem Steine stand,
oder sonst durch mündliche Überlieferung auf mich gekommen ist —
jedenfalls scheint es mir ganz gut hierher zu passen, denn es ist
immerhin kein übles Denkmal der Dinge, die in dieser Schlacht
sich zugetragen haben.[1]).

11. Unterdessen wurde den Römern bekannt, was für ein
Ende Leutharis und sein Heer genommen hätten. Das feierten
Bürger und Soldaten mit Tanz und Siegesfesten, als ob ihnen
gar nichts Übles mehr zustoßen könnte und sie fortan in Frieden
leben könnten. Denn da die Feinde, welche in Italien einge=
fallen waren, überall umgekommen waren, glaubten sie, daß nie=
mand mehr an einen Angriff denken könne. So urtheilte die
Menge, welche gewöhnlich nicht sorgfältig abwägt, sondern leicht=
fertig sich überhebt und sich alles so zurechtlegt, wie es ihr am
Besten gefällt. Narses aber, der scharf beobachtete, hielt das für
Leichtsinn und Thorheit, wenn sie glaubten, aller Anstrengungen
künftig überhoben zu sein und in Saus und Braus leben zu
können. Es fehlte nur noch, daß sie für ihre Schilde und Helme
Weinkrüge und Leiern eintauschten: für so überflüssig und höchst
unnütz hielten sie alle Waffen. Der Feldherr aber schloß ganz

---

1) Man wird schwerlich fehlgehen, wenn man Agathias selbst, der auch sonst als
Dichter thätig war, für den Verfasser dieser Verse hält.

553 richtig, daß noch weitere Kriege mit den Franken bevorstünden, und war besorgt, daß die Tapferkeit der Römer durch das schwelgerische Leben zu Grunde gerichtet würde, und wenn dann die Zeit des Kampfes wiederkäme, sie aus Feigheit sich den Kriegsgefahren entzögen. Und es wäre auch vielleicht wirklich so gekommen, wenn er nicht dadurch vorgebeugt hätte, daß er die Soldaten zusammenberief, sie in vortrefflicher Rede ermahnte und zur Besonnenheit und Tapferkeit zurückführte, so daß sie ihre allzu große Üppigkeit etwas beschnitten.[1]

12. Durch diese Rede des Narses fühlte sich das ganze Heer beschämt, und ihr zügelloses Wesen war den Soldaten leid: sie streiften ihre Nachlässigkeit und ihren Übermuth ab und kehrten zu geordnetem Leben nach althergebrachter Sitte zurück.

13. Eine Schaar von 7000 streitbaren Gothen, die an vielen Orten mit den Franken zusammen gekämpft hatten, zogen sich in das Kastell Campsae[2]) zurück, in der Erwägung, daß die Römer sie nicht aus dem Auge verlieren, sondern bald angreifen würden. Jener Platz war sehr fest und stark, da er auf der Spitze eines hohen Felsens lag, der nach allen Seiten hin abschüssig war und den Feinden keinen Zugang bot. Die Gothen, die sich dort gesammelt hatten, glaubten in Sicherheit zu sein und wollten nicht mehr angriffsweise gegen die Römer vorgehen, sondern sich darauf beschränken, jeden drohenden Angriff mit aller Macht abzuwehren. Dazu bestimmte sie ihr Anführer, Namens Ragnaris, ein Barbar, aber nicht von ihrem Stamm oder Volk: er gehörte zu den sogenannten Bittoren, einem hunnischen Stamme, und war ein äußerst tapferer und gewandter Mann und wohl im Stande, die Menge an sich zu fesseln. Dieser war der Befehlshaber der Schaar und gedachte Widerstand zu leisten, um dadurch Berühmtheit zu gewinnen. Narses brach sofort mit seinem ganzen Heer gegen sie auf, und da es nicht möglich war,

---

1) Die Rede ist nur eine rhetorische Ausführung der soeben angeführten Gesichtspunkte und ist deshalb fortgelassen. (Kap. 12.) — 2) Vgl. S. 321. Proc. Goth. IV, 34.

im ersten Anlauf nahe an das Kastell heranzukommen, um auf 553
dem ungünstigen Terrain eine günstige Entscheidung herbeizuführen,
sah er sich zur Belagerung genöthigt und hielt nach allen Seiten
strenge Wacht, daß nichts zu ihnen hineingebracht werden und
sie selbst nicht mehr ungehindert aus= und eingehen konnten.
Doch daraus machten sich die Barbaren nicht viel, da sie Über=
fluß an Lebensmitteln hatten und alle Vorräthe und ihre werth=
vollsten Besitzthümer in dies Kastell, weil es uneinnehmbar schien,
hineingeschafft hatten.   Nichts destoweniger ärgerten sie sich über
die Belagerung durch die Römer und hielten es für schimpflich,
sich für längere Zeit auf einen so geringen Raum eingeschlossen
und beschränkt zu sehen.   Daher machten sie häufig Ausfälle auf
ihre Gegner, um dieselben womöglich zur Aufhebung der Be=
lagerung zu zwingen; doch richteten sie nichts Bemerkens=
werthes aus.

13. Auf diese Weise ging der Winter hin; als aber der 554
Frühling kam, glaubte Ragnaris, wegen der Sachlage mit Narses
in Unterhandlungen treten zu müssen.   Nach Zusicherung freien
Geleits stellte er sich mit wenigen Begleitern an einem Ort
zwischen dem Heer und dem Kastell ein.   Dort traf er den Narses,
und es begann eine lebhafte Unterhaltung.   Als aber Narses
bemerkte, daß Ragnaris den Mund sehr voll nahm, das große
Wort führte und höhere Forderungen stellte, als ihm zukam, ja
sogar mit seiner Überlegenheit prahlte, brach er sofort das Ge=
spräch ab, erklärte einen friedlichen Ausgleich für unmöglich und
ließ ihn unverrichteter Sache zu den Seinen zurückkehren.   Als
Ragnaris schon den Berg hinaufritt und nicht mehr weit von
der Mauer entfernt war, spannt er, aus Ärger über seine fehl=
geschlagenen Hoffnungen, ganz allmählich und unbemerkt seinen
Bogen, wendet sich plötzlich um und schießt auf Narses.   Der
Pfeil verfehlte sein Ziel, flog vorbei und fiel zu Boden, ohne
jemand zu verletzen.   Aber die Strafe folgte der Frevelthat des
Barbaren auf dem Fuße nach.   Denn Narses' Doryphoren, welche

554 empört waren über die Frechheit des Mannes, schossen auf ihn,
und getroffen sank der Elende zu Boden — wie hätte es auch
nach einer so schändlichen und gemeinen That anders sein können?
Mit Mühe trugen ihn seine Leute in das Kastell hinein. Nach
zwei Tagen starb er eines ruhmlosen Todes, den ihm seine Treulosigkeit und Verwegenheit bereitet hatte. Nach seinem Ableben
glaubten die Gothen nicht mehr in der Lage zu sein, sich länger
zu halten, und baten den Narses um sein Wort, daß er ihnen
das Leben schenken würde. Nachdem er dies beschworen hatte,
ergaben sie sich sammt der Festung. Narses blieb seinem Schwur
treu und tödtete niemand; er hielt es überhaupt nicht für recht,
grausam gegen die Besiegten zu verfahren. Damit sie aber nicht
wieder auf Empörung sännen, schickte er sie alle nach Byzanz an
den Kaiser. Während dies geschah, ging der junge Theodebald,
der, wie bereits erzählt, über die Franken an der Grenze von
Italien herrschte, jämmerlich an der Krankheit zu Grunde, an
welcher er von Jugend auf gelitten hatte. Da das Gesetz Childebert und Chlothar, als seine nächsten Blutsverwandten, zur Erbschaft aufrief, entstand zwischen ihnen ein erbitterter Streit, der
fast zum Untergang des ganzen Geschlechts geführt hätte. Childebert war nämlich schon alt und wohlbetagt, dazu schwach und
krank, so daß sein Körper bereits ganz verfallen und siech war.
Er hatte keine erbberechtigten Söhne, sondern nur Töchter.
Chlothar hingegen stand in der Blüte seiner Kraft und Jahre
— kaum daß die ersten Runzeln seine Stirn gefurcht hatten.
Er besaß vier Söhne, die bereits erwachsen und voll Muth und
Thatkraft waren. Nun behauptete er, sein Bruder brauche an
der Erbschaft Theodebalds nicht theilzunehmen, da ja dessen
Reich doch auch bald ihm und seinen Söhnen zufallen müsse.
Und diese seine Hoffnung hatte ihn nicht betrogen, denn der
alte Childebert verzichtete auf seinen Antheil an der Erbschaft,
aus Furcht, wie mir scheint, vor der Macht des Mannes und
um sich nicht seine Feindschaft zuzuziehen. Bald darauf starb

er, und Chlothar vereinigte das ganze Frankenreich.[1])   So stan= 554
den die Dinge bei den Italikern und Franken. —

(Agathias wendet sich der Geschichte des Ostens, insbesondere
der Kriege mit den Persern zu.)

[1]) Diese Darstellung ist nicht ganz richtig: der kinderlose Childebert war bereits
534 gestorben, nachdem er seinen Neffen Theodebert an Sohnes Statt angenommen
hatte. Richtig dagegen ist, daß Chlothar dessen Sohn Theodebald beerbte und damit
das ganze Frankenreich wieder unter einem Szepter vereinigte. Chlothar I. stirbt 561.

Anhang I.

Johannes von Antiochia.

F. 148. Als Longinus Consul war, geschah es, daß The=
oderich von Neuem auf Abfall sann und die Länder, welche an
¹⁵⁷ Thrazien grenzen, verwüstete. Zeno stiftete gegen Odoaker das
Volk der Rugier an, da er bemerkte, daß dieser mit Illus ¹) im
Bündniß stand. Odoaker errang einen glänzenden Sieg, schickte
überdies dem Zeno Geschenke aus der eroberten Beute, und dieser
gab vor, er habe die Sache nie anders beabsichtigt und freue
¹⁵⁸ sich über den Erfolg. Im folgenden Jahre brach Theoderich von
Nova ²) auf, schlug vor Rhegium ³) ein Lager auf und über=
schwemmte die Umgegend. Zeno wollte ihn ablenken und schickte
Theoderichs Schwester ⁴), die am Hofe der Kaiserin (Ariadne)
lebte, in sein Lager mit vielen Geschenken, damit er seine gute
Gesinnung erkenne aus dem, was er freiwillig gäbe, ehe er noch
um seine Freundschaft würbe. Nach Abwendung der Belagerung
Theoderichs starb Anthusa, die Tochter des Illus.

¹⁹¹   **F. 149.** Theoderich und Odoaker machten einen Vertrag,
miteinander über das römische Reich zu regieren, und häufig
trafen sie sich, da einer beim andern aus= und einging. Noch

---

1) Ein Jsaurier, der gegen den Kaiser Zeno eine Verschwörung angestiftet hatte;
er fällt bald darauf durch Verrath. — 2) In Niedermösien, drei Meilen westlich vom
heutigen Rustschuk. — 3) Station auf der Straße von Sardica nach Constantinopel,
12 Meilen von letzterem entfernt. (Itin. Hierosol. p 570.) — 4) Prokop erwähnt
eine Schwester Theoderichs, Amalafrida, später die Gemahlin des Vandalenkönigs Thra=
samund, vgl. S. 9, 39.

war der zehnte Tag nicht um, da saßten, als Odoaker beim Theoderich eintrat, zwei Mannen desselben seine Hände, wie Bittende zu thun pflegen. Auf dies Zeichen kamen die, welche sich in den Zimmern zu beiden Seiten der Halle verborgen hatten, mit gezückten Schwertern hervor, stutzten aber doch bei dem An= blick und wagten nicht, den ersten Streich zu thun. Da stürzte Theoderich herein und stieß dem Odoaker das Schwert am Schlüssel= bein in den Leib. Der rief aus: „Wo ist Gott?", worauf jener erwiderte: „Ich thue Dir, wie Du den Meinigen gethan hast."[1] Da aber der Stoß töblich war, und das Schwert bis zur Hüfte den Körper des Odoaker durchdrang, soll Theoderich gesagt haben: „Nicht einmal Knochen scheint das Scheusal im Leibe gehabt zu haben." Er ließ den Leichnam hinausschaffen und an der Syna= goge der Hebräer in einem steinernen Sarge begraben. Odoaker war 60 Jahre alt geworden und hatte 14 regiert. Sein Bru= der[2] fand auf der Flucht im Fichtenhain durch Pfeilschüsse den Tod. Theoderich ließ auch die Gattin Odoakers, Sunigilda, und seinen Sohn Oklan,[3] den sein Vater zum Caesar erhoben hatte, festnehmen, schickte jenen nach Gallien in die Verbannung und ließ ihn umbringen, als er sich heimlich von dort nach Ita= lien zurückbegeben hatte; die Frau ließ er im Gefängniß Hungers sterben. —

1) Auf welches Ereigniß Th. hier anspielt, wissen wir nicht; auch Ennodius p. 299 gibt an, daß die erste Ursache des Zwistes zwischen Theoderich und Odoaker darin lag, daß dieser „Verwandte" des Gothenkönigs umgebracht hatte. — 2) Wahr= scheinlich Onulf. — 3) Wohl verschrieben aus Thelan, Acc. von Thelas oder Thela.

Anhang II.

Anonymus Valesianus. (2. Theil.) [1]

476   VIII. 37. Augustulus, der vor seiner Thronbesteigung Ro=
mulus von seinen Eltern gerufen worden war, wurde von seinem
Vater, dem Patricius Orestes, zum Kaiser gemacht. Odoaker
aber überfiel mit dem Volke der Scyren den Patricius Orestes
in Placentia [2]) und tödtete ihn und dann seinen Bruder Paulus
im Fichtenwalde am Hafen von Ravenna. Er nahm diese Stadt
und setzte den Augustulus ab, hatte aber Mitleid mit seiner
Jugend und Schönheit und schenkte ihm das Leben nebst einer
Rente von 6000 Goldstücken. Seinen Wohnsitz wies er ihm
in Kampanien an, wo er unbehelligt mit den Seinigen lebte.
Sein Vater Orestes, aus Pannonien, hatte sich an Attila an=
geschlossen, als dieser nach Italien kam, war dessen Notar ge=
worden, hatte dann weiter Karriere gemacht und es endlich bis
zum Patriciat gebracht.

474—491   IX. (39. Zeno, der durch seinen Sohn Leo, den er von
der Ariadne, der Tochter Leos, hatte, zum Kaiser gemacht worden
war, regierte mit diesem zusammen nur ein Jahr und behielt
[nach dessen Tode] die Herrschaft, die er ihm zu verdanken hatte.
Nach dem einen Jahr gemeinsamer Herrschaft regierte er noch
vierzehn, Isauriens bester Sohn, der wohl würdig war, eine
Kaiserstochter zur Gattin zu bekommen, ein erprobter Feldherr.)

476   42. (Zeno ruft zum Kampf gegen Basiliscus, der ihm den

1) Vgl. die Vorrede. — 2) Piacenza.

Thron streitig macht, Theoderich, Walamers Sohn, auf, der zu
Nova ¹) seit 475 residierte).

X. 45. Odoaker, dessen wir schon Erwähnung gethan,
machte sich nach Absetzung des Augustulus zum König und behauptete die Herrschaft 13 Jahre lang.²)   Sein Vater hieß
Aedico.   In dem „Leben des heiligen Severin" findet sich fol=
gende Geschichte, wie ihn dieser pannonische Mönch ermahnt und
ihm die Königskrone prophezeit hat.   46. Sie lautet also:
„Einige Barbaren kamen zu ihm, die auf dem Wege nach Italien
waren, um ihn zu schauen und seinen Segen zu erflehen, unter
ihnen Odoaker, der spätere König von Italien, damals ein Jüng=
ling von hohem Wuchs in ärmlichen Kleidern.   Der mußte sein
Haupt beugen, da er mit dem Scheitel die niedrige Thür der
Klause berührte, und vernahm von dem Manne Gottes, daß er
zu Großem berufen sei.   Denn dieser sprach zu ihm, als er ihm
den Segen gab: „Geh nach Italien, geh, der Du jetzt mit ärm=
lichen Fellen Deine Blöße deckst, bald aber so viel haben wirst,
daß Du andern reichlich geben kannst". — 47. Wie der Knecht
Gottes geweissagt hatte, betrat er bald den Boden Italiens und
wurde König.   Als er solches war, erinnerte er sich an das,
was ihm der heilige Mann geweissagt hatte, schrieb ihm einen
freundschaftlichen Brief und bat ihn, einen Wunsch auszusprechen:
er werde ihn gern erfüllen.   Der Mann Gottes, durch solche
Bitten gedrängt, heischte die Freilassung des Ambrosius, eines
Verbannten, die ihm Odoaker gern gewährte.   48. Odoaker führte 482
Krieg gegen die Rugier, besiegte und vernichtete sie gänzlich in
einem zweiten Feldzuge.   Er war ein Mann von guter Ge= 487
sinnung und begünstigte die Sekte der Arianer.   Einst rühmten
nun mehrere angesehene Leute besagten König in Gegenwart des
heiligen Mannes ¹) mit Worten weltlicher Schmeichelei, und da
fragte er, welchen König sie denn mit solchen Lobeserhebungen
priesen.   Sie sagten: „Den Odoaker".   Er aber sprach: „Es

1) s. S. 372, A. 2. — 2) Die Zahlen sind nicht ganz genau. — 3) D. h. Severinus.

wird dauern zwischen 13 und 14 Jahr", womit er augenschein=
lich sein Regiment meinte.

XI.   49. Zeno überhäufte den Theoderich mit Wohlthaten,
478. 479. machte ihn zum Patricius und Consul, gab ihm viel Geschenke
und sandte ihn nach Italien.   Theoderich machte mit dem Kaiser
für den Fall der Besiegung Odoakers ab, er solle an dessen
488 Statt, bis er käme, die Herrschaft führen.   So überfiel der Pa=
tricius Theoderich mit dem Gothenvolk von Nova aus Italien
im Auftrage des Kaisers des Ostens, Zeno, um es unter dessen
489 Botmäßigkeit zu bringen.   50.   Ihm trat Odoaker am Isonzo=
fluß entgegen, wurde in einer Feldschlacht besiegt und floh.   Er
zog sich auf Verona zurück und verschanzte sich auf dem Campus
minor bei Verona am 27. September.   Auch hierhin folgte ihm
Theoderich, es kam zur Schlacht, in der viel Volks von beiden
Heeren fiel; Odoaker ward geschlagen und gelangte auf der Flucht
am 30. September nach Ravenna.   51.   Theoderich der Pa=
tricius nahm eine Stellung bei Mailand, und es ergab sich ihm
der größte Theil des Heeres des Odoaker, unter ihnen der
Heermeister [1]) Tufa, dem Odoaker und seine Edelinge erst am
1. April diese Würde verliehen hatten.   Diesen Heermeister
Tufa schickte Theoderich gegen Odoaker nach Ravenna.   52.   Tufa
ging bis Faventia [2]), wo er dem Odoaker entgegentrat mit
dem Heer, das ihm anvertraut war.   Odoaker begab sich von
Ravenna nach Faventia, und Tufa übergab dem Odoaker die
Grafen des Patricius Theoderich, die in Eisen gelegt nach
Ravenna gebracht wurden.   53.   Als Faustus und Longinus
Consuln waren, ging der König Odoaker aus Cremona nach
Mailand.   Damals kamen die Westgothen dem Theoderich zu
Hülfe, und es geschah eine Schlacht am Abbafluß, in der von
beiden Heeren viel Volk umkam, und auch der Oberst der Leib=
490 garde [3]), Pierius, fiel am 11. August.   Odoaker floh nach Ra=

_____

1) Magister militum. — 2) Faenza in der Emilia. — 3) Comes do-
mesticorum. —

venna, wohin ihm Theoderich folgte, der in dem Fichtenhain
ein Lager aufschlug. Er belagerte den eingeschlossenen Odoaker
drei Jahre lang und kam der Scheffel Weizen bis auf 6 Gold=
stücke. Auch schickte er den Faustus, das Haupt des Senats,
zum Kaiser Zeno, in der Hoffnung, den Purpur von ihm zu
erlangen.

54. Als Olybrius zum 5. Male Consul war, versuchte 491
Odoaker, bei Nacht aus Ravenna den Patricius Theoderich im
Fichtenhain zu überfallen, und es kam viel Volks um von bei=
den Heeren: doch Odoakers Heermeister Levila ward auf der
Flucht am Flusse Bedens [1]) erschlagen, und Odoaker mußte wieder
nach Ravenna hinein sich flüchten. Das geschah am 15. Juli.
Da sah sich Odoaker zur Übergabe gezwungen und stellte seinen
Sohn Thelane als Geisel, wofür ihm die Erhaltung seines Lebens
zugesichert wurde. 55. Theoderich zog in Ravenna ein. Nach
einigen Tagen begab es sich, daß Odoaker ihm nach dem Leben
trachtete; doch entdeckte man seinen Anschlag und kam ihm zuvor.
Theoderich stieß ihm im [Palast] Lauretum mit eigner Hand das
Schwert durch und durch.[2]) 56. Alle seine Soldaten wurden
auf Befehl des Theoderich an demselben Tage niedergemacht, wo
man sie gerade fand, nebst seiner ganzen Sippe. — In demselben
Jahre starb zu Konstantinopel der Kaiser Zeno. Ihm folgte
auf dem Throne Anastasius.   491—518

XII. 57. Theoderich hatte an Zeno den Faustus Niger
als Gesanden geschickt. Da er nun den Tod jenes erfuhr, und
ehe die Gesandtschaft zurückkam, Ravenna genommen und Odo=
aker getödtet hatte, so riefen die Gothen ihn zum König aus,
ohne die Bestätigung des neuen Kaisers abzuwarten.

58. Theoderich war ein tapferer Mann, im Kriege wohl er=
fahren. Sein Vater war der Gothenkönig Walamir, der ihn
aber außer der Ehe gezeugt hatte, seine Mutter hieß mit gothi= 454
schem Namen Ereriliva; als sie zum katholischen Glauben sich

1) Bedese. — 2) Vgl. S. 373.

bekannte, erhielt sie in der Taufe den Namen Eusebia.   59. Er
war auch sonst ein vortrefflicher Herrscher, von leutseliger Ge=
sinnung gegen jedermann und regierte 33 Jahre. Zu seiner
Zeit genoß Italien 30 Jahre die Segnungen des Friedens, der
auch unter seinen Nachfolgern noch dauerte.   60. Keine Unter=
nehmung mißlang ihm. In dieser Weise herrschte er über Gothen
und Römer, und während er selbst zur arianischen Sekte sich
bekannte, ließ er doch den Römern, wie zu den Zeiten der Kai=
ser, ihre Gesetze. Er vertheilte freigebig Geld= und Getreide=
spenden und füllte den Staatsschatz, den er völlig leer vorgefun=
den, durch seine tüchtige Verwaltung. Er unternahm nichts gegen
die katholische Religion; dem Volke gab er circensische und andere
theatralische Spiele, so daß er selbst von den Römern Trajan
oder Valentinian genannt wurde — so ähnlich war seine Zeit
der jener Kaiser. Die Gothen aber nannten ihn wegen des
Gesetzbuchs, das er ihnen gegeben, den größten König, den sie
je gehabt hätten.   61. Obgleich er gänzlich ungebildet war, so
war seine Weisheit doch so groß, daß heute noch im Volk einige
Worte seines Mundes sprichwörtlich gebraucht werden, und es
gereicht mir zur Befriedigung, aus vielen wenigstens einiges zum
Gedächtniß mitzutheilen. So sagte er: „Wo Gold oder ein
böser Geist wohnt, das läßt sich nicht verbergen." Ebenso: „Wer
ein schlechter Römer ist, will gern Gothe sein, und ein schlechter
Gothe gern Römer".   62. Einst war ein Mann gestorben, der
hinterließ seine Gattin mit einem Knaben, so klein, daß er seine
Mutter noch nicht kennen konnte. Das Knäblein wurde geraubt
und in ein anderes Land gebracht, wo es aufwuchs. Als nun
ein Jüngling daraus geworden war, kam der auf irgend eine
Weise an den Ort, wo seine Mutter lebte, die sich eben einem
andern Manne verlobt hatte. Kaum sah ihn die Mutter, da
umarmte sie ihn und pries Gott, daß er ihr den verloren ge=
glaubten Sohn wiedergeschenkt hätte, und lebte mit ihm zusammen
30 Tage. Da kehrte ihr Bräutigam zurück, sah den Jüngling

und fragte, wer er wäre. Sie sagte: „Das ist mein Sohn".
Kaum hatte er das gehört, da fing er an, den Malschatz zurück=
zufordern und sprach: „Entweder sagst Du, daß dieser nicht Dein
Sohn ist, oder ich hebe mich weg von hier." Das Weib ward
von ihrem Bräutigam hart bedrängt, fing an, den Sohn abzu=
leugnen, den sie doch selbst als solchen anerkannt hatte, und
sprach: „Jüngling, gehe von meinem Hause; Du bist ein Fremb=
ling, nur Gastfreundschaft habe ich Dir als einem Fremdling
gewährt, den ich für meinen Sohn gehalten." Denn jener be=
hauptete, er sei zu seiner Mutter in seines Vaters Haus zurück=
gekehrt. Wozu bedarfs noch vieler Worte? Da solches geschah,
führte der Jüngling wider seine Mutter Klage beim König. Der
befahl, sie vor sich zu führen, und sprach: „Weib, Dein Sohn
klagt wider Dich; was sagest Du? Ist das Dein Sohn oder
nicht?" Sie aber sprach: „Es nicht mein Sohn, sondern ein
Fremdling, dem ich Gastfreundschaft gewährte, den ich für mei=
nen Sohn gehalten." Als nun der Sohn des Weibes alles,
wie es richtig war, in der Halle des Königs berichtet hatte,
sprach dieser nochmals zu dem Weibe: „Ist das Dein Sohn oder
nicht?" Sie aber sprach: „Es ist nicht mein Sohn." Da
sprach der König zu ihr: „Und wie hoch beläuft sich Dein Ver=
mögen, Weib?" Sie antwortete: „Bis zu tausend Goldstücken."
Und nun gelobte der König mit einem Eidschwur, der Jüngling
selbst, kein anderer solle ihr Ehegemahl werden. Da wurde das
Weib ganz bestürzt und bekannte, es sei ihr Sohn. — So er=
zählt man noch viele Geschichten von ihm.

63. In späterer Zeit nahm er eine Frau fränkischen Ge=
schlechts, Namens Augoflada. Vor seiner Thronbesteigung hatte
er eine Frau gehabt, die ihm zwei Töchter geschenkt hatte: die
eine, Namens Arevagni, gab er Alarich, dem Könige der West=
gothen in Gallien, die andere, Theodegotha [1]), dem Sigismund,
Sohn des [Burgunden=]Königs Gundebaudus.[2]) 64. Wegen der

1) Vgl. S. 39. — 2) Gundobald.

Vorwegnahme des Königstitels machte er durch Festus seinen
Frieden mit dem Kaiser Anastasius, der ihm alle Prachtstücke
des Palastes, die Odoaker nach Konstantinopel gesandt hatte,
zurückgab. 65. Zu dieser Zeit erhob sich ein großer Streit in
der Stadt Rom zwischen Symmachus uud Laurentius, die beide
die Bischofsweihe erhalten hatten. Gott aber wollte, daß der
würdigere Symmachus die Oberhand behielt. Nachdem so der
kirchliche Friede wiederhergestellt war, kam der König Theoderich
nach Rom, wo er dem heiligen Petrus mit der größten Ehr=
furcht begegnete, als ob er Katholik wäre. Der Papst Sym=
machus, der ganze Senat, ja das ganze Volk zogen ihm unter
vielen Freudenbezeugungen vor die Stadt entgegen. 65. Er be=
trat darauf die Stadt, ging in den Senat und hielt dem Volke
eine Rede, in der er versprach, mit Gottes Hülfe alles das un=
versehrt beizubehalten, was vor ihm die Herrscher über Rom
823 angeordnet hatten. 66. Zur Feier des 30. Jahrestages seiner
Regierung zog er im Triumph in den Palast ein und gab den
Römern circensische Spiele. Auch schenkte er dem Volk und den
Armen als Getreidespende für jedes Jahr 120 000 Modii, und
für die Herstellung des Palastes oder die Wiederaufrichtung der
Stadtmauer wies er jährlich 200 Pfund [Gold] aus dem Er=
trage der Weinsteuer an.

68. Seine Schwester Amalafrigda gab er dem Vandalen=
könig Transimund [1]) zur Gattin. Den Liberius, den er zu An=
fang seiner Regierung zum Praesectus Praetorio gemacht hatte,
bekleidete er mit der Würde eines Patricius und gab ihm zum
Nachfolger in der Präfektur den Theodorus, Sohn des Basilius.
Ein Graf Odoin trachtete ihm nach dem Leben. 69. Er erhielt
Kenntniß davon und ließ ihn in dem sogenannten sessorischen
Saal enthaupten. Die Worte jenes feierlichen Versprechens,
das er dem Volke gegeben, ließ er auf dessen Bitten in Erz
graben und öffentlich aufstellen. 70. Im sechsten Monat lehrte

---

1) Thrasamund. Vgl. S. 39. 42.

er nach Ravenna zurück und gab seine Schwestertochter Amala=
birga dem Könige der Thüringer, Herminifrid, zur Ehe.   So
stand er bei allen Völkern rings umher in großem Ansehen.   Er
liebte es, zu bauen und Städte wiederaufzurichten.   71. Zu
Ravenna erneuerte er die Wasserleitung, die einst Hadrian an=
gelegt hatte, und führte so der Stadt das lange entbehrte Waffer
wieder zu.   Den Palaſt brachte er der Vollendung nahe, ohne
jedoch seine Einweihung zu erleben, die Säulenhallen ringsherum
aber vollendete er.   Zu Verona baute er Bäder und einen Pa=
laſt, den er durch eine Säulenhalle mit dem Thore verband.
Die Wasserleitung, welche lange Zeit in Trümmern gelegen
hatte, besserte er wieder aus und sorgte auch für das nöthige
Waffer.   Die Stadt selbst umgab er mit neuen Mauern.   Zu
Ticinum[1]) führte er einen Palaſt, Bäder, ein Amphitheater und
neue Stadtmauern auf.

72. Auch andern Städten erwies er große Wohlthaten.   Er
stand so hoch in der Meinung der benachbarten Völker, daß sie
sich unter seine Oberhoheit begaben mit dem Wunsche, er möge
über sie herrschen.   Geschäftsleute aus allen Gegenden strömten
bei ihm zusammen.   Denn so streng war seine Rechtspflege, daß,
wenn jemand auf seinem Gut Gold oder Silber liegen lassen
wollte, es für ebenso sicher gehalten wurde, als ob es innerhalb
der Stadtmauern wäre.

73. Er führte die Sitte in ganz Italien ein, daß er keiner
Stadt Thore machen ließ, und da, wo sie schon waren, wurden
sie nicht geschlossen; jeder ging seiner Beschäftigung nach, zu so
später Stunde er wollte, ganz wie am Tage.   Zu seiner Zeit
zahlte man für 60 Modien Weizen ein Goldstück und ebenso
ein Goldstück für 30 Amphoren Wein.

(XIII. 74—78. Anaſtaſius erkieſt sich einen Nachfolger.)

XIV. 79. Der König Theoderich war so rohen und unge=
bildeten Sinnes, daß er in den ersten 10 Jahren seiner Re=

1) Pavia. —

gierung die vier Buchstaben seiner Unterschrift [1]), wie sie für die Edikte nöthig war, durchaus nicht erlernen konnte. Daher ließ er sich eine goldne Schablone anfertigen, welche die vier Buchstaben enthielt. Wenn er nun unterschreiben wollte, legte er die Schablone aufs Papier und zog mit der Feder die Schriftzüge nach, so daß dann seine Unterschrift zu Stande kam.

80. Theoderich gab das Konsulat dem Eutharich und hielt Triumphzüge in Rom und Ravenna. Dieser Eutharich war ein harter Mann und ein Feind des katholischen Glaubens. 81. Als darauf Theoderich sich in Verona aufhielt aus Besorgniß vor einem feindlichen Einfall, entstand ein Streit zwischen den Christen und Juden der Stadt Ravenna. Die Juden hatten sich nicht taufen lassen wollen und öfters geweihtes Brot, um die Christen zu verhöhnen, in das Wasser des Flusses geworfen. Das Volk gerieth in Wuth, stürmte, ohne sich um den König oder Eutharich oder Petrus, der damals Bischof war, zu kümmern, die Synagogen und steckte sie in Brand. 82. Die Juden eilten nach Verona, wo der König residierte, und wandten sich an den Hofmarschall [2]) Triwane, der, selbst ein Ketzer, den Juden freundlich gesinnt war und die Sache dem König in einem, den Christen ungünstigen Lichte vorstellte. Der befahl sofort, wegen der böswilligen Brandstiftung sollte die ganze römische Bevölkerung von Ravenna die Synagogen, die verbrannt waren, auf eigne Kosten wieder aufbauen; wer aber nicht zahlen könnte, der sollte unter Heroldsruf auf dem Markte gestäupt werden. Solchen Befehl erhielt Eutharich und gab den Bescheid weiter an Cilliga und den Bischof Petrus. Es wurde denn auch demgemäß verfahren. 83. Seit der Zeit hatte der Teufel Mittel und Wege gefunden, um einen Mann, der den Staat weise regierte, ohne daß jemand sich beschweren konnte, zu berücken. Denn der König ließ das Bethaus des heiligen Stephanus am Brunnen der Vorstadt von Verona sammt dem Altar niederreißen. Auch durfte kein Römer mehr

---

1) Vermuthlich das Wort legi. — 2) Praepositus cubiculi.

Waffen tragen außer einem kleinen Messerchen. 84. Ein armes gothisches Weib bekam unter einer Säulenhalle nicht weit vom Palast zu Ravenna die Wehen und gebar vier Drachen: zwei davon sah das Volk von Westen nach Osten durch die Wolken fliegen und dann ins Meer stürzen. Die beiden andern, welche man wegschaffte, hatten nur einen Kopf. Ein Stern mit feurigem Schweif erschien, ein sogenannter Komet, und glänzte 15 Tage am Firmament. Auch geschahen häufige Erdbeben. 85. Bald 524 fand der König auch Gelegenheit, die Römer seinen Grimm empfinden zu lassen. Cyprian, damals Referendar, später Comes sacrarum et magister, denunzierte aus Mißgunst den Patricius Albinus, er habe in hochverrätherischer Korrespondenz mit dem Kaiser Justin gestanden. Albin wurde zur Verantwortung ge- 518—527 gezogen und leugnete. Auch der Patricius Boëthius, damals Magister officiorum, sagte dem König ins Gesicht: „Falsch ist die Beschuldigung des Cyprian; wenn Albin etwas gethan hat, so bin ich und ist der ganze Senat seine Mitschuldigen; es ist nicht wahr, o König!" 86. Cyprian besann sich erst, dann führte er nicht nur gegen Albin, sondern auch gegen dessen Vertheidiger Boëthius falsche Zeugen vor. Der König traute den Römern böse Absichten zu und suchte nach einem Grunde, sie umzubringen, er glaubte den falschen Zeugen mehr als den Senatoren. 87. Albinus und Boethius wurden ins Gefängniß ad Baptisterium ecclesiae gesetzt. Der König berief den Präfekten von Ticinum, Eusebius, und der sprach das Urtheil über Boëthius, ohne ihn anzuhören. Der König sandte bald nachher nach dem Calventianischen Gute [1]), wo er in Gewahrsam gehalten wurde, und ließ ihn tödten. Man legte ihm einen Strick um den Kopf und preßte ihn zusammen, bis die Augen aus ihren Höhlen traten, und erschlug ihn nach den furchtbarsten Folterqualen endlich mit einer Keule.

88. Der König begab sich nach Ravenna zurück, handelte

1) In der Nähe von Mailand.

aber ferner nicht als ein Freund Gottes, sondern ein Feind
seines Gebotes, uneingedenk der Wohlthaten und Gnade, die er
empfangen, allein vertrauend auf die Stärke seines Armes. Um
den Kaiser Justin zu schrecken, ließ er Johannes, der damals
auf dem päpstlichen Stuhle saß, holen und sprach zu ihm: „Geh
nach Konstantinopel zum Kaiser Justin und sage ihm unter an=
dern, er solle die sogenannten rekonziliierten Ketzer ja nicht in
den Schooß der katholischen Kirche aufnehmen." 89. Ihm ant=
wortete der Papst Johannes also: „Was Du thun willst, o
König, thue bald. Siehe, hier stehe ich vor Deinem Angesicht.
Ich verspreche Dir, daß ich das nicht thun und jenem nicht
sagen werde. Aber wenn in andrer Beziehung Du mir etwas
auftragen willst, so werde ich es unter Gottes gnädigem Bei=
stande von ihm erlangen." 90. Da ward der König zornig, ließ
ein Schiff segelfertig machen, setzte den Johannes mit andern
Bischöfen, Ecclesius von Ravenna, Eusebius von Fanum, Sabinus
von Kampanien, noch zwei andre und die Senatoren Theodorus,
Importunus und zwei Namens Agapitus darauf. Aber Gott,
der seine treuen Diener nicht verläßt, führte sie glücklich über
das Meer. 91. Der Kaiser Justinus begrüßte den Papst, als
ob es der heilige Petrus selbst wäre. Die Botschaft wurde aus=
gerichtet, und der Kaiser versprach, alles thun zu wollen, nur
die Rekonziliierten, die den katholischen Glauben angenommen
hätten, könne er den Arianern keineswegs wieder ausliefern.

92. Während dies geschah, wurde das Haupt des Senats,
Symmachus, dessen Tochter Boëthius zur Gattin gehabt hatte,
von Rom nach Ravenna gebracht. Der König fürchtete, der
Schmerz um den verlornen Schwiegersohn werde ihn zu Schritten
gegen seine Herrschaft veranlassen, und ließ ihn wegen Hochver=
raths tödten.

93. Der Papst Johannes kam von Justin zurück, wurde
zuerst von Theoderich hinterlistiger Weise freundlich empfangen,
bald aber ließ ihn der König seine Ungnade fühlen, und er starb

nach wenigen Tagen. Wie das Volk nun seinem Leichnam das
Geleit gab, fiel plötzlich ein Besessener mitten im Volksgewühl
um; als aber die Bahre, auf welcher der Körper lag, an den
Menschen kam, sprang er gesund auf und schritt dem Leichenzuge
voran. Das Volk und die Senatoren sahen das und fingen an,
von seinem Kleide Stücke als Reliquien zu nehmen. Die ent=
zückte Menge begleitete den Leichnam bis vor die Stadt. ₅₂₆
94. Der Scholasticus Symmachus, ein Jude, erließ im Namen
seines tyrannischen Königs ein Edikt, am 4. Tage der Woche
am 26. August, in der 4. Indiction, unter dem Consulat des
Olybrius, daß am nächsten Sonntag die Arianer die katholischen
Kirchen in Besitz nehmen sollten. Aber der, welcher nicht duldet,
daß seine getreuen Diener von fremden Eindringlingen unter=
drückt werden, ließ über Theoderich dasselbe Gericht ergehen,
wie über Arius, den Stifter seiner Religion: er erkrankte an der
Ruhr, und die Entleerungen waren so stark, daß er nach drei
Tagen, gerade an dem Tage, wo er sich gefreut hatte, seine
Hand auf die Kirchen zu legen, Leben und Krone verlor.

96. Bevor er seinen Geist aufgab, setzte er seinen Enkel
Athalarich zum Nachfolger ein. Bei seinen Lebzeiten hatte er
sich ein Denkmal aus Quadersteinen erbaut, ein Werk von wun=
derbarer Größe, und einen ungeheuren Block suchen lassen, um
damit das Werk zu krönen.

Namenverzeichniß.

(Anstatt der griechischen Namenformen sind im Text die allgemein gebräuchlichen gesetzt; wo erhebliche Abweichung vorhanden, ist die griechische Form hinzugefügt.)

25*

Druckfehlerverzeichniß.

S. 8—21 lies Atalarich statt Athalarich.
" 50 Zeile 13 v. u. dort zu streichen.
" 71 „ 13 ff. v. o. sind [ ] statt ( ) zu setzen.
" 92 „ 10 v. u. ist am Rande 538 „ „
" 93—101 „ „ „ 539 statt 537 zu lesen.
" 102 Zeile 16 v. u. lies ganz Britannien statt Britannien ganz.
" 104 „ 10 v. o. „ Währendbes „ Während des.
" 106 in b. Überschrift „ I, 7 „ I, 2.
" 119 Zeile 6 v. o. „ Picenum „ Picinum.
" 126 „ 13 „ u. „ volkreichste „ volksreichste.
" 143 „ 3 „ „ „ Mannschaft „ Manschaft.
" 159 „ 6 „ o. „ Burgunden „ Burgundern.
" 191 „ 11 „ „ „ Theoberichs „ Theoderichs.
" 197 „ 3 „ u. „ hinter aufhielten ein Komma.
" 201 Anm. „ Piceno „ Picemo.
" 225 „ 1 v. u. „ Theoberich „ Theoderich.
" 235 ist die die Jahreszahl 547 zu Kap. 25 zu setzen.
" 243 „ in der Überschrift 29 zu streichen.
" 245 „ die Jahreszahl 548 zu Kap. 30 „ „
" 206 „ Zeile 7 v. u. sind folgende Worte ausgefallen:
Nun traf es sich, daß sie von den Feinden genommen wurde.
" 281 ist die Zahl 550 an die vorletzte Zeile zu setzen.
" 282 „ „ „ 551 „ „ vierte Zeile v. o. zu setzen.
" 306 Zeile 1 v. o. lies seine statt eine.
" 321 „ 12 „ „ „ den „ dem.
" 372 Anm. „ Thrasamund statt Thrasamub.
" 379 „ 5 „ „ „ Angoslaba „ Augoslaba.

Druck von J. B. Hirschfeld in Leipzig.

Separatverkauf einzelner Bände.

Die

Geschichtschreiber der deutschen Vorzeit.

Erste Gesammtausgabe.

Verzeichniß
der bis jetzt erschienenen Lieferungen.

Lief.				Mark
37.	XII. Jahrh.	2. Bd.	Leben Kaiser Heinrich des Vierten	— 60
38.	X. „	5. „	Die Hrosuitha	— 80
39.	X. „	9. „	Die Jahrbücher von Quedlinburg	— 80
40.	XII. „	5. „	Die Jahrbücher von Hildesheim	1. —
41.	XII. „	12. „	Die Jahrbücher von Magdeburg	1. —
42.	XII. „	11. „	Die Jahrbücher von Pöhlde	1. —
43.	XI. „	10. „	Die Chr. Bernold's von St. Blasien	1. —
44.	VIII. „	2. „	Leben des heiligen Bonifazius zc.	1. 60
45.	XII. „	5. „	Der sächsische Annalist	1. 60
46.	XII. „	11. „	Die Chronik von Stederburg	— 80
47.	XIII. „	8a „	Jahrbücher von Genua. 1. Band	2. 80
48.	XIII. „	7. „	Annalen und Chronik von Colmar	2. —
49.	XIII. „	1. „	Die großen Kölnischen Jahrbücher	2. 80
50.	XII. „	6. „	Leben des Bischofs Otto von Bamberg	1. 60
51.	XI. „	9. „	Die größeren Jahrbücher von Altaich	1. —
52.	XIII. „	9. „	Hermann von Altaich	1. 20
53.	XI. „	4. „	Wipo, Leben Konrad's II.	1. —
54.	X. „	11. „	Ekkehardt's Chronik von St. Gallen	4. —
55.	Urzeit.	4. „	Eugippius, Leben d. heiligen Severin	1. —
56.	XII. Jahrh.	1. „	Ekkehard von Aura	2. 80
57.	Urzeit.	3. „	Ammianus Marcellinus	2. —
58.	XII. Jahrh.	1. „	Augsburger Annalen	— 80
59.	XII. „	13. „	Leben des heiligen Norbert	3. 20
60.	XII. „	8a „	Otto von Freising	2. 40
61.	XII. „	4. „	Chronik von St. Peter	1. 60
62.	XIII. „	6. „	Jahrbücher von Marbach	1. 20
63.	XII. „	8b „	Otto von St. Blasien	2. —
64.	XIII. „	2. „	Annalen von Lüttich	2. —
65.	XIII. „	8b „	Jahrbücher von Genua. 2. Band	3. —
66.	XII. „	15. „	Genealogie der Welfen	1. 60
67.	XIV. „	1. „	Leben Heinrich's VII.	9. —
68.	XIV. „	2. „	Mk. von Butrinto Heinrich VII.	3. —
69.	XII. „	9. „	Otto von Freising, Leben Friedrichs	4. —
70.	XIV. „	3. „	Ludwig der Baier	2. 40
71.	XIV. „	7. „	Heinrich der Taube	2. —
72.	VI. „	1. „	Jordanes	1. 80
73.	VI. „	2. „	Prokop, Vandalenkrieg	1. 20
74.	XII. „	14. „	Cosmas v. Prag	4. —
75.	XII. „	14a „	Die Fortsetzungen des Cosmas	4. 20
76.	VI. „	3. „	Prokop, Gothenkrieg	7. —
77.	XIV. „	5. „	Leben Karl's IV.	3. —

Bei Abnahme von 10 diversen Lieferungen auf einmal oder von 50 Exemplaren einer Lieferung ist jede Sortimentsbuchhandlung in den Stand gesetzt, einen Nachlaß von 5%, bei Abnahme von 20 Lieferungen und darüber einen solchen von 10% zu gewähren.

Leipzig.

Franz Duncker.